Jane Roberts

Seths letzte Botschaft

Ein Seth-Buch

Jane Roberts

Seths letzte Botschaft

Eine neue Sicht von
Gesundheit, Krankheit und Tod

Ein Seth-Buch

Verlag Hermann Bauer
Freiburg im Breisgau

Die Deutsche Bibliothek - CIP-Einheitsaufnahme

Roberts, Jane:
Seths letzte Botschaft : eine neue Sicht von Gesundheit, Krankheit und Tod / Jane Roberts. [Dt. von Jutta Klingbeil]. - 3. Aufl. - Freiburg im Breisgau : Bauer, 2000
(Ein Seth-Buch)
Einheitssacht.: The way toward health ⟨dt.⟩
ISBN 3-7626-0728-1

Die amerikanische Originalausgabe erschien November 1997 bei
Amber-Allen Publishing, Inc., P.O. Box 6657, San Rafael, California 94903, USA:
Jane Roberts, *The Way Toward Health* (A Seth Book).
Foreword and Epilogue by Robert F. Butts

ISBN 1-878424-30-0

Deutsch von Jutta Klingbeil, Stuttgart
Lektorin: Dr. Sonja Klug, Bad Honnef

3. Auflage 2000
ISBN 3-7626-0728-1

Einband: Markus Nies-Lamott, Freiburg i. Br.
Satz: CSF · ComputerSatz GmbH, Freiburg i. Br.
Druck und Bindung: Wiener Verlag GmbH, Himberg
Printed in Austria

Inhalt

Zweiter Teil
Von vorne anfangen

Anhang

Einleitung

Seths letzte Botschaft ist mehr als nur ein Bericht über den Aufenthalt – und das Sterben – meiner Frau, Jane Roberts, in einem Krankenhaus vor 13 Jahren in Elmira, New York. Es war schon lange mein Wunsch, ihn zu veröffentlichen, da ich ahnte, ja wußte, daß er weitaus mehr zu bieten hat. Er zeigt nicht nur Janes Fähigkeit, in einem Trancezustand für Seth, den »Energiepersönlichkeitskern«, wie er sich selbst nennt, zu sprechen, sondern geht auch auf die vielfältigen, komplexen Herausforderungen ein, die im Laufe eines menschlichen Lebens unweigerlich auftauchen.

Ich habe gelernt, daß sich unser Leben nicht einfach nur geradlinig von der »Geburt« bis zum »Tod« bewegt. Im Gegenteil, ich sehe, daß jeder von uns einen ganz eigenen Weg einschlägt, der viele Abzweigungen oder Umwege enthält, der aber auch auf eine Art, die allen bekannt und – ich bin sicher – gleichzeitig unbekannt ist, sehr schöpferisch sein kann.

Ja, das ist die Herausforderung – unsere innewohnende Kreativität. Wir können versuchen, sie zu formen, sie zu zügeln oder anpassungsfähig zu machen, aber jedes Leben hat sein eigenes Leben. Was für ein Glück! Leben und Werk meiner Frau haben gezeigt, daß wir uns sogar schon vor der Geburt unsere Ziele und Herausforderungen schaffen, denen wir uns dann im tatsächlichen Leben vollkommen widmen können, während wir unser körperliches Gewicht, unsere Kleidung und unsere Überzeugungen mehren. Auf welche wunderbaren, unerwarteten verschlungenen Wege diese Herausforderungen uns führen können! Ich glaube, daß wir letztendlich – ob bewußt oder unbewußt oder beides – erkennen, daß wir während dieser Zeit des Lernens immer nur wir selbst waren.

Jane starb am Mittwoch morgen, 5. September 1984, um 2.08 Uhr im Krankenhaus, nachdem sie dort ein Jahr und neun Monate verbracht hatte, manchmal in einem sehr hilflosen Zustand. Seit Februar 1982 wurde sie zum dritten Mal ins Krankenhaus eingeliefert. Seit ihrem Tod haben mir viele Menschen geschrieben, um ihr Mitgefühl auszudrücken und die Frage nach dem »Warum?« zu stellen. Sie hatte doch Seth, der durch sie fast 21 Jahre lang gesprochen hatte; in dieser Zeit verfaßte sie mit ihm sechs Bücher (neben einigen anderen Büchern, die sie »allein« schrieb). Warum hat Seth sie nicht aus ihrem Dilemma befreit und den magischen Schlüssel in das richtige seelische Schloß gesteckt? Sie war erst 55 Jahre alt, als sie starb. Sie hätte gut 20 Jahre weiterleben und noch mehr zu unserem Wissen beitragen können, sowohl zusammen mit Seth als auch allein. Sie hätte weltweit berühmt werden können, wenn sie sich für diesen Weg entschieden hätte.

Die Antworten, die Jane, Seth und ich auf solche Fragen erhielten, sind in diesem Buch niedergeschrieben. Jane war in erster Linie ein Mensch und in zweiter eine medial sehr begabte Person. Seth hat ihr über die Jahre *tatsächlich* oft geholfen. Darüber hinaus haben Jane und ich erfahren, daß es eine andere Dimension des Wissens und des Fühlens gibt, die es noch zu entdecken gilt. Es wäre schön gewesen, noch tiefer in diese wunderbaren Bereiche eindringen zu können; wir haben unser Bestes getan. Ich bin sicher, daß Seth meiner Frau weiterhin hilft. Sie sind jetzt verbunden und stehen auf einer höheren Ebene auch mit allen anderen in Verbindung, die sie aus der »Vergangenheit«, der »Gegenwart« und der »Zukunft« kennen. Aufgrund verschiedener Träume glaube ich, daß Teile meines Wesens (Seth nennt mich Joseph) auch daran beteiligt sind. Warum auch nicht, da nach Seth alles in der Realität zur gleichen »Zeit« existiert? Ich weiß, daß dies komplizierte und sich manchmal widersprechende Konzepte und Fragen sind, mit denen man sich auseinandersetzen muß. Genügend Stoff, der für das ganze Leben in dieser profanen Realität ausreicht!

Ich hoffe, daß mit diesem Buch aufgezeigt werden kann, wie verschieden die Wege zur Gesundheit sein können und letztendlich sind. Jeder von uns trifft seine Entscheidungen auf eine eigensinnige und übersinnliche Art und Weise, so wie es Menschen immer getan haben. Dieses wird sicherlich deutlich, wenn man Janes Leben betrachtet und die Tatsache, daß wir vor 42 Jahren heirateten, ohne auch nur im entferntesten zu wissen, auf was wir uns einließen.

Während der 21 Monate im Krankenhaus sprachen Jane, Seth und ich viel über ihren physischen/psychischen Zustand, und ich schrieb, so gut ich unter den oftmals sehr nervenaufreibenden Umständen konnte, alles in meiner selbstentwickelten Kurzschrift nieder. In dieser ganzen Zeit versäumte ich es nur ein einziges Mal wegen eines schweren Schneesturms, meine Frau nicht sechs oder mehr Stunden am Tag zu sehen. Wochen nach ihrer Einweisung ins Krankenhaus im April hielt ich es für unwahrscheinlich, daß sie jemals wieder ihre »mediale« Arbeit fortsetzen würde; drei Monate später überraschte sie mich, als sie mit einer Reihe von Dialogen anfing, ähnlich denjenigen, die sie in ihrem Material zur »Weltsicht« für ihre Bücher über den Psychologen und Philosophen William James und den Künster Paul Cézanne entworfen hatte. Wieder einmal fühlte sie sich inspiriert durch meine Fragen über Kunst und verwandte Themen. »Wenigstens habe ich das Gefühl, daß ich etwas tue, für das ich geschaffen wurde«, sagte sie zu Beginn ihres neuen Projekts. Sie beendete es im September 1983 und begann in den nächsten vier Monaten eine Reihe von 71 sehr kurzen und sehr persönlichen Seth-Sitzungen. Diese schloß sie am 2. Januar 1984 ab – und fing am nächsten Tag direkt mit *Seths letzte Botschaft* an.

Wir haben während dieser ganzen Zeit niemandem im Krankenhaus davon erzählt, was wir eigentlich taten; das Personal akzeptierte unsere einfache Erklärung, daß wir Schriftsteller seien und eben »arbeiteten«. Es klappte alles sehr gut, auch wenn wir oft unterbrochen wurden, wie die Sitzungen zeigen.

Es mußte jedoch vieles von *Seths letzte Botschaft*, so wie es jetzt vorliegt, gestrichen werden – nicht von Seths Material, sondern von Janes und meinen Notizen. Ich bin Janet Mills, der Inhaberin des Verlags Amber-Allen Publishing, sehr zu Dank verpflichtet für ihre aufmerksame Unterstützung. Wir mußten feststellen, daß die Berücksichtigung aller Erkenntnisse, die aus jeder Sitzung hervorgingen, den Rahmen des Buches sprengen würden. (Ich hatte beispielsweise einige persönliche Erfahrungen und Einsichten, die die Gedanken aus dem Seth-Material untermauerten.) Aber was sollte gekürzt werden, wo sollte ein Schlußstrich gezogen werden? Für mich war das ein Dilemma.

Als Jane das Seth-Material 1963 durchgab, war ich mir dessen sehr bewußt, welchen Eindruck wir hinterlassen würden, nicht hinsichtlich Seth, sondern unseres Privatlebens. Das eine kann man vom anderen nicht trennen, und damit wird die Komplexität noch größer und schöner. Ich habe schon sehr früh daran geglaubt, daß nichts isoliert existiert; etwas aus den Aufzeichnungen wegzulassen hinterläßt eindeutig Lükken. Dies ist keine besondere Erkenntnis, aber es ist eine, die im täglichen Leben oft nicht beachtet wird. Andere Bereiche unseres physischen und nichtphysischen Lebens könnten uns eine große Hilfestellung sein, wenn wir sie bewußter wahrnähmen, unabhängig davon, »wann« sie sich ereignen.

Aber wie können wir – wir alle – mehr von unserem innewohnenden Wissen über das Bewußtsein anwenden? Wie können wir beispielsweise mehr Klarheit über die Ereignisse in unseren Träumen und deren Bedeutung erhalten und die Auswirkungen erkennen, die sie auf unser Leben haben? Unsere Träume stellen oftmals Pforten zu anderen Realitäten dar. Ich weiß, daß wir immer tiefer in unsere Psyche eindringen; Janes Arbeit mit Seth, ihre Gedichte und andere Schriften beweisen dies. Die großen Geschenke unserer Psyche sind bereits in uns vorhanden und warten . . .

Robert F. Butts
Elmira, New York
September 1997

Erster Teil

DILEMMAS

1. Kapitel

Die Absicht dieses Buches und einige wichtige Bemerkungen über Fülle und Gesundheit

Dienstag, den 3. Januar 1984, 16.50 Uhr

(Heute morgen um 10.00 Uhr nahm ich vom Postboten eine besondere Zustellung in Empfang – eine Übersetzung ins Französische von Individuum und Massenschicksal. *Auch andere unserer Bücher werden gerade übersetzt.*

Ich verließ das Haus, um zur Post zu gehen und Janes Schreibmaschine zur Reinigung zu bringen. Dadurch kam ich an diesem Nachmittag erst 20 Minuten später zu Jane ins Krankenhaus, Zimmer 330. Es war heute wärmer – 0 Grad.

Meine Frau kam verspätet von der Hydro[1] *– das Personal war sehr beschäftigt. Auch das Mittagessen wurde später als sonst serviert; Jane aß mit gutem Appetit.*

15.15 Uhr. Jane fing an, die Sitzung von gestern zu lesen – und es ging sehr gut, sogar besser als gestern. Um 15.35 Uhr war sie fertig. »Wenn deine Augen immer besser werden«, sagte ich, »dann wirst du vielleicht eine schwächere Brille tragen können.« Diese Vorstellung überraschte sie, aber warum eigentlich nicht? Meine Augen sind vor einigen Jahren auch besser geworden.

15.40 Uhr. Ich schneide Jane ihre Finger- und Fußnägel. Es ging leichter als bisher – und in der Tat, die gekrümmten Finger ihrer rechten Hand wurden immer lockerer während des Schneidens. Noch eine Besserung, sagte ich ihr.

16.01 Uhr. Eine neue Krankenschwester namens Betty maß Janes Werte. Ich arbeitete mich durch die Post, während Jane etwas Süßes aß und eine Zigarette rauchte. Ich dachte schon, sie würde keine Sitzung mehr machen wollen, da es schon spät geworden war. Aber als der Zeitpunkt kam, sich auf die Seite zu drehen, entschied sie sich doch für eine kurze Sitzung.)

Nun: Guten Tag.

(»Guten Tag, Seth.«)

---

1 »Hydro«, wie es vom Personal genannt wird, ist die Kurzform für die Abteilung Hydrotherapie im Krankenhaus. Jeden Morgen wird Jane dort auf eine Bahre gelegt und langsam in eine große Wanne mit warmem, wirbelndem Wasser gelassen, das ihren gesamten Körper umhüllt und sanft massiert. Diese Behandlung ist sehr entspannend und wohltuend, besonders wenn man sich wundgelegen hat.

Ich werde nur kurz sprechen.

Ich wollte, daß du erfährst, *(Pause)* daß sich die Situation mit deiner Krankenversicherung zu deinem Vorteil verändern wird.

(»Oh, gut.«)

Noch ein Hinweis: Wann immer möglich wird eine sanfte Massage von Ruburts[1] Zehenspitzen, neben den Nägeln und ein wenig herunter bis zum ersten Gelenk, den Kreislauf des gesamten Körpers verbessern. Das braucht nur einige Augenblicke zu dauern.

Wie immer, die Struktur der Sitzung wird einen eigenen Heilungsprozeß auslösen.

Ich komme zurück oder auch nicht, abhängig von jenen Rhythmen, von denen ich spreche, aber wißt, daß ich immer präsent und zugänglich bin.

(»Wir haben noch Zeit, wenn du noch mehr sagen möchtest.«)

(Pause.) Ich werde nur einige Bemerkungen machen. Wie ihr wißt oder geahnt habt, diktiere ich tatsächlich ein Buch – in unserem eigenen Tempo unter Berücksichtigung der Umstände. Es sollte relativ einfach sein, die Abschnitte zu unterscheiden –

(»Ja.«)

– und Ruburt wird es leicht bemerken können, solltet ihr jemals Schwierigkeiten dabei haben zu erkennen, wann ein Abschnitt beginnt und ein anderer aufhört.

(»Es ist kein Problem. Hast du schon einen Titelvorschlag, oder willst du damit noch warten?«)

Das Material werde ich dir später geben, zusammen mit anderen einleitenden Passagen.

(»Gut.«

»Oh, ich bin's«, sagte Jane.

16.56 Uhr. Jane erzählte, daß sie mit dem letzten Satz von Seth wußte, daß der Titel des Buches The Way Toward Health[2] *heißen würde. Sie hat es nicht direkt von Seth aufgenommen, es ist ihr einfach eingefallen. Ich sagte ihr,*

---

1 Als Seth im Januar 1970 das Buch *Gespräche mit Seth* diktierte, sagte er uns: »Ich schreibe dieses Buch mit dem Beistand einer Frau, die ich recht liebgewonnen habe. Andern mag es sonderbar vorkommen, daß ich sie mit ›Ruburt‹ anrede und von ihr als ›er‹ spreche; aber Tatsache ist, daß ich sie zu andern Zeiten und an andern Orten gekannt habe unter anderen Namen. Sie ist sowohl Mann als auch Frau gewesen, und die gesamte Identität, die diese verschiedenen Leben gelebt hat, läßt sich mit dem Namen Ruburt beschreiben.«
(Aus: Jane Roberts, Gespräche mit Seth. Ariston, Genf, 1979, S. 29.)

2 Als Übersetzung des englischen Titels wurde für die deutschsprachige Ausgabe von 1999 der Titel *Seths letzte Botschaft. Eine neue Sicht von Gesundheit, Krankheit und Tod* gewählt.

daß ich den gleichen Gedanken auch schon früher hatte, als ich mir ziemlich sicher war, daß Seth ein Buch diktierte.

Ich überprüfte meine ursprüngliche Vermutung, daß Jane bereits einen Entwurf für The Way Toward Health *in Band 1 von* Unbekannte Realität *gemacht hatte. Dieses Buch erschien 1977.*

»Der erste Satz in der Sitzung ist recht amüsant«, sagte ich und las ihr Seths Aussage über die Krankenversicherung vor. Ich war überrascht, da ich heute nicht mit seinen Durchsagen gerechnet hatte.

»Kurz bevor ich mit der Sitzung anfing, kam mir diese Idee«, sagte Jane. »Ich wußte, daß sie von Seth war.« Sie hatte keine Zeit gehabt, mir dies vor Beginn der Sitzung mitzuteilen.)

Mittwoch, den 4. Januar 1984, 15.54 Uhr

(In der gestrigen Sitzung sagte Seth, »daß sich die Situation mit deiner Krankenversicherung zu deinem Vorteil verändern wird.« Es scheint, daß er bisher recht hat, wenn ich bedenke, was unser Rechtsanwalt mir heute morgen in bezug auf das Krankenhaus, die Ärzte und das Blue Cross[1] mitgeteilt hat.

Jane aß ausgiebig zu Mittag, während wir uns unterhielten. Ich beantwortete Briefe, und sie las sich die gestrige Sitzung durch, indem sie die Blätter in ihrer linken Hand hielt, wie immer. Es klappte wieder sehr gut. Sie sagte, sie sei gestern abend bei dem Gedanken, ob sie jemals wieder durch die Straßen laufen würde, kurz in ein Tief geraten. Sie habe sich »Genug damit« gesagt und an Seths Material gedacht, um wieder in eine bessere Stimmung zu kommen.

Sie dachte auch an ein Kapitel in Seths neuem Buch mit dem Titel »Nahrung und du« – und fing an, sich darüber aufzuregen, daß sie etwas Falsches im Buch geschrieben habe und die Menschen irreführen würde – wieder einmal ihre alten Gewohnheiten. »Aber dann habe ich mir gesagt, daß ich mir selbst und Seth vertrauen soll, und zum Teufel mit dem Rest!«

»Das mußt du auch tun«, sagte ich ihr. »Wir können es uns nicht leisten, irgend etwas anderes zu machen. Behalte das Wort ›Vertrauen‹ im Kopf.«

Als die Krankenschwester Janes Fieber maß, hatte sie 37,1. »Mein Gott«, scherzte ich, »das ist ja fast perfekt.«

Jane hatte keine Lust mehr, darauf zu warten, bis all ihre Werte wie Blutdruck und Temperatur gemessen wurden, also fing sie mit der Sitzung an.)

Nun: Ich wünsche euch einen weiteren liebevollen guten Tag.

(»Gleichfalls, Seth.«)

---

1 Blue Cross ist eine große Krankenversicherungsgesellschaft in den USA. (Anmerkung der Übersetzerin.)

Der Lebenswille kann durch Zweifel, Ängste und Rationalisierungen unterwandert werden.

Es gibt zum Beispiel Menschen, die unbedingt leben wollen, die sich aber gleichzeitig vor dem Leben verstecken. Das bereitet ihnen dann offensichtlich Probleme. Diese Menschen verhindern ihre eigenen Bewegungen und ihren Fortschritt. Sie machen sich außerordentlich viele Sorgen um ihre Sicherheit. Sollten einige meiner Leser derartig empfinden, gestehen sie sich diese Gefühle vielleicht gar nicht ein. Sie konzentrieren sich auf die Gefahren in der Gesellschaft in ihrem eigenen Land oder in anderen Regionen der Welt, bis ihre eigenen, allumfassenden Befürchtungen als eine ziemlich natürliche, rationale Reaktion auf Umstände erscheinen, die sie nicht bestimmen können.

(Pause.) Worum es hier eigentlich geht, ist eine Art Paranoia, die zu einer solch starken Reaktion führen kann, daß sie Leben und Einstellung des Menschen völlig bestimmt. Wenn sich einige meiner Leser in solch einer Situation befinden, dann erkennt ihr euch möglicherweise in verschiedenen Szenarios wieder. Ihr seid vielleicht ein »Überlebenskünstler«, der Vorräte und Lebensmittel für den Fall einer Nuklearkatastrophe sammelt. Euch scheint es nur gerechtfertigt, euch selbst und eure Familien vor einer Katastrophe zu schützen. In vielen Fällen ist es jedoch so, daß gerade die Menschen, die sehr besorgt um die Gefahren der äußeren Welt sind, eigentlich Angst vor der Natur ihrer eigenen Energie haben und davor, daß diese sie zerstören könnte.

(16.03 Uhr.) Das heißt, sie trauen der Energie ihres eigenen Lebens nicht. Sie trauen weder der natürlichen Funktionsweise ihres Körpers, noch akzeptieren sie diese als ein Geschenk des Lebens. Statt dessen stellen sie die Funktionsweise immer wieder in Frage – halten sogar manchmal den Atem an, in der Erwartung, daß etwas schiefläuft.

Andere Menschen blockieren sogar die beweglichen Teile des Körpers, so daß sie humpeln oder ihre Muskeln anspannen oder sich sonstwie an ihrem Körper zu schaffen machen; das Ergebnis ist dann, daß sie sich nur vorsichtig und langsam bewegen können. Andere führen sogar ernsthafte Unfälle herbei, in denen sie Teile ihres Körpers opfern, um wieder ein Gefühl für –

(16.07 Uhr. Die Krankenschwester kam herein, um Janes Blutdruck zu messen. Jane bestellte sich eisgekühltes Ginger Ale. Sie sagte, es ginge ihr gut – offensichtlich – und fügte hinzu, daß sie bei der Durchgabe eines Satzes von Seth die anderen Sätze, die noch kämen oder die sich um den bereits gesagten Satz bewegten, spüren könne. »Wenn ich einen Satz spreche, der sich, wie der unterste Ziegelstein bei einem Gebäude, ganz unten befindet, weiß ich bereits, was darüber liegt.«

Ich las ihr diese Notiz vor, und sie gab zu, daß es genau das war, was sie gerade gesagt habe. »Es ist fast so, als ob ich sofort einen neuen, großen Aufbau wahrnehme, der allerdings aus Worten besteht.«

Nachdem sie ihr Ginger Ale bekommen hatte, las ich ihr die Sitzung, die sie gerade abgehalten hatte, kurz vor. Ich prüfte dann, ob die Tür von Zimmer 330 richtig geschlossen war; Wiederaufnahme um 16.17 Uhr.)

– eine trügerische Sicherheit zu erlangen.

Diese Gefühle der Selbsttäuschung verstecken sich nicht tief im Unterbewußtsein, wie ihr vielleicht annehmt. Sie sind in der Mehrzahl der Fälle bewußte Entscheidungen, die zu irgendeinem Zeitpunkt auf einer relativ oberflächlichen Ebene getroffen wurden.

(Lange Pause um 16.19 Uhr.)

Sie sind nicht vergessen, aber die betroffenen Menschen verschließen gewissermaßen einfach ihre Augen vor diesen Entscheidungen und tun so, als ob (unterstrichen) sie nicht existierten, damit ihr Leben einfach reibungslos erscheint und sie keinen Gesichtsverlust vor sich selbst erleiden müssen, obwohl sie genau wissen, daß die Entscheidungen letztendlich auf sehr unsicherem Boden stehen.

Ich will die Dinge nicht vereinfachen, aber diese Entscheidungen können sehr leicht bei Kindern festgestellt werden. Ein Kind fällt hin und hat eine große Schürfwunde am Knie, die so schlimm ist, daß es eine Zeitlang humpeln muß. Dieses Kind ist sich des Grundes für den Vorfall ziemlich bewußt: Es kann offen zugeben, daß es sich die Wunde absichtlich zugezogen hat, um eine gefürchtete Arbeit in der Schule nicht mitschreiben zu müssen. Dabei denkt das Kind vielleicht, daß es nur ein geringer Preis ist, den es zu zahlen hat, um den gewünschten Effekt zu erzielen.

Ein Erwachsener in der gleichen Situation würde sich eine Verletzung zuziehen, um einer unangenehmen Begegnung im Büro auszuweichen – mit dem Unterschied, daß ihm seine Reaktion peinlich ist und er versuchen wird, sie zu verdrängen, um seine Selbstachtung zu erhalten. In solchen Fällen hat der Erwachsene jedoch das Gefühl, ein Opfer der Umstände geworden zu sein, die er nicht oder kaum beeinflussen kann.

(16.27 Uhr.) Wiederholen sich solche Situationen öfters, steigt die Angst vor der Welt und den täglichen Erfahrungen übermäßig an. Oft sind diese inneren Entscheidungen leicht getroffen – aber da die Menschen unbedingt ihr »Gesicht wahren« wollen, werden sie diese Entscheidungen nicht als ihre eigenen anerkennen. Menschen haben den Willen (unterstrichen) zu leben, zu handeln oder nicht zu handeln. Zum größten Teil wollen (unterstrichen) sie auch bestimmte Dinge in ihrem Leben erleben – ob sie bereit sind, es sich einzugestehen oder nicht, und sie haben den Willen (unterstrichen) zu sterben.

(16.32 Uhr.) Bemerkungen.

Dies alles trifft natürlich auf Ruburts Situation zu - da er tatsächlich seine Unbeweglichkeit gewollt hat und bereit war, bestimmte Bewegungen zu opfern, um sie auf einer anderen, der sicheren psychologischen Ebene ausführen zu können, weil er Angst vor seiner spontanen Natur oder seinem spontanen Selbst hatte.

Er hatte Angst davor, daß sein Selbst aus eigenen Gründen, die nicht mit den seinen übereinstimmten - so vermutete er - handeln würde. Jetzt begreift er langsam, daß seine Energie das Geschenk in seinem Leben ist - die ausgedrückt und nicht unterdrückt werden will - und erkennt nochmals, daß Spontaneität ihre eigene Ordnung hat.

Er hat vorhin gesagt, daß er die komplette Struktur von Wörtern schon erahnt, sobald er anfängt, für mich zu sprechen, und er läßt die Struktur sich unweigerlich formen *(eindringlich)*. Das gleiche trifft auch auf seine Fähigkeit zu, sich zu bewegen und zu laufen; je mehr er seiner Energie vertraut, desto besser kann seine Spontaneität ihre eigene wunderschöne Ordnung finden, mit dem Ergebnis, daß sich eine spontane körperliche Kunst des Laufens entwickelt -, und er ist schon auf dem besten Wege dahin. Die Änderungen haben bereits in seinem Geist begonnen, und sie wollen/werden (unterstrichen) sich physisch ausdrücken.

Es ist kein Zufall, daß in der englischen Sprache das englische Wort »will« sich sowohl auf die Zukunft bezieht, wie in dem Satz »es wird geschehen«, als auch auf die Fähigkeit des Verstandes, Entscheidungen zu treffen, im Sinne von »Wille«.

Ich komme zurück oder auch nicht, abhängig von jenen Rhythmen, von denen ich spreche - aber ich bin präsent und zugänglich.

(»Danke, Seth.«

16.39 Uhr. »Das war deine bislang längste Sitzung«, sagte ich. Jane stimmte zu. Sie nippte an ihrem Ginger Ale und zündete sich eine Zigarette an, während ich ihr den Rest der Sitzung vorlas. Sie ist sehr gut.

»Ich wollte dich während des Lesens nicht unterbrechen«, sagte Jane, »aber ich habe jetzt begriffen, was er über viele Dinge sagen wird . . . Er wird über Epilepsie reden und sagen, daß sie das Ergebnis der Angst vor der eigenen Kraft ist, die man mit der Krankheit zu umgehen versucht. Das gleiche gilt für Zweit- beziehungsweise Spaltpersönlichkeiten, auf die die Verantwortung für die eigenen Taten abgewälzt werden kann. Er wird auch darüber sprechen, daß wir normalerweise nicht den Zugang zu allen Informationen, die uns zu einem gegebenen Zeitpunkt zur Verfügung stehen, haben können, da es sehr schwierig sein würde, uns bewußt hindurchzuarbeiten – aber daß wir uns sehr wohl dessen bewußt sind, es jedoch nicht wahrhaben wollen, um besser arbeiten zu können. Er hat das schon einmal erwähnt – daß die sogenannten unbewußten Anteile unseres Selbst in sich wiederum relativ bewußt sind.«

19.10 Uhr. Nach unserem Gebet, das wir immer sprechen, verließ ich Jane und ging in den ACME-Supermarkt im Süden von Elmira einkaufen. Abendessen war um 21.45 Uhr beendet.

Ich wollte noch etwas hinzufügen: Einiges von Seths Material heute erinnert mich an Janes Material über das »sündige Selbst«. Wahrscheinlich unvermeidbar in diesem Buch, zumindest manchmal . . .)

Donnerstag, den 5. Januar 1984, 16.25 Uhr

(Heute morgen habe ich die Sitzung von gestern abgetippt und konnte erst nach 10.30 Uhr weiter an Träume, »Evolution« und Werterfüllung *arbeiten. Ich habe mich auch um unsere Steuererklärung für 1983 gekümmert. Es lief alles gut, ich habe aber Zeit verloren. Als ich nachmittags endlich zu Zimmer 330 kam, spürte ich wieder Juckreiz an den Beinen. Ich erzählte Jane davon.*

Der Tag war warm – über 2 Grad. Das Eis auf der Einfahrt fing an zu schmelzen. Ich hatte gestern abend und heute morgen Steinsalz darauf gestreut.

Jane erzählte, daß sie heute morgen lange auf die Hydro warten mußte. Sie leidet gerade unter vielen Spasmen und befürchtet, daß sich der Katheter gestern so weit gelöst hat, daß er heute abend erneuert werden muß. In der Hydro sprach sie kurz mit ihrem Arzt.

Jane aß gut zu Mittag und begann um 15.05 Uhr, sich die Sitzung von gestern durchzulesen. Es klappte ganz gut, obwohl nicht so gut wie gestern; um 15.34 Uhr hatte sie schließlich die sechs Seiten durch. Sie konnte sie in ihrer linken Hand einigermaßen gut halten. Sie sagte, ihre Sehfähigkeit schwanke sehr stark und sie müsse ihre Augen anstrengen, um richtig zu lesen. Als ich ihr die Tropfen gab, bemerkte ich, wie rot ihre Augen waren.

15.45 Uhr. Ich las Jane einen Stapel der letzten Sitzungen vor. Sie berichtete mir von einem lebhaften Traum, den sie in der letzten Nacht gehabt hatte: Sie lief, zog sich mitten auf der Straße neue Kleider an, verließ das Krankenhaus, überquerte die Straße, um in einen »Five and Ten«-Laden[1] zu gehen und schmückte ihr Haar. Ich sagte ihr, daß der Traum wohl ein sehr guter war, der sie auf das Laufen vorbereitete. Sie stimmte zu. Ich arbeitete weiter an der Post.

16.00 – 16.11 Uhr. Eine Krankenschwester prüfte Janes Werte – die Temperatur lag bei 36,9. Als alles erledigt war und es ruhiger wurde – abgesehen von der Patientin Karina, die nebenan herumschrie –, sagte Jane, sie wolle eine kurze Sitzung abhalten.)

Nun: Ich wünsche Euch einen wunderschönen guten Tag.

---

1 »Five and Ten« ist ein Verlag, der sich darauf spezialisiert hat, literarische Werke von Minderheiten-Autoren zu veröffentlichen. Dabei soll jedes Buch nur zwischen fünf und zehn Dollar kosten. (Anmerkung der Übersetzerin.)

(»Guten Tag, Seth.«)

Menschen, die an Epilepsie leiden, haben ebenfalls Angst vor ihrer eigenen Energie.

Sie trauen weder der Energie noch dem spontanen Teil des Selbst. Sie haben Angst, daß ihre Energie andere Menschen angreifen könnte, wenn sie allein sind, also halten sie die Energie zurück und bekommen statt dessen einen Anfall, der sie kurzfristig hilflos macht.

Menschen mit sogenannten Zweitpersönlichkeiten haben ebenso Angst vor ihrer eigenen Energie. Sie teilen diese auf, damit die Energie *(lange Pause)* scheinbar verschiedenen Persönlichkeitsanteilen gehört; damit ist sie wirkungsvoll gespalten. Im Grunde genommen liegt in solchen Fällen keine tatsächliche Amnesie vor, auch wenn es so erscheinen mag. Die betroffenen Menschen sind sich ihrer Aktivität die ganze Zeit über bewußt, sie verhalten sich jedoch in einer Art, die nicht kontinuierlich ist – das heißt, die Hauptpersönlichkeit scheint sich nicht eindeutig zu verhalten, sondern ist gespalten oder scheinbar gespalten. Mit diesem psychologischen Trick vermeidet die sogenannte Hauptpersönlichkeit auf gelungene Art, ihre gesamte Energie zu einem gegebenen Zeitpunkt einzusetzen.

(Lange Pause.) Die betroffenen Menschen bilden sich ein, daß sie nichts von der Existenz oder den Aktivitäten dieser anderen Persönlichkeitsanteile wissen. In diesen Anteilen staut sich jedoch die Energie, so daß dieser Persönlichkeitsanteil oft ein explosives Verhalten an den Tag legt oder bestimmte Entscheidungen trifft, die scheinbar nicht mit den Vorstellungen der Hauptpersönlichkeit übereinstimmen. Dadurch *(Pause)* können unterschiedliche Verhaltensweisen entstehen, und es scheint, als ob die Entscheidungen von einem Teil des Selbst getroffen würden, ohne daß der andere Teil des Selbst davon weiß. Dies ist jedoch normalerweise nicht der Fall. Es ist eigentlich so, daß die Hauptpersönlichkeit mit verschiedenen möglichen Verhaltensweisen reagieren kann, das Gesamtselbst jedoch daran gehindert wird, mit seiner vollen Kraft oder Energie zu handeln. Statt dessen wird diese Energie durch andere Ventile geleitet.

Alle Teile des Selbst sind in der Tat bewußt, und im Grunde sind sie sich ihrer auch gegenseitig bewußt, aber um zu funktionieren, scheinen sie getrennt oder isoliert voneinander zu sein.

(Pause um 16.37 Uhr.) Bemerkungen.

Lies Ruburt einige Tage lang – wann immer möglich – die Teile der Sitzung von gestern vor, in denen es um seinen Zustand geht.

Ich komme zurück oder auch nicht, abhängig von jenen Rhythmen, von denen ich spreche, aber wißt, daß ich präsent und zugänglich bin.

(»Gut. Danke.«

16.40 Uhr. Ich sagte Jane, daß ich angenommen habe, sie würde länger sprechen, aber sie meinte, sie habe oft das Gefühl, wenn sie länger spräche, käme ich nie dazu, die Sitzungen abzutippen. »Mir ist aufgefallen, daß du gegen 19.00 Uhr langsam nervös wirst«, sagte sie. Es stimmt, daß ich um diese Zeit unruhig und müde werde, aber ich kann immer Ausnahmen machen. »Du würdest mit dem Buch Träume *überhaupt nicht weiterkommen, wenn du noch längere Sitzungen tippen müßtest«, fügte sie hinzu. Das stimmt wahrscheinlich.*

Ich habe auch daran gedacht, Jane die hervorragende Sitzung von gestern öfter vorzulesen, sozusagen als Erinnerung.)

Freitag, den 6. Januar 1984, 16.22 Uhr

(Der Tag war wieder warm – etwa 3,3 Grad, als ich mich auf den Weg zu Zimmer 330 machte.

Jane ging es gut, obwohl sie sagte, sie habe wieder lange warten müssen vor und nach der Hydro. Es mangelt ein wenig an der Organisation, oder die Leute sind zu beschäftigt. Jane irritierte diese Situation, das lange Warten, die neuen Helfer, die sie hochhoben und nicht genau wußten, wie, usw. Ich traf auch einige neue Krankenschwestern. Eine hat bei Jane hereingeschaut nach der Therapie – sie sähe nicht gut aus, meinte Jane. Es scheint mir, daß die Leute es nach einer Weile satt haben, hier zu arbeiten, und dann krank werden, um ihre Ruhe oder bezahlten Urlaub zu bekommen.

Jane aß gut zu Mittag, trotz einiger Krämpfe. Ich erzählte ihr, daß mein Juckreiz seit gestern erheblich nachgelassen hat. »Es gibt nur eine Antwort«, sagte ich als Reaktion auf ihre Aussagen über das Krankenhaus. »Ich weiß«, antwortete sie, »und das versuche ich ja auch.« Ich fügte hinzu, daß es wahrhaftig die einzige Möglichkeit wäre, um sich von der grundlegenden Negativität dieses Ortes zu befreien. Ich wunderte mich manchmal, warum Janes Körper das nicht noch viel mehr spürte und sich darum bemühte, sich selbst schneller zu heilen, damit wir hier herauskommen könnten.

15.16 Uhr. Jane fing die Sitzung von gestern an zu lesen; es gelang ihr ganz gut – besser als gestern. Um 15.25 Uhr war sie damit fertig, während ich noch die Post durchsah. Um 15.36 Uhr kam eine neue Krankenschwester herein, um ihre Temperatur zu messen – 36,7. Um 15.50 maß eine weitere Krankenschwester ihren Blutdruck.

Nachdem sie eine Sitzung am 10. November 1982 abgehalten hatte, dauerte es elf Monate, bevor sie die nächste am 9. Oktober 1983 abhielt. In der Zwischenzeit wurde sie am 20. April 1983 ins Krankenhaus eingeliefert. Jetzt, um 16.00 Uhr, fing ich an, ihr Teile aus einigen Sitzungen vorzulesen, die sie seit Oktober gehalten hatte. Sie enthalten viele gute Gedanken, und ich möchte diesen Faden nicht verlieren. Jane sagte, sie wolle eine Sitzung abhalten. Wir machten uns Gedanken über ihren Mangel an körperlicher Bewegung.)

Nun: Guten Tag.

(»Guten Tag, Seth.«)

Das Konzept über das sündige Selbst wird nicht das Hauptthema in unserem Buch sein, aber wir werden uns sicherlich mit den unterschiedlichen negativen Vorstellungen, die einige Religionen dazu vertreten, auseinandersetzen – Vorstellungen, die viele Menschen ganz gewiß glauben lassen, daß das Selbst eher sündig als selig ist.

Das Selbst ist wirklich selig. Sich dieser Tatsache immer wieder bewußt zu werden kann oft helfen, negative Glaubenssätze zu umgehen, besonders dann, wenn sie nicht zu tief verwurzelt sind.

Was Ruburts Bewegungen angeht, folgt der Körper seinen eigenen Rhythmen, die manchmal äußere, sichtbare Bewegungen beinhalten und manchmal innere Bewegungen des Körpers sind, mit denen er sich auf die nächsten Aktivitäten vorbereitet. Es schien zum Beispiel sehr plötzlich zu passieren, daß Ruburt allein essen konnte, auch wenn es nur von kurzer Dauer war, aber diese äußere Besserung war das Ergebnis von vielen inneren Vorgängen, die sich bis dahin nicht in dieser speziellen Art miteinander verbunden hatten.

(Pause um 16.27 Uhr.) Wenn ihr einige der früheren Sitzungen hierzu lest, werdet ihr euch wieder des Fortschritts seit Beginn der Sitzungen *(am 9. Oktober 1983)* bewußt, und das bewirkt noch mehr Heilung.

Ich komme zurück oder auch nicht, wieder abhängig von jenen Rhythmen, aber wißt, daß ich wirklich nach wie vor präsent und zugänglich bin.

(»Okay.«

16.29 Uhr. Ich las Jane die Sitzung vor. Wir dachten, daß seine Bemerkung über das sündige Selbst vielleicht durch meine Frage an Jane hervorgerufen wurde, welche Rolle das sündige Selbst in ihren Herausforderungen spielte.

16.45 Uhr. Ich wollte einige Übungen mit Janes rechtem Bein machen, wie es Seth als tägliche Praxis vorgeschlagen hatte, aber sie wollte damit warten, bis ich sie umgedreht hatte. Ich massierte die Spitzen ihrer Zehen mit Oil of Olaz, wie Seth es erwähnt hatte. Das rechte Bein ließ sich gut bewegen. Jane meinte, das Massieren ihrer Zehen ließe sie ein Kribbeln bis hoch in ihre Beine spüren – wie es Seth angekündigt hatte.

Als ich um 17.15 Uhr langsam in meinen Mittagsschlaf sank, nach der enthypnotisierenden Massage an Jane, erinnerte ich mich an meinen Traum von letzter Nacht. Ich erzählte ihr davon, als ich wieder wach war. Ich hätte ihr den Traum gerne früher erzählt, damit Seth ihn eventuell hätte kommentieren können. In meinem Traum, der in Farbe war, hatte Jane ihr rechtes Bein wieder einige Male an derselben Stelle gebrochen. Es gab Ärger mit der

Versicherung. Ich wachte auf, ganz verwirrt, und mußte schließlich aufstehen, um meinen Magen mit etwas Natron zu beruhigen. Danach konnte ich gut schlafen.

Jane erzählte mir, sie habe letzte Nacht auch einen schlechten Traum gehabt: Sie traf eine Frau, die Hautkrebs im Gesicht hatte und die mit dem Medikament Interferon behandelt wurde. Die Frau sagte ihr, daß sie, Jane, die gleiche Gesichtshaut wie sie selbst habe – mit allen negativen Implikationen.

Es hört sich so an, als ob Jane und ich unsere beängstigenden Träume gleichzeitig hätten. Wir waren uns einig darüber, daß sie unsere Ängste widerspiegelten – und daß sie weder wörtlich zu nehmen waren, noch irgendwelche Vorahnungen enthielten.)

Samstag, den 7. Januar 1984, 16.11 Uhr

(Der Tag war kälter – minus 2 Grad –, als ich mich auf den Weg zu Jane machte. Ich hatte morgens eine Stunde lang an der Steuererklärung gesessen und an Träume *gearbeitet. Es hatte keiner angerufen. Ich hatte mir vorgestellt, Jane wäre gegen 11.00 Uhr von der Hydro wieder zurückgekommen; als ich jedoch bei ihr ankam, erzählte sie mir, sie wäre erst gegen Mittag zurück gewesen. Man hatte sie gerade wieder frisch bandagiert und umgedreht. Sie hatte einen guten Appetit zum Mittagessen, und es schien ihr ganz gut zu gehen.*

14.45 Uhr. Ich sah die Post durch, während Jane die Sitzung von gestern durchlas. Sie war damit durch wie im Fluge – um 14.55 Uhr –, das war ihr bestes seit langem. Wirklich sehr gut.

15.00 Uhr. Dana kam herein, um den Katheter-Beutel, oder Foley, wie alle ihn nennen, zu leeren. Shawn nahm ihre Temperatur um 15.20 Uhr – 36,9; um 15.45 Uhr gab Lynn Jane Augentropfen.

In den ruhigen Augenblicken zwischen diesen ständigen Unterbrechungen erzählte ich Jane von einer Frage, die mir letzte Nacht gekommen war; ich hoffte, daß Seth darauf eingehen würde. Die Frage hatte sich mir durch einen Satz gestellt, den ich gestern in der Sitzung mitgeschrieben hatte: Ich wunderte mich manchmal darüber, warum Janes Körper, besonders ihr Körperbewußtsein, nicht einfach die Führung übernahm und auf einer tieferen Ebene »noch viel mehr spürte und sich darum bemühte, sich selbst schneller zu heilen, damit wir aus dem Krankenhaus herauskommen <u>könnten</u>.*« Als Jane gestern diese Zeile laut vorlas, fiel mir auf, daß sie emotional darauf reagierte; das gab mir zu denken.*

Die Frage enthält viele Implikationen. »Vielleicht kann so etwas sogar an einem Ort wie diesem geschehen«, sagte ich. »Wenn es nie passierte, würde das bedeuten, daß das Körperbewußtsein sich immer den dominanteren Persönlich-

keitsanteilen unterordnet, und ich glaube nicht, daß das wahr ist. Sollte das doch der Fall sein und würde irgend etwas schieflaufen, könnte das Körperbewußtsein seinen eigenen Tod kommen sehen und nichts dagegen tun ...«

Ich erinnerte Jane daran, daß wir auch gerne einen Kommentar von Seth zu unseren schlechten Träumen von vorgestern nacht hätten, die ich in der Sitzung gestern beschrieben hatte.)

Nun: Einen wunderschönen guten Tag.

(»Gleichfalls, Seth.«)

Das Körperbewußtsein, für sich selbst genommen, ist voller Lebendigkeit, Fülle und Kreativität.

Jeder mikroskopisch kleine Teil des Körpers ist bewußt, strebt nach seiner eigenen Entwicklung und steht mit allen anderen Teilen des Körpers in Verbindung.

Das Körperbewußtsein ist tatsächlich unabhängig. Zum größten Teil schützt es sein eigener Abwehrmechanismus vor negativen Glaubensmustern des Geistes – wie gesagt, zum größten Teil. Wie ich bereits erwähnt habe, bewegt sich fast jeder Mensch vom Zustand der Krankheit in den Zustand der Gesundheit, ohne sich je der Veränderungen bewußt zu sein. In solchen Fällen agiert das Körperbewußtsein unabhängig von negativen Erwartungen oder Vorstellungen.

Wenn sich diese negativen Einstellungen jedoch vermehren, wenn sie sich sozusagen verhärten, dann schwächen sie die natürliche Fähigkeit des Körpers, sich selbst zu heilen und die umfassende, unschätzbare Ordnung aufrechtzuerhalten, die einen Zustand höchster Kraft und Vitalität im Körper schafft.

Es gibt auch Situationen, in denen sich das Körperbewußtsein gegen die Ängste und Zweifel der Person auflehnt und die Krankheit überwindet, wie in einem plötzlichen Sieg. Aber in einem solchen Fall hat die Person schon selbst damit angefangen, ihre destruktiven Glaubenssätze zu hinterfragen. Die oder der Betroffene weiß möglicherweise nicht, wie man diese ablegt, auch wenn sie oder er es sich wünscht. In solchen Momenten erhebt sich das Körperbewußtsein und wirft die Ketten ab.

Man kann sich jedoch nicht einfach dazu entscheiden, dem Körperbewußtsein die vollkommene Macht zu überlassen, weil das einen großen Bereich an Wahlmöglichkeiten ausschließen und Lernaufgaben zunichte machen würde. Das Hauptanliegen und die Eigenschaft des Körperbewußtseins, für sich allein genommen, bestehen immer darin, Gesundheit, Ausdruck und Erfüllung zu erreichen.

Die Moleküle und die noch kleineren Einheiten des Körpers agieren und reagieren, verständigen sich, kooperieren miteinander und teilen sich ihr Wissen, so daß jedes Teilchen im Körper weiß, was in allen anderen Bereichen geschieht. Somit funktioniert normalerweise die wundersame Ordnung auf natürliche und reibungslose Art. Viele körperliche Reaktionen, die in eurer Gesellschaft als negativ angesehen werden – beispielsweise bestimmte Viren –, sind vielmehr als selbstregulierende Maßnahmen gedacht, genauso wie Fieber eigentlich die Genesung eher fördert als verhindert.

(16.26 Uhr.) Die Haupteigenschaft des Körperbewußtseins liegt in seiner Spontaneität. *(Lange Pause.)* Diese erlaubt es ihm, mit einer unglaublich hohen Geschwindigkeit zu arbeiten, die nicht einmal von dem bewußtesten Teil des Geistes bewältigt werden könnte. Die Spontaneität funktioniert durch eine Art von Bewußtsein, das unverzüglich reagiert, das das Wissen hat, ohne daß es eine Entfernung zwischen, sagen wir, dem Wissenden und dem Wissen gibt.

Der Akt des Sehens sowie alle anderen Sinneswahrnehmungen des Körpers sind von dieser Spontaneität abhängig.

(16.29 Uhr.) Bemerkungen.

Eure schlechten Träume drücken beide noch bestehende Zweifel und Ängste und die alte Vorstellung aus, daß ihr eher mit schlechten Ergebnissen als mit den besten rechnet. Ruburts Sehvermögen, die ständigen Veränderungen seiner Sicht, sind Zeichen dieser anderen Art von Genesung, die im Blutkreislauf und anderen Teilen des Körpers stattfindet. Seine Augen lesen, da sie wissen, daß er jetzt lesen will. Sein Verstand braucht ihm nicht zu sagen, wie er dies tun soll.

In der gleichen Weise kann er seinen Beinen sagen, sanft und einfach, daß er wieder laufen will. Die normalen Laufbewegungen werden sich wieder einstellen. Sie fangen jetzt bereits an *(als ich Seth gerade danach fragen wollte)*. An einigen Tagen lesen seine Augen nicht so gut wie an anderen, sie zeigen dann Unregelmäßigkeiten, während sie sich auf weitere Heilungsschritte vorbereiten. Das gleiche geschieht in anderen Teilen des Körpers.

(Pause um 16.35 Uhr.) Zum gegenwärtigen Zeitpunkt ist es eine gute Idee, wenn er sich, in einer fast losgelösten Art, vorstellt, wie er läuft. Und zwar nicht mit bitterem Ernst, sondern eher mit Leichtigkeit.

Nun – ich komme zurück oder auch nicht, abhängig von jenen Rhythmen, von denen ich spreche, aber ich bin präsent und zugänglich.

(»Ja, gut.«

16.36 Uhr. »Ich bin's«, sagte Jane. Bevor ich sie umdrehte, rauchte sie eine Zigarette. Ich massierte ihre Zehen, wie Seth es vorgeschlagen hatte, mit guten Ergebnissen. Nach dem Umdrehen bewegte ich ihr rechtes Bein hin und her, so wie es Seth gesagt hatte. Das Knie des gebrochenen Beines bewegte sich ganz gut, bemerkte ich, viel mehr als das linke Knie. Jane stimmte zu. Im Liegen jedoch verhindert der linke Fuß die Bewegung des rechten Fußes und Beines. Aber das wird vorübergehen.

Jane aß gut zum Abendessen, und ich verließ sie um 19.10 Uhr, nachdem wir zusammen ein Gebet gelesen hatten. Schlaf gut, Liebste.)

Montag, den 9. Januar 1984, 16.17 Uhr

(Gestern, am Sonntag, den 8. Januar, fand keine Sitzung statt. Ich möchte jedoch einige Ereignisse von gestern hier zusammenfassen.

Zuerst geht es um meinen Traum von gestern, den ich Jane erzählte, damit Seth ihn in einer möglichen Sitzung kommentieren könnte. Ich träumte in Farbe, daß Jane und ich zurückgezogen waren nach Sayre in Pennsylvania – meinen Heimatort – in die alte Wohnung von Frau Potter, S. Elmer Avenue Nr. 317. Sie war jedoch viel größer und sah der Wohnung in der W. Water Street Nr. 458 in Elmira, New York, ähnlich. Ich lief durch die großen Räume und sagte zu Jane: »Dieser Ort ist gar nicht so schlecht. Die Umgebung ist schön, wir können es hier mal versuchen.« Die Wohnung war in der Stadt gelegen, geschützt, und vom Fenster aus sah man mehr große Höfe, als es dort eigentlich gibt. Mir gefiel die Stadtnähe genauso wie Jane. Elmira ist nur 29 Kilometer von Sayre entfernt.

Zweitens: Um 17.30 Uhr ging ich in den Ruheraum von Zimmer 330. Während ich dort war, fiel mir plötzlich die Summe von 20.000 Dollar ein, als ich nur kurz an unsere Bekannte Maude Cardwell dachte. Ich hatte schon fast vergessen, daß ich ihr letzte Woche einen Brief geschrieben hatte. Mehr Gedanken habe ich mir dazu nicht gemacht. »Ich weiß nicht, ob die 20.000 Dollar die gesamte Summe darstellen, die wir aus Spenden erhalten werden, oder ob sie nur von einer Person kommt, oder ob das der Anfang von etwas Größerem ist«, sagte ich zu Jane. Ich wollte ihr auf jeden Fall meinen Eindruck mitteilen.[1] Es war gerade Zeit zum Abendessen.

Drittens: Als ich um 18.10 Uhr anfing, Jane zu füttern, kreisten meine Gedanken plötzlich recht intensiv um Steve und Tracy Blumenthal. Ich hatte vorher gar nicht an sie gedacht, ich hatte sogar vergessen, daß es Sonntag war und sie normalerweise zu Besuch kamen. Ich wußte auf einmal, daß sie im Krankenhaus anrufen würden. Wenige Sekunden später hörte ich hochhackige Schuhe den Gang entlang kommen, auf Zimmer 330 zu. Eine uns unbekannte Frau klopfte an und trat herein, um uns mitzuteilen, daß Steve am Apparat war und Jane heute abend besuchen wollte. Jane war einverstanden – nach

---

1 Maude Cardwell ist Herausgeberin von *Reality Change*, einem Seth-orientierten Mitteilungsblatt aus Austin, Texas. Wir haben uns nur über das Telefon kennengelernt. Maude möchte die Leser von RC um Hilfe bitten, damit Jane und ich einen Teil der sehr hohen medizinischen Kosten, die nicht von der Krankenversicherung übernommen werden, bezahlen können. Eine Übung in Demut für meine Frau und mich – wir waren immer sehr stolz darauf gewesen, unseren Weg allein zu schaffen.

20 Uhr. Ich sagte Jane, daß ich keine Gelegenheit gehabt hätte, ihr von meiner Ahnung zu erzählen, bevor die Frau – die möglicherweise den Anruf im Vorbeigehen einfach entgegengenommen hatte – zu uns hereinkam. Ich hatte also den Telefonanruf erahnt, während ich die Frau auf unser Zimmer zukommen hörte. Meine Vermutung war, daß das Geräusch der Schritte und ihr Rhythmus meine bewußte Wahrnehmung von Steves Anruf stimuliert hatte.

Ich fragte Jane, ob das Erlebnis mit Maude Cardwell irgendwie im Zusammenhang mit den Blumenthals stünde. Sie meinte ja, da beide Ereignisse so kurz aufeinander gefolgt seien. Dabei hatte die Geldangelegenheit überhaupt nichts mit der Frage nach der Bezahlung der Versicherung zu tun. An das Geld für die Versicherung hatte ich gar nicht gedacht.

Jane hatte einen guten Tag, auch wenn sie einige Schwierigkeiten hatte, die Sitzung vom Vortag zu lesen. Sie hatte auch einen kleinen Verband über ihrem linken Ellenbogen, den sie sich gestoßen hatte – vielleicht bei der Hydro – und der ziemlich wund war.)

~

(Heute morgen, Montag, den 9. Januar, gab es keine Unterbrechungen. Ich arbeitete mich eine Stunde lang durch die Steuer, den Rest der Zeit verbrachte ich mit dem Buch Träume. *Ich nahm das Weihnachtsglockenspiel aus der Schweiz, das uns ein Leser aus dem Norden des Staates New York geschickt hatte, mit auf Zimmer 330; im aufgezogenen Zustand spielte es »Stille Nacht« in einer entfesselnden Weise. Die Frau, von der es kam, wollte, daß Jane der Gründerin einer Seth-Gruppe in Syrakus schrieb; sie hatte Krebs und lag im Sterben. Ich habe beiden Frauen gestern abend einen Brief geschrieben.*

Jane aß gut zu Mittag. Ich erzählte ihr, mich heute morgen darüber geärgert zu haben, daß das Seth-Material nicht die Anerkennung in unserer Gesellschaft erhalten hat – und auch nicht erhalten wird –, die es verdient. Ich fragte, warum der Inhalt des Materials, wenn er doch allen Menschen innewohne, so sehr ignoriert werde. »Ich meine auch nicht erst seit kurzem, sondern seit Tausenden von Jahren«, fügte ich hinzu. Ich hatte das Gefühl, als ob die Menschheit sich absichtlich oder endgültig dazu entschieden hätte, es zu ignorieren, wahrscheinlich aus unzähligen historischen Gründen. Aber warum sollte es nicht angewendet werden, um einige der größten Schwierigkeiten der Menschen zu bewältigen? Jane zeigte keine große Anteilnahme und bemerkte nur: »Sie werden es schon verwenden.«

Mir ging es an diesem Tag nicht gut, Jane genausowenig. Sie gab zu, daß sie deprimiert war. Sie fing an, sich frühere Sitzungen durchzulesen, und nach einer Pause hatte sie es geschafft, wenn auch nur mit Mühe. Wie so oft, ging es ihr danach besser.

16.05 Uhr. Nachdem ihre Werte wieder festgestellt worden waren – Tempe-

ratur 36,3 –, sagte Jane, daß sie eine Sitzung abhalten wollte. Der Krankenpfleger Robert maß ihren Blutdruck, mußte aber kurz unterbrechen, um sie in eine bessere Lage zurechtzurücken.

Janes Stimme war heute kräftiger, als sie für Seth sprach.)

Nun: Einen schönen guten –

(»Guten Tag, Seth.«)

Fülle *(Pause)* und ein Gefühl der Lebendigkeit sind immer bis zu einem bestimmten Grad vorhanden.

Manche Menschen – *(kurze Unterbrechung durch eine Krankenschwester)* – sind sich immer ihrer Freude bewußt, unabhängig von ihren Umständen. Sie fühlen sich sicher und geborgen, auch wenn die Ereignisse in ihrem Leben nicht gerade erfreulich sind. Unabhängig von ihren Zweifeln und Befürchtungen fühlen sich diese Menschen getragen und glauben daran, daß letztendlich alles zu ihrem Besten geschehen wird. Viele andere Menschen haben diesen Sinn für Geborgenheit –

(16.24 Uhr. Penny, eine Krankenschwester, die wir sehr mögen, kam herein, um sich für heute zu verabschieden. »Ich werde noch wahnsinnig«, wiederholte sie zweimal, und meinte damit den hektischen Tag, den sie auf Chirurgie 3 erlebt hatte. Sie ist eine Freundin von Luke und Lois Hutter aus Sayre, die wir beide vor vielen Jahren gekannt haben. Penny hatte uns durch einen Anruf wieder zusammengebracht, und ich sprach mit Luke während der Ferien, woraufhin Lois uns einen Brief mit den neuesten Nachrichten über ihre Familie, Frau Potter usw. schrieb. Jane und ich spekulierten ein wenig darüber, ob die Wiederaufnahme des Kontaktes zur Familie Potter – Lois ist die adoptierte Tochter von Frau Potter – in irgendeinem Zusammenhang stand mit meinem Traum über den Wiedereinzug in die Wohnung im Haus der Potters in Sayre.)

– und Fülle jedoch verloren, und es mag erscheinen, als sei die Freude am Leben nur der Jugend vergönnt.

Fülle und Freude haben aber grundsätzlich nichts mit Alter oder Zeit zu tun. Sie können jederzeit mit aller Lebendigkeit und Schönheit ausgedrückt werden, egal ob man 80 oder 8 Jahre alt ist. Für große Teile der Bevölkerung scheinen Freude und Gesundheit jedoch vergängliche Werte zu sein, die in der Jugend kurz ihren Ausdruck finden und dann für immer verloren sind.

Es gibt unendlich viele Möglichkeiten, Freude am Leben wiederzuentdecken, und wenn man sie findet *(lange Pause)*, kann sich auch die körperliche Gesundheit wieder einstellen.

(Lange Pause um 16.29 Uhr.) Die Lebensqualität ist außerordentlich wichtig und größtenteils abhängig vom Gefühl des Wohlbefindens und Selbstvertrauens. Wenn der Körper diese Eigenschaften ausstrahlt, existieren sie auch im Geiste. Aber es gibt tiefsitzende Glaubenssätze, die das physische und geistige Wohlbefinden sehr stark behindern können.

Wir werden uns zwar nicht ausschließlich auf diese konzentrieren, aber wir werden uns wohl mit ihnen auseinandersetzen, so daß jeder die Beziehung zwischen negativen Glaubenssätzen und schlechter Gesundheit erkennen kann. Indem diese Verbindung erkannt wird, kann das Individuum die vielfältigen geistigen Einstellungen, die möglich sind, neu erleben. Kein Mensch ist negativen Gedankenmustern hilflos ausgeliefert. Jeder kann sich wieder neu entscheiden und positive Überzeugungen wählen, die genauso natürlich wie die alten negativen Einstellungen werden.

Was dem geistigen und körperlichen Wohlbefinden am meisten schadet, ist der traurige Glaube daran, daß jede schwierige Situation letztendlich nur schlechter und nicht besser werden kann. *(Pause.)* Diese Einstellung enthält die Gedanken, daß sich jede Krankheit verschlimmert, jeder Krieg zur Zerstörung führt, jede erdenkliche Gefahr eintreten und die Menschheit letztendlich aussterben wird. Alle diese Glaubenssätze stehen der geistigen und physischen Gesundheit im Wege, unterwandern das Gefühl der Freude und der natürlichen Geborgenheit des einzelnen und zwingen ihn dazu, sich als Opfer von widrigen Umständen zu fühlen, die sich ohne seinen Willen oder sein Dazutun ereignen.

(16.39 Uhr.) Bemerkungen.

Die Vorstellungen, über die ich gerade gesprochen haben sind in eurer Gesellschaft alle deutlich vorhanden; sie tauchen immer wieder auf und beeinträchtigen eure Freude und Hoffnungen.

Heute hat Ruburt eine kleine, aber dennoch intensive Wiederholung dieser Vorstellungen erlebt. Es ist sehr wichtig, sie zu erkennen, wenn sie hochkommen. Allein dieses Erkennen kann wieder Klarheit in euren Gedanken und eurem Geist entstehen lassen.

(Lange Pause.) Du hattest gestern deine eigenen Erlebnisse: deine Vorahnung des Anrufes deines Freundes und das unorthodoxe *(lange Pause)* Wissen über das Geld. Diese beiden Ereignisse sind deshalb eingetreten, um dir nochmal einen kleinen Beweis der Fähigkeiten des Geistes zu geben, trotz der allgemeinen Konzepte, die es über den Intellekt gibt und mit denen du immer wieder konfrontiert wirst.

Solche Erfahrungen geben dir wieder einen Geschmack von deinen umfangreichen Fähigkeiten und deiner Freiheit. Sag Ruburt, er soll daran denken, daß er die Freiheit hat, sich zu bewegen und zu laufen.

(»Darf ich etwas fragen?«)

Ja.

(»Du willst sagen, daß er sich, wenigstens bis zu einem gewissen Grad, immer noch nicht frei fühlt, zu laufen und sich zu bewegen. In letzter Zeit habe ich auch öfter daran gedacht.«)

Ich meine, daß diese Vorstellungen manchmal bis zu einem gewissen Grad wiederkehren, es aber selbstverständlich ist, daß dies immer seltener passiert. Er soll auch daran denken, daß er keine spezielle Krankheit hat. Der Gesellschaft würde es viel besser gehen, wenn man eine Vielzahl von verschiedenen körperlichen Gesundheitsstufen festlegte, anstatt negative Konzepte mit anspruchsvollen Namen zu belegen.

Nun – ich komme zurück oder auch nicht, abhängig von jenen Rhythmen, von denen ich spreche, ich bin aber präsent und zugänglich.

Wir werden bald Kapitel Eins abschließen. Es sollte leicht sein, das persönliche Material vom Diktat für das Buch auseinanderzuhalten.

(»Ja, in Ordnung.«

16.48 Uhr. »Nun«, seufzte Jane, »ich bin froh, eine Sitzung gehalten zu haben.« »Wenigstens hast du heute etwas Nützliches getan«, scherzte ich. Sie zündete sich eine Zigarette an. Dann kam das Abendessen. Wir sprachen miteinander, bevor ich sie auf die linke Seite drehen mußte; ich hatte den Eindruck, daß sie sich immer noch nicht vollkommen frei fühlte zu laufen, daß irgend etwas – irgendwelche Überzeugungen – sie zurückhielt. Ich habe mich manchmal auch so gefühlt, und ich hätte gerne darüber gesprochen. Andererseits wollte ich das Thema nicht zu oft erwähnen.

»Jedenfalls, was es auch immer ist«, sagte Jane mit einiger Verzweiflung, »ich muß es überwinden . . .«

Während sie aß, berichtete ich Jane über eine andere Frage, die mir durch den Kopf ging und die ich gerne von Seth kommentiert hätte: Unsere Situation, für die wir beide verantwortlich sind, ist eines der Extreme. Das heißt, wir könnten die gleichen Ergebnisse erzielen, ohne dermaßen übertriebene und schädliche Verhaltensweisen an den Tag zu legen. Warum mußten wir so weit gehen? Ich habe mich das schon immer gefragt. Ich gab zu, daß man immer behaupten könnte, das gleiche Ziel erreiche man eben nur, wenn man so weit ginge, aber bei dieser Argumentation wäre die logische Schlußfolgerung der physische Tod – dieser Zustand wäre das endgültige Extrem jeder Verhaltensweise.

Erst als ich Zimmer 330 verlassen wollte, fiel mir ein, daß ich Seth gar nicht nach meinem Traum von gestern nacht gefragt hatte – in dem es um unsere Rückkehr nach Sayre in die Wohnung der Familie Potter ging. Es sieht so aus, als ob sich viele Fragen für du-weißt-schon-wen aufgestaut hätten.

Es schneite, als ich zum Auto lief. Es war aber nicht so schlimm wie gestern, als ich auf dem Weg nach Hause sehr vorsichtig fahren mußte.

Jane rief nach 22.00 Uhr mit Hilfe der Krankenschwester Carla an, nachdem ich diese Sitzung fertig hatte.)

Dienstag, den 10. Januar 1984, 16.30 Uhr

(Ich tippe diese Sitzung am 23. Mai, 1985. Meine Bekannte, Debbie Harris, fand das Original im Notizbuch Nr. 39, als sie es für die Bibliothek der Yale Universität kopieren wollte. Ich hatte damals die Notizen wohl offensichtlich beiseite gelegt, um sie am nächsten Tag abzutippen, aber weil ich so beschäftigt war, vergaß ich es. Ich erinnere mich dunkel daran. Ich glaube, es ist das erste Mal, daß ich eine Sitzung übersprungen habe.

Es ist seltsam – hier sitze ich nun und tippe eine weitere Sitzung ab, wobei ich das Gefühl habe, daß ein Teil meines Lebens bereits vorüber ist und daß ich nie wieder eine Sitzung abtippen muß. Ich wünschte, es gäbe noch mehr von ihnen. Jane ist jetzt vor 259 Tagen verstorben.

Dieses Material hatte Seth durchgegeben, nachdem Jane und ich zwei Tage hintereinander ein Fernsehprogramm gesehen hatten mit dem Titel In Search Of (Auf der Suche nach) – *eine Wiederholung mit Leonard Nimoy. Ich erinnere mich nicht mehr an die Shows. In meinen Originalaufzeichnungen hatte ich notiert, daß »heute das Material der Sitzung sehr unerwartet kam.«*

Jane hatte das Material von ihrem Krankenbett in Zimmer 330 durchgegeben.)

Nun: Guten Tag.

(»Guten Tag, Seth.«)

Ein paar Bemerkungen.

Es gibt viele, viele Spezies, die der Mensch noch nicht entdeckt hat, in allen Gattungen des Lebens – angefangen bei den Insekten.

Es gibt eine Vielzahl von <u>Virusarten</u>, die der Mensch noch nicht erforscht oder erkannt hat. Es gibt Verbindungen zwischen Viren und anderen Arten lebender Materie, die noch unbekannt sind. Es gibt tatsächlich zwei verschiedene Arten von aufrecht laufenden Säugetieren, ähnlich eurer Spezies, nur viel größer und mit weitaus schärferen Sinnen. Es sind erstaunlich schnelle Lebewesen, und allein durch ihren Geruchssinn ahnen sie die Gegenwart eines Menschen, wenn er in ihrer Nähe, das heißt mindestens einige Kilometer weit weg ist. Sie nehmen hauptsächlich pflanzliche Nahrung zu sich, wobei Insekten als Delikatesse gelten.

Dafür haben sie sich viele raffinierte <u>Insektenfallen</u> ausgedacht, damit Hunderte oder mehr davon gefangen werden können, da sie ja so klein sind. Diese Fallen werden häufig in der Rinde von Bäumen gebaut, derart, daß der Saft des Baumes die Insekten anzieht. Die Fallen scheinen Teil des Baumes zu sein, so als ob sie ihn schützen wollen.

Diese Lebewesen haben auch ein Erinnerungsvermögen, welches allerdings außerordentlich schnell arbeitet – es erfolgt eine <u>nahezu</u> unmittelbare Schlußfolgerung, die durch die Interpretation der Sinnesdaten zustande kommt. Das heißt, die Daten werden beinahe sofort oder simultan empfangen und interpretiert.

(Pause um 16.40 Uhr.) Nachkommen werden erst lange nach dem von euch als normal erachteten Alter gezeugt. Ansonsten ist der Vorgang der gleiche. Diese Lebewesen kommen in vielen Teilen eures Planeten vor, mit einigen territorialen Schwerpunkten, aber die Gesamtbevölkerung ist relativ klein – insgesamt etwa einige Tausend. Sie versammeln sich selten in großen Gruppen, leben aber in der Familie und haben eine stammesähnliche Ordnung, mit höchstens zwölf Erwachsenen in einem bestimmten Gebiet. Bei Nachkommen wird die Gruppe wieder geteilt, da sie genau wissen, daß sie als große Gruppe viel leichter zu entdecken sind.

Sie alle benutzen Werkzeuge der einen oder anderen Art und leben in großem Einklang mit den Tieren. Es gibt zum Beispiel keine Konkurrenz zwischen ihnen und den Tieren, und sie sind grundsätzlich nicht aggressiv, obwohl sie sehr gefährlich werden können, wenn sie in die Enge getrieben oder ihre Jungen angegriffen werden.

Im Winter werden sie recht träge, besonders in kalten Klimata, und ihre Temperatur sinkt, wie es bei Tieren, die Winterschlaf halten, typisch ist. Der einzige Unterschied besteht darin, daß sie empfindlicher auf tägliche Temperaturschwankungen reagieren, so daß sie an bestimmten Wintertagen auf Futtersuche gehen oder wochenlang ihren Winterschlaf halten.

(16.46 Uhr.) Sie haben ein tiefes Verständnis für die Natur und für natürliche Phänomene. Die Sprache ist nicht sonderlich entwickelt, da ihre Sinnesorgane so rein und empfänglich sind, daß sie mit ihnen fast eine eigene Sprache entwickeln, die keine weiteren Ausführungen braucht. Diese Sinne haben ein eigenes Unterscheidungsvermögen, so daß die Lebewesen ohne Worte wie »jetzt« oder »dann« relativ genau wissen, wie viele Lebewesen sich in der Umgebung befinden, wie lange sie schon dort sind *(Pause)* –, und ihr Zeitgefühl steht im Einklang mit den Jahreszeiten auf eine Art und Weise, daß sie ohne Worte ein recht genaues Bild von der Welt und einen guten Orientierungssinn haben.

Ich erwähne dieses Material aufgrund des Programms, das ihr heute gesehen habt und weil ich weiß, daß es euch interessiert.

Die neuen Beziehungen zu Prentice-Hall werden sich sehr gut entwickeln. Du wirst jetzt ziemlich geachtet *(Pause)*, da du so viele Veränderungen in dem Verlagshaus mitgemacht hast.

Dein Traum über die Rückkehr nach Sayre in die geräumige Wohnung will aufzeigen, daß du jetzt die Vergangenheit und die Zukunft veränderst. Die Vergangenheit hast du insofern verändert, als daß du sie in einem helleren Licht siehst und sie nicht mehr einengend wirkt. Aus dieser Vergangenheit kann gewissermaßen die neue Gegenwart und Zukunft hervorgehen – ein faszinierendes Phänomen.

Nun – ich komme zurück oder auch nicht, aus den Gründen, die ihr bereits kennt, aber wißt, daß ich präsent und zugänglich bin.

(»Vielen Dank, Seth.«

16.55 Uhr. »Ich muß dir noch etwas sagen«, sagte Jane, als ich ihr eine Zigarette anzündete, »ich wußte, daß er den Schneemenschen erwähnen würde, sobald das Programm beendet war. Aber ich hatte nur an ein paar Zeilen gedacht – so viel hatte ich nicht erwartet. Ich hatte gar nichts erwartet. Das Fernsehprogramm war um 15.00 Uhr zu Ende. Jane ergänzte, sie habe die Insektenfalle »gesehen«, sie könne sie aber nicht zeichnen. Sie sagte, sie wolle mich nicht in die Irre führen, aber die Fallen erinnerten sie an Spinnennetze, in denen Insekten gefangen werden.

17.00 Uhr. »Keine Sorge, ich werde nicht mit der Sitzung weitermachen, aber wie er gesagt hat, veränderst du die Vergangenheit von der Gegenwart aus – die dein Fokus ist, weißt du –, und ich weiß, was er als nächstes sagen wird . . .« Ich sagte ihr, sie könne gerne mit der Sitzung fortfahren.

Ich mußte Jane bitten, das zu wiederholen, was sie gerade gesagt hatte, da Karina, die russische Patientin von nebenan, im Gang die ganze Zeit geschrien hatte. Eine ziemliche Ablenkung. Sie schreit immer noch. Die Helferin, die das Abendessen nach der Sitzung gebracht hatte, hatte die Tür offen gelassen, so daß Karinas Geschrei noch lauter war.

Eine Ergänzung am Mittwoch, den 11. Januar 1984: Wir würden gerne mehr hören über das Verändern der Vergangenheit aus der Gegenwart. Jane und ich hatten heute Meinungsverschiedenheiten [glaube ich] über das, was Seth dazu gesagt hatte. Jane ist der Meinung, daß sie die reale Situation, in der Pfarrer Darren sie damals als Teenager im Hotelzimmer um das Bett herum scheuchte, verändern kann; ich hatte Seth aber so verstanden, daß das ursprüngliche Ereignis bestehen bleibt und sich nur das psychologische Verständnis darüber tiefgreifend verändert. Es macht einen erheblichen Unterschied. Soweit mir bekannt ist, schafft man nicht einfach eine andere Realität, indem man ein Ereignis aus seinem Gedächtnis löscht oder ungeschehen macht.

Seth ging in seiner kurzen Sitzung am Mittwoch, den 11. Januar, nicht darauf ein, und ich hatte vergessen, ihn danach zu fragen.)

Mittwoch, den 11. Januar 1984, 16.23 Uhr

(Ich habe die Sitzung von gestern über Sasquatch[1] *noch nicht abgetippt. Ich mußte den Schnee aus der Einfahrt schippen, da heute viel Neuschnee gefallen war – etwa zehn Zentimenter –, und ich wollte ein Zuschneien der Einfahrt vermeiden. Jane hatte mich gestern abend angerufen, dank Carla, und sie erzählte, Debbie Harris sei bei ihr gewesen. Debbie ist wirklich eine gute Freundin.*

In der gestrigen Sitzung ging es hauptsächlich um das Sasquatch-Phänomen, wahrscheinlich ausgelöst durch das Programm In Search Of. *Ich werde wohl an irgendeinem Vormittag meine Arbeit an* Träume *unterbrechen müssen, um die Sitzung fertigzutippen. Das ist zur Zeit schwierig, weil ich sowieso morgens immer an der Steuererklärung für 1983 arbeite. Aber wir werden es schaffen.*

Gestern abend war in der Post die Doktorarbeit von Carol Steiner über das Seth-Material dabei, die sie uns im November versprochen hatte. Wir wußten schon vor einem Jahr, daß sie für ihre Promotion in Philosophie darüber schreiben würde. Als ich Jane darüber erzählte, mußte ich daran denken, was für eine Aufgabe es ist, das Seth-Material von Anfang an erläutern zu wollen. Von unserem Standpunkt aus gesehen haben wir das Gefühl, daß mehr ungesagt als gesagt geblieben ist – aber das geschieht wohl immer in solchen Fällen. Carol möchte die Arbeit veröffentlichen und fragt nach einer Butts-Roberts-Biographie – ein Projekt, das wir wohl abgeben werden. Ich werde unserem Verlag, Prentice-Hall, schreiben.

Jane aß gut zu Mittag. Sie versuchte, die Sitzung vom 9. Januar nochmal zu lesen, hatte aber Schwierigkeiten damit. Ihre Sehschärfe veränderte sich immer wieder; manchmal konnte sie gut sehen. Seth hat diese Anpassung der Augenmuskulatur erwähnt. Jane konnte meistens dann nicht mehr gut lesen, wenn sie gerade ihre Medizin bekam, also gab sie schließlich auf. Wir vergaßen, Carla nach Janes Temperatur zu fragen. Ich versuchte, Briefe zu beantworten, was mir jedoch nicht sonderlich gut gelang. Ehe wir etwas erledigen konnten, schien die Zeit schon vorbei zu sein.

Ich erinnerte Jane daran, daß Seth in der gestrigen Sitzung nicht auf meine Frage eingegangen war, die ich ihr beim Mittagessen gestellt hatte – warum wir solche extremen Verhaltensweisen erkennen ließen, angesichts der Ernsthaftigkeit der Symptome usw. Jane wollte gerne eine Sitzung an diesem Nachmittag abhalten.)

Nun: Guten Tag.

---

1 »Sasquatch« ist eine indianische Bezeichnung für den Schneemenschen, der in Kanada und im Nordwesten der USA vorkommen soll. (Anmerkung der Übersetzerin.)

(»Guten Tag, Seth.«)

Ich will folgende Bemerkungen machen.

Eure Situation ist im gewissen Sinne ein Extrem – aber wirkliche Extreme sind viel hoffnungsloser. Beispielsweise die Armut der Menschen, die in weiten Teilen der Welt herrscht – eine Armut, die jegliches physische und geistige Wachstum verkümmern läßt und einen frühen Tod zur Folge hat. Oder Extreme bei bestimmten Krankheiten, wenn Kinder ohne lebenserhaltende Funktionen geboren werden und damit auch früh sterben. Oder Extreme, bei denen ganze Familien aufgrund von tragischen Schicksalsmustern auf einmal ausgerottet werden.

Diese Fälle haben natürlich ihre Gründe. Ich möchte nur, daß ihr euch dessen bewußt seid, daß es viele außerordentlich ernste Extreme gibt, die euer Leben im Vergleich dazu als sehr angenehm erscheinen lassen. Da ihr beide geistig sehr flexibel seid und eine Vergangenheit der Gesundheit und Vitalität habt, kann Ruburt seine Vergangenheit dazu benutzen, um sich vorzustellen, wie er damals beispielsweise die Treppen zur Kunstgalerie hoch- und hinuntergerannt ist. Sein Körper und sein Geist sollten die Gültigkeit dieser Bewegungen erkennen können, so daß keine gegenteilige Information eine Blockade bilden könnte.

Eine weitere Unterstützung liegt in der Vorstellung, wie er die Wohnung in Nummer 458 *(W. Water Street, wo wir früher wohnten)* gründlich sauber macht oder die Zimmer des Hügelhauses *(wo wir jetzt wohnen).*

Ich komme zurück oder auch nicht, abhängig von jenen Rhythmen, von denen ich spreche – aber wißt, daß ich präsent und zugänglich bin.

(»Okay.«

16.30 Uhr. Jane ging es besser. Ich sagte ihr, Seth sei nicht auf das Thema der gestrigen Sitzung eingegangen, auf unsere Fragen, wie sich die Vergangenheit aus der Gegenwart heraus ändern läßt; er habe auch nicht die Doktorarbeit über das Seth-Material von Carol Steiner kommentiert. Diese hatte ich Jane natürlich gezeigt, sie konnte sie aber nicht lesen.

In den Sitzungsnotizen vom 9. Januar hatte ich meinen Eindruck aufgeschrieben, daß trotz all unserer Fortschritte irgend etwas Jane daran hindert, wirklich frei zu laufen. Seth hatte in der Sitzung vom 10. Januar nichts dazu gesagt, und ich fragte Jane, ob sie jetzt irgendeine Erkenntnis zu dieser Frage habe. Ich war mir nicht einmal sicher, ob ich recht hatte.

Ich packte gerade meine Sachen zusammen, um am Abend wieder nach Hause zu fahren, als Jane mir mitteilte, sie wolle doch noch über etwas sprechen. Es stellte sich heraus, daß sie sich wegen ihres rechten gebrochenen Beines nicht frei fühlte – fühlt –, um wirklich zu laufen.

Sie gab zu, sich mehr und mehr Sorgen darüber zu machen, daß ihr rechtes Bein so viel kürzer aussieht als ihr linkes. Sie kann sich nicht vorstellen, damit zu laufen, auch wenn sie es ausstreckt. Wir sprachen eine Weile darüber. Das

Gespräch beruhigte sie leider nicht sehr. Ich weiß schon seit einiger Zeit, daß ihr kürzeres Bein ein Problem darstellt. »Aber«, sagte ich, »wir sollten nicht so denken. Wir sollten darauf vertrauen, daß der Körper weiß, was er zu tun hat und das Bein in Ordnung bringt, auf welche Art auch immer.« Jane stimmte natürlich zu, ich sah jedoch ihre große Beunruhigung.

Ich sagte, sie müsse eine ärztliche Meinung einholen, dachte aber, daß sie nein sagen würde, wenn man ihr Bein morgen röntgen wollte. Ich hätte es mir sehr gewünscht, das Bein in einem entspannteren Zustand zu sehen, wenigstens ein wenig. Es beunruhigte mich sehr, den Streß mitansehen zu müssen, der ihr das ständig bis zur Leiste angewinkelte Bein bereitete. Wie gesagt, ich weiß immer noch nicht genau, warum der Körper dies tat. Mit Janes besserer Einstellung und gutem Appetit hätte diese schwierige Phase jetzt teilweise überwunden sein können, auch wenn die Knochen durch den ständigen Streß geschwächt waren. Es waren keine weiteren Knochen gebrochen.

Kurz gesagt, Jane, das rechte Bein spielt offensichtlich eine Hauptrolle in deinem Heilungsprozeß, der nicht nur ein physischer ist, sondern auch deine lebenswichtigen Glaubenssätze über die ganze Situation betrifft. Es ist schon fast ironisch, dachte ich auf der Fahrt nach Hause, wenn das gebrochene Bein als der allerletzte Impuls gelten soll, um die Psyche von den alten, schädlichen Glaubensmustern zu befreien, damit die neue Synthese endlich eingeleitet werden kann: Der Körper kann sich selbst heilen ...

Jane rief um 22.10 Uhr mit Carlas Hilfe an, als ich gerade die Sitzung zu Ende getippt hatte. Sie sagte, es ginge ihr nicht sonderlich besser. Ich versuchte, sie – und mich selbst – aufzumuntern.)

Donnerstag, den 12. Januar 1984, 16.02 Uhr

(Heute war es sehr kalt – nur minus 11 Grad am Mittag. Ich mußte zur Bank, um einen Scheck abzugeben und eine Zahlungsanweisung für das Blue Cross und die monatliche Krankenhausrechnung auszufüllen. Als ich zu Zimmer 330 kam, erzählte mir Jane von ihrem Traum, den sie gestern nacht, kurz nachdem ich gegangen war, hatte.

In ihrem Traum saß sie in der Badewanne, ohne Wasser, und sprach mit ihrer Mutter, die sie nicht sehen konnte. Dann geschah etwas »sehr Sinnliches«, woran sie sich aber nicht erinnern konnte. Danach stand sie im Zimmer und löste ihr Haar.[1] *Jane glaubt, dies sei das Symbol dafür, daß sie im Laufe ihres Lernprozesses aus sich herausgehen werde.*

1 Im Englischen hat der Spruch »letting one's hair down« auch eine figurative Bedeutung im Sinne von »aus sich herausgehen«, »Hemmungen verlieren«. (Anmerkung der Übersetzerin.)

Jane war heute morgen deprimiert und nervös, aber sie hat es sich wieder ausgeredet. Sie hatte guten Appetit zum Mittagessen. Ich hatte die gestrige Sitzung fertig getippt, und sie versuchte einige Male, sie zu lesen – ohne Erfolg. Auch nachdem ich ihr Augentropfen gegeben hatte, klappte es heute einfach nicht. Schließlich las ich ihr die Sitzung vor und war um 15.33 Uhr fertig.

Als wir danach miteinander sprachen, fühlte sich Jane ermutigt, sich im Spiegel anzuschauen, den ich vor einigen Monaten bereits in ihrem Zimmer hinterlegt hatte. Sie hatte zunächst Angst, es ging dann aber gut – mit etwas stockender Stimme begegnete sie sich selbst im Spiegel und fühlte sich ganz wohl dabei. Wir hatten uns darauf geeinigt, daß sie ein Problem weniger hätte, wenn sie den Spiegel öfter benutzen würde; sie würde dadurch weniger vor sich selbst flüchten.

Ich half ihr, Lippenstift aufzutragen, und sie sah sehr gut aus, mit ihrer feinen Gesichtshaut, ohne die Falten, die die meisten Menschen in dem Alter haben. Sie ist 54. Ich sagte ihr, sie sehe außerordentlich gut aus. Auch ihr Haar ist sehr schön – lockig und lebendig. Ich sagte ihr, wenn sie es färben würde, so wie früher, sähe sie wieder wie die alte Jane aus. Ich schlug ihr vor, sich jeden Tag wenigstens kurz im Spiegel anzuschauen, so daß es etwas ganz Normales werden würde. Sie könne sich sogar darauf freuen, ihre ständige Besserung mitzuverfolgen.

Jane versuchte nochmals, die Sitzung zu lesen, gab aber bald auf. Ich erwähnte, daß sie bei der Sitzung heute das Thema von gestern abend zur Sprache bringen könnte – ihr rechtes Bein und die damit verbundenen Herausforderungen. Ich wollte auch, daß Seth den letzten Absatz, den ich für die gestrige Sitzung geschrieben hatte, kommentierte. Ich fand das eine gute Idee von mir. Jane stimmte mir zu. Sie bat mich, ihr das nächste Mal einen Konturenstift für die Lippen mitzubringen.

Schließlich wollte sie nicht mehr darauf warten, bis ihre Werte wieder gemessen wurden, und begann mit einer Sitzung.)

Nun: Einen wunderschönen guten Tag euch.

(»Guten Tag, Seth.«

Lange Pause.) Es ist sicherlich viel angenehmer, wenn man immer gut gelaunt ist – aber in Ruburts Situation wirken die relativ seltenen Phasen der Frustration therapeutisch, weil er dadurch seine Gefühle durch Tränen auszudrücken vermag, was sonst der Körper durch neue Symptome ausdrücken müßte.

(Jemand fragte durch die Tür: »Ist Sharon da?«

»Nein«, antwortete ich. Jane blieb in der Trance.)

Es gibt einen gewissen Rest, oder besser gesagt *(Pause)*, an recht verzweifelten Gefühlen – und diese werden durch ihren Ausdruck aus dem Körper entlassen und ermöglichen seine weitere Heilung. Er *(wie Seth Jane manchmal nennt, weil sie den männlichen Wesensnamen Ruburt hat)* macht beispielsweise in einem gewissen Tempo Fortschritte und trifft auf bestimmte Blockaden, bedingt durch Ängste und Zweifel. Diese werden durch die Tränen gelöst oder durch eine bewußte Phase der Traurigkeit. Der Organismus wird dadurch gereinigt und kann sich auf weitere Genesung einstellen.

In der Vergangenheit war der Körper selbst deprimiert *(ein sehr wichtiger Punkt)* und arbeitete nur auf Reserve. Das ist jetzt gar nicht mehr der Fall. Jedesmal verkürzt sich die Phase der Traurigkeit, der Körper ist schneller gereinigt und die Heilung wird leichter.

(Lange Pause um 16.10 Uhr.) Das ist jetzt wenigstens eine natürliche Art und Weise, alte Glaubensmuster und Ängste abzulegen, und zwar indem sie erkannt und dann losgelassen werden.

(Lange Pause.) Die sich verändernden Zustände der Augen sind ein Hinweis auf die Art der Zyklen, die stattfinden: Es bessern sich sozusagen die äußeren Bereiche, so daß jede weitere Besserung der vorherigen eindeutig überlegen ist. Aber in der Zwischenzeit gibt es viele Abweichungen, Unregelmäßigkeiten und Zeiten, in denen die Sehschärfe schwach ist. Diese Änderungen sind in der Tat rätselhaft. Ruburt kann seine Augen nicht die ganze Zeit betrachten, deshalb wird dieses Rätselhafte als selbstverständlich hingenommen. Er versteht sowieso sehr wenig von der Augenoperation und bemüht sich gar nicht darum, wenigstens versuchsweise herauszufinden, in welcher Reihenfolge oder wie die Besserungen überhaupt stattfinden sollen.

Das rechte Bein ist jedoch unmittelbar in seinem Blickfeld – es ist sehr gut sichtbar, so daß er die ungünstige Lage mit der des gesunden Beines oft vergleichen kann. Deshalb sieht er vielmehr die Behinderung, die ihm im Wege steht. Der Körper kann das Bein genauso gut heilen, wie er die Augen oder die wundgelegenen Stellen heilen kann.

Es wäre jetzt besser, sich nicht auf das Bein oder darauf zu konzentrieren, was es bald leisten muß, um wieder laufen zu können. Es wäre hilfreich, wenn er sich gelegentlich vorstellt, daß sein Laufen genauso leicht geschieht wie seine Gedanken, die kommen und gehen, und genauso rätselhaft wie sein Sehvermögen funktioniert, wenn er plötzlich wieder scharf sehen und sehr viel schneller lesen kann – da das schnelle Lesen bald wieder die Norm sein wird.

Es ist wirklich ein Fortschritt, daß er sich heute im Spiegel angeschaut hat – ein sehr wichtiger Schritt –, und dein Vorschlag, er solle das kurz jeden Tag tun – und dabei lächeln *(amüsiert)* – ist auch sehr gut.

Es zeigt, daß er bereit ist, sich selbst zu begegnen und sich wenigstens sanft anzuschauen. Der Lippenstift und der Konturenstift sind natürlich eine sehr gute Idee, damit er sich wieder um sein Aussehen kümmert, wie er es früher getan hat. Der Gesichtsausdruck reflektiert genau das

Bild des inneren Selbst, so ungewöhnlich dies auch erscheinen mag. Ein Lächeln, auch wenn ihm nicht danach zumute ist, baut das Selbstbild auf und wirkt sich auf das ganze Körpergefühl aus.

Ruburt hat bereits die Heilung von relativ komplexen Beschwerden wie denen seines gebrochenen Beines erfahren.

Ich komme zurück oder auch nicht – aber wißt, daß ich präsent und zugänglich bin und daß ihr beide meine Aufmerksamkeit habt.

(»Darf ich etwas fragen?«)

Ja, bitte.

(»Würdest du etwas zu dem sagen, worüber wir gestern gesprochen haben, als es um das Verändern der Vergangenheit von der Gegenwart aus ging?« Ich war ziemlich sicher, daß Seth eher mit Janes Interpretation übereinstimmen würde als mit meiner.

16.25 Uhr.) Es ist sehr schwierig zu erklären, da manchmal das, was tatsächlich passiert, genau das Gegenteil dessen ist, was scheinbar passiert ist. Ihr verändert nicht einfach eure Einstellungen und Glaubensmuster über die Vergangenheit – ihr verändert die Ereignisse der Vergangenheit an sich für euch und manchmal auch für andere.

Es hilft euch vielleicht, daran zu denken, daß Ereignisse grundsätzlich subjektiv sind. Ihre scheinbare »Objektivität« kommt durch einen bestimmten Fokus zustande, und wenn –

(14.27 Uhr. Eine neue Krankenschwester kam herein, um Janes Temperatur zu messen – 36,8. Karina hatte während der ganzen Sitzung geschrien, manchmal so laut, daß ich Seths Durchgaben fast nicht verstehen konnte.

Einen Augenblick danach besuchte uns Shawn Peterson. Ich machte den Fehler, sie nach ihrem Mann zu fragen, da ich es gestern vergessen hatte. Shawn holte daraufhin weit aus und erzählte uns von den neuesten Problemen ihres Mannes. Gestern waren die beiden den ganzen Tag im Krankenhaus in Sayre gewesen. Ihr Bericht spiegelte alle negativen Überzeugungen über Krankheit wider, die Jane und ich in einer Krankenhausumgebung erwarteten. Nachdem Shawn sich verabschiedet hatte, las ich Jane ihr Material von 16.25 Uhr vor.)

– dieser Fokus sich ändert, ändern sich auch die Ereignisse.

(16.44 Uhr. Das war's, obwohl Jane noch mehr Material hätte durchgeben können. Sie mußte jetzt gewendet werden. Die Situation war etwas frustrierend, da ich mich schon auf gutes Material über das Verändern der Vergangenheit von der Gegenwart aus gefreut hatte; ich wollte diese Frage nicht unter den Tisch fallen lassen.

Vielleicht würde es morgen mehr darüber geben, meinte Jane schließlich. Karina hatte heute nachmittag wirklich sehr gestört, und sie schrie immer noch, allerdings viel schwächer und mit heiserer Stimme. Ich meinte zu Jane, sie höre sich an, als ob sie ihre Kindheit nochmal durchlebe. Das Personal hatte verschie-

dentlich versucht, sie zu beruhigen – ohne Erfolg. Jane meinte, sie fühle sich nicht gut dabei, weil das Verhalten des Personals sie an die Anfangszeit ihres Krankenhausaufenthaltes erinnere, als sie Gefühle der Panik hatte und man versuchte, sie zu beruhigen. Nachdem Jane mir ihre Stimmung mitgeteilt hatte, sagte sie sich »Genug damit«.)

Freitag, den 13. Januar 1984, 15.37 Uhr

(Jane sah heute nach dem Mittagessen wieder in den Spiegel – zwei Tage hintereinander bisher. Eine solche Situation habe sie zuletzt vor über einem Jahr erlebt, schätzte sie. Es hatte auch eine humorvolle Seite, denn heute hatte sie sich nur flüchtig angeschaut und sagte mir danach, sie habe weiße Haare. Das stimmt natürlich nicht. »Na ja, das habe ich jetzt hinter mich gebracht«, sagte sie mit sichtlicher Erleichterung, nachdem ich ihr den Spiegel gereicht hatte. Ich gab ihr den Lippenstift, den sie ohne Schwierigkeiten auftrug.

Jane aß gut zu Mittag. Eine Krankenhelferin zeigte uns eine Kopie der normalen Speisekarte, und wir stellten fest, daß es kaum einen Unterschied gab zu der weichen Kost, die Jane immer bekam.

14.35 Uhr. Jane begann, die Sitzung von gestern zu lesen; es ging besser als gestern. Ich half ihr an einigen Stellen. Um 14.50 Uhr hörte sie bei Seite drei für eine Zigarettenpause auf. Sie erzählte mir dann von ihrem Traum. Im ersten Teil sah sie sich im Spiegel an, um festzustellen, ob die rosa Perlenkette zu ihrer Bluse paßte – Farbe unbekannt. Im zweiten Teil lag sie auf ihrem Rücken im Bett, als ihre Hüfte eine Bewegung machte und ihre Beine daraufhin gleich lang waren. Sie wußte nicht, was sie getan hatte. Ich sagte, es klinge so, als ob der Traum ihr etwas über Heilung und Bewegung mitteilen wolle. Die Information über die Beine war besonders wichtig.

15.20 Uhr. Jane las die Sitzung laut zu Ende, und es ging sehr gut, besonders zum Schluß. Ich beantwortete Briefe, während sie vor der nächsten Sitzung noch eine Zigarette rauchte. Sie beschloß, nicht darauf zu warten, daß man ihre Werte aufnahm. Als sie mich danach fragte, ob ich Seths Material für das Buch von seinem persönlichen Zeug aussortieren könne, sagte ich, es sei sehr einfach, ich hätte keine Bedenken dabei.

»Weißt du warum?« fragte ich sie. »Weil du die ganze Arbeit mit dem Buch machen wirst, wenn du wieder zu Hause bist. Bereite dich mal darauf vor. Ich wußte schon immer, daß du das Buch machen würdest. Ich kann eine Einleitung schreiben, wenn du möchtest, oder auch du, oder du-weißt-schon-wer kann eine schreiben – aber du bist diejenige, die das Buch fertigstellen wird.«

Meine kleine Rede bewirkte, daß sie über das Projekt und alles, was dazu gehört, zu sprechen begann, und bald spürte sie Seths Anwesenheit. Sie drückte ihre Zigarette vorzeitig aus.)

Nun: Einen guten und schönen Tag euch.

(»Guten Tag, Seth.«)

Apropos, eure Diskussion über die Zeit.

Die Natur der universellen Kreativität ist so außergewöhnlich, daß ihre wahre Reichweite sich dem Verständnis regelrecht entzieht. Die Implikationen sind so verblüffend, daß es fast nicht möglich ist, die ganze Angelegenheit zu erklären.

Die Vergangenheit und jeder Moment in der Vergangenheit werden unaufhörlich verändert vom Standpunkt der Gegenwart. Nach euren Begriffen wird die Gegenwart zur Vergangenheit, die wiederum von jedem Punkt des gegenwärtigen Jetzt verändert wird. Angesichts dieses unermeßlichen, ununterbrochenen Flusses existiert dennoch immer ein persönliches Gespür für Kontinuität: Ihr kommt nie wirklich von eurem Weg ab, während ihr zwischen einem Augenblick und dem nächsten unterwegs seid –

(15.43 Uhr. Kurze Unterbrechung durch eine Krankenschwester, die uns mitteilte, daß Georgia Cecce, Janes Lieblingskrankenschwester, gerade ins Krankenhaus aufgenommen wurde. Wiederaufnahme um 15.46 Uhr.)

In einer ähnlichen Weise sind die Gegenstände um euch herum ständig in Bewegung, wie ihr wißt. Atome und Moleküle bewegen sich andauernd, und die Elektronen sind auf bestimmte Art die Anführer der Bewegung.

Euer eigener Fokus ist so präzise eingestimmt, daß trotz aller Bewegung die Gegenstände fest erscheinen. Punkt. Gegenstände sind aber auch Ereignisse, und vielleicht sind sie so am besten zu verstehen. Sie hängen sehr stark von eurem subjektiven Fokus ab. Läßt eure Konzentration auch nur für einen kurzen Augenblick nach, fällt sozusagen das ganze Kartenhaus in sich zusammen.

Denkt daran, daß auch ihr Objekte und Ereignisse seid; die Organe in eurem physischen Körper bestehen ebenfalls aus Atomen und Molekülen, deren Bewegung wiederum von Elektronen gesteuert wird.

(Lange Pause um 15.52 Uhr.) Die Elektronen haben ihr eigenes subjektives Leben. Sie sind deswegen auch subjektive Ereignisse, und es gibt immer eine Wechselbeziehung zwischen den Elektronen eures Körpers und denen der Objekte, die euch umgeben. Dennoch flacht die subjektive Kontinuität nie ab, da sie immer auch ein Teil der Welt ist, die sie wahrnimmt, so daß letztendlich ihr und die Welt euch gegenseitig erschafft.

Wenn ihr die Vergangenheit von jedem Punkt des gegenwärtigen Jetzt aus verändert, verändert ihr auch die Ereignisse auf mikroskopischer Ebene. Eure Absicht hat daher auch eine elektronische Realität. Es ist fast so, als ob eure Gedanken auf die Tasten eines riesigen Computers schlagen würden, denn eure Gedanken haben eine große Kraft. Neuer

Satz: Auch wenn Sätze aus Worten gebildet werden, ist die Menge der Sätze, die gesprochen werden können, endlos – und »Zeit« besteht aus einer endlosen Vielfalt von elektronischen Sprachen, die eine Million Welten anstatt Worte »sprechen« können.

Ich komme zurück oder auch nicht, abhängig von den Rhythmen, von denen ich spreche, aber wißt, daß ich »gegenwärtig« und zugänglich bin.

(»Darf ich eine Frage stellen?«)

Ja, bitte.

(»Kannst du uns etwas über Karina sagen?« Ich hatte heute nachmittag während der Sitzung die russische Dame wieder einige Male schreien gehört.)

Macht eine Pause.

(16.00 Uhr. Jane rauchte eine Zigarette. »Er meint, daß er zurückkommt«, sagte sie. »Der Stoff über die Zeit war phantastisch. Während ich das Material durchgebe, bekomme ich etwas, was ich danach beim Durchlesen, wenn ich wieder draußen bin, nicht mehr spüre. In der Trance bin ich richtig ins Material eingetaucht.«

»Du meinst, du kannst es fühlen?« fragte ich, und sie stimmte zu. Ich habe mir oft Gedanken darüber gemacht, wie unvollkommen unsere gegenwärtigen Theorien über das, was wir um uns herum wahrnehmen oder am Nachthimmel sehen, ausgebildet sind.

16.05 – 16.10 Uhr. Lynn kam herein, um Janes Werte zu nehmen. Temperatur 36,6. Wir sprachen über Karina, die im Zimmer nebenan, getrennt durch das Badezimmer, liegt. Lynn glaubt, Karina habe ihre Orientierung verloren, obwohl manche Ärzte dem nicht zustimmten. Wir spekulierten darüber, warum Karina nie eine andere Sprache außer Russisch gelernt habe. Lynn erzählte, das Krankenhaus habe sogar eine Liste russischer Wörter, auf die Karina aber nicht richtig reagiere – vielleicht weil sie schlecht ausgesprochen würden.

Nachdem Lynn gegangen war, sagte ich Jane, sie könne mit dem Material über die Zeit weitermachen. Wiederaufnahme um 16.21 Uhr.)

Daten sind nichts anderes als Benennungen für Tage.

Die Menschheit kam lange Zeit ohne diese Benennungen aus. Tiere, die ohne Benennungen leben, wissen um ihren Platz auf der Erde und nehmen die Fluten und die Bewegungen der Erde und Planeten war.

(Lange Pause.) Karina hat eine ähnliche Orientierung. In ihrer jetzigen Lebensphase weigert sie sich, mit Sprachen umzugehen, weil sie dadurch eher an die Details der Welt gefesselt würde. *(Lange Pause, eine von vielen.)* Sie kehrt »zur Vergangenheit zurück« und gestaltet sie mehr nach ihren Wünschen um. Ihr gegenwärtiges Jetzt läßt bereits Anzeichen des Verfalls erkennen. Sie sucht einen Kreuzungspunkt, von dem aus sie andere Realitäten aufbauen kann. Es geht nicht darum, daß das

gegenwärtige Jetzt verfällt, sondern vielmehr darum, daß sie absichtlich ihre Aufmerksamkeit zerstreut und dadurch zuläßt, daß das gegenwärtige Jetzt an Kraft und Vitalität verliert. Sie wird konsequenterweise eine neue Form schaffen, durch die sie handeln kann.

Ich komme zurück oder auch nicht, aber wißt, daß ich präsent und zugänglich bin *(humorvoll.*

»Ich danke dir sehr.«

16.32 Uhr. Jane raucht eine Zigarette. Gestern hatte Karina einen schlechten Tag – eigentlich ihr schlimmster, soweit wir das beurteilen konnten. Sie hat den ganzen Nachmittag unverständliche Worte herausgeschrien, bis ihre Stimme schließlich ins Stocken geriet und zum Abendessen völlig versagte. Es war mehr als störend gewesen. Ich fragte mich, ob sie immer mehr abbaut, da sie in den vergangenen Wochen nicht so kontinuierlich geschrien hatte. Mir kam es so vor, als ob ihr Schreien bis zur Heiserkeit eine letzte Konfrontation mit der Welt wäre, die sie bald verlassen würde . . .)

Samstag, den 14. Januar 1984, 16.31 Uhr

(Es ist warm – 0,5 Grad –, und Schnee und Eis schmelzen. Heute morgen bin ich mit unserer Steuererklärung für 1983 fertig geworden und werde sie Montag früh unserem Steuerberater zuschicken. Ich brachte Jane ihren Konturenstift mit.

15.15 Uhr. Jane schaute sich im Spiegel an, nachdem sie den Lippenstift aufgetragen hatte. Sie lächelte sogar – »Da ich das tun soll« –, und es gelang ihr sehr gut. Ich zog ihre Augenbrauen mit dem Stift nach, und sie sah wunderbar aus.

15.25 Uhr. Ich lief den Gang herunter zu Zimmer 307, um Georgia zu besuchen, aber sie schlief. Ich hatte mittags schon mal hereingeschaut; ihr Bett war leer gewesen, obwohl zwei Leute in ihrem Zimmer saßen und sich unterhielten.

15.32 Uhr. Jane rauchte ihre Zigarette zu Ende, während ich an der Post arbeitete.

15.45 Uhr. Jane fing an, die Sitzung von gestern zu lesen, und anfangs lief es sehr gut. Sie las sehr schnell. Sie wurde unterbrochen, weil man ihre Werte wieder nehmen wollte – Temperatur 36,8. Um 15.57 Uhr konnte sie weiterlesen; sie las jetzt schlechter und langsamer. Sie sagte, ihre Augen würden sich verändern.

16.02 Uhr. Jane hörte auf zu lesen. Sie konnte kaum noch etwas erkennen. Später fing sie nochmal sporadisch an zu lesen. Diese Veränderungen waren ein ausgezeichnetes Beispiel für Seths Erklärungen darüber, wie sich ihre Augen auf einem höheren Niveau der Besserung verhielten.

16.07 Uhr. Jane unterbrach die Lektüre, um eine Zigarette zu rauchen. Um 16.19 Uhr las sie weiter bis zum Ende der Sitzung, und zum Schluß klappte es auch besser.

16.25 Uhr. Sie erzählte mir jetzt, wie sie sich vorhin vorgestellt habe, daß sie Enfield Glen[1] *besuchte. Sie sagte, sie habe sich sehr gut vorstellen können, wie sie durch den Park und um das Schwimmbecken herum gelaufen sei. Aber schließlich sei sie deprimiert gewesen, weil sie daran gedacht habe, was sie noch alles durchmachen müßte, bis sie soweit sein würde. »Es ist wirklich verdammt schwierig, sich all das vorzustellen, ohne zu verzweifeln«, sagte sie. Ich erwiderte, es sei in Ordnung, verzweifelt zu sein, solange sie ihre Gefühle einfach beobachten könne und sich nicht in eine schlechte Stimmung hineinfallen ließe. Keiner ist vollkommen, außerdem brauchen wir die Perfektion auch gar nicht.*

Karina war heute zumeist ruhig, nur gelegentlich brach es bei ihr durch. Janes Seth-Stimme hörte sich kräftiger und positiver als sonst an, dachte ich, mit unterschiedlichen Betonungen.)

Nun: Guten Tag.

(»Guten Tag, Seth.«)

– ich komme nur kurz durch, um die Koordinaten, die sehr vorteilhaft für die Entwicklung der Heilenergie sind, zu intensivieren.

Ruburt hat seine mentalen Übungen sehr gut gemacht – ungewöhnlich gut, außer in einigen Momenten, in denen er in Selbstmitleid verfiel. Es ist außerordentlich wichtig, daß er sich auf die Freuden des Lebens konzentriert, die er genießt: gutes Essen, das Vergnügen am Lesen, die Freude an schöpferischen Gedanken, die Unterstützung durch Freunde usw., da dieser Gewinn dann um ein Vielfaches steigt.

Alle notwendigen Fortschritte finden tatsächlich auf verschiedenen Ebenen der Aktivität innerhalb seines Geistes und Körpers statt. Wenn er so weitermacht, wird er wieder auf beiden Beinen stehen und mit einiger Zuversicht laufen können. Er muß jedoch Vertrauen haben, daß dies so ist – und sich nicht wieder Sorgen darüber machen, wie es geschehen wird.

Der bewußte Verstand kann die physischen Bewegungen steuern *(lange Pause)*, aber allein das Körperbewußtsein kann diese Bewegungen, die Lebendigkeit und Schwung hervorbringen, umsetzen.

Ich komme zurück oder auch nicht, abhängig von jenen Rhythmen,

---

1 Enfield Glen ist die einheimische Bezeichnung für den Robert Treman State Park. Er befindet sich in der Nähe von Ithaca, New York, etwa 56 Kilometer von Elmira und Sayre entfernt. Die Familie Butts hat dort viele schöne Campingsommer verbracht. Jane stammt aus Saratoga Springs, dem Norden des Staates New York. Nach unserer Verlobung 1955 habe ich sie als erstes zu diesem wunderschönen »Glen« mitgenommen.

von denen ich spreche, aber wißt, daß ich immer präsent und zugänglich bin.

(»Danke.«

16.37 Uhr. Ich sagte Jane, die kurze Sitzung sei hervorragend gewesen. Ich fand, daß sie sehr positive und hoffnungsvolle Aussagen enthielt – sie haben irgendwie ins Schwarze getroffen. Jane war auch zufrieden; nach dem Abendessen las ich ihr die Sitzung nochmal vor.

Während des Essens klingelte das Telefon. Es war unser Nachbar John Bumbalo, der uns gegenüber wohnt. Er wollte mich zu einem späten Abendessen zusammen mit seiner Freundin Lisa einladen. Ich tippe gerade diese Sitzung um 20.15 Uhr zu Ende, um dann zur Pinnacle Road zu gehen. Schlaf gut, Jane. Ich liebe dich.)

Sonntag, den 15. Januar 1984, 16.41 Uhr

(Letzte Nacht war es sehr kalt, und als ich mich zum Krankenhaus aufmachte, waren es auch nur minus 8 Grad. Heute morgen habe ich die restlichen Anträge für die Steuer zurechtgelegt. Den Rest der Zeit habe ich an Träume *gearbeitet. Durch die Unterbrechungen habe ich jedoch das Gefühl, daß ich mit diesem Projekt überhaupt nicht weiter komme.*

Jane erzählte mir, Georgia Cecce habe sie heute morgen besucht und sich noch eine Schachtel Zigaretten ausgeliehen. Eine Krankenschwester namens Gaye hatte Janes Haare gewaschen; ich sagte meiner Frau, sie sähen sehr schön aus. Jane betrachtete sich im Spiegel und widersprach, obwohl sie zugab, ihr Haar sei nicht weiß, sondern grau und weiß. Nachdem sie ihren Lippenstift aufgetragen hatte, übte sie das Lächeln im Spiegel. Gaye hatte ihr heute früh die Augenbrauen nachgezogen.

Nach dem Mittagessen erzählte mir Jane, sie habe um 3.30 Uhr einen neuen Katheter bekommen. Es sei kein Problem gewesen. Sie habe deshalb einen neuen gebraucht, weil er sich ein paar Mal gelöst habe, als die neue Krankenschwester sie versorgt habe. Hydro sei heute morgen ausgefallen.

Jane hatte mit Carlas Hilfe versucht, mich zweimal telefonisch zu erreichen, aber ich war erst nach Mitternacht von dem Abendessen mit John Bumbalo zurückgekommen. Das Essen war ausgezeichnet. Um 3.00 Uhr wachte ich ganz nervös auf und konnte erst nach einer Stunde wieder einschlafen. Das Pendel hatte mir mitgeteilt, daß ich mir Sorgen machte, Zeit für Träume *zu verlieren.*

14.50 Uhr. Jane begann, die Sitzung von gestern zu lesen, und kam ziemlich weit. Um 15.05 Uhr war sie fertig. Sie rauchte eine Zigarette, während ich mich auf die Post zu konzentrieren versuchte. Es gelang mir gar nicht gut, da ich müde war.

Von 16.00 bis 16.07 Uhr kamen Leute herein, um ihre Werte zu messen – Temperatur leicht erhöht, bei 37,2 Grad, aber Jane fühlte sich okay. Ich dachte schon, sie würde keine Sitzung abhalten, als sie mich aufforderte, mein Schreibzeug zu holen.)

Nun: Guten Tag.

(»Guten Tag, Seth.«)

Ich komme wieder nur kurz durch, damit die Koordinaten, die sehr wichtig für den Heilungsprozeß sind, verstärkt werden können.

Es ist eine hervorragende Idee, wenn Ruburt seinen Armen und Beinen sagt, daß es vollkommen in Ordnung ist, sie auszustrecken, zu dehnen und zu beugen und ihre normale Bewegungsfähigkeit einzusetzen. Diese Suggestion ist sehr wertvoll, und er setzt sie schon gut um. Die Bewegungen der Hände haben sich sehr verbessert – besonders der Rechten, bei der sich die Finger langsam strecken.

Die schnellen Veränderungen der Augenbewegungen sind ein Zeichen für die hohe Muskelaktivität, die auch in allen anderen Bereichen des Körpers stattfindet.

Es wäre eine gute Idee für ihn, sich ein- oder zweimal an das Jungle Gym *(in Webster, New York, wo mein jüngerer Bruder und seine Familie leben)* zu erinnern und an das erste Mal, wo er körperlich versagt hat. Wenn es ihm möglich ist, soll er sich vorstellen, wie er nicht versagt, sondern weitermacht. Auf diese Weise verändert er auch die Vergangenheit zum Besseren. Wenn er jedoch Schwierigkeiten bei dieser Übung hat, dann kann er sie lassen und nur mit der Suggestion für Hände und Beine arbeiten.

Ich komme zurück oder auch nicht, abhängig von jenen Rhythmen, von denen ich spreche, ich bin aber präsent und zugänglich.

(»Okay. Danke.«

16.47 Uhr. Jane hatte mir vorher ihre rechte Hand gezeigt und wie ihre gekrümmten Finger tatsächlich entspannter waren. Ich hatte die Knöchel ihrer Hände mit »Remedy Rescue«-Creme behandelt. Ich habe seit einiger Zeit auch Veränderungen am Handgelenk und Handrücken ihrer linken Hand bemerkt. Als ich sie vor dem Abendessen herumdrehte, bewegte sich ihr rechter Arm am Ellenbogen relativ frei und locker. Auch das rechte Knie läßt sich immer besser beugen. Es zeigen sich unschätzbare Fortschritte.

Ich verließ Jane um 19.07 Uhr, nachdem wir ein Gebet gelesen hatten. Ich winkte Georgia in Zimmer 307 im Vorbeigehen zu; sie hatte gerade Besuch.

Wir beide erinnerten uns sehr gut an das Jungle Gym am Seeufer des Parks in Webster, wo wir vor vielen Jahren zum erstenmal bemerkten, daß Jane sich nicht mehr richtig bewegen konnte. Es schien sie nicht beunruhigt zu haben, als Seth dies heute erwähnte, also können wir die Erinnerung hoffentlich konstruktiv einsetzen.)

MONTAG, DEN 16. JANUAR 1984, 16.23 UHR

(Die letzte Nacht war sehr kalt; heute morgen waren es immer noch 15 Grad unter Null. Als ich mich heute mittag auf den Weg zum Krankenhaus machte, waren es gerade mal minus 12 Grad. Ich hatte einen Brief an unseren Rechtsanwalt wegen unserer Steuern geschrieben und abgeschickt. Ich sagte Jane später, daß ich mich zum Thema Spenden von Maude Cardwell aufklären lassen müßte. Ich vermute, daß solche Spenden anders besteuert werden, damit Spendeneinnahmen nicht unter zu hohe Steuersätze fallen. Jane und ich brauchen dazu fachmännischen Rat. Es kann gut sein, meinte ich, daß wir von dem Geld nie etwas sehen würden. Vielleicht muß Maude Cardwell Rechnungen für uns zahlen usw. Ich glaube, daß der Spender auf jeden Fall mit einer Steuerermäßigung rechnen kann.

Jane hat gut zu Mittag gegessen. Sie erzählte mir dann von einer Reihe von »Erlebnissen«, die sie gestern abend, nachdem ich gegangen war, gehabt hatte. Es geschah etwa um 20.15 Uhr, bevor das Personal hereinkam, um sie zu wenden. Es ist nicht leicht zu erklären, was sie mir mitteilte, es würde viele Worte und viel Zeit in Anspruch nehmen. »Ich wünschte, ich könnte es selber schreiben«, sagte sie. Ich hatte den Eindruck, daß sie sich während der Erlebnisse in verschiedenen Zuständen befand, unter anderem auch in einem traumähnlichen Zustand.

Jane sah sich zunächst als kleines Mädchen. Sie saß auf einer Schaukel auf dem Sportplatz, der gegenüber der St. Clement Kirche und Schule in Saratoga Springs lag, wo sie aufgewachsen war. »Ich sah an mir herunter und entdeckte, daß ich schwarze Schuhe und weiße Socken trug, typisch für kleine Kinder, wie ich auch auf alten Fotos aussah.« Sie hatte das Gefühl, daß sie vier Jahre alt war.

Als nächstes befand sie sich in einer Wanne mit warmem Wasser, wobei sie sich sexuell sehr erregt fühlte, besonders im vaginalen Bereich. »Mir wurde plötzlich klar, daß ich mir das Wasser und alles nur eingebildet hatte, daß ich mich in Wirklichkeit in meinem Bett im Krankenhaus befand. Ich dachte mir dann, ich könnte doch eigentlich ein Kätzchen hier haben. Ich habe zwei Zimmer, und Rob könnte es in einem verstecken und auch das Katzenklo – wie auch immer.«

Dann war sie auf der Suche nach einem Radio und einem Recorder in unserem Haus in Elmira, damit Sue Watkins, die eine Autostunde entfernt im Norden wohnt, sie ausleihen konnte. Während sie suchte, entdeckte sie plötzlich ganz viele Fächer mit Schmuckstücken, von denen sie wußte, daß sie alle ihr gehörten. Dieses Wissen machte sie sehr zufrieden. »Den Rest der Zeit war ich mit den Recordern beschäftigt.« Sie befand sich in so etwas wie einem Güterwagen, der gleichzeitig das innere Chassis eines Kassetten-Recorders war. In diesem Chassis bewegten sich Sue und Jane hinauf und herunter durch wunderschöne, juwelenhafte grüne Hügel. »Es war phantastisch.« Dann sah Jane ihr eigenes riesiges Gesicht wie eine aufgehende Sonne auf alles hinunterblicken – die juwelenhaften Farben, Sue und sich selbst, das Vehikel.

Jane hat Sue nicht richtig gesehen in diesem Erlebnis – sie wußte nur, daß Sue da war und mit ihr redete. Die Reise wurde dann »ziemlich verschwommen«, und Jane überlegte, was sie Sue hatte ausleihen wollen. Sie konnte sich nicht daran erinnern.

15.10 Uhr. Ich putzte Janes Brille. Sie malte ihre Lippen wieder an, besah sich dann im Spiegel, den ich für sie hielt. Sie war sogar bereit, es selber zu tun. Sie lächelte – kurz. Ich mußte lachen und erzählte ihr, wie mich ihr Benehmen an unsere beiden Katzen heute morgen erinnerte, als es so kalt war: Billy und Mitzi waren kaum auf dem Campingtisch draußen vor dem Küchenfenster gelandet, als sie eine Kehrtwendung machten und sofort wieder ins Haus zurücksprangen. Ich glaube, meine Frau fand diesen Vergleich nicht gerade amüsant.

15.38 Uhr. Jane versuchte, die Sitzung von gestern zu lesen, hatte aber große Schwierigkeiten dabei. Sie las in den kurzen Momenten, wo sie klar sehen konnte. »Oh Gott, das ist ja furchtbar«, klagte sie. »Das macht mir Angst, wenn so etwas passiert. Das würde jedem Angst machen.« Sie legte das Material zur Seite, um eine Zigarette zu rauchen. Carla nahm ihre Temperatur – 36,7. Diana maß ihren Blutdruck.

16.00 Uhr. Jane versuchte nochmals, die Sitzung zu lesen. Keine Chance. »Es macht mich verrückt. Oh, übrigens, hätte ich fast vergessen: Heute morgen hat man mein Blut untersucht. Sie haben nur Blut genommen, um die Schilddrüse zu untersuchen, nach dem Frühstück. Für die anderen Tests muß ich nüchtern sein, also kommen sie morgen vielleicht wieder.« Das ist die erste Blutuntersuchung seit Wochen.

16.05 Uhr. Ich las Jane die Sitzung schließlich vor. Sie rauchte noch eine Zigarette, bevor sie in die heutige Sitzung ging.)

Nun: Guten Tag.

(»Guten Tag, Seth.«

Mit vielen Pausen während der ganzen Sitzung:) Ruburt hat durch die Erlebnisse von gestern abend ein hervorragendes Beispiel für die Flexibilität seines Bewußtseins gezeigt.

Heilung findet ebenfalls auf ganz verschiedenen Bewußtseinsebenen statt. *(Lange Pause.)* Insgesamt hat sich Ruburts Erlebnis auf vielen Ebenen abgespielt und somit den Heilungsprozeß auf der jeweiligen Ebene ermöglicht. Die Episode mit dem »Güterwagen« repräsentierte sein Leben auf einer physischen Ebene, während er gleichzeitig als riesiges Selbst existierte, das über die Bergspitze blickte und seinen Fortschritt beobachtete. Eine ausgezeichnete Darstellung – oder ein

Portrait – des unbegrenzten inneren Selbst und wie es die physische Existenz des Selbst beobachtet und leitet.

(Es würde ein wunderschönes Bild abgeben.

16.28 Uhr.) Die sexuellen Aspekte im ersten Teil stellten tatsächlich das Aufleben der sexuellen Eigenschaften und deren lustvolle Seiten dar. Im Teil davor erlebte Ruburt den gesunden und glücklichen Körper eines Kindes mit seiner unschuldigen Spontaneität. Dadurch konnte er in Kontakt mit der Vitalität seiner frühen Kindheit kommen – und zwar in einer sinnlichen Art und Weise, nicht nur als Erinnerung.

Die phantastisch leuchtenden Farben ließen ihn daran denken, daß seine Augen solche Farben wahrnehmen können; das aktivierte die Nerven und Muskeln der Augen, die dadurch an ihre natürlichen Fähigkeiten wieder erinnert wurden.

Neben der bereits gelieferten Deutung symbolisiert der Güterwagen den Körper als Vehikel, das sich leicht und schnell bewegt. Die ganze Szene zeigt, wie der Geist zu jeder Zeit neue Erfahrungen aus mehr als nur einer Bewußtseinsebene ableitet. Und die kleinen Schmuckstücke, die Ruburt begeistert entdeckte, stellten die kleinen, aber sehr wertvollen Freuden des täglichen Lebens dar, die er jetzt wiederentdeckt.

Ich komme zurück oder auch nicht, abhängig von jenen Rhythmen, von denen ich spreche – ich bin aber präsent und zugänglich.

(»Darf ich etwas fragen?«)

Ja, bitte.

(Was für eine Bedeutung hat die Szene, in der sich Jane in einem Recorder befindet? Und mit Sue?« Sue schrieb die zwei Bände über »Gespräche mit Seth«.)

Sue symbolisiert einen Teil von Ruburt – das schreibende Selbst, wobei der »psychische« Teil seiner Persönlichkeit den schreibenden Teil unterstützt hat und ihm psychisches Wissen und Erleben mitgeteilt hat.

(»Ist das alles?« fragte ich nach einer langen Pause.

»Ja«, sagte Jane.

16.38 Uhr. Ich teilte Jane mit, daß ich etwas überrascht war über das Ende der Sitzung, da ich darauf gewartet hatte, daß Seth den Teil kommentiert, wo sie sich im Recorder befindet. Jane war auch überrascht, da sie diesen Teil der Frage von mir gar nicht mitbekommen hatte. Ich hatte nicht laut gesprochen. Vielleicht kann Seth das nächste Mal darauf eingehen. Ich meinte zu Jane, der Recorder sei offensichtlich irgendein Kommunikationsgerät, das vielleicht eine besondere Bedeutung habe.

Es wäre auch interessant, Seths Deutung zum Kätzchen und seiner Symbolik zu erfahren.

Um 17.00 Uhr ging ich herunter zum Parkplatz, um das Auto schon mal anzulassen; es war sehr kalt. Nachdem ich zu Jane zurückgekehrt war, sie umgedreht und mit Oil of Olaz eingerieben hatte, zeigte sie mir ihre rechte Hand und wie gut sie die Finger seit gestern strecken konnte. Auch ihren rechten Ellenbogen konnte sie ziemlich frei bewegen, so weit es eben ging, mit steigender Tendenz. Ich sagte ihr, daß die Knötchen auf ihrem linken Handgelenk erheblich kleiner geworden sind, wie seit einiger Zeit zu bemerken war. Schlaf gut, Jane.)

DIENSTAG, DEN 17. JANUAR 1984, 16.25 UHR

(Der Tag war viel wärmer – minus 1 Grad heute mittag. Es gab heute morgen keine Unterbrechungen, während ich an Träume *weiterarbeitete – es schien seltsam. Jane ging es in 330 ganz gut, man hatte sie schon auf den Rücken gelegt, als ich ankam. Hydro lief einigermaßen gut. Es kam heute keiner mehr, um ihr Blut abzunehmen. Die gekrümmten Finger ihrer rechten Hand lockern sich immer mehr.*

Ich habe Georgia heute nicht gesehen. Jane erzählte mir, daß Karina in ein Erholungsheim in Wellsburg gebracht worden war, ein kleiner Ort einige Kilometer östlich von Elmira. Es hat mich überrascht, und sie tat mir irgendwie leid; ich fragte mich, wie es ihr dort ergehen würde und welche Probleme die Leute mit ihr hätten. Jedenfalls haben wir zum erstenmal seit Wochen Karina weder in Russisch schreien noch in Englisch nach Georgia rufen hören.

15.00 Uhr. Jane begann, die Sitzung von gestern zu lesen. Es fiel ihr schwer, aber sie blieb dabei und war um 15.30 Uhr fertig. Ich ging die Post durch, las einige sehr schöne Briefe und beantwortete sie. Ein Brief hört sich vielversprechend an: Eine Gruppe junger Schauspielerinnen in New York City will Seth in einer Reihe von Radiosendungen vorlesen. Ich werde ihren Vorschlag an unsere Lektorin Lynne Lumsden von Prentice-Hall schicken.

16.00 Uhr. Ein neues Mädchen – wahrscheinlich eine Aushilfe – nahm Janes Temperatur: 36,8. Jane wollte eine Sitzung abhalten, obwohl es schon spät war. Sie erwähnte, daß sie einige der letzten Sitzungen nochmal lesen wollte: »Weil ich sie brauche.« Sie hatte das mehrere Male am Nachmittag betont.)

Nun: Guten Tag.

(»Guten Tag, Seth.«)

Ruburts jüngste Erfahrung in dem Chassis eines Aufnahmegerätes bedeutet, daß er, anstatt eine Kassette in verschiedenen Geschwindigkeiten abzuspielen, sozusagen sein eigenes Bewußtsein in unterschiedlichen Geschwindigkeiten abgespielt hat.

Er hat sich also nicht lediglich aufgenommenes Material angehört, sondern er war selbst die aufgenommene Information und das Aufnahmegerät, auf dem die Erfahrungen abgespielt wurden.

(16.28 Uhr. Eine Krankenschwester kam herein, um Janes Blutdruck zu messen. Als sie hinausging, ließ sie die Zimmertür auf, so daß Geräusche vom Gang ins Zimmer drangen.

16.31 Uhr.) Die Analogie der verschiedenen Geschwindigkeiten des Bewußtseins stimmt überein mit dem derzeitigen Konzept über neurologische Sequenzen, auf denen Bewußtsein basiert. Wie ihr wißt, hat alles Lebendige Bewußtsein – und auch sogenannte tote Materie enthält ihre eigene Form des Bewußtseins.

(Pause.) In euren Begriffen gesprochen erscheinen die Rhythmen von einigen Bewußtseinsarten als außerordentlich langsam, so daß ein Jahrhundert zwischen einer Wahrnehmung und der nächsten vergehen kann. Andere Schwankungen geschehen sehr schnell, wobei die Erkenntnisse sich so fließend ablösen, daß sie sich tatsächlich völlig eurer (unterstrichen) Wahrnehmung entziehen; obwohl das Wunder der inneren Natur es vorsieht, daß alle diese Rhythmen miteinander verbunden sind und sich gegenseitig ausgleichen.

Es sind nicht so sehr die sich manifestierenden Rhythmen, die den Unterschied in der Wahrnehmung ausmachen, sondern die fehlenden anderen Rhythmen *(mit Nachdruck)*, auf denen Wahrnehmungen fußen.

Ich komme zurück oder auch nicht, abhängig von jenen Rhythmen, von denen ich gerade gesprochen habe.

(»Würdest du meine Frage zu der Sitzung von gestern beantworten, wo es um das Kätzchen in Janes Erlebnis ging?«)

Das Kätzchen stellt lediglich eine Wunscherfüllung dar, denn Ruburt hat vor, sich eins anzuschaffen, sobald er wieder zu Hause ist. In seinem Erleben war das Kätzchen im Krankenhauszimmer, wo es einige Durchgangszimmer gab, wie in Nr. 458 *(die Adresse der Wohnung in der W. Water Street, in der wir früher wohnten)*. Das weist darauf hin, daß Ruburt Ähnlichkeiten zwischen Vergangenheit und Gegenwart hergestellt hat, so daß das Kätzchen nicht nur in der Vergangenheit und Gegenwart des Traums aufgetreten ist, sondern auch in der Zukunft erscheinen wird.

Ich aktiviere jene Koordinaten, die an Ruburts Heilungsprozeß beteiligt sind und die ihn darin sehr unterstützen.

(»Danke.«

16.44 Uhr. Jane hatte gute Arbeit geleistet. Ich las ihr die Sitzung nach dem Abendessen vor. Es scheint, daß Seth auch alle Fragen, die ich in bezug auf Janes Erlebnisse von vorgestern nachmittag gestellt hatte, beantwortet hat. Zumindest ohne daß ich noch mehr wissen wollte – sonst hätte es endlose Fragen gegeben.)

MITTWOCH, DEN 18. JANUAR 1984, 16.29 UHR

(Das Wetter war einigermaßen – minus 3,8 Grad, als ich zu Jane ging –, aber die Vorhersage hatte einen Schneesturm am Nachmittag angekündigt. Jane lag bereits auf dem Rücken; ihre linke Schulter hatte Beschwerden gemacht. Es war offensichtlich, daß sie frustriert war. Ich bat eine Krankenschwester, mir dabei zu helfen, sie weiter im Bett aufzurichten, um es ihr bequemer zu machen; das hat etwas geholfen. Meine Stimmung war auch nicht gerade die beste.

Als ich das Tablett für das Mittagessen vorbereitete, besuchte uns unsere Bekannte Peggy Gallagher, die als Reporterin für die Elmira Star Gazette *arbeitet; sie blieb während des gesamten Mittagessens. Ich hatte keine Lust zu reden, aber als wir ein wenig auflockerten, konnten wir den Besuch genießen. Ich wunderte mich dennoch, warum sie uns ausgerechnet heute besuchte, da sie sehr viel zu tun hatte.*

Ich versuchte, die Post zu erledigen, hatte aber eigentlich keine Lust dazu. Um 15.15 Uhr begann Jane, die Sitzung von gestern zu lesen. Es ging ganz gut, besser als gestern. Sie wurde von Carla und Shawn unterbrochen, die ihre Werte nahmen – Temperatur 37,2 – und war zehn Minuten später fertig.

15.50 Uhr. »Ich möchte ein paar frühere Sitzungen durchlesen«, hatte Jane mir gesagt, als ich heute ankam; sie fing um 15.50 Uhr mit der Sitzung vom 13. Januar an, einer sehr schönen, während ich Post beantwortete. Um 16.20 Uhr hörte sie für eine Zigarettenpause auf und für eine Sitzung, obwohl es schon spät war.)

Nun: Einen schönen guten Tag.

(»Guten Tag, Seth.«)

– und ich kündige mich wieder an, um die Koordinaten, die den Heilungsprozeß unterstützen, zu aktivieren.

Ihr seid beide ganz gut mit euren niedergeschlagenen Stimmungen umgegangen. Jetzt ist es nicht so wichtig, aber wenn ihr wieder in einem Tief seid, ist es gerade dann entscheidend, daß Ruburt sich im Spiegel anschaut, sich die Lippen schminkt und lächelt, wie auch immer. Manchmal entsteht dadurch etwas Humorvolles, und die Stimmung hebt sich automatisch.

Die Augen weisen wieder auf die Schnelligkeit der Muskelreaktionen hin und auf die Arbeit der Nerven. Es ist gut, daran zu denken, daß sich die neurophysiologische Aktivität im gesamten Körper niederschlägt. Somit können gesunde Verbindungen hergestellt werden, und es ist richtig, daß sich Ruburts Körper manchmal sehr warm anfühlt. Das ist das Ergebnis der erhöhten Aktivität des Körpers. Er erzeugt tatsächlich Hitze, und das ist typisch für viele, wenn nicht die meisten, Heilungsprozesse.

Es ist nach wie vor sehr wichtig, daß Ruburt seine Ziele im Auge behält und daran denkt, daß trotz irgendwelcher Stimmungen der Heilungsprozeß weitergeht. Seiner rechten Hand geht es auch immer besser, und er bemüht sich sehr darum, sich vorzustellen, daß es völlig in Ordnung ist, seine Gliedmaßen normal auszustrecken – sie zu dehnen und zu beugen und ihre wahre Fähigkeit, sich zu bewegen, auszudrücken.

Ich komme zurück oder auch nicht, abhängig von jenen Rhythmen, von denen ich spreche – ich bin aber präsent und zugänglich.

(»Danke.«)

Einen Punkt will ich noch erwähnen: Peggy Gallagher fing eure Stimmungen telepathisch auf und hatte den Impuls, euch zu besuchen.

(14.38 Uhr. Ich hatte mich schon darüber gewundert, wie Peggy den richtigen Zeitpunkt erwischen konnte. Ich hatte heute völlig vergessen, Jane in den Spiegel schauen zu lassen, bis Seth mich daran erinnerte. Jane trank einen Kaffee und rauchte eine Zigarette, bevor ich sie wendete. Ich las ihr die Sitzung vor, bevor ich um 19.05 Uhr ging. Es schneite immer noch. Ich bin den Hang mit einigem Rutschen schließlich hochgekommen. Wenn ich hiermit fertig bin, werde ich wenigstens einen Teil der Einfahrt freischaufeln müssen.)

DONNERSTAG, DEN 19. JANUAR 1984, 16.13 UHR

(Heute waren es nur minus 8 Grad, als ich bei Jane ankam. Nach einem kleineren Schneesturm gestern nachmittag und abend hatte ich die Einfahrt noch spät in der Nacht und heute morgen freigeschaufelt. Keine Anrufe heute morgen. Ich hatte vergessen, heute morgen unseren Rechtsanwalt anzurufen, und als es mir wieder einfiel, dachte ich »zum Teufel damit« und arbeitete weiter an Träume. *Auf dem Weg zum Krankenhaus ging ich an der Post vorbei, um Lynne Lumsden die Kopie eines Leserbriefes aus unserer Fanpost zu schicken. Darin wurde uns angeboten, ein Jahr lang in einer Kreuzworträtsel-Zeitschrift frei zu werben.*

Ich weiß nie so recht, was ich mit solchen Angeboten anfangen soll; in letzter Zeit habe ich einige davon erhalten. Heute erhielt ich ein Buch mit Trance-Material, ähnlich dem von Seth. Wahrscheinlich erwarten der Herausgeber und das Medium, daß ich mich bedanke und sage, wie gut ich es finde. Ich habe aber eher den Eindruck, daß der Inhalt – es geht um Alles-das-was-ist – sehr abgehoben ist, kaum Bezug zur menschlichen Natur, zur alltäglichen Auseinandersetzung mit der menschlichen Persönlichkeit herstellt und somit einfach wieder eins von diesen medialen Büchern ist. Man könnte sechs dieser Bücher nehmen und die Namen der Medien vermischen, ohne richtig zu wissen, welches von wem geschrieben wurde. Ich kann mir das nur so erklären, daß diese Medien Angst vor Emotionen oder anderen Auswirkungen haben, die diese Arbeit mit sich bringt.

Jane aß gut zu Mittag. Dann bat sie mich, ihr den Spiegel, den Lippenstift und den Konturenstift zu geben. Sie schaute sich im Spielgel an, lächelte kurz, so daß man sogar ihre Zähne sah – viel besser als gestern, als sie überhaupt nicht reingeschaut hat.

15.00 Uhr. Jane las die Sitzung von gestern, und es lief gut. In etwa zehn Minuten hatte sie alles durch – wirklich gut. Ich kümmerte mich um die Post.

15.33 Uhr. Sie fing an, die zweite Sitzung, vom 17. Januar, durchzulesen; es lief auch wieder gut.

Mir wurde klar, was mir an dem Buch von heute morgen nicht gefallen hat: der begrenzte Blickwinkel. Genauso wie bei Büchern über Geologie, Kleidung oder unzähligen anderen dieser Art. Es steckt kein kritischer Geist dahinter, es werden keine neuen Ideen oder Theorien vorgestellt; es geht nur um die übliche Aufbereitung der Themen Alles-das-was-ist, Liebe, Reinkarnation usw. Das mag sicherlich seine Berechtigung haben, aber was fehlt, sind neue Erkenntnisse und Originalität, wie es beim Seth-Material der Fall ist.

Ich erzählte Jane von meinem Traum von vorgestern nacht, in dem Jane und ich und Leonard Yaudes – unser Nachbar von 458, ein Stockwerk tiefer – alle in eine Wohnung in 458 gezogen sind. Im Traum waren die Zimmer größer und aufgeräumter als in Wirklichkeit. Ich meinte, der Traum habe sich aus meinem Treffen mit Leonard vor einigen Tagen ergeben, als wir uns auf einem neuen, tollen Markt trafen und er sehr lustig war und immer wieder erwähnte, wie gut es ihm körperlich nach seiner Herzoperation gehe. Jane sagte, der Traum könne ein Hinweis darauf sein, daß wir uns alle auf einer Reise zur besseren Gesundheit und zu einem besseren Lebensgefühl befinden.

15.42 Uhr. Nachdem Shawn ihre Temperatur gemessen hatte – 36,2 Grad –, begann Jane, die dritte Sitzung an diesem Tag durchzulesen; es ging sogar noch besser als vorher, leicht und zügig. Sie wurde durch das Personal unterbrochen, das ihr Augentropfen gab und ihren Blutdruck maß, so daß sie um 16.02 Uhr die Lektüre beendet hatte. Sie sagte, die Buchstaben seien »die besten, die ich je gesehen habe – manchmal wurden sie ganz klar.« Danach bemerkte ich erst, wie gut sie lesen konnte.

16.05 Uhr. Sie rauchte eine Zigarette und bemerkte, daß sich ihre beiden Hände ständig veränderten und verbesserten. »Ich würde mir wünschen, es ginge noch schneller, aber ich weiß, daß wenigstens etwas passiert.«

Nun: Guten Tag.

(»Guten Tag, Seth.«

Humorvoll:) Diktat. *(Pause.)* Solltet ihr, meine Leser, nicht bei guter Gesundheit oder allgemein unglücklich sein, wird von keinem verlangt, diesen Umstand zu verleugnen. Ich hoffe, daß ich euch klarmachen kann, daß sogar diese ungünstigen Gegebenheiten aus einer fehlgeleiteten guten Absicht heraus entstanden sind. In diesem Buch werden wir euch immer wieder daran erinnern, daß Fülle und Lebensfreude einen natürlichen Teil eures Erbes darstellen.

Wir hoffen auch, daß ihr diese Gefühle wiedereinfangen könnt, falls ihr sie verloren habt *(lange Pause)*, und möchten euch andere Methoden aufzeigen, mit denen ihr diese Gefühle intakt und lebendig halten könnt. Die Leser werden auf unterschiedliche Art davon profitieren, jeder gemäß seiner Absicht und seinen Umständen, aber jeder wird sicherlich bis zu einem gewissen Grad einen Nutzen daraus ziehen können – und jeder Leser wird wieder vertraut gemacht werden mit seiner inneren Quelle der Vitalität und des Wohlergehens, die für die menschliche Erfahrung so wichtig sind.

(Im munteren Tonfall:) Ende vom 1. Kapitel.

(16.19 Uhr.) Bemerkungen.

Weil Ruburt jetzt mehr Lebendigkeit verspürt, wird er mit seinem Heilungsprozeß manchmal recht ungeduldig.

Er hat mehr Energie und möchte demnach natürlich aktiver werden. *(Lange Pause.)* Das Essen bekommt ihm besser und besser. Er verwertet die Nahrung viel besser, und das unterstützt die Heilung. Gleichzeitig gibt es noch diese Schwankungen, wenn sich alle Teile des Körpers sozusagen wieder aufbäumen. An seinen Augen konnte man heute beobachten, was ich meine: Gelegentlich konnte er für kurze Zeit besser als die ganzen Male zuvor lesen, dann fiel er wieder auf das vorherige Niveau zurück, und dann wechselte er zwischen den verschiedenen Phasen hin und her.

Es ist sehr wichtig, daß ihr meinen Ratschlag von vorhin tatsächlich befolgt – so daß er sich auf die Freuden, die er hat, konzentriert, seine Ziele nicht aus den Augen verliert und der unendlichen Intelligenz in ihm selbst vertraut, daß sie die gewünschten Resultate hervorbringt. Das befreit seinen Geist und läßt seine Fortschritte ohne Unterbrechung zu.

Ich komme zurück oder auch nicht, abhängig von jenen Rhythmen, von denen ich spreche – ich bin aber präsent und zugänglich. Gratulation zur neuen Ausgabe von Seven.

(Seth meinte die Taschenbuchausgabe von Lehrzeit. The Further Education of Oversoul Seven, *die uns gestern abend der Verlag Prentice-Hall zuschickte – neun Exemplare.*

»Darf ich etwas fragen?«)

Ja, bitte.

(»Was hältst du von dem Traum, in dem Leonard, Jane und ich zusammen in die West Water Street 458 gezogen sind?«)

Eure Interpretation war gut. Leonard hat sich über seine gute Gesundheit gefreut, und ihr als Nachbarn seid auch auf dem Weg dorthin.

(Sehr geschickt formuliert, Seth, dachte ich. »Ich habe noch eine Frage.«)

Nur zu.

(Seth sprach, während ich versuchte, mit dem Schreiben schnell nachzukommen.

»Ich hatte eigentlich nicht vor, dies heute zu fragen, aber ich habe in letzter Zeit bemerkt, daß ich ohne Brille aus der Nähe nicht mehr so gut sehe wie bisher. Ich glaube nicht, daß die Ursache eine physische ist. Ich vermute eher, daß mich etwas sehr nervt, und es äußert sich auf diese Art und Weise. Es ist nicht bedrohlich, aber es stört immer wieder. Ich habe mir über die Ursache noch nicht viele Gedanken gemacht –«)

Wartet einen Moment . . . Es ist deine Art, dir Sorgen darüber zu machen, daß die gewünschte Wirkung sich nicht im Jetzt niederschlagen wird – das heißt, daß sie nicht in dein näheres Blickfeld rückt. Wenn du dich so fühlst, dann schließe die Augen, auch nur für einen Augenblick, und denke, daß du deinem Sehvermögen – geistig wie körperlich – vertrauen kannst und daß sich deine Ziele klar herauskristallisieren werden.

(»Okay.«

»Ich bin's«, sagte Jane, während ich schrieb.

»Danke, Seth«, sagte ich um 16.32 Uhr. Sein Ratschlag war mal wieder hervorragend. Ich fühlte mich erleichtert und werde die Methode ausprobieren. Ich werde es getrennt tippen, damit ich es griffbereit in meinem Schreibzimmer aufheben kann. Vielleicht direkt auf dem Schreibtisch. Ich sagte Jane, daß diese Frage eventuell durch das Sitzungsmaterial von heute, als es um Leonard ging, bei mir ausgelöst wurde.)

Freitag, den 20. Januar 1984, 16.33 Uhr

(Jane rief mich gestern abend mit Carlas Hilfe an. Die Nacht war sehr kalt – es waren immer noch minus 14 Grad, als ich um 6.30 Uhr aufstand und gerade mal minus 11 Grad, als ich mich auf den Weg zu Jane machte. Für das Wochenende ist laut Wettervorhersage weiterhin strenge Kälte angesagt.

Jane hatte wie üblich Hydro heute morgen, war aber nicht sehr zufrieden mit diesem System.

15.00 Uhr. Jane fing an, die Sitzung von gestern zu lesen, brauchte aber viel länger als gestern. Sie war erst um 15.25 Uhr fertig.

Um 15.43 Uhr begann sie, die Sitzung vom 27. Dezember 1983 zu lesen, und jetzt ging es wieder besser. Sie wurde unterbrochen, weil man ihre Werte nehmen mußte – Temperatur 36,8 – und war schließlich um 16.20 Uhr damit fertig, nachdem sie einige Lesepausen eingelegt hatte.

Jane erwähnte wieder das »Beobachten meiner Ungeduld«. Sie drängt nach

Fortschritten und will, daß sie sich schneller zeigen – wirklich schnell. Ich sagte ihr, ihre Ungeduld diene vielleicht dem Zweck, einen Impuls für die Heilung zu setzen. »Wenigstens vermittelt sie deinem Körper, daß du etwas tun willst«, ergänzte ich. »Was wäre, wenn du keine Ungeduld oder keinen Impuls spüren würdest?«

Sie stimmte sofort zu und kündigte eine Sitzung an.)

Nun: Einen schönen guten Tag –

(»Guten Tag, Seth.«)

– und ich kündige mich wieder an, um die Koordinaten, die den Heilungsprozeß unterstützen, anzuregen.

Du hast recht mit Ruburts Ungeduld: Er soll sie wie ein Werkzeug benutzen (unterstrichen), und nicht sie ihn. Die Ungeduld ist tatsächlich als Impuls, als Stimulus für mehr Aktivität und Bewegung gedacht – er soll sich die Ungeduld als Freund und nicht als Feind vorstellen.

Die wundgelegenen Stellen werden jetzt auch schneller heilen, da er das Eiweiß sehr viel besser verwertet als vorher. Seine geistige Übung des inneren »Stopfens« *(von der mir Jane vorher erzählt hatte)* der Wunden mit neuem Gewebe funktioniert gut. Sie sollte aber verspielt geschehen.

Ich komme zurück oder auch nicht, wieder abhängig von den Rhythmen, von denen ich spreche – ich bin aber präsent und zugänglich.

(»Danke.«

16.38 Uhr. Jane sagte, daß ihre Hände immer besser würden; ich hatte denselben Eindruck, als ich sie mit Oil of Olaz massierte, nachdem ich sie auf ihre linke Seite gelegt hatte. Sie aß mit gutem Appetit, nachdem ich ein Schläfchen gehalten hatte. Um 19.05 Uhr lasen wir das Gebet zusammen. Schlaf gut, Jane. Ich liebe dich.)

Samstag, den 21. Januar 1984, 16.11 Uhr

(Die letzte Nacht war sehr kalt gewesen – minus 15 Grad, als ich um 6.30 Uhr aufstand. Nach dem Frühstück erledigte ich einige Dinge mit dem Auto, brachte die Rechnungen zur Post usw. Am Montag werde ich Janes Schreibmaschine abholen.

Jane erzählte mir, daß man ihr den Katheter um 11.30 Uhr gewechselt habe und sie gerade mit Umziehen fertig geworden sei, als ich kam. Sie aß gut zu Mittag. Während sie aß, erzählte ich ihr von Quest of Fire, *einem bekannten, älteren Film, den ich gestern während des Abendessens im* Showtime-*Fernsehprogramm gesehen hatte.*

Ich sagte, ich sei auf Seths Kommentare darüber sehr gespannt, da der Film eine gegenteilige Ansicht von dem vertrat, was Seth über die Menschen der

Frühzeit im Buch Träume *diktiert hatte. Ich hatte erwartet, daß es einen großen Unterschied gab, aber so wie die Frühgeschichte der Menschheit im Film dargestellt wurde, schien das Leben vor 80.000 Jahren unglaublich erbarmungslos zu sein. Ich konnte nicht verstehen, wie unsere Vorfahren damals überlebt haben, wenn der Film realistisch sein sollte. Es konnte einfach nicht wahr sein – da man nur die Grausamkeiten von Affen, Hunden, Menschen, Kannibalen usw. zu sehen bekam. »Wenn jemand überhaupt unter den Umständen das Alter von 20 Jahren erreichte«, sagte ich zu Jane, »wäre das ein Wunder gewesen.« Es gab kein Mitgefühl, keine Intuition; die Charaktere im Film zeigten kaum Einfühlungsvermögen, es ging nur um Blutrünstigkeit, das Überleben der Stärkeren und Egoismus. Es wurde auch nicht gezeigt, wie Kinder aufgezogen und beschützt wurden.*

Auf dem Weg zu Zimmer 330 rief mich Georgia in ihr Zimmer, um mir zu erzählen, daß sie am Montag oder Dienstag am Rücken operiert werden soll. Sie werde auf die Chirurgie im ersten Stock, Station 1, verlegt. Ich habe ein kleines Einhorn als Spielzeug, das ich ihr morgen geben werde, zusammen mit einem Gedicht von Jane. Beide Dinge sind witzig und kreativ. Hier ist Janes Gedicht:

Das Einhorn sagte,
»Oh, bitte laß mich meine
beste Freundin sehen,
Georgia Cecce.

Oh, wie werde ich herumhüpfen vor lauter Freude,
für ein Lächeln von meiner Freundin,
Georgia Cecce.

Meine magischen Kräfte werden sie befreien,
meine beste Freundin,
Georgia Cecce.«

15.18 Uhr. Jane fing an, die Sitzung von gestern zu lesen, was ihr anfangs jedoch sehr schwerfiel. Es wurde besser, während ich die Post bearbeitete, dann ziemlich gut, als sie bei der letzten Seite angekommen war. »Meine Augen haben sich immer besser darauf eingestellt«, sagte sie um 15.22 Uhr.

15.29 Uhr. Sie begann mit der Sitzung vom 28. Dezember 1983, ganz langsam. Sie gab um 15.40 Uhr auf, um eine Zigarette zu rauchen. Ein paar Minuten später kam Carla herein, um ihre Temperatur zu nehmen – 36,9 Grad. »Fast perfekt«, sagte ich scherzhaft.

15.55 Uhr. Shawn nahm Janes Blutdruck, danach fing sie wieder an zu lesen, wobei es etwas besser ging. Um 16.10 Uhr kündigte sie an, daß sie bereit sei für eine Sitzung. Sie hatte mir schon gesagt, sie glaube, Seth würde etwas über den Film sagen.)

Nun: Guten Tag.

(»Guten Tag, Seth.«)

Betrachtet man die Glaubenssätze, die als Prämisse zugrunde gelegt wurden, erscheint es nur logisch, die Realität der Menschen, der Tiere und der Natur genau so darzustellen, wie es der Film getan hat.

Das Umfeld, der Mensch und die Tiere wurden alle als wild und feindlich dargestellt, zum Überleben getrieben auf Kosten der anderen. Der Mensch hätte unter den Bedingungen, wie sie der Film dargestellt hat, nicht existieren können – und die Tiere eigentlich genausowenig. Trotz gegenteiliger Theorien basiert die Welt, mit all ihren physischen Aspekten und all ihren Lebewesen, auf einer angeborenen Kooperation. Die Spezies stehen nicht miteinander im Wettbewerb um ein bestimmtes Territorium, auch wenn es den Anschein hat. *(Lange Pause.)* Punkt.

Die Wissenschaft ist immer von der Idee ausgegangen, daß Feindschaft ein Merkmal der gesamten Natur ist, wohingegen die kooperierenden Eigenschaften der Natur als sehr selten oder außergewöhnlich angesehen werden – auf jeden Fall außerhalb der Norm *(mit ironischem Tonfall)*.

Sogar in der Biologie gibt es auf der mikroskopisch niedrigsten Ebene ein umfassendes inhärentes Netzwerk von Kooperation, wodurch das Tier- und das Mineralreich mit allen anderen Aspekten der irdischen Existenz verbunden sind. Jeder Organismus hat einen Zweck, der darin liegt, seine eigenen Fähigkeiten zum Nutzen aller anderen Organismen zu entwickeln.

(16.23 Uhr.) Jeder Organismus wird deshalb von jedem anderen Organismus in seiner Entwicklung unterstützt; das reibungslose Funktionieren eines Organismus trägt zur Integrität aller anderen bei. Der Mensch begann erst, Tiere zu jagen, als bestimmte Arten von Tieren einen Weg finden mußten, um ihren Bestand im Gleichgewicht zu halten. Wie schon erwähnt, haben Mensch und Tier voneinander gelernt. Sie waren direkte Verbündete, nicht Feinde.

Der Mensch hat Tiere gleich zu Anfang domestiziert, so daß sie sich gegenseitig helfen konnten – sie arbeiteten zusammen. Die Stabilität des Lebens auf Erden war hauptsächlich auf diese grundlegende Zusammenarbeit zurückzuführen, bei der alle Spezies zusammenhielten.

Das Gehirn des Menschen hat immer die gleiche Größe gehabt –

(16.28 Uhr. Eine Krankenschwester kam herein, um Jane Augentropfen zu geben. Danach las ich Jane vor, was sie gerade durchgegeben hatte. Ich meinte, daß Mensch und Tier womöglich schon zusammengearbeitet haben, als sie noch größtenteils im Traumzustand waren. Wiederaufnahme um 16.37 Uhr.)

– und Tiere existierten in der Form, wie ihr sie heute kennt. Kein Tier – oder Virus – ist wirklich ausgestorben. Alle existieren *(lange Pause)* in einem inneren Netzwerk und werden gespeichert im Gedächtnis eines umfassenden biologischen »Erdwissens«, so daß jede kleinste Mikrobe die biologische Information in sich trägt, um jede weitere Mikrobe entstehen zu lassen. Eine Existenz setzt die Existenz aller anderen voraus, und die Existenz aller ist der Existenz einer einzigen inhärent.

Ich komme zurück oder auch nicht, wieder abhängig von den Rhythmen, von denen ich spreche.

(»Willst du noch etwas über Ruburts Zustand sagen?«)

Ruburt macht weiterhin Fortschritte, und insgesamt nimmt seine Kraft täglich zu. Es werden bestimmte Voraussetzungen im Körper geschaffen, die sehr bald eindeutige körperliche Änderungen in der Bewegung und der allgemeinen Koordinierung bewirken werden.

(16.43 Uhr. »Ich bin's«, sagte Jane nach einer Pause. Sie hatte gut durchgehalten. Ich war froh, daß Seth die aufmunternden Worte über ihren Zustand gesagt hatte, da sie immer noch sehr ungeduldig mit den Fortschritten umgeht.

Mit Carlas Hilfe rief mich Jane um 21.47 Uhr an, als ich gerade diese Sitzung zu Ende getippt hatte. Ich sagte ihr, daß die Temperatur mittlerweile auf minus 18 Grad gesunken war. Schlaf gut und gemütlich, Jane.)

Sonntag, den 22. Januar 1984, 16.07 Uhr

(Es waren minus 15 Grad, als ich um 6.30 Uhr aufstand; als ich mich um 12.30 Uhr auf den Weg zu Jane machte, waren es schon minus 9 Grad. Bevor ich bei 330 ankam, ging ich noch zur chirurgischen Station 1, um Georgia das Einhorn und das Gedicht von Jane zu geben, das ich auf eine Karte übertragen hatte. Georgia wird nächsten Dienstag operiert.

Jane aß gut zu Mittag. Ich erzählte ihr von meinem sehr lebendigen und farbenfrohen Traum von letzter Nacht. Sie und ich liefen – wanderten – entlang dem Fluß Susquehanna in Richtung Sayre. Wir trugen sehr bunte und helle Kleidung. Es war ein wunderschöner, lauer Sommertag. Freunde, die uns mitnehmen wollten, waren auch dabei. Wir lehnten ab. Besonders Jane bestand darauf, daß wir am Flußufer entlangliefen. Sie machte ganz normale und große Schritte; gesundheitlich ging es ihr bestens.

Ich sagte Jane, daß ich gerne Seths Kommentar zu diesem Traum hören würde und auch dazu, daß ich heute morgen mit Gedanken an Maude Cardwell und den Brief, den ich ihr vor einigen Wochen geschrieben hatte, aufgewacht bin. Ich hatte es fast vergessen. Ich wollte, daß Seth etwas über Maudes Reaktion auf den Brief sagte. Ich wollte Jane auch die Frage stellen, für den Fall, daß wir noch diese Woche eine Nachricht von Maude erhalten würden. Ich dachte mir, es müßte schließlich irgendeinen Grund geben, warum meine Gedanken heute morgen so intensiv um sie kreisten. Jane stimmte zu, daß wir eventuell bald etwas von ihr hören würden.

14.38 Uhr. Jane schminkte ihre Lippen und sah sich im Spiegel an – kurz.

15.00 Uhr. Sie fing an, die Sitzung von gestern zu lesen, nicht sehr leicht; sie hörte um 15.20 Uhr für eine Zigarettenpause auf. Ich arbeitete mich durch die Post. Ich benutzte auch die Suggestionen, die Seth in der Sitzung vom 19. Januar beschrieben hatte, als es um meine Augen ging, die manchmal nicht so scharf sehen, wie ich es gewohnt bin. Es half. Heute morgen hatte ich die Suggestionen schon einmal angewandt, mit gutem Ergebnis. Es hat viel mit Befürchtungen zu tun. Ich muß damit ein paar Tage lang arbeiten, damit mein kreatives Selbst lernt, die Suggestionen umzusetzen; so funktioniert es am besten bei mir.

15.39 Uhr. Jane konnte jetzt besser lesen. Carla nahm ihre Temperatur um 15.45 Uhr – 36,7 Grad.

Jane sagte, sie würde die Sitzung früher abhalten, damit ich den Super Bowl anschauen könnte, der um 16.30 Uhr beginnen sollte, aber ich sagte, es sei nicht so wichtig. Ich würde wahrscheinlich während des Spiels in meinem Sessel ein Nickerchen machen.)

Nun: Einen schönen guten Tag.

(»Guten Tag, Seth.«)

Ich kündige mich wieder an, um die Koordinaten, die so förderlich für den Heilungsprozeß sind, zu aktivieren.

Ich betone es nochmals: Es ist außerordentlich wichtig, daß Ruburt sich auf seine Ziele konzentriert und sich nicht den Kopf über Umstände oder Situationen zerbricht, die am besten von der unendlichen Intelligenz, die er in seinem Unterbewußtsein trägt, geregelt werden. Für die Art und Weise wird gesorgt. Sie wird sich fast ohne Anstrengung manifestieren – er muß nur die Last der Sorge loslassen.

(Lange Pause.) Wartet einen Augenblick . . . Maude hat sich über deinen Brief gefreut, war aber auch überrascht. Sie wußte nichts von euren Umständen – den Ausgaben für medizinische Versorgung und ihre Ausmaße. Sie kann sehr gut organisieren und arbeitet an verschiedenen Plänen gleichzeitig.

Es ist eine gute Idee, die Teile unserer Sitzungen zu wiederholen, die Ruburts Zustand behandeln.

Ich komme zurück oder auch nicht, abhängig von jenen Rhythmen, von denen ich spreche – ich bin aber präsent und zugänglich.

(»Was hältst du von meinem Traum über ihn von gestern nacht?«)

Der Traum hat Ruburts Entschlossenheit unterstrichen, sich normal bewegen zu können, und seinen Willen, sich lieber auf seine eigenen Bewegungen zu verlassen, als in einem Auto mitgenommen zu werden.

Der Traum vermittelte auch eure Entschlossenheit, zusammen zu reisen, so daß sogar eure Freunde euch nicht von eurem Weg abbringen konnten.

(»Ich bin's. Das war's.«

»Danke.«

16.14 Uhr. Ich las Jane die Sitzung vor. »Das sollte dich jetzt beruhigen, besonders der Teil über den Traum«, sagte ich. Jane gab zu, daß sie etwas verzweifelt über ihren Gesundheitszustand war und das Krankenhaus endlich verlassen wollte. Sie fragte sich auch, »ob sie irgendeinen Rollstuhl haben, mit dem ich mich bewegen kann . . .« Ich bezweifelte es, ob sie in einen Rollstuhl hineinpassen würde, solange ihr rechtes Bein noch so gebeugt war und sich nicht strecken ließ. Das wichtigste dabei ist, daß ihr Wunsch jetzt ganz präsent ist und sicherlich auch in Erfüllung gehen wird. Sie hat mittlerweile ein ernsthaftes Verlangen nach Bewegung, was bei ihr in den letzten Jahren nicht zu spüren war. Die Veränderungen kündigen sich an, und Seth hat uns viel Hoffnung gemacht, daß sie einen Effekt haben und haben werden.

Um die positiven Geisteshaltungen für die bevorstehende, wichtige Zeit der Veränderung zu untermauern, habe ich Jane die persönlichen Abschnitte aus den Sitzungen ab dem 13. Januar bis heute vorgelesen. Sie haben ihr sehr gut getan, da sie sie an einige Punkte erinnerten, die sie wieder vergessen hatte. Es passiert schnell, daß einem ein wichtiger Punkt entfällt, wenn sich die Sitzungen Tag für Tag häufen – aber durch Nachlesen kann man immer wieder darauf zurückkommen. In dieser Hinsicht werden wir jeden Tag besser.)

Montag, den 23. Januar 1984, 16.24 Uhr

(Unser lieber Freund, Frank Longwell, der uns über die Jahre sehr geholfen hat, besuchte mich heute während des Mittagessens; er hat zum erstenmal ein Geschäft mit seinem Hörgerät gemacht. Ich wünschte ihm alles Gute. Das Wetter war heute viel wärmer – minus 3,8 Grad –, als ich mich auf den Weg zu Jane machte. Ich drehte sie sofort auf den Rücken. Sie erzählte mir, daß sich gestern abend, nachdem ich gegangen war, zwei Krankenschwestern um sie gekümmert und dabei nur negativ über alles Mögliche gesprochen hätten. Jane hatte nichts dazu gesagt. Als dann Steve und Tracy noch zu Besuch kamen, hatten auch sie nur Negatives zu berichten – bis Jane schließlich Steve dazu aufforderte, nicht den ganzen Müll auf sie abzuladen. Steve sprach auch darüber, wie die Mondphasen Einfluß auf sein Verhalten hätten. Jane sagte, sie glaube nicht daran. Er entschuldigte sich.

Ich beschrieb ihr einen phantastischen Traum, den ich gestern nacht gehabt hatte. Wieder in leuchtenden Farben – zu denen man immer wieder gerne zurückkehrt. Jane und ich waren wieder in der W. Water Street Nr. 458 eingezogen; das Haus war jetzt nur viel größer als in Wirklichkeit, hatte viel mehr Appartments, die alle gut erhalten waren; sie waren alle auf verschiedenen Ebenen durch Stufen miteinander verbunden. Die Appartments waren nicht in sich geschlossene Einheiten, wie das normalerweise der Fall ist, sondern offen gebaut, so daß die Mieter sich frei untereinander austauschen konnten, wenn sie es wollten. Zum Malen konnte ich mich in ein Eck-Studio zurückziehen und meine Ruhe haben; es war ein sehr schönes Zimmer. Jane war sehr aktiv und gesund und lief ganz normal hin und her. Im Traum habe ich gemalt, nicht geschrieben.

15.16 Uhr. Jane begann, die Sitzung von gestern zu lesen, und es lief besser als gestern. Ich bearbeitete die Post. Jane bekam schließlich doch Probleme beim Durchlesen, was zum Schluß wieder besser wurde. Sie war um 15.30 Uhr damit fertig.

15.55 Uhr. Ich fing an, Jane über ihre religiöse Erziehung in der katholischen Grundschule zu befragen. Ich hatte heute morgen ein paar Gedanken notiert über Seths Aussage in einer Sitzung für Kapitel Fünf in Träume. *Er hatte darüber gesprochen, daß Menschen aus der Frühzeit einige Jahrhunderte lang gelebt hätten – das einzige Mal, wo er eine solche Bemerkung gemacht hat. Ich hatte mir vorgenommen, das Alter einiger Geistlicher aus der Bibel nachzuschlagen und wollte wissen, was man Jane über diese Menschen und ihr Alter beigebracht hatte.*

Carla unterbrach unsere Unterhaltung, um Janes Werte zu nehmen – Temperatur 36,8 Grad. Während unseres Gesprächs bemerkte ich, wie meine Frau recht bald emotional auf meine Fragen reagierte, von denen ich dachte, sie seien eigentlich sehr unschuldig. Aber offensichtlich war das Thema für sie emotional geladen. Ich dachte mir, es habe vielleicht mit ihren Symptomen zu tun, wenn man es zurückverfolgte. Ich war mir eigentlich dessen sicher. Als ihr ihre Reaktion jedoch bewußt wurde, fing sie an, meine Fragen gelassener hinzunehmen, und erzählte sogar Dinge, nach denen ich gar nicht gefragt hatte.

14.20 Uhr. Jane bat mich, eine bestimmte Stelle auf ihrer linken Schläfe zu reiben. Als ich meinen Finger schließlich zurücknahm, schrie sie auf und ihr Kopf fiel schnell zur rechten Seite. Irgendeine Muskelentkrampfung muß wohl ganz unerwartet stattgefunden haben. Sie schrie einige Male auf und war vorübergehend etwas benommen. Sie bat mich, die gleiche Stelle auf der rechten Schläfe zu reiben, aber bevor es seine Wirkung tat, kam eine Krankenschwester herein und fragte: »Ich bin mit meiner 16.00 Uhr-Kontrolle etwas spät dran. Brauchen Sie irgend etwas?«

»Mir wurde auch heiß danach«, sagte Jane und bezog sich auf die Reaktion auf ihrer Stirn. Ich mußte daran denken, daß die Wärme, die Jane spürte, ein Zeichen der Heilung im Körper ist, wie Seth vor kurzem die Wärmereaktion erklärt hatte.

Nach unserem Gespräch über religiöse Fragen machte ich ein paar Notizen und zitierte Jane – was ich für eine Anmerkung in Träume *benutzen möchte – und erhielt ihre Zustimmung dafür.)*

Nun: Einen schönen guten Tag.

(»Tag, Seth.«)

Die Menschen der Frühgeschichte haben ein Alter erreicht, das euch heute nur erstaunen würde - viele sind einige hundert Jahre alt geworden.

Dies war auf die Tatsache zurückzuführen, daß *(Pause)* ihr Wissen und ihre Erfahrung dringend benötigt wurden. Sie wurden sehr verehrt, und sie teilten ihr Wissen in Form von Liedern und Geschichten mit, die sich die Menschen über Jahre hinaus einprägten.

Darüber hinaus setzten sie ihre Energie in einer anderen Form ein, als ihr es tut. Sie wechselten zwischen dem Traum- und dem Wachzustand ab *(lange Pause)*, und während sie schliefen, alterten sie auch nicht so schnell. Ihre Körperfunktionen verlangsamten sich; ihre geistigen Traumprozesse wurden jedoch nicht langsamer. Im Traumzustand war eine viel intensivere Kommunikation möglich, so daß einige Dinge während des Träumens vermittelt wurden und andere während des Wachzustands.

Das Wissen, das es zu vermitteln galt, wurde immer umfangreicher, je weiter sich die physische Existenz entwickelte; es wurden ja nicht nur einzelne Erkenntnisse, sondern das Wissen als Ganzes von einer Volksgruppe oder einem Stamm weitergegeben.

(Pause um 16.33 Uhr.) Nun: Dein Traum zeigte die größeren Glaubensräume, in die du eindringst. Die vielen Menschen, die verbundenen Räume stellten die neue Struktur umfassenderer Glaubenssysteme dar, die alle miteinander verbunden sind, während du dich jedoch immer noch auf dein persönliches kreatives Selbst konzentrierst; von dieser Perspektive aus betrachtest du die Welt – deine persönliche Ecke, in der du gemalt hast. Aus diesem Winkel deiner Kreativität hast du die große verflochtene Struktur neuer Glaubenssysteme beobachtet.

Nun, ich komme zurück oder auch nicht, bin aber präsent und zugänglich; ich habe wieder den Heilungsprozeß beschleunigt, der zu Ruburts vollständiger Genesung führt.

(»Was war das für eine Reaktion, als ich Ruburts linke Schläfe gerieben habe?«)

Es war eine hervorragende Reaktion. Er wußte intuitiv genau die Punkte, die du berühren solltest. Dies sind wichtige Punkte im Körper, die den Energiefluß anregen und auch Streß auflösen können. Sie so zu berühren, wie du es getan hast, hat den Streß gelöst – und daraufhin fühlte sich Ruburt benommen. Solche Reaktionen wirken sich auch in anderen Teilen des Körpers aus, während der Effekt sozusagen zurückstrahlt.

(16.40 Uhr. Ich bedankte mich bei Seth für sein Erscheinen. Jane trank etwas Ginger Ale, bevor ich sie auf die Seite legte. Eine Sache aus meinem Traum hatte ich vorhin nicht erwähnt: Ich hatte Jane erzählt, daß ich den neuen Eigentümer von W. Water Street Nr. 458 gefragt hatte, wie hoch unsere Miete wäre. Ich hatte einige Male gefragt, aber nie eine Antwort erhalten. Ich nahm es als ein gutes Zeichen, hatte aber Angst, daß sie sehr hoch wäre. Seth ist nicht darauf eingegangen, und ich habe ihn auch nicht gefragt.)

Dienstag, den 24. Januar 1984, 16.27 Uhr

(Der Tag war erstaunlich warm – 6 Grad –, als ich zu Jane fuhr, nachdem ich meine Schreibmaschine zur Reparatur gebracht hatte. Während sie ihr Mittagessen zu sich nahm, erzählte ich ihr von meinem sehr lebhaften Traum der letzten Nacht. Für mich war er bedeutungsvoll.

Zunächst wanderte ich zusammen mit ihrem Vater Del in sehr tiefem Schnee durch die Berge. Es waren viele andere Menschen unterwegs; es war keine einsame Gegend. Beim Klettern ging es auf und ab. Del verließ mich dann aus irgendeinem Grund, und ich versuchte, allein weiterzugehen. Im nächsten Moment klammerte ich mich regungslos an einen steilen Hügel, damit ich nicht in eine tiefe Schlucht rutschte, aus der ich nur mühsam hätte hinausklettern können. Del kehrte plötzlich um; er trug neue, moderne Wanderkleidung im klassischen Stil, eine Wolljacke und einen Fedora-Hut mit einer Feder – er war sehr viel exzentrischer gekleidet als in Wirklichkeit. Er sah auch viel jünger und selbstbewußter aus, als ich ihn je erlebt habe.

Dann befand ich mich in einer Hütte in den Bergen. Einige Wände waren von oben bis unten völlig aus Glas. Es saßen viele Leute an kleinen runden Tischen mit weißen Tischdecken. Es war ein sehr nobler Ort. Ich war zusammen mit Jean Longwell, der Tochter unseres Freundes Frank. Wir standen auf, um miteinander zu tanzen – ganz eng. Ich fühlte mich sehr zu Jean hingezogen, eine seltsame und überraschende Sehnsucht, gepaart mit einem stark erotischen Gefühl aufgrund ihrer Ausstrahlung. Ich wußte, daß sie genauso empfand wie ich. Wir sprachen miteinander. Dabei war ich mit meinen Augen so dicht an ihrem Gesicht, daß ich die winzigen Poren ihrer Haut unterhalb der Augen genau betrachten konnte – sehr zart und glatt. Hier war der Traum zu Ende, oder verflüchtete sich in andere Sphären.

Dieser Traum hat mich so stark beeindruckt, daß er mich den ganzen Tag begleitete. Ich empfand immer wieder diese seltsame Zuneigung zu Jean, gemischt mit einem Gefühl des Bedauerns, daß sich nie etwas zwischen uns entwickeln würde – aus Altersgründen oder anderen Faktoren. Ich sagte Jane, ich habe den Eindruck, daß Jean irgendwie unzufrieden mit ihrem Leben sei, vielleicht auch verwirrt, vielleicht gefangen zwischen ihren künstlerischen Neigungen und ihrer eher bürgerlichen Erziehung – die Arbeit im Krankenhaus usw. Ich spürte, daß sie nicht sehr überzeugt von ihrem Plan war, zusammen mit ihrem Freund in eine Stadt in North Carolina – Raleigh? – zu ziehen. Gestern erzählte mir Frank, es wäre nicht so leicht, Jean öfter zu sehen, da es jetzt eine Fahrt von 15 Stunden wäre, anstatt einfach nur einen Katzensprung nach Washington D.C.

15.00 Uhr. Jane fing an, die Sitzung von gestern zu lesen, es ging aber nicht. Sie hörte nach wenigen Minuten auf, während ich die Post bearbeitete. Sie versuchte es um 15.20 Uhr nochmals, und es ging viel besser. Ich sagte ihr, ich hätte Seths Vorschlag zur Verbesserung meiner Sicht, den er kürzlich in einer Sitzung gemacht hatte, mit Erfolg angewendet. Jane beendete die Sitzung um 15.35 Uhr. Um 15.40 Uhr begann sie mit der Sitzung vom 9. Oktober 1983, hatte aber Mühe damit – siehe die Krankenhaus- und Sitzungs-Chronologie in meinen einführenden Anmerkungen für die Sitzung vom 6. Januar 1984. Sie legte die Sitzung beiseite, um eine Zigarette zu rauchen, und nahm die Lektüre um 15.58 Uhr wieder auf. Schließlich gab sie ganz auf und entschied, eine kurze Sitzung abzuhalten, da es wieder spät wurde.)

Nun: Einen schönen guten Tag.

(»Guten Tag, Seth.«)

Dein Traum wurde besonders durch Franks Besuch *(gestern nachmittag)* und die Diskussion über seine Tochter Jean ausgelöst.

Das hat dazu geführt, daß du auf einer Ebene unterhalb des normalen Bewußtseins die Beziehung zwischen Vater und Tochter betrachtet hast und dann an Ruburts Vater Del denken mußtest. Er erschien viel jünger und lebendiger, als du ihn je erlebt hast – in gewisser Weise transformiert. In deinem Geist wurde er erlöst und erschien dir als sein ideales Selbst. In dieser Eigenschaft hat er dich aus der Gefahr entlang sicherer Wege gebracht.

Es läßt auch erkennen, daß dein tieferes Wissen dir mitteilte, daß Ruburt sich von negativen Glaubensmustern, die sich aus der Beziehung zu seinem Vater entwickelt hatten, langsam befreien konnte.

Jean Longwell symbolisierte Franks Gefühle zu seiner Tochter, und du hast in einer Art diese als deine eigenen erlebt – eine Mischung aus väterlicher Liebe, Sexualität und Mitgefühl. Diese Gefühle standen auch für Dels aussöhnende Liebe für seine Tochter – für Ruburt.

Der Traum deutet auch dein Wissen darüber an, daß Ruburt von negativen Assoziationen über die Beziehung zu seinem Vater befreit wurde. Andererseits war der junge Del ebenso ein Symbol für dein eigenes inneres Selbst, das sich als Führer und Freund erwies.

Diese Sitzung intensiviert wieder jene Koordinaten, die die körperliche Heilung unterstützen. Ruburt soll sich wieder daran erinnern, daß er ohne Risiko loslassen und seinen eigenen spontanen Rhythmen, seinen Bewegungen, vertrauen kann.

Ich komme zurück oder auch nicht, aber ich bin präsent und zugänglich.

(16.38 Uhr. Ich las Jane die Sitzung vor. »Ich weiß nicht warum, aber während du das vorgelesen hast, bekam ich das Gefühl, daß mich mein Vater sucht . . .«, sagte sie. Ich antwortete, das sei sicherlich eine Botschaft der Sitzung, und ich hätte mir auch schon Gedanken darüber gemacht, während Seth sprach. Ich erinnerte sie auch daran, daß ich in der Oktober-Sitzung bereits über das Thema Aussöhnung in meinen Notizen geschrieben hatte. Dieses Thema berührt mich sehr, wir sprechen jedoch ganz selten oder überhaupt nicht darüber. In Träume *habe ich über die Implikationen dieses Themas geschrieben.*

Wir waren während der Sitzung nicht unterbrochen worden. Eigentlich war den ganzen Nachmittag über keiner gekommen, um Janes Werte aufzunehmen oder ihren Foley zu leeren. Eine Krankenschwester kam schließlich um 16.47 Uhr herein und nahm die Werte – Temperatur 36,8, Blutdruck hervorragend.

Als wir miteinander sprachen, erinnerte sich Jane plötzlich an die Zeit als Teenager, als sie den ganzen Weg zu ihrem Großvater, der in einer Garage in Saratoga Springs arbeitete, gewandert war – »am anderen Ende der Stadt«. Sie vermutete, daß sie damals in der achten Klasse gewesen sei. Sie erinnerte sich daran, wie sie in eine Pfütze hineinsah und ein Gedicht komponierte. Sie wußte sogar noch ein paar Strophen davon:

Ich schaute in eine Pfütze
und entdeckte nichts anderes
als die Sterne des Himmels,
die meinen Blick erwiderten . . .

Seltsam: Im Verlauf des Tages hatte ich eine wichtige Erkenntnis über den Wert von Träumen. Ich erzählte Jane, daß ich plötzlich erkannte, daß ich im Traum echte väterliche Gefühle erlebt hatte, die ich im bewußten Leben nie gekannt hatte. Demnach hatte ich im Traumzustand Erfahrungen für dieses Leben gesammelt – in einer sehr intensiven und bedeutungsvollen Art und Weise. Ich spüre jetzt noch die Gefühlsintensität des Traumes, während ich hier diesen Bericht um 21.30 Uhr schreibe.

Ich kann noch hinzufügen, daß ich in Kapitel Fünf von Träume *einige meiner eindringlichen Erfahrungen mit dem »Licht des Universums« im Jahre 1980 beschreibe. Frank war in einer jener Situationen auch dabei gewesen, in einem Traumzustand, und Seth hatte erklärt, wie ich seine Beden-*

ken über Alter, Sexualität, Selbstwert usw. aufgenommen hatte. Der Traum von gestern nacht enthielt also Elemente von Informationen, die ich von Frank empfangen hatte. Offensichtlich funktioniert unsere psychische Verständigung sehr gut . . .)

Mittwoch, den 25. Januar 1984, 16.09 Uhr

(Der Tag war wieder ziemlich warm – 4,4 Grad, als ich mich auf den Weg zu Jane machte. Man hatte sie gerade umgezogen, bevor ich ankam. Das Personal, auch bei der Hydro, war sehr beschäftigt gewesen.

Während sie aß, erzählte ich ihr, daß der Rechtsanwalt heute morgen angerufen hatte. Keine Nachricht vom Blue Cross – aber er meinte, wir bräuchten uns keine Gedanken über die Schenkungssteuer zu machen, wenn jemand in den Fonds einzahlen will, den Maude Cardwell angeblich für uns organisiert. Es gibt einen Freibetrag von 10.000 Dollar, erst danach sind Steuern fällig.

Ich erzählte Jane auch von meiner unterhaltsamen Suche heute morgen nach Genealogien in der Bibel; ich recherchierte Material für die Anmerkung, die ich für Kapitel Fünf von Träume *schreiben will. Seths Vorfahren hätten sicherlich lange Zeit vor den Bibelgestalten gelebt – oder vielleicht auch nicht? Schließlich war Adam der erste Mann, zumindest wenn es nach der Bibel geht. Es hängt davon ab, aus welchem Blickwinkel man die Situation betrachtet.*

Jane aß gut zu Mittag. Im Fernsehen lief Werbung für Kinofilme, und ich fragte sie, warum unsere Literatur die schlechten Dinge des Lebens behandelt – Mord, Körperverletzung, Diebstahl, Bestechung, Einbruch usw. Ich sagte, unsere Sehnsucht nach einer solchen »Unterhaltung« müsse wohl unsere tiefsten sozialen Glaubenssätze widerspiegeln, die sich hinter dem Schein der Ehrenhaftigkeit verbergen – die bewußte Angst vor dem Unbekannten; wir haben dadurch eine Spaltung in uns selbst geschaffen und wollen unser wahres Selbst nicht bewußt wahrnehmen. Wir sind an einem Punkt angelangt, wo unser subjektives Leben zum größten Teil verborgen ist, aber ständig danach strebt, sich gegen jeden Druck durchzusetzen.

15.00 Uhr. Jane las die gestrige Sitzung mit sehr viel mehr Erfolg als gestern. Um 15.08 Uhr war sie fertig und meinte, ihre Sehschärfe sei zum Teil klar gewesen. Sie rauchte eine Zigarette, während ich an der Post arbeitete und wartete, ob sie noch weiter lesen wollte.

15.18 Uhr. Sie begann die Sitzung vom 13. Januar, und es lief sogar noch besser – sehr schnell.

Irgendwann mittendrin brachte ich ihr ihren Lippenstift, und nachdem sie ihn aufgetragen hatte, beschaute sie sich im Spiegel – zwar nur kurz, aber immerhin.

16.00 Uhr. Carla und Shannon nahmen ihre Werte – Temperatur 36,8. Jane kündigte an, sie wolle eine Sitzung abhalten. Ich sprach nochmal über meinen Gedanken, daß Seths Vorfahren schon sehr viel früher als die biblischen Vorfahren gelebt haben müßten; sie stimmte zu.)

Nun: Guten Tag.

(»Guten Tag, Seth.«)

Ich aktiviere wieder jene Koordinaten, die für den Heilungsprozeß unerläßlich sind.

Ruburts Augen und Sehvermögen haben sich weiterhin verbessert, und damit besonders verbunden sind die freiere Bewegung des Kopfes und der Arme – die Hände miteingeschlossen.

Es werden viele Vorbereitungen für Bewegungen gemacht, die in der nahen Zukunft benötigt werden, um das Gleichgewicht und die allgemeine Fortbewegung zu unterstützen.

(Lange Pause.) Die Bibel ist ein Konglomerat aus Parabeln und Geschichten, vermischt mit einigen unklaren Erinnerungen aus viel früheren Zeiten. Die Bibel, so wie ihr sie kennt – oder wie man sie kennt –, ist jedoch nicht die erste, sondern wurde aus einigen früheren Ausgaben zusammengestellt, als der Mensch versuchte, Rückschau zu halten, und sozusagen seine Vergangenheit rekonstruieren und seine Zukunft voraussagen wollte.

Solche Bibeln existierten, zwar nicht in geschriebener Form, aber in mündlicher, die von Sprechern weitergegeben wurde, wie bereits schon erwähnt. Erst sehr viel später wurden diese Informationen niedergeschrieben, aber bis dahin hatte man vieles wieder vergessen. Daneben gab es natürlich auch Verfälschungen und ausgesprochene Mißinterpretationen der Bibel *(lange Pause)*, als verschiedene Parteien das Material zu ihren eigenen Zwecken mißbrauchten.

(Lange Pause um 16.16 Uhr.) Du erwähntest die väterlichen Gefühle in deinem Traum. Durch sie hast du deine Erfahrung ausweiten können, während du im Traumzustand warst. Damit hast du ein Beispiel dafür, wie der Mensch der Frühzeit sein Wissen im Traumzustand erweitern konnte. Auf die gleiche Art, wie in Träume erwähnt, konnte der Mensch Traumbilder von tatsächlich existierenden geographischen Gegenden haben, ohne physisch dort gewesen zu sein.

Nun, ich komme zurück oder auch nicht, abhängig von jenen Rhythmen, von denen ich spreche – ich bin aber präsent und zugänglich.

(»Ja, danke.«

16.19 Uhr. Keiner von uns hatte gedacht, daß meine väterlichen Gefühle im Traum eine Analogie darstellten zu der Art, wie der Mensch der Frühzeit sein eigenes Wissen im Traumzustand erweiterte – wir wurden uns jedoch der Verbindung bewußt, sobald Seth sie erwähnt hatte. Ich las Jane die Sitzung vor.

Als Seth darüber sprach, dachte ich, daß der Stoff über die Sprecher und die mündlichen Überlieferungen weit zurückreichte in die Zeit, als Jane Gespräche mit Seth *im Jahre 1970/71 verfaßte. [Siehe Sitzung 558 vom 5. November 1970 im Anhang von »Gespäche mit Seth«.]*

Jane sagte, während ich ihr vorlas, sei ihr von Seth noch mitgeteilt worden, daß die Menschen aus der damaligen Zeit sehr oft darauf bestanden, an die Orte ihrer zerstörten oder verwüsteten Dörfer, Städte und Bauernhöfe zurückzukehren, auch wenn diese Orte mehrmals vernichtet worden waren. Es schien, als ob die Menschen psychisch und emotional unter dem Bann dieser Orte gestanden hätten, aus Gründen, die rational nicht zu verstehen waren. Wir sprachen über die berühmten »tells«[1] *in Israel beispielsweise.*

Eine Anmerkung: Ich spüre immer noch die Wirkung des Traumes über Del und Jean Longwell, den ich vor zwei Nächten hatte.)

---

1 »Tell« kommt aus dem Arabischen und bedeutet künstlicher Hügel. (Anmerkung der Übersetzerin.)

2. Kapitel

Biologisch begründete Ansichten, Einstellungen und Glaubenssätze

Donnerstag, den 26. Januar 1984, 16.08 Uhr

(Es war etwas über null Grad, als ich zu Zimmer 330 aufbrach. Jane hatte das Fenster weit geöffnet, es war aber trotzdem noch sehr warm im Zimmer. Ich begann, mich Schicht um Schicht auszuziehen. Ich erzählte ihr von meinem Traum der letzten Nacht: Ich war in meinem Schreibzimmer und hörte Jim Baker, unseren Optiker, in meinem Studio. Er sprach und fluchte manchmal in humorvoller Weise. Ich konnte seine Stimme ganz deutlich hören. Ich wußte, daß Jane irgendwo im Haus war und vollkommen normal laufen konnte. Jim war gekommen, um sie, und nicht mich, zu besuchen. Ich war weder besorgt noch eifersüchtig.

Wir sprachen miteinander vor dem Mittagessen, und Jane liefen ein paar Tränen über die Wangen. Sie wollte aufstehen und herumlaufen – ohne warten zu müssen. Ich teilte ihr meine Gedanken dazu mit: Wie schnell der Körper sich selbst heilt, hängt von äußeren Umständen ab – die Heilung kann sehr schnell geschehen, wenn er nicht daran gehindert wird. Da er sich aber in einem Krankenhaus mit all den negativen Schwingungen befindet, verlangsamen diese telepathisch und auch direkt den Heilungsprozeß. Diese Einsicht, die kaum originell ist, kam mir, als ich Jane danach fragte, warum die Heilung so lange dauern würde, als Reaktion auf eine Bemerkung von ihr. Ich hoffte, Seth würde seinen Kommentar dazu abgeben.

Nachdem Jane sehr gut zu Mittag gegessen hatte, erzählte sie mir von ihrem langen und komplizierten Traum. Sie war mit Ronald Reagan und einer seiner Töchter zusammen. Sie brachte ihn davon ab, seine Atomwaffen-Politik zu verfolgen, diese Idee des Teufels – und des Bösen. In ihrem Traum war sie sehr stolz auf ihren Erfolg. Sie sagte, es sei noch mehr passiert, woran sie sich aber nicht erinnern könne.

Wir diskutierten anschließend über einige Artikel, die ich in der letzten Ausgabe von Free Inquiry *gelesen hatte, einer Zeitschrift, die sich sehr kritisch mit paranormalen Themen auseinandersetzt.*

15.30 Uhr. Dana nahm Janes Temperatur – 37 Grad – perfekt. Jane hatte gerade damit begonnen, die Sitzung von gestern zu lesen. Sie machte um 15.40 Uhr weiter, und es lief ganz gut. Ich sah die Post durch.

15.58 Uhr. Sie bat mich, ihre rechte Schläfe zu reiben; die Reaktion war gut, als ich meinen Finger schließlich wieder zurücknahm: »Ich fühle mich so leicht – es ist toll. Ich kann es sogar bis hin zum Ellenbogen spüren – da muß wohl ein Nerv sein.« Sie sagte, sie wolle eine Sitzung abhalten.)

Nun: Guten Tag –

(»Guten Tag, Seth.«)

– und wir fangen mit dem 2. Kapitel an, mit der Überschrift: »Biologisch begründete Ansichten, Einstellungen und Glaubenssätze«.

(Lange Pause.) Ihr werdet mit bestimmten Einstellungen zu euch selbst und zur Welt geboren. Diese geben euch die größtmögliche Kraft, um in eure Kindheit hineinzuwachsen. Sie spielen auch eine große Rolle in jeder Phase eures Lebens. Ihr könnt *(lange Pause)* die Ergebnisse überall im Leben wahrnehmen; Tiere und Pflanzen erleben sie jedoch als Empfindungen, und nicht als Gedanken oder Geisteshaltungen.

Es mag sehr vereinfachend klingen, wenn ich euch sage, daß ihr nicht nur Sonnenstrahlen braucht, um gesund zu sein, sondern auch sonnige Gedanken – diese sind biologisch genauso unerläßlich für euer Wohlbefinden wie die Strahlen der Sonne. Schon als kleine Kinder habt ihr eine natürliche Veranlagung zu bestimmten Gefühlen, Gedanken und Überzeugungen, die ein gesundes Überleben und Wachstum ins Erwachsenenalter sichern. Diese sind angeborene psychologische Informationen, die genauso notwendig für euer Leben sind wie die Daten, die durch eure Gene und Chromosomen vererbt werden. Diese angeborenen psychologischen Prädispositionen sind überaus wichtig, wenn das Erbgut in euren Genen und Chromosomen getreu übertragen werden soll.

(16.17 Uhr.) Es ist schwierig, solche *(Pause)* biologischen und psychologischen Sachverhalte in Worte zu fassen, egal in welcher Sprache, obwohl diese angeborenen psychologischen Vorbedingungen fast so etwas wie eine eigene Sprache haben. Es ist eine Sprache, die Wachstum, Fülle und Zufriedenheit fördert und den gesamten Organismus stimuliert, indem sie die entsprechenden Reaktionen hervorruft, die für Gesundheit und Wachstum nötig sind.

Später werden wir gegensätzliche Empfindungen, Gedanken und Emotionen besprechen. Ich will Glaubenssätze durch Emotionen ersetzen –

(»Ja.«)

– die die natürliche Entwicklung von Gesundheit und Lebenskraft sehr einschränken. Hier werden wir jedoch hauptsächlich auf die inneren Vorbedingungen eingehen, die Leben und Vitalität unterstützen.

(16.24 Uhr.) Nun: Bemerkungen.

In Ruburt keimen neue, starke Wünsche auf – Wünsche nach Gesundheit, nach normaler Bewegung, Energie und Kraft. Diese Gefühle sollen ihm den Impuls geben, sich in die richtige Richtung zu entwikkeln, so daß seine Wünsche tatsächlich in Erfüllung gehen. Er muß sie als solche verstehen. Sie können zusätzliche Energie und Lebenskraft freisetzen und damit den Zweck erfüllen.

Er soll, so ungezwungen wie möglich, sich immer wieder vorstellen, wie er sich in Zukunft ganz normal verhält. Dies ist eine neue Zukunft, die durch gesündere und vernünftigere Glaubenssätze und Einstellungen zustande kommt. Er muß erkennen, daß die »Zukunft«, vor der er Angst hatte, nicht mehr existiert – da sie aus den alten Glaubenssätzen bestand, die er inzwischen abgelegt hat.

(Lange Pause um 16.29 Uhr, die Augen halb geschlossen. Ich finde, der obige Absatz ist außerordentlich wichtig.)

Das erste Kapitel des Buches kann folgendermaßen heißen: »Die Absicht dieses Buches und einige wichtige Bemerkungen über Fülle und Gesundheit«.

Nun, ich komme zurück oder auch nicht, abhängig von jenen Rhythmen, von denen ich spreche, aber wißt, daß ich präsent und zugänglich bin.

Ich wollte euch Material für das Buch geben, deshalb bin ich nicht auf eure Träume eingegangen –

(»Na ja, du kannst ja noch etwas darüber sagen . . . Wie wäre es mit Janes Traum?«)

Wartet einen Augenblick . . . Ruburts Traum zeigt, wie er den Teil in sich selbst, den er einst als Autorität betrachtet hat, umerzieht. Er überzeugte ihn davon, die alten Glaubensmuster über das Gute und das Böse, die Selbstzerstörung und die Existenz des Teufels bei den Katholiken, abzulegen. Im Traum triumphiert er über diese Glaubensmuster.

Dein Traum symbolisiert Ruburts gesündere Einstellungen seinen Augen und ihrer Sehschärfe gegenüber. Er deutet auch auf sein zunehmendes Vertrauen in seine psychische Vorstellungskraft und damit in seinen eigenen natürlichen Rhythmus und seine Bewegungen.

(»Danke.«

16.37 Uhr. »Gut, daß ich danach gefragt habe«, sagte ich. Beide Träume waren sehr schön und könnten Janes Fortschritte und Einstellungen unterstützen.

»Ich wußte, daß er am Buch arbeiten würde«, sagte Jane. »Ich glaube, das Buch wird The Way Toward Health *heißen.«*

Ich sagte Jane, Seths Einführung für das 2. Kapitel über die Einstellungen, die man von Geburt an zum Leben und zu sich selbst mitbringt, sei der anerkannten wissenschaftlichen Meinung genau entgegengesetzt, nach der ein Neugeborenes wie ein unbeschriebenes Blatt ist, das durch Erziehung und Erfahrung geformt wird. Das treffe besonders auf den Behaviorismus zu. Sie lachte.)

FREITAG, DEN 27. JANUAR 1984, 16.08 UHR

(Heute war es noch wärmer als bisher – unglaubliche 7 Grad, als ich das Auto aus der Garage fuhr.

Jane aß sehr gut zu Mittag. Ich sagte ihr mehrere Male, ich hätte ein Vorgefühl, als ob ich ihr etwas mitteilen wolle, mich aber nicht daran erinnern könne. Manchmal war dieses Gefühl sehr stark.

Von 14.30 bis 15.00 Uhr schauten wir uns In Search Of *an; der Film erinnerte mich an einige Fragen, die ich mir immer wieder gestellt hatte. Es ging um die Auswirkungen der Atombombe von Hiroshima, beispielsweise die Krebserkrankungen. Meine Fragen bezogen sich auf das Bewußtsein, das im Zusammenhang mit der Strahlung steht: Warum ist dieses Bewußtsein dermaßen virulent, daß wir Menschen nicht damit umgehen können? Wir haben es doch erschaffen. Das gleiche gilt für die Krankheit Krebs. Warum erschaffen wir sie, wenn wir mit vielen Krebsformen gar nicht umgehen können?*

Ich sprach mit Jane auch über Arthritis, die alle historischen und kulturellen Grenzen überwunden hat und ihren Ursprung – glaube ich zumindest – in der Angst des einzelnen vor Bewegung hat, aus welchen Gründen auch immer. Jane wunderte sich etwas über meine Einstellung. Ich sagte ihr, ich hätte schon länger – das heißt seit Jahren – das Gefühl, daß etwas Wahres daran sei.

Ich hoffte, Seth würde diese Fragen in seinem Buch erörtern.

15.00 Uhr. Jane fing an, die Sitzung von gestern zu lesen; es war nicht ihr bester Versuch, aber mit meiner Hilfe ging es einigermaßen. Zum Schluß ging es wieder besser, und um 15.20 Uhr war sie fertig. Ich erledigte die Post.

Jane wunderte sich darüber, daß Maude Cardwell immer noch nicht auf meinen Brief reagiert hatte, den ich vor Wochen geschrieben hatte. Ich erwiderte, daß die Dinge eigentlich genauso liefen, wie wir es uns vorgestellt hatten. Schließlich hatte ich Maude unsere Telefonnummer nicht gegeben – obwohl ich das jetzt vorhabe –, und wir haben uns auch ziemlich ferngehalten von allen, die uns bisher helfen wollten. Wenn wir uns so benehmen, ist es kein Wunder, wenn andere sich uns gegenüber auch so verhalten.

Um 15.55 Uhr nahm Carla Janes Temperatur – 36,6 –, und Shawn maß ihren Blutdruck. Zu dieser recht frühen Stunde kam Lynn herein, um Jane ihre Augentropfen zu geben. Jane machte sich dann für eine Sitzung bereit.)

Nun: Guten Tag.

(»Guten Tag, Seth.«)

Diktat. Diese angeborenen Neigungen oder Einstellungen können etwa folgendermaßen übersetzt werden:

1. Ich bin ein hervorragendes Wesen, ein wertvoller Teil des Universums, in dem ich existiere.

2. Meine Existenz bereichert alle anderen Bereiche des Lebens, während mein eigenes Wesen vom Rest der Schöpfung erhöht wird.
3. Es ist gut, natürlich und sicher für mich, zu wachsen und meine Fähigkeiten zu entwickeln und einzusetzen; dadurch bereichere ich auch andere Teile des Lebens.

Das nächste: Ich werde auf Ewigkeit getragen und unterstützt vom Universum, dessen Teil ich bin, und ich existiere, unabhängig davon, ob jene Existenz eine physische Form hat oder nicht.

Und als nächstes: Alle meine Unvollkommenheiten und alle Unvollkommenheiten anderer Lebewesen werden erlöst im Gesamtgeschehen des Universums, in dem ich als Wesen existiere.

Diese Überzeugungen sind in den mikroskopisch kleinsten Teilen des Körpers enthalten – sind Teil jedes Atoms, jeder Zelle und jedes Organs; sie lösen alle Reaktionen des Körpers aus, die Wachstum und Erfüllung bewirken. Kleinkinder kommen nicht mit einer angeborenen Angst vor ihrer Umwelt oder anderen Lebewesen auf die Welt. Sie sind statt dessen eingebettet in Gefühle des Wohlbefindens, der Vitalität und Fülle. Sie nehmen es als selbstverständlich hin, daß ihre Bedürfnisse befriedigt werden und das Universum ihnen freundlich gesinnt ist. Sie fühlen sich als Teil ihrer Umgebung.

(Lange Pause um 16.20 Uhr.) Sie treten nicht mit Gefühlen des Ärgers oder der Wut ins Leben und erfahren im Grunde auch keine Zweifel oder Ängste. Die Geburt wird als Selbstentdeckung erlebt und drückt aus, wie das Selbst sich sanft aus dem verborgenen Herzen des Universums erhebt und entfaltet.

(Während dieses letzten Paragraphen läutete der Alarm am Fahrstuhl vor Janes Zimmer. Das seltsame Klingeln war sehr irritierend, ich dachte, es würde nie aufhören; Jane blieb in der Trance und fuhr nach einigen Pausen fort.)

Im Gegenteil, viele Menschen glauben, daß der Geburtsvorgang ein Trauma oder sogar Wut im Kind erzeugt. Die Geburt ist der kostbarste, natürlichste Vorgang des Lebens. Sogar bei Geburten, von denen man meint (unterstrichen), sie seien nicht »normal«, empfindet das Kind Freude und Neugier.

Wir werden an einer anderen Stelle noch näher auf den Geburtsvorgang eingehen. Bis hierhin will ich einfach festhalten, daß die menschliche Geburt genauso normal und spontan geschieht wie die Geburten bei allen anderen Lebewesen dieser Erde – und das Selbst des Kindes blüht auf wie die Knospe einer Blüte.

Die hier erwähnten Neigungen und Einstellungen sollten euch im Idealfall (unterstrichen) ein Leben lang begleiten und euch dazu verhelfen, eure Fähigkeiten auszudrücken und Erfüllung zu erreichen, während ihr immer mehr Wissen durch eure Erfahrung ansammelt. Dieselben Gefühle und Überzeugungen sollten euch im Idealfall (unterstrichen) auch dabei helfen, mit einem Gefühl der Sicherheit, der Unterstützung und der Zuversicht zu sterben. Diese innewohnenden psychologischen Hilfestellungen sind immer in irgendeiner Form in euch vorhanden, obwohl sie durch Glaubenssätze, die ihr euch später im Leben zulegt, unterwandert werden; dadurch wird das Gefühl der Sicherheit und des Wohlbefindens eines jeden einzelnen geschwächt.

(Pause um 16.33 Uhr.) Bemerkungen.

Ich aktiviere wieder diese Koordinaten, die den Heilungsprozeß verstärken. Laß Ruburt nochmal den Teil der gestrigen Sitzung lesen, in dem es um ihn geht.

Nun, ich komme zurück oder auch nicht, abhängig von jenen Rhythmen, von denen ich spreche – aber wißt, daß ich präsent und zugänglich bin.

(»Darf ich etwas fragen?«)

Ja, bitte.

(»Wir haben vorhin schon darüber gesprochen – über das Bewußtsein, das hinter dieser Strahlung steckt, das derart mächtig ist – oder bei Krebs –«)

Dieses Material und alles, was dazu gehört, wird mit diesem Buch abgedeckt werden. Notiere jedoch die Fragen, sobald sie spontan auftreten.

(»Gut, danke.«

16.35 Uhr. Jane nahm etwas Ginger Ale zu sich und rauchte eine Zigarette. »Er wird diese Fragen in dem Buch behandeln«, sagte ich zu Jane – »über Strahlung, das Bewußtsein dahinter und Krebserkrankungen. Es wird wohl ein hochinteressanter, einmaliger Stoff sein.« Und ich würde wohl ein Blatt mit Fragen anlegen müssen, um sie nicht zu vergessen und um sie bei jeder neuen Sitzung dazuzulegen.

Nach dem Abendessen las ich Jane die Abschnitte der gestrigen Sitzung vor, die Seth erwähnt hatte. Sie waren sehr gut.

Ich fand es relativ klar, daß Seth sich ausgelassen hatte über die Eigenschaften, mit denen wir auf die Welt kommen, angesichts meiner Bemerkungen über das gängige psychologische Dogma, daß ein Baby ohne jegliche Vorprägungen geboren wird.

Und als ich abends nach Hause kam, bestätigte sich meine Vorahnung, die ich heute morgen hatte: Es lag ein Brief von Maude Cardwell vor.)

Samstag, den 28. Januar 1984, 15.54 Uhr

(Heute war es wieder kälter, als ich zu Jane ging – minus 2 Grad. Ich nahm den Brief von Maude Cardwell mit, um ihn Jane zu zeigen. Sie kam erst recht spät von der Hydro zurück. »Das willst du dir sicherlich nicht alles anhören«, sagte sie mir, als ich nach dem Warum fragte. »Wenn ich darüber erzähle, wird es sich anhören, als ob ich mich nur beklage. Es ist ja alles gutgegangen.«

Jane aß nicht viel zu Mittag – der Cheeseburger war angebrannt und zäh. Wir hatten beide nichts geträumt. Ich las ihr Maudes Brief vor und ihren Artikel in Reality Change *und meinte, wir müßten uns eine Antwort ausdenken. Wir müßten uns auch überlegen, wie wir mit dem gespendeten Geld umgehen wollten, bis die Krankenhaus- und Versicherungsfragen geklärt sind. Ich werde mich am Montag mit unserem Rechtsanwalt beraten. Ich werde wohl ein neues Konto für die Spendeneinnahmen eröffnen müssen. Ich sagte Jane, ich würde gerne etwas Material von Seth bekommen, das Maude an die Spender schicken könnte.*

Um 15.40 Uhr nahmen Carla und Denise Janes Werte – Temperatur 36,4. Jane sagte, sie sei jetzt schon für eine Sitzung bereit.)

Nun: Guten Tag.

(»Guten Tag, Seth.«)

Diktat. *(Pause.)* Diese ganzen Aussagen über Fülle, Gesundheit und Vitalität mögen vielleicht für viele von euch unerheblich sein. *(Lange Pause.)* Die Welt scheint womöglich eher voller Unzufriedenheit und Krankheit zu sein.

Ich gebe zu, daß dies sicherlich stimmt. Es wird euch, meine Leser, wohl auch schockieren, wenn ich behaupte, daß es im Grunde so etwas wie Krankheit gar nicht gibt. Es gibt nur Prozesse. Was ihr als Krankheit betrachtet –

(15.56 Uhr. Jemand klopfte an die Tür, sprang schnell herein, um einen Stapel weißer Unterlagen auf den Tisch zu legen, und eilte wieder hinaus.)

– ist vielmehr das Ergebnis von übertriebenen oder überaktiven Prozessen im Körper, die sonst völlig normal verlaufen. Ihr werdet beispielsweise nicht von Viren angegriffen, da im Körper normalerweise eine Vielzahl von Viren existieren. Es sind keine Killerviren (unterstrichen), sondern Viren, die über ihre Grenzen schießen. Wir werden später noch darauf zu sprechen kommen; jetzt möchte ich euch aufzeigen, wie bestimmte Gefühle und Glaubensvorstellungen tatsächlich die Gesundheit positiv beeinflussen, während andere ein ungünstiges Wachstum oder eine Übertreibung von vollkommen normalen Körperfunktionen oder Virusaktivitäten fördern.

Das bedeutet natürlich, daß ihr nicht Opfer irgendeiner Krankheit werdet oder euch einen Virus einfangt, sondern daß eure Gefühle, Gedanken und Geisteshaltungen, aus welchen Gründen auch immer, euch für gewisse Krankheitsschübe anfällig werden lassen. Punkt.

Diese Ansichten werden sicherlich für viele Leser wie medizinische Ketzerei klingen; je eher ihr jedoch Gesundheit und »Unwohlsein« aus dieser Perspektive betrachtet, desto gesünder und zufriedener werdet ihr sein. *(Lange Pause.)* Ihr seid nicht getrennt von der Erkrankung, weil es eure Gedanken und Emotionen sind, die Krankheitsschübe hervorrufen. Wenn ihr euch dessen erst einmal bewußt werdet, könnt ihr Schritte einleiten, um Überfluß und Vitalität statt Ängste, Zweifel und »Unwohlsein« in euer Leben einzuladen.

(16.07 Uhr.) Ihr werdet entdecken, daß sogenannte Krankheiten bestimmten Zwecken dienen. Sie erfüllen einen Sinn für euch, von dem ihr glaubt, daß er nur in dieser Art und Weise erreicht werden kann. Die Gründe für die Krankheiten liegen nicht tief im Unterbewußtsein vergraben, wie ihr vielleicht glaubt. Sie sind eher im Bewußtsein angesiedelt und bestehen normalerweise aus einer Reihe scheinbar harmloser Entscheidungen, die ihr im Lauf der Jahre getroffen habt. Andere Krankheiten werden wiederum durch plötzliche Entscheidungen verursacht, als Reaktion auf ein bestimmtes Ereignis in eurem Leben.

(Lange Pause.) Den Menschen wurde beigebracht, daß ihr Körper wie ein Schlachtfeld ist; sie müssen ständig auf der Hut sein, um nicht von fremden Bakterien, Viren oder Krankheiten angegriffen zu werden, die ohne Vorwarnung zuschlagen können.

Wir werden später noch andere negative Glaubenssätze, die zu schlechter Gesundheit führen, beleuchten. Im Augenblick konzentrieren wir uns auf diese angeborenen, positiven Geisteshaltungen, Gefühle und Glaubensvorstellungen, die unser Wohlbefinden, unsere Kraft und unsere Erfüllung fördern.

Macht eine Pause, danach fahren wir fort.

(16.15 Uhr. Jane sagte, sie habe gedacht, daß Seth dabei war, meine Frage von gestern zu beantworten – nicht den Teil über die Strahlung und warum uns dieses Phänomen überwältigt, sondern die Frage nach dem Bewußtsein, das sich hinter Krebs verbirgt, womit wir oft überhaupt nicht umgehen können. Ich wußte, worauf sie hinauswollte.

Wiederaufnahme um 16.26 Uhr, leicht amüsiert:)

Nun: ein Brief.

Ich möchte mich bei Dir bedanken für die Unterstützung, die Du Ruburt und Joseph gegeben hast; ich möchte Dir dafür meinen Segen geben. Wir arbeiten gerade an einem Buch, das *The Way Toward Health* heißen wird. Ich hoffe, daß Du aus seinem Inhalt einen ganz persönlichen Nutzen ziehen kannst und die Fülle, Freude, Kraft und gute

Gesundheit erfahren wirst, die Dein Erbe sind. Obwohl wir uns auf der physischen Ebene nicht begegnet sind, weiß ich um Deine Gegenwart, Deine Umstände und Deine guten Absichten.

Im Namen von uns dreien drücke ich Dir meinen aufrichtigen Dank aus und grüße Dich von ganzem Herzen.

Unterschrieben einfach mit »Seth«.

Nun, ich komme zurück oder auch nicht, abhängig von jenen Rhythmen, von denen ich spreche – aber wißt, daß ich präsent und zugänglich bin.

Ich hoffe, mein Brief findet eure Zustimmung.

(»Ja, danke«, sagte ich, obwohl ich dachte, er sei etwas kurzgefaßt.)

Die Anrede kann »Liebe Freunde« lauten.

(»Ja, gut.«

16.31 Uhr. »Oh«, rief Jane aus, »wir haben den Titel des Buches erhalten! Er hat heute nichts über mich gesagt, aber wir haben einiges für das Buch bekommen.« Ich las ihr sofort Seths Brief vor.

Ich notierte anschließend Janes eigenen Brief an die Spender, der durch Seths Brief ausgelöst war. Sie diktierte ihn mit der gleichen Leichtigkeit, wie Seth seinen durchgegeben hatte. Einige Minuten später:

Liebe Freunde:

Ich danke Euch sehr dafür, daß Ihr uns in dieser schweren Zeit unterstützt. Ich muß zugeben, daß mir das äußerst peinlich ist, da Rob und ich bisher alles allein geschafft haben. Mir ist es schon immer viel leichter gefallen, zu geben als zu nehmen. Jetzt lerne ich, mit großer Dankbarkeit zu empfangen – eine Lektion, die ich lernen mußte. Krank oder nicht, ich fühle mich sehr lebendig und munter!

Zutiefst verbunden
in Liebe, Jane.)

Sonntag, den 29. Januar 1984, 16.18 Uhr

(Ich ging zum ACME einkaufen, nachdem ich Jane gestern abend verlassen hatte; ich kam um 20.30 Uhr nach Hause, und nach einer Stunde war ich mit dem Abendessen fertig. Ich tippte gerade die Sitzung ab, als Jane gegen 22.00 Uhr mit Carlas Hilfe anrief.

Heute morgen schrieb ich einen kurzen Brief an Maude Cardwell und versprach ihr, daß sie zu einem späteren Zeitpunkt mehr von uns und unserem Rechtsanwalt hören würde. Morgen werde ich mit ihm über Steuern und Spenden sprechen und darüber, was für ein Konto ich für die Abwicklung der Krankenhauskosten eröffnen sollte.

Jane erzählte mir, sie habe um 3.30 Uhr einen neuen Katheter eingeführt bekommen. Es habe ganz gut geklappt. Als ich bei ihr auf Zimmer 330 ankam, fühlte sie sich allgemein nicht sehr wohl. Zum Mittagessen hatte sie einen guten Appetit, und ich nahm ein paar Essensreste für unsere Katzen Billy und Mitzi mit. Jane ist sehr traurig, daß sie sie nicht sehen kann.

14.35 Uhr. Sie trug sich den Lippenstift auf und schaute sich kurz im Spiegel an. Ich glaube, sie hat kaum einen Tag versäumt, seit es Seth vorgeschlagen hat.

14.40 Uhr. Jane begann, die Sitzung von gestern zu lesen, fand es aber schwierig. Sie hatte Blasenkrämpfe und legte die Sitzung schließlich beiseite, um eine Zigarette zu rauchen. Ich erledigte die Post. Sie fing wieder um 14.56 Uhr an; es ging ein wenig besser, und um 15.09 Uhr war sie fertig.

15.20 – 15.55 Uhr. Judy leerte Janes Foley, den Katheterbeutel, Dorothy nahm ihren Blutdruck und Carla ihre Temperatur – 36,7. Ich machte weiter mit der Post, bis Jane ankündigte, sie sei für eine Sitzung bereit. Im Krankenhaus war es heute sehr ruhig, und man ließ uns die meiste Zeit in Ruhe. Janes Seth-Stimme klang kräftiger als üblich.)

Nun: Guten Tag.

(»Guten Tag, Seth.«)

Diktat. *(Lange Pause.)* Alle Elemente des Lebens sind optimistisch angelegt.

Beispielsweise ist der Fötus erstaunlich optimistisch, da er in sich eine Miniaturvariante des Bauplanes für einen menschlichen Erwachsenen trägt. Er geht davon aus, daß die Umstände günstig sein werden, damit sich der gesamte Plan für ein normales Leben entfalten kann, trotz Hindernissen oder widriger Umstände.

Diese Erwartung, zu wachsen und zu gedeihen, steckt in jedem Atom, jeder Zelle, jedem Organ; alle Teile des Lebens hegen diese optimistische Erwartung und sind gesegnet mit dem Versprechen, daß ihre Fähigkeiten zur Reife wachsen werden.

(Lange Pause.) Kinder nehmen es spontan als selbstverständlich hin, daß ihr Verhalten positive Ergebnisse nach sich ziehen wird und daß jede Situation einen guten Ausgang hat. Diese Überzeugungen finden sich auch im Tierreich wieder. Man findet sie im Leben der Insekten, der Fische und des Federviehs. Sie geben dem Leben Richtung, Sinn und Antrieb. Kein Organismus geht automatisch davon aus, Hunger, Enttäuschung oder widrige Umstände vorzufinden – selbst wenn solche Umstände angetroffen werden, beeinflussen sie keinesfalls die positive Lebenseinstellung, die dem Leben zugrunde liegt.

(16.28 Uhr.) Auch wenn biologische »Fehler« vorkommen, wie zum Beispiel Totgeburten oder behinderte Kinder, gibt das innere Bewußtsein nicht auf; sogar wenn das Ergebnis der Tod ist, versucht das Bewußtsein, unter anderen Bedingungen wieder zu leben. Der Tod wird vom Organismus in solchen Fällen nicht als Niederlage oder als biologi-

scher Fehler erlebt. Er wird einfach als Erfahrung, als eine Entdeckung, bewertet, die eben nur bis dorthin und nicht weiter ging. Diese Ereignisse stehen jedenfalls der Lebensfreude und Kraft des inneren Bewußtseins in keinerlei Weise im Wege.

(Pause um 14.32 Uhr.) Bemerkungen.

Wiederhole nochmal die Abschnitte der Sitzungen, in denen es um Ruburts Zustand geht. Erinnere ihn daran, Ungeduld als einen Freund zu betrachten, der ihm dabei helfen will, seine Wünsche zu erfüllen. Ich aktiviere wieder diese Koordinaten, die den Heilungsprozeß fördern. Ich komme zurück oder auch nicht, abhängig von jenen Rhythmen, von denen ich spreche – aber wißt, daß ich präsent und zugänglich bin.

(»Okay.«

16.35 Uhr. Janes Durchgabe war gut gewesen; ich bemerkte, die Sitzung habe ausgezeichnetes Material hervorgebracht. Sie nippte an ihrem Ginger Ale und rauchte eine Zigarette. »Ich habe schon bestimmte Empfindungen, wenn ich das Zeug durchgebe«, sagte sie, »und frage mich, ob ich es auf die beste Art und Weise tue – beispielsweise das Material über den Fötus, der den Tod nicht als einen Fehlschlag erlebt, sondern als eine Erfahrung. Viele Leute würden so etwas nicht verstehen . . .«

»Nicht, wenn sie es einmal richtig verstanden haben«, entgegnete ich. »Sie müßten lernen umzudenken, und das wäre sicherlich möglich. Das Ganze würde ihnen viel klarer werden, als wenn sie noch in ihren alten Gedankenstrukturen verhaftet blieben.«

Kurz bevor ich um 19.00 Uhr gehen wollte, nachdem wir noch ein Gebet zusammen gelesen hatten, sagte Jane, sie wolle mit mir reden. Es kam heraus, daß ihre Ungeduld wuchs und sie sich brennend wünschte, richtig sitzen zu können – in einem Sessel, wie das Personal vorgeschlagen hatte. Ihre gebeugten Beine erlaubten aber nur die Position im Bett. Sie sagte, sie habe sogar daran gedacht, einen Arzt um Hilfe zu bitten – »obwohl ich mich von Ärzten so weit wie möglich fernhalte«, sagte sie halb lachend.

Ich sagte ihr, ich erwarte auch, daß sich ihre Beine mehr bewegten, so daß sie aus dem Bett steigen und sich in irgendeinen Sessel setzen könnte, aber da dies noch nicht geschehen ist, kann man nicht viel tun. Wir müssen noch abwarten.

Erst, als ich zu Hause ankam, bemerkte ich, daß ich Jane die Sitzung gar nicht vorgelesen hatte. Sie erinnerte sich jedoch daran, daß Seth davon gesprochen hatte, die Ungeduld zu einem Freund zu machen. Aber ihre Ungeduld wird immer größer, und wenn das so weitergeht, wird es sicherlich eine Veränderung in ihrem Verhalten und ihrer Einstellung bewirken, ja regelrecht erzwingen. Ich ahne es schon. Ich hoffe beziehungsweise erwarte, daß der Körper auf die Veränderungen der Bewegungen vorbereitet sein wird, wenn diese endlich eintreten.)

Montag, den 30. Januar 1984, 16.35 Uhr

(Ich rief unseren Rechtsanwalt heute morgen an und erhielt die nötige Information über einige Angelegenheiten – den Freibetrag von 10.000 Dollar für Spenden usw. Er fand die Idee gut, ein separates Konto für die Spendeneinnahmen zu eröffnen. Er fragte auch nach unserer Ausgabe von Reality Change, *um eine Kopie für die Akten zu haben; ich fügte gleichzeitig eine Kopie von Maudes Brief bei. Anschließend arbeitete ich weiter an* Träume; *dann entwarf ich einen Brief, den ich an die Geldspender schicken wollte.*

Es war etwa null Grad, als ich mich auf den Weg zu Jane machte. Ihr Zimmer wurde langsam kalt, da die Heizung ausgefallen war; das Personal hatte bereits den Wartungsdienst gerufen. Sie aß gut zu Mittag. Der Wetterbericht hatte Schneefall angekündigt; gegen 14.30 Uhr fing es an. Ein Schneesturm wütete bereits im Süden des Landes. Ich hoffte, er würde uns bis zum Abendessen noch nicht erreicht haben.

15.00 Uhr. Jane schminkte sich die Lippen und sah sich im Spiegel an. Ich bearbeitete die Post. Ein Monteur kam herein, konnte aber keinen Defekt an der Heizung feststellen. Er ging, um Werkzeug zu holen. Jane mußte zugedeckt werden, während er im Zimmer war, aber sie beklagte sich deswegen nicht.

Shawn nahm ihre Temperatur – 36,8 Grad – und den Puls.

15.55 Uhr. Jane fing an, die Sitzung von gestern zu lesen, mit Erfolg. Sie wurde von Diana um 16.05 Uhr unterbrochen, um den Blutdruck überprüfen zu lassen – 102/64 – »sehr gut.« Sie beendete die Sitzung fünf Minuten später.

16.15 Uhr. Lynn gab Jane ihre Augentropfen. Zehn Minuten später begann Jane mit der Sitzung.

Guten Tag.

(»Guten Tag, Seth.«)

Eine Sitzung, egal wie kurz, unterstützt in der Tat den Heilungsprozeß.

Es finden innere Veränderungen statt, die sich als solche noch nicht in physischer Bewegung manifestiert haben, die sich aber bald in Form von leichteren Bewegungen äußern werden. Es ist auch hier wieder sehr wichtig, daß Ruburt seine Ungeduld als einen geistigen und physischen, natürlichen Aspekt des Heilungsprozesses erkennt.

Sein allgemein verbesserter Zustand läßt ihn noch größere Veränderungen erwarten. Dies vermischt sich mit dem immer wieder auflebenden Wunsch nach Bewegung, dessen Befriedigung außerordentlich wichtig ist – da er jetzt wirklich normal laufen will (unterstrichen) und bereit ist – mehr als bereit –, seine Ängste und Zweifel, die ihm bisher im Wege standen, aufzugeben.

Deshalb betone ich einen neuen (unterstrichen) Anfang, da er von dieser Perspektive aus sein Leben neu strukturieren wird.

Ich komme zurück oder auch nicht, abhängig von jenen Rhythmen, von denen ich spreche - aber wißt, daß ich präsent und zugänglich bin.

(»Okay. Danke.«

16.41 Uhr. Obwohl die Sitzung nur sehr kurz war, glaube ich, daß sie sehr wichtig ist. Sie deutet den Beginn eines neuen Lebens an – sehr interessant. Sie erinnert mich auch an etwas, was Seth vor vielen Jahren gesagt hatte: Wenn Jane vollkommen entschlossen wäre, die Symptome beseitigen zu wollen, dann würde sie es auch schaffen. Diesen Gedanken habe ich nie vergessen. Die Sitzung heute zeigt, daß Jane entweder diesen Punkt erreicht hat oder daß sie nahe daran ist.

Ich möchte hier ergänzen, daß unsere lieben Freunde Bill und Peg Gallagher Jane gestern abend ziemlich spät noch besuchten, eine Flasche Wein mitbrachten und diese zu dritt leerten. Jane war freudig überrascht.

Außerdem hatte uns Sue, eine Helferin, mit der wir uns angefreundet hatten, Bilder von ihren beiden kleinen Söhnen gezeigt. Diese süßen Kinder berührten mich aus vielerlei Gründen sehr – zum einen aufgrund von Seths Material, zum anderen weil ich in meinem Alter [65] entdecke, wieviel Kreativität im Elterndasein steckt. Ich sagte Sue, ihre Kinder seien phantastisch. Jane stimmte damit völlig überein. Ich hätte nichts dagegen, wenn Seth meine sich entwickelnden väterlichen Gefühle kommentieren würde.)

Dienstag, den 31. Januar 1984, 16.30 Uhr

(Jane hat gestern abend nicht angerufen. Sie sagte, Debbie Harris habe sie besucht. Ich schaufelte letzte Nacht viel Schnee aus der Einfahrt, nachdem ich die Sitzung fertig getippt hatte. Nach langer Zeit überfiel mich zum erstenmal wieder die alte Panik. Als ich schließlich ins Bett ging, empfand ich sie schon nicht mehr, mir wurde aber klar, wie alte Überzeugungen immer wieder aufleben. Heute morgen schippte ich den Rest Schnee aus der Einfahrt; ich fühlte mich viel besser, obwohl sich ein Anflug von Panik kurz in meiner Kehle deutlich machte.

Vor der heutigen Sitzung erzählte ich Jane meinen lebendigen Traum von gestern nacht. Ich träumte, daß ich eine neue, rote, sportliche Limousine bei einem Händler gekauft hatte. Er war nicht gerade sympathisch, etwas jünger als ich, und fluchte andauernd. Ich schimpfte mit ihm. Nachdem ich meinen Wagen ausgesucht hatte, mußte ich Geld holen gehen. Als ich zurückkam, sah ich, wie eine fünfköpfige Familie – Eltern und drei Kinder – in dem Wagen saß und losfahren wollte. Der verrückte Händler sagte mir, er habe den Wagen der Familie verkauft und mir eine identische Limousine in grün reserviert.

Ich verlor die Fassung und warf mit Schimpfwörtern um mich; ich drohte sogar mit rechtlichen Schritten, wenn ich den Wagen, den er mir versprochen hatte, nicht zurückbekäme. Somit hat er ihn mir schließlich gegeben. Ich sah die Familie, wie sie zur Seite trat und stillschweigend wartete. Sie war eine freundliche, durchschnittliche Familie. Ich stieg in meine rote Limousine ein. Ende des Traumes.

Als ich bei Jane ankam, sang sie leise vor sich hin. Sie wollte sofort umgedreht werden, da sie seit 10.30 Uhr, nach der Hydro, auf der Seite gelegen hatte. Sie sagte, sie habe eine ganze Reihe alter Lieder gesungen – nicht Sumari[1]*, sondern die guten alten Lieder. Ich kannte viele der Melodien, aber nicht die Texte oder Titel. Jane gab mir einen Beutel ungeschälter Erdnüsse, die ich für die Eichhörnchen mit nach Hause nahm.*

14.30 Uhr. Jane rauchte eine Zigarette. Um 15.00 Uhr fing sie an, die Sitzungen von gestern zu lesen, mit einigen Pausen zwischendrin. Ich sah die Post durch; um 15.14 Uhr war sie fertig. Ich erzählte ihr, daß ich einen Karton mit 64 Briefen von unserem Verlag Prentice-Hall erhalten hatte.

15.55 Uhr. Nach einer weiteren Zigarette fing Jane an, nochmal die Sitzung vom 29. Januar zu lesen – es ging besser als vorhin. Sie war um 16.13 Uhr fertig damit.

Während wir miteinander sprachen und ich mir einige Notizen machte, um sie später abzutippen, wurde mir die Bedeutung meines Traumes langsam klar. Die Limousine symbolisierte meine Reise durch die Psyche, die Familie stand für das konventionelle Amerika mit seinen alltäglichen Glaubenssätzen, die ich aber ablehnte. Indem ich darauf bestand, das Auto zu bekommen, das ich haben wollte, setzte ich mich auf meine Art und Weise durch. Möglicherweise war ich der Händler, der meine Zweifel und Konflikte mit der Gesellschaft darstellte. Jane dachte, die Interpretation sei gut. Ich habe übrigens in den letzten Monaten meine Träume besser deuten können. Die Schlüsse ziehe ich jetzt intuitiv, was ich früher nicht konnte.

Janes Seth-Stimme war kräftig heute, so wie gestern. Die Heizung im Zimmer funktionierte komischerweise wieder, obwohl heute keiner danach geschaut hatte, wie Jane meinte. Gestern hatte der Monteur es nicht geschafft, sie zu reparieren. Das Fenster stand etwa 30 Zentimeter offen, und das Zimmer war immer noch warm.)

Nun: Euch einen wunderschönen guten Tag.

---

1 Jane und ich gehören der Bewußtseinsfamilie an, die Seth Sumari nennt. Jane kann in Sumari schreiben, sprechen und singen – schnelle, scheinbar unverständliche Worte, die sie direkt in wunderschöne englische Prosa und Lyrik übersetzen kann. (Ich kann zwar in Sumari schreiben, aber Jane muß es für mich übersetzen; ich wundere mich immer über die Resultate.) Meine Frau hat eine kräftige Stimme, wenn sie singt. Mehr über das Sumari-Material ist in *Das Seth-Phänomen* nachzulesen.

(»Guten Tag, Seth.«)

Kurzes Diktat. *(Lange Pause.)* Dieser Optimismus spiegelt sich in vielen anderen Bereichen des Lebens wider.

Der phantastische Vogelzug beweist den unerschütterlichen Optimismus, mit dem Vögel Tausende von Kilometern zu fernen Ufern fliegen, in einem Vertrauen, das keine Gefahren oder Zweifel kennt. Es gibt kein Zögern, die Wanderung wird gemacht. Vögel fragen nicht danach, ob das Wetter heiter oder schlecht sein wird und die Winde günstig stehen. Sie fliegen einfach auf ihr Ziel zu. Auch wenn einige Vögel dabei sterben, vermindert oder untergräbt es nicht das Vertrauen der anderen.

Chrysippusfalter, mit ihren außergewöhnlichen Wanderungen, fliegen oft in Länder, die sie vorher nie gesehen haben – und sie erreichen trotzdem ihr Ziel.

In all diesen Fällen besteht ein angeborenes biologisches Vertrauen, dieser Mut und diese Vitalität, dieser biologische Optimismus. Er wirkt auch im Menschen und steuert die nötigen körperlichen Reaktionen. Nur wenn dieser Optimismus negativ beeinflußt wird, gerät der physische Mechanismus ins Stocken. Aber auch dann sind alle Lebewesen mit diesem innewohnenden Geschenk beseelt, diesem inneren Urvertrauen, das alle Geschöpfe zum Leben drängt und sie gleichzeitig sicher über das physische Leben hinaus trägt, durch die Pforten des Todes.

(Pause um 16.40 Uhr.) Bemerkungen.

Du hast deinen Traum sehr gut gedeutet, hast alle wichtigen Punkte erfaßt. Er zeigt deine Entschlossenheit, dich nicht von den konventionellen Glaubensvorstellungen, die in eurer Gesellschaft vorherrschen, einengen zu lassen.

Ich rege wieder jene Koordinaten an, die Ruburts Heilungsprozeß verstärken. Ich komme zurück oder auch nicht, abhängig von jenen Rhythmen, von denen ich spreche. Aber wißt, daß ich präsent und zugänglich bin.

(»Ja. Danke.«

16.43 Uhr. Ich las Jane die Sitzung vor. Ich bemerkte, daß ich vergessen hatte, Seth nach meinen Gefühlen über Elternschaft zu fragen, besonders weil ich sie gestern beim Anblick von Sues Kindern auf den Fotos sehr stark empfunden hatte. Jane erwiderte, ich könne ihn morgen danach fragen.

Ich erzählte ihr von einem Artikel aus Science News, *den ich gestern abend gelesen hatte. Es ging um die Fähigkeit von Tieren, Vögeln und Bienen, eine Landkarte ihres Territoriums im Kopf zu haben. Sehr interessant.*

Ich erinnere mich auch an einen Artikel über die Wanderung der Chrysippusfalter, den ich irgendwo vor kurzem gelesen hatte; ob ich ihn so leicht wiederfinden kann, ist fraglich.

Jane und ich sprachen über ihre Beine, über Bewegung usw., kurz bevor ich gehen wollte. Sie sagte, sie habe ein paar Dinge von Seth aufgefangen: Wir sollten uns keine Sorgen machen, jeden Tag unser Bestes geben und die Zukunft sich um sich selbst kümmern lassen. Ich zitiere sie wahrscheinlich nicht ganz genau, da ich es mir nicht notiert hatte. Sie kann es noch ergänzen, falls nötig, und ich werde es in die Sitzung von morgen einfügen. Ich bin gespannt.)

Mittwoch, den 1. Februar 1984, 16.10 Uhr

(Jane hat mich gestern abend nicht angerufen. Als ich heute aufstand, waren es nur minus 12 Grad. Ich duschte mich, frühstückte, fütterte die Katzen, stellte den Müll vor die Haustür und gab Classie und »Black Dog« – dessen Name Missy ist, wie mir Margaret Bumbalo sagte – trockenes Katzenfutter. Beide Hunde gehören einem Nachbarn.

Jane wollte sofort gewendet werden, als ich in ihr Zimmer kam, da sie seit 11.00 Uhr, nach der Hydro, auf ihrer Seite gelegen hatte. Ich war spät dran, da ich vorher noch zur Post hatte gehen müssen.

Jane war betrübt und besorgt. Sie spürte Schmerzen in ihrer Seite und hatte Angst, daß es etwas Ernstes sein könnte – aber als ich sie auf den Rücken drehte, ging es ihr etwas besser; sie dachte, die Schmerzen kämen vielleicht von den Blähungen. Ihre Stimmung blieb bis zum Mittagessen unverändert, und ihr Appetit war auch nicht besonders. Als ich sie fragte, ob sie wieder ihre alten Tricks anwende, entgegnete sie: »Ich weiß, was ich tue – das heißt aber nicht, daß ich nicht ab und zu mal danebenliegen kann.«

14.45 Uhr. Sie schminkte ihre Lippen und sah kurz in den Spiegel. Sie war immer noch sehr ruhig, als sie sich eine Zigarette anzündete und ich die Post erledigte. Um 15.30 Uhr fing sie an, die Sitzung von gestern zu lesen; es lief ganz gut, dafür, daß sie schlechter Stimmung war. Sie wurde von Carla unterbrochen, die ihre Temperatur nahm – 36,8 Grad.

16.00 Uhr. Nachdem sie die Sitzung zu Ende gelesen hatte, sagte sie mir, sie habe sich gestern abend schon sehr deprimiert gefühlt; sie habe heute morgen »richtig Angst bekommen«, als sie den Schmerz in der Seite gespürt und sich »alle möglichen Dinge vorgestellt« habe. Ich konnte nicht viel dazu sagen, da ich selbst beim Schneeschippen gestern Panikattacken erlebt hatte. Ich erwähnte nur, daß wir beide wieder in unsere alte Gewohnheit gefallen waren, die Dinge negativ zu sehen.

Jane verbesserte die Anmerkung von Seth gestern, die ich versucht hatte wiederzugeben: »Der Weg zur Gesundheit liegt in der Einfachheit selbst. Ihr könnt Pläne für die Zukunft machen, aber sorgt euch nicht über die Zukunft. Lebt jeden Tag.« Ich zitiere diesen wundervollen Ratschlag hier, weil er gleichzeitig die Einleitung zur heutigen Sitzung ist.)

Nun: Guten Tag.

(»Guten Tag, Seth.«)

Diktat. *(Lange Pause.)* Der Weg zur Gesundheit liegt in der Einfachheit selbst.

Es ist die natürliche und einfache Art, sich zu verhalten, aber dieses natürliche geistige Verhalten bereitet dem Verstand oft Schwierigkeiten, da es für ihn ein Genuß ist, mit Komplikationen umzugehen und Probleme zu lösen. Daher ist es für den Verstand oft absurd, in einer Frage selbst bereits deren Antwort zu entdecken.

(Lange Pause.) Alles in der Natur beweist diese fast wundersam erscheinende Einfachheit. Für Pflanzen und Tiere und alles Lebendige ist es selbstverständlich, daß die Sonne scheint und der Regen fällt, so wie es für alle Lebewesen am besten ist. Tiere machen sich sicherlich keine Sorgen über das Wetter von morgen. *(Lange Pause.)* Es mag sein, daß Tiere dies auch nicht zu wissen brauchen, da sie keine Samen säen oder Ernten einsammeln. Es ist völlig in Ordnung, Pläne für die Zukunft zu machen, aber jeder einzelne sollte Tag für Tag leben, ohne sich über das Gelingen der Pläne zu sorgen (unterstrichen).

Der physische Körper kann nur im gegenwärtigen Moment reagieren. Das Sorgen über zukünftige Ereignisse oder das Verharren bei unglücklichen, vergangenen Situationen verwirrt den Mechanismus des Körpers nur und unterwandert sein gesundes Funktionieren im Augenblick.

(16.20 Uhr.) Ich will damit nicht sagen, daß man so tun sollte, als gäbe es kaum schwierige Umstände in der Vergangenheit, Gegenwart oder Zukunft. Es ist aber auch eine Tatsache, daß schöne Ereignisse viel öfter vorkommen als negative – sonst würde eure Welt, so wie ihr sie kennt, einfach nicht existieren. Sie wäre untergegangen in den Wirren der Zerstörungen und Katastrophen.

Grundsätzlich liegt es nicht im Sinne der Natur, eine schreckliche Zukunft anzunehmen, da die Natur von einer gesicherten Zukunft ausgeht. Die Natur ist voller Versprechen – nicht nur des Versprechens des Überlebens, sondern auch der Schönheit und Erfüllung. Dieses tiefe Versprechen ist auch in jedem Teil des Körpers lebendig. Es steuert die Gene und Chromosomen und läßt Gefühle der Lebensbejahung, der Fülle und der Kraft entstehen.

Wir werden wieder später die Situationen erläutern, die diese wunderschöne Kreativität fördern können. In der Zwischenzeit solltet ihr euer Leben jeden Tag hundertprozentig und voller Freude leben. Stellt euch die bestmöglichen Ergebnisse eurer Pläne oder Projekte vor. Und konzentriert euch vor allem nicht auf unangenehme, vergangene Ereignisse oder eingebildete, zukünftige Ereignisse.

(16.29 Uhr.) Bemerkungen.

Deine Anflüge von Panik und Ruburts Niedergeschlagenheit und Angst sind Überbleibsel von alten Gewohnheiten, wie ihr beide richtig erkannt habt.

Ihr könnt, und müßt, der Dynamik des Körpers vertrauen. Auf natürliche Weise sucht er seine Zufriedenheit, Lebendigkeit und seinen höchsten Ausdruck.

(Eine außerordentlich wichtige Feststellung.

Lange Pause.) Ruburt hatte einen Traum mit ausgezeichneten Bedeutungen: Er sah ein wunderschönes altes Haus aus geschnitztem Holz mit großzügig angelegten Räumen und entschied sich, dort einzuziehen, obwohl es in einer Gegend lag, die vorher fast nicht in Betracht gekommen wäre; das bedeutet, daß er sich tatsächlich von alten Glaubensüberzeugungen, die keine Gültigkeit mehr besaßen, lösen konnte und seinen Horizont erweitert hat.

(»Letzte Nacht?« Jane hatte mir nichts von diesem Traum erzählt.

Anmerkung: Zur gleichen Zeit hatte ich einen Artikel in der »Star Gazette« gelesen, daß ein Viertel in der Nähe des Zentrums Elmira, zu dem unsere Wohnung in der W. Water Street Nr. 458 auch gehörte, vom Staat New York unter Denkmalschutz gestellt wurde. Ich wollte den Artikel aufheben, vergaß es aber. Das Viertel grenzt an Walnut, West Water und Church Streets in Richtung Zentrum.)

In der Tat. Ich komme zurück oder auch nicht, abhängig von jenen Rhythmen, von denen ich spreche – aber wißt, daß ich präsent und zugänglich bin.

(16.35 Uhr. »Kannst du etwas zu meinen Gefühlen über Elternschaft sagen?«)

Laßt uns eine Pause machen.

(»Okay.«

Jane trank etwas Ginger Ale und rauchte ein wenig. »Wenn du nicht gefragt hättest, hätte er etwas über dein Elternschaft-Thema gesagt«, bemerkte sie. Wir wunderten uns, warum bisher noch keiner hereingekommen war, um ihre Werte zu messen – nicht daß wir darauf gewartet hätten. Wiederaufnahme um 16.40 Uhr.)

Nun: Wenn du deine väterlichen Gefühle allgemein betrachtest, wirst du feststellen, daß sie deinen Gefühlen, die du über deine Malerei und unsere Arbeit hast, sehr ähnlich sind. Nur der Fokus ist ein anderer. Ihr seid beide Eltern eines verblüffenden Werkes und psychische Eltern von unzähligen Menschen aller Altersklassen. Ihr habt die Vorstellung einer konventionellen Familie jedoch abgelegt, wie der Traum *(über die Limousine)* in der einen Nacht deutlich gemacht hat. Ihr tauscht die eigentliche Familie gegen eine andere, größere Idee aus, in der jedoch Elternschaft auch eine Rolle spielt; es geht eher um eine psychische als physische Elternschaft. Die Briefe, die ihr erhaltet, sind wie die Briefe von Kindern an ihre Eltern.

(»Ja, ich glaube, das war's«, sagte Jane nach einer Pause.

»Okay, danke.«

16.45 Uhr. Ich las Jane die Sitzung vor. Ich sagte ihr, ich fände die Sitzung so gut, daß ich eine Kopie davon in mein Schreibzimmer legen wollte. Ich las ihr sie noch einmal um 18.55 Uhr vor. Ich mußte andauernd daran denken.

Ich sagte Jane, daß wir diese Ideen umsetzen müßten, daß wir uns einfach von allem anderen befreien und unseren Körpern vertrauen müßten; alles andere habe keinen Sinn mehr, es sei der Schlüssel zu unserer Zukunft. Sie stimmte mir natürlich zu. Sie sagte, sie würde morgen mit Tag Eins anfangen und ihrem Körper vertrauen, nicht mehr an die Vergangenheit denken und offen für die Zukunft sein. Es <u>*sei*</u> *nichts anderes als* die *Einfachheit, sagte ich, und wir müßten immer konsequent daran denken. Ein Ausrutscher sei dann nicht gravierend. Ein Teil unseres Erfolges hänge auch davon ab, inwieweit wir uns diese einfachen Ziele immer wieder vor Augen hielten.*

Jane rief um 21.45 Uhr mit Carlas Hilfe an, als ich dabei war, diese Sitzung zu Ende zu tippen. Es ist äußerst kalt draußen.)

DONNERSTAG, DEN 2. FEBRUAR 1984, 16.02 UHR

(Anmerkung: Dies sei »Tag Eins«, erinnerte mich Jane.

Es waren minus 15 Grad, als ich heute morgen um 6.30 Uhr aufstand, und minus 3,8 Grad, als ich schließlich zu Jane ging.

Ihr ging es gut, sie war seit 11.00 Uhr zurück von der Hydro. Gestern hatte ich die Bantam Taschenbuch-Exemplare von Die Natur der Psyche *erhalten, und ich brachte ihr eins mit. Sie fand es, genau wie ich, furchtbar – billig und sensationell aufgemacht. Ich sagte ihr, ich habe mich nicht einmal darüber aufregen können. Ich wollte einen Hinweis von Seth bekommen, wie wir reagieren sollten oder könnten, im Hinblick auf den Inhalt der gestrigen Sitzung über das Leben im Augenblick.*

Als ich Jane fütterte, sagte ich ihr, ich hätte noch zwei weitere Fragen an Seth: Was hält das Personal, die Leute, die wir täglich sehen, von uns? Was sagt er zu meinem sehr lebhaften und langen Traum von gestern nacht?

Der Traum, der in leuchtenden Farben war, enthielt viele Elemente, die ich Jane sehr detailliert beschrieb, von denen ich hier aber nur die wichtigsten wiedergebe. Wir sind zunächst wieder umgezogen nach W. Water Nr. 458 – was ich anscheinend einige Male pro Woche mache –, und als ich aus dem Fenster meines alten Studios blickte, sah ich meinen Vater als Friseur, der in der Einfahrt vor der Garage Haare schnitt. Ich bat ihn herein und schlug ihm vor, das Studio in einen Friseursalon umzuwandeln. Lachend stimmte er zu. Er sah viel jünger aus, als er tatsächlich war. Als nächstes arbeitete ich für Jake Ruppenthal, meinen ehemaligen Chef bei der Artistic Card Company, wo er Art Director war. Ich hatte die Firma 1972 verlassen, um Jane mit dem Seth-Material zu unterstützen. Im Traum malte ich riesengroße Buchstaben in schwarzer Tinte, machte mir aber Sorgen, ob ich gut genug zeichnete, weil meine Hand zitterte. Mir kam dann die Idee, daß ich die Buchstaben aus Pappe schneiden und sie auf diese Weise bemalen könnte. Als nächstes liefen Jane und ich durch die Straße in einer Stadt, um ihre Mutter zu besuchen. Auf halber Strecke verließ mich Jane und sagte, ich könne jetzt allein weitergehen.

Als ich mich dem Zimmer näherte, in dem Marie im Bett lag, verkrüppelt durch Arthritis, hörte ich Jane und ihre Mutter im Zimmer. Sie sprachen, lachten und weinten, alles auf einmal. Ich ging hinein und sah, wie sie in einem Doppelbett lagen, völlig angezogen, sich umarmten und sich gegenseitig verziehen*. Sie waren beide jünger als jetzt, beide hatten glänzend schwarzes Haar. Marie war bettlägerig, Jane war vollkommen gesund und gekommen, um ihrer Mutter zu vergeben oder mit ihr ins reine zu kommen. Eine schöne Szene. Ich sagte Jane, der Traum habe mich sehr beeindruckt.*

Ich bemerkte, daß ich nicht viel von diesem Traum verstanden hatte, außer daß ich die Vergangenheit neu gestaltete und daß alle Personen, außer Jane, Autoritäten waren. Das Thema Autorität hatte wohl etwas mit meiner zittrigen Hand zu tun; da dieser Aspekt heute nicht zur Sprache kam, wollte ich, daß Seth ihn morgen in einer Sitzung kommentierte. Ich erinnere mich an damalige Pendelsitzungen und die zittrige Hand meiner Mutter, obwohl sie in diesem Traum nicht aufgetaucht ist. Stella Butts starb im November 1973 im Alter von 81 Jahren.

15.00 Uhr. Jane fing an, die Sitzung von gestern zu lesen, die ich für hervorragend hielt, aber es lief gar nicht gut. Sie hörte um 15.12 Uhr auf, um eine Zigarette zu rauchen, während ich die Post durchsah. Sie versuchte es nochmal um 15.20 Uhr; es ging etwas besser. Ich mußte immer an die Sitzung denken, während ich Jane beim Lesen zuhörte. Um 15.29 Uhr las ich ihr schließlich den Rest vor.

15.36 Uhr. Jennifer leerte Janes Foley. Das Personal war sehr beschäftigt.

Ich faßte nochmals meine drei Fragen an Seth zusammen: 1. Was denkt das Krankenhauspersonal über uns? 2. Wie sollten wir auf die Bantam-Taschenbuchausgabe reagieren? 3. Mein Traum.

»Oh, er wird es nicht schaffen, alle drei zu beantworten«, sagte Jane. Ihre Seth-Stimme war wieder schön kräftig.)

Nun: Einen guten und schönen Tag euch.

Diktat. Ruburt bezeichnet diese Ideen selbst als »Der Neue Weg«.

Die Ideen an sich sind im Grunde uralt. Sie fanden ihren Ausdruck in vielen Kulturen und Religionen, esoterischen Gruppen und Kulten aus der alten Zeit und reichen noch bis in die Gegenwart. Ihre Kraft, ihre Lebendigkeit und ihr Wert sind jedoch sehr geschwächt worden durch Verzerrungen, negative Vorstellungen und auch vollkommenen Unsinn.

Mit anderen Worten, diese Konzepte, die der gesamten Schöpfung so natürlich sind, wurden von der Menschheit überhaupt nicht in ihrer reinen Form umgesetzt. Insofern stellen sie tatsächlich einen neuen Weg dar. Sie widersprechen eurem offiziellen Wissen und eurer zeitgenössischen Weltanschauung, zumindest was die vorherrschende Weltkultur angeht. Wo solche Ideen praktiziert werden, herrschen oftmals Fanatismus, Aberglaube und Berechnung.

Worauf ich eigentlich hinauswill ist, daß dieser »neue Weg« *(lange Pause)* die ideale und einfachste Ergänzung zur Integrität bildet, die der Natur innewohnt –

(16.12 Uhr. Shawn kam herein, um Janes Werte zu nehmen. Temperatur 37 Grad. Jane rauchte eine Zigarette um 16.17 Uhr. Ich las ihr das soeben Durchgegebene vor, als Shawn ihr ein Ginger Ale brachte. Um 16.21 Uhr war sie wieder zurück. Ich glaube, die Unterbrechung hat das Diktat verkürzt.)

Nun: Bemerkungen.

Die Sitzung von gestern sollte jetzt zwei- bis dreimal die Woche gelesen werden.

In deinem Traum ging es tatsächlich darum, die Vergangenheit und alte Glaubenssätze zu verändern und sie durch eine neue Gegenwart und eine neuere Zukunft zu ersetzen. Haar ist oft ein Symbol für Kraft, aber in diesem Fall steht es für die Kraft der alten Glaubensvorstellungen, wobei dein Vater ein Friseur ist und diese abschneidet; in der Vergangenheit hatte er viele negative Konzepte und Geisteshaltungen. Auch Jake repräsentierte deine Einstellungen zur Arbeit, die dich nur bis zu einem gewissen Punkt bringen und nicht weiter. Die Angelegenheit zwischen Ruburt und seiner Mutter hast du richtig gedeutet – übrigens ein hervorragendes Omen.

(Seth übermittelte jetzt einen Satz, der für mich keinen richtigen Sinn ergab:)

Der Bantam-Buchumschlag bietet auf die positivste Art, trotz eurer spontanen Ablehnung . . . Er deutet natürlich auf eine Sensationsmache hin, aber genau die Menschen, die sich davon angezogen fühlen, sollen durch dieses Buch auch erreicht werden. Die darin enthaltenen Ideen werden die negativen, wertenden Meinungen dieser Leser über mediale Fähigkeiten ändern können.

Das heißt nicht, daß ihr euch nicht in einem klaren Brief über den Umschlagentwurf beschweren solltet, wenn ihr das wollt.

Es wird etwas mehr Zeit in Anspruch nehmen, die Meinung des

Personals über euch zu erörtern, so daß ich vorschlage, es ein anderes Mal zu thematisieren.

Ich komme zurück oder auch nicht, abhängig von jenen Rhythmen, von denen ich spreche – aber wißt, daß ich präsent und zugänglich bin.

(»Ich möchte den ersten Satz über den Bantam-Umschlag nochmal durchgehen – ich habe ihn nicht richtig verstanden, oder irgend etwas stimmt da nicht.« Auf Seths Bitte hin las ich den Satz zweimal vor.)

Nein, da ist irgendein Fehler ... Der Bantam-Buchumschlag unterstützt unsere Arbeit auf sehr positive Weise, trotz eurer sichtbaren Unzufriedenheit.

(Ich las ihm auf seinen Wunsch hin diesen Satz nochmal vor.)

So ist er klar.

(16.32 Uhr. Ich sagte zu Jane, ich wisse nicht, ob ich nun in eine Diskussion über den Bantam-Umschlag geraten würde. Ich wolle auch gar nicht darüber nachdenken, besonders angesichts der gestrigen Sitzung.

Ich habe den Abschnitt über Seths Korrektur des Satzes wörtlich wiedergegeben, weil dies bisher noch nie vorgekommen ist, soweit ich mich erinnern kann. Eine ziemlich ordentliche Aufzeichnung über die ganzen Jahre, Jane. Schlaf gut. Ich liebe dich.)

Freitag, den 3. Februar 1984, 16.03 Uhr

(Jane hat sich gestern abend nicht gemeldet. Die Temperatur lag bereits bei über 6 Grad, als ich mich auf den Weg zu Jane machte. Sie lag schon auf dem Rücken – sie hatte es abgelehnt, zur Hydro zu gehen, als man sie bis 12.30 Uhr immer noch nicht abgeholt hatte. Ich sagte ihr, ich habe Sitzung 903 von Träume *mitgebracht, um sie noch einiges zu fragen. Sie war einverstanden.*

Jane aß heute nur mäßig zu Mittag. Sie hatte Schwierigkeiten, Sitzung 903 zu lesen, so daß ich ihr Teile vorlas. Ich hatte das Gefühl, daß unser Gespräch über Säugetiere, Tiere, Seelenwanderung usw. nicht so gut lief. Jane sagte, daß die Fragen sie irritierten, und schließlich fühlte ich mich auch so. Ich fand dann doch einen Weg, um die Fragen aus meinen Aufzeichnungen selbst zu klären, und beschloß, den Rest, mit dem ich nicht klarkam, wegzulassen. Ich bereute es schon, Zeit für Träume *geopfert zu haben.*

Jane bemerkte, ich gäbe mich mit dem Zweitbesten zufrieden. Ich stimmte zu und ergänzte, daß es nicht anders ging, wenn ich jemals mit dem Buch fertig werden wollte. Schließlich warteten auch noch andere Dinge auf mich. Ich wollte es vermeiden, die Schwierigkeiten, die mir das Buch bereitete, in die Zukunft zu projizieren, in Übereinstimmung mit der Sitzung vom 1. Februar; mir war klar, daß ich mich mit einigen meiner Worte noch im Widerspruch zu den Aussagen der Sitzung befand. Aber ich werde es klären. Mir liegt viel daran, das Buch so schnell wie möglich abzuschließen; in den kommenden Jahren möchte ich solche Schwierigkeiten nicht mehr erleben.

15.15 Uhr. Jane begann, die Sitzung von gestern zu lesen. Es ging nicht sehr gut, aber mit einigen Pausen kam sie durch. Zum Schluß lief es immer besser, und um 15.42 Uhr war sie fertig. Carla kam herein, um ihre Temperatur zu messen: 37,9 Grad. »Du hast ein bißchen Fieber«, sagte sie. Jane war überrascht, da sie sich eigentlich gut fühlte. Diana nahm ihren Blutdruck und fühlte ihren Puls. »Du fühlst dich warm an«, sagte sie. Als sie gegangen waren, kommentierte Jane: »Ich habe kein verdammtes Fieber.«

Jane wollte, daß ich notiere, es sei heute Tag Zwei ihres neuen Lebens, nach der Sitzung vom 1. Februar. Ich finde diese Sitzung ausgezeichnet, ich habe sie bereits kopiert, um sie auch zu Hause anzuwenden.)

Nun – Guten Tag.

(»Guten Tag, Seth.«)

Bemerkungen.

Was deinen Traum angeht: Das Zittern symbolisierte Werte und Einstellungen deiner Mutter, hauptsächlich über die Arbeit – Überzeugungen, von denen du immer gedacht hast, sie seien wackelig. Im Traum konntest du sie gut umschiffen. Im Wachzustand des täglichen Lebens steht das Zittern für den Rest Unsicherheit, den du immer dann stärker spürst, wenn irgend etwas schiefläuft.

Was die verschiedenen Abschnitte im Buch angeht, ist es sehr schwierig, komplexe Sachverhalte in einfacher Sprache darzustellen. Wir versuchen es natürlich dennoch. Wir verwenden Worte, die eine allgemeingültige Bedeutung für den Leser haben und machen –

(16.08 Uhr. Lynn kam herein, um Jane ihre Augentropfen zu geben; sie holte ihr dann ein eisgekühltes Ginger Ale. Ich las Jane vor, was sie gerade übermittelt hatte.)

– Unterscheidungen, wo es angebracht erscheint, damit die Aussage auch richtig ist.

Deine Frage über Seelenwanderung *(Sitzung 903 in* Träume*)* war eine sehr gute und hat das Thema verdeutlicht. Es ist manchmal eine Versuchung, nicht die wissenschaftlichen Termini zu benutzen, zumal sie genauso viel Verwirrung stiften wie die vielen Definitionen und Klassifizierungen *(humorvoll)* der Fachwörter in den Lexika; wir versuchen also den »goldenen Mittelweg« zu gehen *(sehr humorvoll)*.

Lest euch immer wieder die Mittwochssitzung durch; es ist auch eine gute Idee, die Tage mit »Tag Eins« usw. zu benennen, um euren neuen Anfang zu symbolisieren. Nehmt jeden Tag wie er kommt, Tag für Tag. Ich komme zurück oder auch nicht, abhängig von jenen Rhythmen, von denen ich spreche, aber wißt, daß ich präsent und zugänglich bin.

(»Okay, danke.«

16.14 Uhr. Seth bestätigte also die Botschaft meines Pendulums über die Glaubenssätze meiner Mutter und meine Reaktion darauf, die sich in meiner zittrigen rechten Hand geäußert hatte.)

Samstag, den 4. Februar 1984, 16.26 Uhr

(Jane rief gestern mit Carlas Hilfe an. Vorher hatte sie Besuch gehabt von unseren Freunden Debbie Harris und Elisabeth – die gleichzeitig aufgekreuzt sind. Elisabeth brachte ihr ein paar gelbe Schlüsselblumen mit und eine Tischmatte, die eine Frau in Deutschland angefertigt hatte; Elisabeth, auch eine Deutsche, hatte für uns einen Brief an diese Frau geschrieben.

Der Tag war wieder warm – 5,5 Grad – als ich mittags zu Jane fuhr. Jane hatte man gerade umgezogen, als ich ankam. Um 10.30 Uhr war sie bei der Hydro gewesen, aber die ganze Behandlung hat sehr lange gedauert. Ich sagte ihr, sie solle nicht mehr hingehen, wenn sie denn Eindruck habe, daß sie lange warten müßte; ich glaube aber nicht, daß sie das machen wird.

Heute ist Tag Drei von Janes neuer Lebensplanung, nach der einschneidenden Sitzung vom 1. Februar. Sie erzählte, daß sie sich immer dabei erwischt, wie sie vom Weg abkommt und dann versucht, sich wieder an ihre neuen Ziele zu erinnern – das Leben im Augenblick, positive Gedanken usw.

Sie aß nicht sehr viel zu Mittag. Ich erzählte von meinem sehr lebendigen Traum von letzter Nacht. Er war sehr anregend. Ich machte einen Dauerlauf auf einer Landstraße Richtung Sayre, die am Chemung Fluß vorbeiführte. Die Straße hatte Ähnlichkeit mit der alten Uferstraße, die wir früher immer entlanggefahren sind. Ich trug Shorts, ein Sweatshirt und hatte weiße Haare. Ich war erstaunt und sehr erfreut darüber, wie mühelos mein Körper beim Rennen funktionierte, trotz meines Alters. Ich genoß die Bewegungsfreiheit, die Kraft und die warme Sommerluft.

Ich wußte, daß ich gerade aus dem Gefängnis kam und jetzt frei war. Hinter mir, nicht zu nah, fuhr ein Polizeiwagen mit zwei Polizisten, die mich beobachteten. Sie fuhren immer wieder etwas näher heran, ließen mich aber in Ruhe. Auf der anderen Seite des Flusses sah ich eine Gruppe von Männern am Ufer, die herumspielten oder arbeiteten – ich glaube, sie waren Gefangene. Ich winkte ihnen im Vorbeirennen von der anderen Uferseite zu.

Ich erzählte Jane, daß die Polizei in meinem Traum meine alten einengenden Überzeugungen symbolisierte, die ich jetzt hinter mir gelassen hatte. Auch die Gruppe der Männer auf der anderen Flußseite stellten alte Glaubenssätze dar, von denen ich mich getrennt hatte. Ich fügte hinzu, daß ich gerne einen Dauerlauf machen würde, wenn ich die Zeit dafür hätte, da ich im allgemeinen sehr gerne laufe.

Jane ging es nicht besonders gut. Ihre Temperatur heute morgen lag bei 37,8.

Ich fragte sie, warum die Temperatur gestiegen sei, aber sie wußte es nicht. Ich klingelte nach einem eisgekühlten Ginger Ale, da die Helferin, die es uns vor einer Stunde versprochen hatte, nie zurückgekommen war.

14.40 Uhr. Jane las die Sitzung von gestern, während ich die Post erledigte. Sie konnte ganz gut lesen, viel besser als gestern.

14.55 Uhr. Sie las die Schlüsselsitzung vom 1. Februar. Es ging wieder gut. Danach haben wir die Zeit ein wenig verstreichen lassen, haben Fernsehen geschaut usw. Ich sah die Post weiter durch. Wir sprachen über einen langen Brief von Sue Watkins, aber Jane konnte ihn nicht lesen. Sie war entmutigt, und mir ging es auch nicht gerade besser. Jane wartete die ganze Zeit darauf, daß man ihre Werte nahm. Schließlich entschied sie sich, eine Sitzung abzuhalten.)

Nun: Guten Tag.

(»Guten Tag, Seth.«)

Bemerkungen.

Dein Traum war tatsächlich ein hervorragendes »Omen«. Du bist aus dem Gefängnis deiner negativen Glaubensmuster geflohen und hast dich in deiner neugewonnenen Freiheit an der guten Beweglichkeit deines Körpers erfreut.

Dieses Gefühl von Elan ist eine wundervolle Empfindung, die auch alle Kinder in sich spüren. Der Traum wollte dich an die innere und äußere Lebendigkeit und Freiheit erinnern.

Ich komme zurück oder auch nicht, abhängig von jenen Rhythmen, von denen ich spreche, aber wißt, daß ich präsent und zugänglich bin.

(»Okay.«

16.30 Uhr. Ich hatte nicht mit diesem abrupten Ende der Sitzung gerechnet, da ich dachte, Jane hätte noch gerne einige wichtige Themen besprochen, wie zum Beispiel ihr erhöhtes Fieber. Sie machte jedoch keine Anstalten dazu, und ich hielt mich zurück. Auf dem Weg nach Hause bereute ich es, daß ich sie nicht motiviert hatte, Fragen zu stellen; ich war ihr wohl keine große Hilfe gewesen in ihrem Zustand von eindeutiger Verzweiflung. Als ich sie letztens massierte, erwähnte sie das hohe Fieber, aber ich ließ sie nicht ausreden, weil ich durch ihre angespannte Körperhaltung abgelenkt war. Vielleicht läuft es morgen besser.

16.33 Uhr. Ein Mädchen nahm Janes Temperatur, es waren wieder 37,7 Grad. »Oh, Jesus«, murmelte Jane nur und fügte hinzu, sie wolle keine Antibiotika nehmen. Ich war mir sicher, daß das Fieber mit der Sitzung vom 1. Februar zusammenhing, konnte aber nicht sagen, warum.

Auf dem Weg nach Hause gingen mir einige Fragen durch den Kopf. Auf welche Reinkarnationsthematik wollten Janes Symptome hinweisen? Und warum hielt sie ihr rechtes Bein immer noch bis zum Bauch hochgezogen, obwohl der Bruch am Knie schon lange verheilt war?)

Sonntag, den 5. Februar 1984, 16.06 Uhr

(Heute ist Tag Vier von Janes neuem Programm.

Jane hatte sich gestern abend nicht gemeldet. Den Morgen verbrachte ich damit, Briefe von Jane, Seth und mir an die Spender zu schreiben, die Maude Cardwell ihnen dann zuschicken kann. Ich arbeitete nicht weiter an Träume.

Es war etwa 1 Grad. Als ich bei Jane in Zimmer 330 ankam, erzählte sie mir, daß Shawn Peterson gestern abend auf die Intensivstation gebracht wurde, da er Schmerzen in der Brust hatte; die Tests seien bisher negativ. »Die Krankenpfleger sind kränker als die Patienten«, hatte Jane von einer der Krankenschwestern gehört.

Jane ließ Hydro ausfallen – nur ihr Gesicht wurde gewaschen. Man hatte gestern ihren Blutdruck nicht überprüft. Sie hatte mir viel zu erzählen und wirkte viel lebendiger als gestern. Auch ich fühlte mich besser. Gestern abend und heute früh lag ihre Temperatur bei 37,2 und 36,5 Grad – beide Male gesunken. Nachdem ich sie gestern verlassen hatte, hat sie sich »gut zugeredet«, ihrem Körper mehr zu vertrauen; das hat sehr geholfen.

Jeff Karder, Janes Arzt, besuchte sie heute morgen. Er war mit ihrem Fortschritt sehr zufrieden. »Das hat etwas zu bedeuten, wenn er ›sehr gut‹ sagt«, meinte Jane. »Ich habe gute Berichte über Sie erhalten«, sagte er ihr. Er fragte sie auch nach unseren Schwierigkeiten mit der Versicherung. Sie erklärte es ihm, so gut sie konnte. Jane fragte ihn, warum ihr rechtes Bein kürzer als ihr linkes sei. Jeff erklärte, der Bruch sei zwar verheilt, aber die Knochen seien nicht richtig ausgerichtet, deshalb der Längenunterschied. Er fügte hinzu, eine größere Operation sei nötig, um das Bein komplett wiederherzustellen, jedoch ohne Garantie auf Erfolg. Mit einer »kleineren« Operation am Bein könne sie sich wieder richtig aufsetzen, bemerkte er.

Es ist kaum ein Zufall, daß eine meiner Fragen, die ich heute Seth stellen wollte, sich mit Janes rechtem Bein beschäftigt und warum sie es nicht ausstrekken kann. Das Negative an Jeffs Äußerungen war der Hinweis, daß sich Jane nur richtig aufsetzen könnte, wenn ein kleinerer Eingriff vorgenommen würde. Ich hatte diese Diagnose schon seit einiger Zeit erwartet. »Mist«, sagte Jane, »wenn mein Körper in der Heilung soweit gekommen ist, dann kann er auch das Bein heilen.« Ich glaubte ihr. Jane war mit dem Arztbesuch heute zufrieden, und ich gratulierte ihr dafür. Ich wollte Seths Meinung über die ganze Situation hören, da er öfters erwähnt hat, daß sie mit etwas mehr Vertrauen bald normal laufen wird.

Jane sagte, Jeff sei zwar sichtlich überrascht über ihre Fortschritte, er verdamme sie aber dazu, ans Bett gefesselt zu bleiben. Ich entgegnete, daß er von seiner Position aus nicht viel anderes tun könne.

Jane hatte heute besseren Appetit zu Mittag. Sie war offenbar erleichtert, daß sich ihre Temperatur normalisiert hatte. Um 15.15 Uhr fing sie an, die Sitzung von gestern zu lesen, und es lief besser als die Tage vorher. Sie sagte, sie habe versucht, Jeff zu erklären, wie unwohl und ungeduldig sie sich bei der Hydro fühlte, habe aber nichts bei ihm erreicht. Sie habe gemerkt, daß er überhaupt nicht wußte, wovon sie sprach, so daß sie es schließlich aufgegeben habe.

Ich zeigte Jane die Liste der Fragen, die ich auf Seths Vorschlag hin gesammelt hatte, und sagte ihr, eine davon betreffe das Problem mit der Versicherung; ich wollte die Situation nicht verschlimmern, indem ich unseren Anwalt einschaltete. Seth hatte vor sechs Wochen gesagt, die Angelegenheit würde zu meinen Gunsten geregelt werden; unser Anwalt sagte auch, wir bräuchten uns keine Sorgen zu machen, und das war das letzte, was wir gehört hatten. Ich fügte hinzu, ich könne mir nicht vorstellen, daß das Krankenhaus keine Forderung stellen würde – wobei bisher noch nichts passiert ist. Seth hatte gesagt, die Frage würde sich bald klären.

15.40 Uhr. Nach meinem Vorschlag versuchte Jane, mit meinem Kugelschreiber etwas zu schreiben. Sie schrieb einige Zeilen, indem sie den Notizblock auf ihr rechtes Knie legte – das aber sehr empfindlich auf Berührung reagierte. Sie hielt den Kuli sogar in ihrer rechten Hand. Morgen soll ich ein Klemmbrett mitbringen. Ich bin sicher, daß sie mehr schreiben wird. Sie könnte dann sogar abends, wenn sie allein ist, ein paar Gedichte schreiben.

Ich erklärte Jane meinen Spruch: »Entschuldige, Mama, aber ich habe keine Zeit mehr für deine wackligen Glaubensüberzeugungen und Vorstellungen.« Er hatte sich spontan nach Seths Kommentaren in einer der letzten Sitzungen über das Zittern meiner rechten Hand ergeben. Die Suggestion funktioniert ganz gut. Ich finde, daß sie ausgefallen und humorvoll ist. Jane ist der gleichen Meinung. Vielleicht hat dieser Satz einen kumulativen Effekt; ich möchte, daß Seth etwas dazu sagt.

Um 16.00 Uhr gab Lynn Jane ihre Augentropfen. Jeff hatte ihr gesagt, ihre Augen sähen jetzt besser aus. Jane wollte mit der Sitzung anfangen, da sie das Gefühl hatte, sie könnte länger als üblich dauern; ich schlug ihr vor, nicht länger darauf zu warten, daß man ihre Werte nahm.)

Nun: Einen wunderschönen guten Tag.

(»Guten Tag, Seth.«)

Bemerkungen.

Ihr wart beide umgeben von äußerst ungünstigen Glaubenssätzen, die mindestens zum Teil paranoid waren, auf jeden Fall nicht vorteilhaft. Es ging um Glaubenssätze über Talente, Fähigkeiten und Schöpferkraft –

(16.07 Uhr. Eine Krankenschwester kam herein, um Janes Temperatur zu messen: 36,8 Grad, wieder gesunken. Sie brachte Jane etwas Ginger Ale.

16.12 Uhr.) Diese Einstellungen waren irreführende Ableger, verbunden mit falschverstandenen Konzepten über Gleichheit und Demokratie. Diese Ideen standen auch im Zusammenhang mit Psychologie, mit der »Norm«, dem Durchschnittsbürger usw. Die Menschen versuchen, möglichst so wie ihre Nachbarn zu sein, verstecken ihre exzentrischen Eigenschaften, ihre Fehler und sogar ihre Begabungen und Stärken, die sie von ihren Mitmenschen unterscheiden und distanzieren könnten. Das Ergebnis waren folgende Glaubensmuster:

Wenn ihr hochtalentiert seid, spielt diese Begabung herunter oder nutzt sie in sehr bescheidenem Maße, da andere Menschen euch beneiden, Angst vor euch haben oder versuchen werden, euch auf »ihr Niveau herunterzuziehen«.

(Lange Pause um 16.16 Uhr.) Je außergewöhnlicher und origineller eure Fähigkeit, desto mehr müßt ihr euch vor dem Mißtrauen der anderen schützen. Dieser Glaubenssatz drückt folgendes aus: Wenn ihr ein einmaliges Talent habt, kann es besser sein, es völlig zu verleugnen oder irgendeine Behinderung zu entwickeln, damit Eifersucht oder Neid anderer Menschen, die sonst Jagd auf euch machen würden, erst gar nicht aufkommen kann.

Ihr beide wart übersättigt mit diesen Glaubensüberzeugungen – Ruburt wegen seiner Schriftstellerei und du wegen deiner Kunst. Du hast deshalb früh angefangen, im kommerziellen Bereich zu arbeiten, damit deine Liebe zur Malerei unter dem Deckmantel von Otto-Normalverbrauchers Liebe zum Geld eine Berechtigung finden konnte. Du warst also Künstler, um damit dein Brot zu verdienen. Das war nur eine weitere Variante der konventionellen Rolle eines amerikanischen Mannes.

Ruburt, als junge Frau, hatte das Gefühl, daß Schriftsteller am Rande –

(16.23 Uhr: Carla nahm Janes Blutdruck und Puls. Jane rauchte eine Zigarette, während ich ihr die Sitzung bis hierher vorlas.)

– der Gesellschaft lebten. Punkt.

Seine Vorstellungen über Schriftsteller waren von Meinungen verunreinigt, die besagten, daß Schriftsteller zu empfindlich, zu sensibel für die Härten des Lebens sind – und daß diese Empfindlichkeit Schwäche statt Stärke fördert, was dazu führt, daß wahre Poeten oder Künstler ein tragisches Ende finden.

Weitere persönliche Glaubenssätze, denen ihr mehr oder weniger verhaftet wart, zusammen mit den üblichen gesellschaftlichen Zwängen, führten zu einer falschen Bescheidenheit und zur Unterdrückung des natürlichen Rechtes, stolz auf eure Fähigkeiten zu sein. Kinder werden oft mit solchen Glaubenssätzen erzogen, indem man ihnen sagt: »Sei kein Angeber« oder »Benimm dich nicht so exhibitionistisch«, gefolgt von der Warnung, daß ihre Mitmenschen jedem mißtrauen, der anders ist oder überragende Fähigkeiten besitzt.

Dieses gesamte Glaubenssystem war schädlich genug für euch in der Zeit, in der ihr mit Schreiben und Malerei beschäftigt wart, wie sie allgemein verstanden werden. Als jedoch Ruburts paranormale Fähigkeiten zutage traten, bewirkten diese Glaubenssätze, daß ihr noch vorsichtiger wurdet und die Ablehnung durch andere noch mehr fürchtetet; besonders Ruburt hatte große Angst vor Kritik und Verachtung. All diese Überzeugungen gingen einher mit einengenden geschlechtsspezifischen Glaubensvorstellungen – beispielsweise der traditionellen Rollenverteilung zwischen Mann und Frau oder Ehepartnern. Ruburt hatte ein schlechtes Gewissen, seine medialen Fähigkeiten mit Prägnanz auszudrücken, wenn es doch eigentlich der Mann in der Beziehung sein sollte, der hochbegabt und finanziell erfolgreich ist *(mit Nachdruck)*. Eure Rollenvorstellungen haben immer wieder Unstimmigkeiten entstehen lassen.

(16.40 Uhr.) Ruburt war damals sogar besorgt, daß der junge Psychologe in Oswego recht hatte – daß er dir mit seinen paranormalen Fähigkeiten nur beweisen wollte, daß er dir überlegen war.[1] Dies alles sind Glaubenssätze, mit denen ihr in den vergangenen Jahren zu kämpfen hattet. Es gab auch viele hervorragende Glaubenssätze, die euch sehr in euren Begabungen und Talenten bestärkt haben. Ihr habt eure Beziehung zueinander, eure Freundschaften und auch einen gewissen finanziellen Erfolg genossen.

(Lange Pause.) Diese alten negativen Glaubensvorstellungen wirkten sich stärker in Ruburt als in dir aus; er glaubte damals, die Einschränkung seiner Beweglichkeit würde dazu führen, daß andere Menschen ihn für seine erstaunliche psychische und geistige Beweglichkeit nicht mehr angreifen würden. Die Einschränkung der physischen Beweglichkeit trat Schritt für Schritt ein, bis er die Wahrheit entdeckte – daß Menschen alle ihre Fähigkeiten, geistige wie körperliche, ausdrücken sollen und zwar auf der Bühne des Lebens. Leben ist Ausdruck.

Es gab eine Periode, in der Ruburt weder schrieb, noch Sitzungen abhielt und außerdem physisch fast immobil war. Er begann schließlich, die Lebenslektionen zu begreifen – daß Leben Ausdruck und es in Ordnung für ihn ist, sich geistig und körperlich zu bewegen, indem er seine psychischen, schöpferischen, geistigen und körperlichen Fähigkeiten vollkommen einsetzt.

---

1 Ein älterer, sehr anerkannter Parapsychologe lud Jane und mich 1965, in Antwort auf meinen Brief, zu seinem Hypnosesymposium in die New York State Universität ein; Jane nannte ihn »Dr. Instream«. Es nahmen Allgemeinmediziner, Zahnärzte und Psychologen daran teil. Jane und ich hatten auf diesem Symposium eine problematische Begegnung mit einem jungen Psychologen. Siehe Kapitel 6, 7 und 8 in *Das Seth-Material.*

(16.48 Uhr. Eine Helferin brachte das Abendessen herein und ließ die Zimmertür offen. Dadurch drang Lärm hinein, aber Jane fuhr fort:)

Diese Sitzung wird euch beiden als Erinnerung dienen und unterstützt euch darin, die letzten Überbleibsel von alten Glaubenssätzen vom Tisch zu wischen. Damals wollte Ruburt seinem Körper nicht vertrauen, er hatte Angst davor, sich durch ihn heilen zu lassen, da er befürchtete, von anderen angegriffen zu werden. Ihr habt beide daran geglaubt, daß ihr eure besonderen Begabungen unbedingt schützen mußtet – aber ihr seht, in welche Widersprüche man sich auf diese Weise verwickeln kann.

Ich weiß um Karders Besuch und eure Gespräche über Ruburts Gehfähigkeit usw. – ich werde eure Fragen beantworten, möchte aber vorher folgendes Material als Vorbereitung durchgeben. Ich bin mir der zeitlichen Engpässe bewußt.

(»Nun, das ist kein Problem.«)

Im allgemeinen stimme ich mit euren Entscheidungen überein und mit Ruburts Deutung des Besuchs von Dr. Karder. Einiges von dem gerade übermittelten Material wird Ruburt helfen, mehr Erleichterung zu spüren. Der Körper kann sich selbst heilen. Ihr müßt es nur zulassen. Ich hoffe, daß mit dieser Sitzung der letzte Hauch von Zweifeln oder widersprüchlichen Gefühlen beseitigt werden konnte.

(»Sie ist sehr gut.«)

Erinnert mich morgen an die weiteren Fragen, und wir werden fortfahren. Ich komme zurück oder auch nicht, et cetera *(humorvoll)*, und ich bin präsent und zugänglich.

(»Vielen Dank, Seth.«

16.57 Uhr. Ich las Jane die Sitzung vor, während sie eine Zigarette rauchte. »Der Stoff gibt einem viel zu denken – es ist eine sehr überzeugende Sitzung«, sagte Jane. In der Tat. Sie hatte verschiedentlich gestöhnt, geseufzt und gebrummt, während ich ihr alles vorlas. Ich glaube, es wird sehr helfen.

Jane rief mit Carlas Hilfe um 22.00 Uhr an, als ich diese Aufzeichnungen gerade abtippte.)

Montag, den 6. Februar 1984, 16.33 Uhr

Georgia – Bandscheibe, Geschwüre, Chirurgie
Shirley – Bandscheibe, Chirurgie
Susie – Knie, Chirurgie
Shawn – Brustschmerzen
Robert – EKG
Judy – Rücken

Rhonda – Chirurgie, unbekannt
Hydro:
Steve – Geschwüre
Debbie – Ferse, Chirurgie
Tom – Bein
Mike – Schulter

(Die obige Liste gibt teilweise die Namen des Personals wieder, das ernsthafte Erkrankungen hatte, seit Jane am 20. April ins Krankenhaus eingeliefert wurde. Diese Menschen gehörten zu unserem kleinen Kreis im Krankenhaus, mit dem wir mehr oder weniger regelmäßig in Kontakt kamen. Wenn man diese Zahl hochrechnet auf die tausend oder mehr Angestellten im Krankenhaus, was würde das wohl für eine Krankheitsrate ergeben? Wahrscheinlich eine ziemlich hohe.

Jane sang vor sich hin, als ich heute bei ihr ankam. Sie hatte gestern angerufen, als ich die Sitzung fertigtippte. Den Morgen hatte ich mit dem Buch Träume *verbracht, und mittags hatte ich unsere Briefe an Maude Cardwell zur Post gebracht. Es war heute knapp über null Grad. Jane war bei der Hydro gewesen. Sie sagte, sie habe auch dort, als sie warten mußte, leise gesungen, und ein Helfer habe sie gefragt, ob irgend etwas nicht in Ordnung sei.*

Nach dem Mittagessen, gegen 14.45 Uhr, schminkte sich Jane und betrachtete sich im Spiegel. Sie sagte, ihr rechter Daumen könne sich freier bewegen. Ihre Temperatur lag bei 36,8 Grad – wieder gesunken. Ich hatte vergessen, sie nach ihrer Morgentemperatur zu fragen.

15.36 Uhr. Jane begann, die Sitzung von gestern zu lesen; es lief ganz gut. Ich beantwortete Briefe.

15.45 Uhr. Diana kam herein. »Du bist berühmt«, sagte sie und zeigte auf Jane. Diana hatte einen Artikel über Jane gefunden, mit Foto, in einem Buch über die Geschichte von Chemung County und Elmira. Wir hatten es ganz vergessen, aber vor Jahren hatte ein älterer Rentner Jane darauf angesprochen, daß er ein solches Projekt machen wollte. Wir konnten uns beide nicht mehr an seinen Namen erinnern. Vielleicht irgend jemand, der in Verbindung mit der »Star Gazette« stand.

15.56 Uhr. Jane las weiter und kam gut voran. Um 16.10 Uhr war sie fertig. Sie rauchte noch eine Zigarette, während ich die Post durchging. Sie schlug vor, noch eine kurze Sitzung abzuhalten, bevor es zu spät wurde.)

Nun: Guten Tag.

(»Guten Tag, Seth.«)

Bemerkungen.

Es gibt noch einen wichtigen Punkt, den ich ansprechen möchte, obwohl er schon oft besprochen wurde. Es geht um Selbstbejahung.

Viele der widersprüchlichen und negativen Glaubenssätze, die in der gestrigen Sitzung angesprochen wurden, bewirkten starke Gefühle der

Selbstablehnung. Ihr lebtet nach diesen widersprüchlichen Überzeugungen und hattet dabei die anderen Überzeugungen, an die ihr auch glaubtet, verleugnet. Egal, wie euer Verhalten war, ihr konntet euch nicht wirklich selbst annehmen.

Diese Reaktionen habt ihr jetzt fast überwunden – obwohl ihr wieder rückfällig werden könntet, wenn ihr das Gefühl habt, nicht euer Bestes zu geben oder wenn ihr für einen Augenblick lang in alte Verhaltensgewohnheiten fallt. Die Selbstbejahung ist unerläßlich, um ein wahres Gefühl von Zufriedenheit zu empfinden; es ist nicht (unterstrichen) tugendhaft, euch selbst herabzusetzen oder zu bestrafen, nur weil ihr meint, in irgendeiner Situation nicht gut genug gewesen zu sein.

Haltet Ausschau nach diesen Reaktionsmustern und versucht, sie im Keime zu ersticken.

Sage Ruburt, daß dieselbe Energie, die damals sein Knie geheilt hat, es jetzt auch ausrichten kann. Die geistigen Übungen, die er bisher gemacht hat, sind dafür hervorragend. Macht euch keine Sorgen über die Versicherung. Das Problem wird gelöst, zu euren Gunsten.

Stellt euch so oft wie möglich spielerisch (doppelt unterstrichen) vor, wie eure Sorgen wegschweben. Es hilft eventuell, wenn ihr euch Ballons vorstellt, von denen jeder ein Etikett hat mit »Versicherung«, »Gesundheit« usw.; visualisiert, wie sie wegfliegen oder zerplatzen oder was auch immer. Es sollte spielerisch geschehen. Ihr werdet vielleicht überrascht und so begeistert wie ein Kind mit einem neuen Spiel sein.

Ich komme zurück oder auch nicht usw., und ich rege die Koordinaten an, die Ruburts Heilungsprozeß fördern.

(»Ich bin wieder da«, sagte Jane nach einer Pause.

»Danke.«

16.45 Uhr. Ich hatte vergessen, Jane von meinem Traum von gestern nacht zu erzählen. Kurz zusammengefaßt: Ich besuchte Freunde, ein verheiratetes Ehepaar, die einige Katzen zu Hause hatten. Unser Billy war auch dort. Als ich gehen wollte, fing ich an, Billy zu suchen. Jedes Mal, wenn ich eine Katze hochhob, merkte ich, daß es nicht Billy war. Alle Katzen sahen mehr oder weniger gleich aus, wobei es genug Unterschiede in der Farbe und im Fell gab, daß ich Billy erkannt hätte, wenn ich ihn gefunden hätte.)

Dienstag, den 7. Februar 1984, 16.04 Uhr

(Jane rief gestern abend an. Heute war es kalt – minus 5,5 Grad, als ich Jane besuchte. Keiner hatte heute morgen Janes Temperatur gemessen, da sie wieder im Bereich des Normalen lag. Nach dem Mittagessen erzählte mir Jane, daß Steve und Tracy ihr Sonntag abend ein Telegramm geschickt hatten, um ihr

mitzuteilen, daß sie aus verschiedenen Gründen nicht kommen konnten. Jane hatte vergessen, es mir zu sagen.

Eine Anmerkung: Heute ist Tag Sechs von Janes Kampagne, ihr Denken zu ändern.

15.02 Uhr. Nach dem Essen fing Jane an, die Sitzung von gestern zu lesen; es gelang ihr ganz gut. Ich beantwortete Briefe. Jane fiel der Name des pensionierten Journalisten ein, der über uns im Zusammenhang mit Chemung County geschrieben hatte – »Burs«. Und mir fiel auch jemand ein: Tom Byrne.

15.15 Uhr. Jane las die Sitzung zu Ende. Um 15.55 Uhr nahm ein Student ihren Blutdruck, der normal war. Jane war für eine Sitzung bereit und wollte nicht noch auf das Fiebermessen warten.

Im Zimmer war es sehr warm, ich hatte die Heizung abgestellt und das Fenster weit geöffnet. Der Verkehrslärm störte manchmal, und ich fühlte mich an die unzähligen Male in der W. Water Street 458 erinnert, als wir bei dem gleichen Lärm Sitzungen abhielten.)

Nun: Guten Tag.

(»Guten Tag, Seth.«)

Buchdiktat. *(Lange Pause, dann ziemlich langsam:)* Alle Lebewesen werden mit einem tiefen Gefühl der Selbstbejahung geboren.

Jedes Lebewesen wird mit einem Gefühl des Stolzes und der Selbstliebe geboren. Diese Selbstannahme wird nicht nur von Lebewesen, wie ihr sie kennt, erfahren, sondern auch auf unterschiedliche Art von Atomen und Molekülen und allen Ordnungen der Materie.

Ruburt hat einmal ein Gedicht über einen Nagel auf dem Fensterbrett geschrieben. Er gab ihm ein Bewußtsein und die Fähigkeit zur Selbsterkenntnis. Jeder Nagel reagiert in der Tat auf Stimuli. Er agiert und reagiert. Der Nagel wird nicht vom Fensterbrett herunterspringen und im Zimmer umhertanzen, er ist sich jedoch des Raumes, des Fensterbrettes und der Innen- und Außentemperatur bewußt. Die Atome und Moleküle, die den Nagel ausmachen, besitzen ihr eigenes lebendiges Bewußtsein. Ihre Bewegungen werden von Elektronen gesteuert, so daß der Nagel in seinem Inneren in ständiger Bewegung ist. Es ist ein Tanz mit viel Rhythmus und großer Symmetrie. Der Nagel hat demnach sein eigenes Gefühl der Selbstbejahung.

Ich erwähne dies nur, um auf die Tatsache hinzuweisen, daß Selbstliebe und Selbstannahme *(lange Pause)* natürliche Eigenschaften sind – Eigenschaften, die das Erleben eurer gesamten physischen Welt möglich machen.

Es ist sehr bedauerlich, wenn Eltern ungewollt die Selbstbejahung ihres Kindes schwächen. Ein kleiner Junge wird beispielsweise beim Lügen ertappt und von einem Erwachsenen in übelster Weise beschimpft und als Lügner hingestellt. Statt dessen sollte eine Unterscheidung getroffen werden: Das Kind hat einen Fehler begangen, nämlich zu lügen, aber es selbst ist weder der Fehler noch die Lüge. Es kann sich dann entschließen, sein Verhalten zu ändern, ohne seine Selbstachtung zu verlieren.

(Lange Pause um 16.16 Uhr.) Alle Lebewesen haben grundsätzlich gute Absichten; auch wenn sie die zweifelhaftesten Taten begehen, sind diese doch meistens auf eine fehlgeleitete gute Absicht zurückzuführen. Viele Kriminelle werden durch eine verzerrte Auffassung von Rechtschaffenheit getrieben. Wir werden später in diesem Buch noch näher darauf eingehen; hier möchte ich zunächst die Wichtigkeit der Selbstbejahung im Zusammenhang mit Fülle, Gesundheit und Zufriedenheit betonen.

Ende des Diktats. Ich komme zurück oder auch nicht, abhängig von jenen Rhythmen, von denen ich spreche usw., und ich beschleunige die Koordinaten für Ruburts Heilung. Ich möchte euch daran erinnern, die Sitzung von vorgestern so oft wie möglich zu lesen.

(»Ich bin's«, sagte Jane nach einer Pause.

»Danke.«

16.21 Uhr. Jane erzählte mir, Mary Jean habe ihr beim Umziehen gesagt, wie gut die wundgelegenen Stellen an ihrem Körper verheilen würden.

16.45 Uhr. Dorothy nahm Janes Temperatur – 37,4 Grad. Nachdem sie gegangen war, sagte Jane: »Siehst du, anstatt meinem Körper zu vertrauen, ärgere ich mich über meine erhöhte Temperatur . . .«

Sie hat die Sitzung von vorgestern nicht nochmal gelesen. Ich hatte sie heute morgen zu Hause gelesen.)

Mittwoch, den 8. Februar 1984, 16.24 Uhr

(Heute morgen arbeitete ich weiter an Träume. *Es waren heute etwa minus 6 Grad, als ich mich um 12.30 Uhr auf den Weg zu Jane machte. Ich hatte sie gerade umgedreht, als das Telefon klingelte. Es war Danny Olson, aus einem kleinen Ort in Missouri. Er hatte uns eingemachte Früchte zu Weihnachten geschickt; im letzten Jahr hatte er auch eine Reihe von langen Briefen an uns geschrieben, immer mit der Unterschrift »ich«; ich konnte ihm also nicht antworten, um mich zu bedanken. Vorletzte Weihnachten hatte er das gleiche getan.*

In einer der ersten Briefe hatte er einige Fotos von sich beigefügt, mit der Bitte um Rücksendung, welches ich auch tat. Danach ließ er seinen Absender völlig weg. Ich hatte seine Adresse zwischenzeitlich zu den anderen Adressen gelegt, mir aber nicht die Mühe gemacht, sie herauszusuchen, um ihm zu antworten – ein weiteres Ärgernis im Zusammenhang mit der Post, das immer wieder auftaucht.

Heute erzählte er mir, er habe von jemandem, dem er öfter schreibt, erfahren, daß Jane im Krankenhaus lag, und daraufhin alle Krankenhäuser im Bezirk angerufen, bis er Jane gefunden hatte. Ein einfaches Verfahren, ich kann nur hoffen, andere werden ihn nicht nachahmen. Ich glaube nicht, daß er nochmal anruft, obwohl vielleicht doch? Das Gespräch wurde zum Schluß recht bissig, und ich hoffte, daß er die Botschaft verstand und uns in Ruhe ließ.

Ich spürte, daß er viel Energie hatte, die aber in vielem sehr widersprüchlich war. Ich brachte es zur Sprache. Er sagte, er sei dermaßen beeindruckt vom Seth-Material, daß er aufgehört habe, andere Dinge zu lesen. Als ich entgegnete, daß das nicht gut wäre, erwiderte er, er lese auch sehr viele andere Bücher – in dem Stil ging es weiter. Ich wußte, daß er nicht begriffen hatte, daß ein kreativer Denker nicht der Masse folgt, sondern seinen eigenen Weg wählt. Ich spürte, daß seine hohe Meinung von mir im Verlauf des Gespräches tief erschüttert wurde.

Ich fühlte mich selbst anschließend etwas unwohl, da mir klar wurde, daß Jane und ich niemals die Erwartungen, die andere Menschen in uns setzen, erfüllen könnten. Ich sagte Jane nach dem halbstündigen Gespräch, ich sei mir unseres widersprüchlichen Verhaltens sehr bewußt: Erst stellen wir unsere Arbeit der Öffentlichkeit vor und hoffen, daß sie ernst genommen wird. Wenn es dann geschieht, ist es uns auch nicht recht.

Ich habe mittlerweile begriffen, daß das Thema Mensch so viele Variationen hat, daß wir nicht ein bestimmtes Verhalten von irgend jemandem erwarten können. Davor scheinen wir Angst zu haben. Ich war nicht gerade erfreut, als Danny ausrief: »Verdammt noch mal, Rob, ich will, daß du genauso offen mit mir bist, wie ich es mit dir bin!« Er vergaß wohl völlig, daß er seine Gefühle nicht auf jemand anderen projizieren sollte, der vielleicht ganz anders denkt. Als ich nach Hause fuhr, habe ich mich darüber gewundert, wie manche Leute wohl vorher gelebt haben, als sie das Seth-Material oder meine eigenen Gedanken noch nicht kannten. Welche Vorbilder hatten sie – welche Helden oder Heldinnen haben ihr Leben beeinflußt? Eins ist sicher: Sie haben keine Bücher geschrieben oder eine eigene originelle Philosophie entwickelt. Sie sind ganz zufrieden damit, sich auf die Werke anderer zu stürzen und sie zu kritisieren, weil diese – damit meine ich Jane und mich – nicht so reagiert haben, wie diese Menschen es gerne gesehen hätten. Sie vergessen auch oder wollen es nicht wahrhaben, daß unsere Arbeit nur dadurch hervorgebracht werden konnte, weil wir einfach so sind, wie wir sind. Wenn wir andere Menschen wären, würde die Arbeit auch anders ausfallen – oder überhaupt nicht existieren.

Ich dachte auch, daß ich nach dem Telefonanruf den Journalisten vielleicht andere Dinge erzählen müßte – aber was würde es letztendlich bringen, wenn ich anders auf die Leserbriefe einginge, nachdem ich Maude Cardwell Informationen über uns für ihren Artikel in Reality Change *geliefert hatte? Wir haben nur noch wenige Geheimnisse. Es ist offensichtlich, daß die Spenden, die wir erhalten, allgemein keinen guten Eindruck hinterlassen. Aber das habe ich mir schon gedacht.*

Während ich telefonierte, brachte uns ein Helfer einen Brief von Sue Watkins. Als ich ihn öffnete, fand ich einen Scheck über tausend Dollar, ausgestellt von Helen Granger Park. »Wieso schickt uns Miss Bowman Geld?« fragte ich Jane. Ich war zunächst verwirrt, da meine Kunstlehrerin an der Schule in Sayre, Pennsylvania, Helen Bowman bis zu ihrer Heirat hieß und sich dann Helen Bowman Park nannte. Ich hatte sie immer Miss Bowman genannt. Es stellte sich heraus, daß diese andere Helen Park Maudes Artikel in Reality Change *gelesen hatte und uns daraufhin einen Scheck durch Sue schickte, damit er uns sicher erreichen würde. Diese Helen Park lebt in Austin, Texas. Ich rufe sie heute abend vielleicht an, und Sue auch. Ich sagte Jane, ich wisse nicht, ob ich den beiden Helen Parks irgendeine Bedeutung beimessen solle. Bei beiden ging es um Geld, da meine Miss Bowman mir damals Geld für meine Kunstschule in New York City geliehen hatte. Ich zahlte ihr das Geld zurück während der drei Jahre Militärdienst im Zweiten Weltkrieg.*

Um etwa 20.30 Uhr gestern abend hatte Jane ein starkes »Erlebnis, das sehr real war«, erzählte sie. Sie habe herumgetollt in klarem und seichtem Wasser und sich dabei köstlich amüsiert und sehr frei gefühlt. Sie habe die Kieselsteine durch das Wasser sehen können. Danach habe sie sehr gut geschlafen. Fieber wurde weder gestern abend noch heute morgen bei ihr gemessen. Gegen 10.00 Uhr hatte sie Hydro und war zur Abwechslung schon um 11.00 Uhr zurück gewesen.

Ich möchte noch hinzufügen, daß ich bei dem Tausend-Dollar-Scheck anfangs ein schlechtes Gewissen hatte, Widerstand empfand und dachte, daß ich nun ziemlich verletzbar wäre, obwohl das Geld die Krankenhauskosten teilweise decken würde. Helen Park hatte in ihrem Brief geschrieben, daß die Spende an keinerlei Bedingungen geknüpft war, aber ich hatte das Gefühl, daß es doch irgendwelche Erwartungen gab – und daß so etwas auch natürlich ist. Eine Verbindung war jetzt durch die Spende und den persönlichen Kontakt hergestellt. Und daraus werden sich sicherlich irgendwelche Erwartungen entwickeln; ich meine dies überhaupt nicht zynisch.

16.00 Uhr. Eine neue Frau nahm Janes Blutdruck, der normal war.

16.05 Uhr. Ein Student nahm Janes Temperatur – sie lag bei 38,3.

Um 16.06 Uhr begann Jane, die gestrige Sitzung zu lesen; es lief einigermaßen. Ich half ihr streckenweise. Ich fing an, die Post zu sortieren. Als Jane endlich fertig war, kündigte sie eine kurze Sitzung an.)

Nun: Guten Tag.

(»Guten Tag, Seth.«)

Ich möchte Ruburt vergewissern, daß sein Fieber ein Zeichen der Heilung ist, wodurch der Körper das ausscheidet, was er nicht mehr braucht.

Bitte erinnere ihn liebevoll daran *(Jane mußte niesen)*, seinem Körper und den ablaufenden Prozessen zu vertrauen. Ihr könntet euch gegenseitig sehr unterstützen, wenn der eine oder andere gerade deprimiert oder beunruhigt ist. Vertrauen in den Körper zu haben beschleunigt die Heilungsprozesse automatisch; mit dieser Sitzung kann Ruburt sich beruhigt fühlen. Er muß sich meine Worte nur zu Herzen nehmen.

Ich intensiviere wieder jene Koordinaten, die den Heilungsprozeß verstärken. Ich komme zurück oder auch nicht usw.

(»Okay. Danke.«

16.27 Uhr. Jane fühlte sich nach der Sitzung besser.

Ich wollte gerade nach Hause gehen, als Shawn Petersen hereinschaute. Ihr geht es viel besser, morgen wird sie entlassen. Sie scheint keine Herzprobleme mehr zu haben, muß aber zu Hause 24 Stunden lang ein Gerät tragen, welches Herzrhythmusstörungen überwacht.

Ich ging Nahrungsmittel einkaufen bei SuperDuper, aß spät zu Abend und rief Helen Park in Austin an. Sie antwortete beim zweiten Klingelzeichen, und wir hatten ein angenehmes Gespräch. Sie war überrascht, von mir zu hören, und ich dankte ihr für ihre Spende. Die Verbindung war ziemlich schwach, aber klar genug.

Danach rief ich Sue in Dundee an und bedankte mich für die Weiterleitung des Schecks; wir sprachen mindestens eine halbe Stunde. Ich habe mich an diesem Abend erst sehr spät an die Schreibmaschine setzen können; mittlerweile ist es 23.20 Uhr, während ich diese Sitzung zu Ende tippe. Schlaf gut, Jane.)

Donnerstag, den 9. Februar 1984, 16.16 Uhr

(Debbie Harris besuchte Jane gestern abend. Jane fühlte sich nicht wohl, als sie kam. Während des Besuches wurde ihr Fieber gemessen; es war normal gegen 20.30 Uhr. Gegen 23.00 Uhr war ihre Temperatur auf 38,3 Grad gestiegen. Beim nächsten Mal, gegen 3.00 Uhr, lag sie bei 38,8. Heute morgen nach dem Frühstück war die Temperatur auf 35,3 gefallen. Man hatte ihr eine fiebersenkende Tablette gegeben. Der Name des Medikaments war mir nicht bekannt.

Jane mußte sich in der Nacht dreimal übergeben und Schleim auswerfen. Sie lag auf der Seite, als es passierte; keiner kam ihr zu Hilfe, als sie auf die Klingel drückte. Das Personal mußte mitten in der Nacht ihr Bett komplett neu beziehen. Jane hatte um Hilfe geschrien. Sie sagte, sie habe ihre künstlichen unteren Zähne noch nicht zurückbekommen, weil sie gereinigt werden mußten.

»Seth hatte recht«, sagte sie zu mir. »Mein Körper hat sich der Dinge – des Schleims – entledigt, die er nicht mehr haben wollte.« Sie klang schwächer als bisher. In der Nacht bekamen ihre Füße rote Flecken und sahen aus wie damals, als sie geschwollen waren. Nur war jetzt keine Schwellung zu sehen. Die

rötlichen Blutgerinnsel sahen nach Durchblutungsstörungen aus. Sie waren mir sofort aufgefallen, als ich hereinkam. Jane meinte, daß sie nicht weh tun würden, dafür aber ihre rechte Ferse und die innere Seite des Fußgelenkes.

Bei der Hydro heute morgen hatte die rechte Fußsohle in der gleichen Weise gebrannt. Die ganze Nacht durch hatte sie eisgekühltes Ginger Ale getrunken, weshalb sie heute auf einfaches kaltes Wasser umgestiegen ist. Keiner weiß, warum ihre Füße so fleckig wurden, obwohl wir eine Vermutung haben. Jane sagte, sie habe es erst bemerkt, als man sie darauf aufmerksam gemacht hatte.

Sie hatte gestern abend zweimal versucht, mich zu erreichen, jedoch gerade zu dem Zeitpunkt, als ich mit Helen Park und Sue Watkins telefonierte. Während sie ein leichtes Mittagessen hatte, erzählte ich ihr, daß der Assistent des Rechtsanwaltes heute angerufen und ich bei ihm den Steuerbescheid abgeholt hatte. Es ist unglaublich, aber wir haben eine Steuernachzahlung von 26.000 Dollar für medizinische Aufwendungen. Ich konnte es kaum glauben. Ich werde mir mit der Bezahlung Zeit lassen, da wir jetzt dem Staat Geld schulden, anstatt eine Erstattung zu erhalten. Ich hoffe, daß wir wenigstens unsere Unkosten decken können.

15.00 Uhr. Jane schminkte sich die Lippen mit dem neuen Lippenstift, den ich ihr vor einigen Tagen gekauft hatte, und schaute sich im Spiegel an.

15.25 Uhr. Als sie sich an die Fußschmerzen in der Hydro heute morgen erinnerte, merkte sie, daß ihr rechter Fuß wieder weh tat. Ich ging die Post durch. Sie droht mich schon wieder unterzukriegen.

15.30 Uhr. Jane fing an, die Sitzung von gestern zu lesen; es gelang ihr sehr gut. Sie ging sie durch wie im Fluge und war um 15.45 Uhr damit fertig. »Ich glaube, meine Augen sind jetzt besser als jemals zuvor, Bob«, sagte sie, was mich wirklich überraschte. Mir war das Ausmaß ihrer Fortschritte nicht so bewußt. Hervorragend.

15.50 Uhr. Das Personal kam herein, um Janes Werte zu nehmen. Ich hatte ihr vor einer Stunde die Augentropfen gegeben. Ihr Blutdruck war normal, Temperatur 36,1, Puls gut. Sie sagte mir, sie sei bereit, eine Sitzung abzuhalten. Heute ist Tag Acht ihrer neuen Lebensordnung. Ihre Stimme war heute nicht sehr kräftig, als sie für Seth sprach; anfangs hat sie mehrere Worte schnell hintereinander gesagt und dann länger innegehalten. Es wurde aber im Verlauf der Sitzung besser.)

Nun: Guten Tag.

(»Guten Tag, Seth.«)

Das hohe Fieber hat tatsächlich das ganze Kreislaufsystem durchgespült.

Es hat dem Körper auch dabei geholfen, überschüssige Flüssigkeit auszuscheiden – den Schleim usw. *(Lange Pause.)* Das Fieber brach mitten in der Nacht aus. Ruburt behielt seine gute Einstellung – besonders bei der Neigung des Krankenhauspersonals, negative Kommentare abzugeben. Die hohe Temperatur hat sozusagen das Feuer des Körpers geschürt und dadurch »giftige« Überreste verbrannt. Punkt.

Die Veränderungen an den Füßen weisen auf die Schwankungen des Blutkreislaufes hin – und diese Unregelmäßigkeit ergibt sich aus der Selbstreinigung des Systems. Die Verbesserung der Sehschärfe heute ist auch auf diese Prozesse zurückzuführen: Die Nasennebenhöhlen wurden frei, und überschüssiger Schleim konnte aus diesen Bereichen abfließen, so daß die Augenmuskeln entspannen konnten.

Der Prozeß von Ruburts Körperreinigung begann an seinem Tag Eins, und angesichts der negativen Einstellung im Krankenhaus und der allgemein falschen Ansicht über den Nutzen von Fieber konnte auf die guten Auswirkungen dieses Prozesses, so stark (unterstrichen) sie waren, nur vertraut werden *(lauter)*.

Die Besserung, die sich in den Augen niedergeschlagen hat, wird von anderen Teilen des Körpers aufgegriffen und umgesetzt. Ich komme zurück oder auch nicht usw. – aber ich verstärke jene Koordinaten, die die Heilung des Körpers anregen.

(»Danke.«

16.26 Uhr. Ich brachte Jane ein Glas kühles Wasser. »Mensch, das tut gut – gerade kalt genug . . .« Sie nippte den ganzen Tag über an Flüssigem. Kein Wunder, daß der Körper es braucht, bei dem Fieber usw. In den vergangenen Tagen waren ihre Nasennebenhöhlen verschleimt gewesen, und sie mußte viel schniefen und sich die Nase putzen.

16.32 Uhr. Jane wollte jetzt bereits gedreht werden – ungewöhnlich. Sie wollte gerne ihren rechten Fuß mit Oil of Olaz massiert bekommen. Gegen 17.00 Uhr wollte ich ein Nickerchen halten – aber zehn Minuten später kamen Jeff Karder und eine Krankenschwester herein. Jeff wollte morgen einen Bluttest machen – »Ich bin mir über die Ursache des Fiebers nicht im klaren. Wir werden die Füße beobachten.« Ich sagte ihm, die Flecken an den Füßen seien heute schon besser geworden. Jeff wollte, daß Jane etwas gegen die Dehydration tat. Er war allgemein zufrieden, meinte nur, ihr Urin sei »zu konzentriert«. Ich fragte ihn, ob die neue Sorte von flüssigen Vitaminen, die Jane nehmen mußte, aber sehr verabscheute, wieder durch die alte Sorte ersetzt werden könne. Er sagte, er würde es versuchen.

Jane aß nicht viel zum Abendessen. Sie bat mich, etwas von dem Essen mit nach Hause zu nehmen, damit keiner merken würde, wie wenig sie gegessen hatte. Ich erwiderte, daß keiner die Tabletts überprüfte, es waren schließlich keine Namen dran. Ich nahm etwas für Mitzi und Billy mit. Mitzi ist zur Zeit sehr anhänglich.)

Freitag, den 10. Februar 1984, 16.12 Uhr

(Heute ist Tag Neun von Janes neuer Lebensplanung.

In der Post erhielt ich einen Brief von Maude Cardwell – und Schecks über 1100 Dollar, zu meiner großen Überraschung. Ich rief die beiden Spender, deren Telefonnummern auf den Schecks standen, an; einer hatte 1000 Dollar gespendet. Beide waren überrascht, von mir zu hören. Wir hatten ein gutes Gespräch, und ich bedankte mich.

Jane hatte wieder erhöhte Temperatur gestern abend: 38,3 gegen 22.30 Uhr und das gleiche gegen 3.00 Uhr. Man nahm ihr Blut ab, vorm Frühstück; bisher haben wir noch keine Ergebnisse. Eine Urinprobe wurde auch genommen. Als Jane ein leichtes Mittagessen zu sich nahm, kam Lynn herein, um Vorbereitungen für die nächste Urinprobe zu treffen. Es sollte eine Kultur angelegt werden – wofür wußten wir nicht.

Während sie noch aß, kamen zwei Laboranten herein, um noch mehr Blut abzunehmen – für eine Kultur, die eine Woche dauern würde, sagten sie. Der Arzt habe dies angewiesen – wir dachten, sie meinten Jeff Karder.

Jane fror ein wenig und bat mich, die Heizung aufzudrehen, die sehr gut funktionierte. Als ich gekommen war, bemerkte ich sofort, daß ihre fleckigen Füße viel besser aussahen. Sie sagte, Jeff habe sie heute morgen besucht und gesehen, daß ihre Füße besser waren. »Sie haben erhöhte Temperatur«, sagte er ihr. »Das müssen wir beobachten.«

Jane erzählte, sie habe »phantastisch geschlafen letzte Nacht«. Sie machte sich keine Sorgen über ihre Temperatur, besonders nach der gestrigen Sitzung. Sie machte ihr eigenes Ding und erschaffte sich ihre eigene Realität. Sie war heute morgen bei der Hydro, ohne lange warten zu müssen, und um 11.00 Uhr wieder zurück. Georgia Cecce besuchte sie heute; sie sah gut aus. Keine Arbeit für mindestens ein paar Monate. Eine Krankenschwester kam herein, um uns mitzuteilen, daß das Personal nächsten Dienstag gegen Mittag den Valentinstag feiern würde und ich nicht zu Hause Mittag essen sollte.

15.09 Uhr. Jane begann, die Sitzung von gestern zu lesen. Sie hatte große Schwierigkeiten damit, vielleicht bedingt durch die erhöhte Temperatur, die sich auf die Nebenhöhlen auswirkte und diese auf die Augen? Sie kam kaum voran, so daß sie um 15.13 Uhr aufhörte; ich arbeitete an der Post. Als Judy ein Ginger Ale brachte, entschloß sich Jane, keine kohlensäurehaltigen Getränke mehr zu trinken. Sie hatte in den letzten beiden Tagen viel getrunken, so daß ihr Urin besser aussah, wie das Personal bestätigte.

Dann kamen einige Schocks. Um 15.20 Uhr kam eine Krankenschwester herein, um Jane eine Heparin-Kanüle an ihrem rechten Unterarm zu legen. Durch diese Kanüle können Medikamente in die Vene eingeflößt werden: Jane sollte Antibiotika bekommen. Wir hatten es kaum erfahren, schon kamen zwei

Helferinnen herein, um ihr noch mehr Blut abzuzapfen – »Sie wollen mich bis aufs letzte aussaugen«, fluchte Jane. Die Helferin entschuldigte sich. »Ich würde mich ja weigern, Antibiotika zu nehmen, wenn es nicht solch ein Aufsehen erregen würde«, sagte Jane. Ich wußte nicht, was ich sagen sollte. Es wurde wieder ein Eingriff in das natürliche Abwehrsystem des Körpers vorgenommen, nach Seth – aber wofür waren wir denn überhaupt hier? Ich wollte nicht daran denken. »Ich vertraue meinem Körper weitaus mehr als diesen Antibiotika«, sagte Jane. Judy kam herein und teilte uns mit, daß nicht Jeff, sondern seine Frau Olivia, auch Ärztin, das Antibiotikum verordnet hatte.

15.36 Uhr. Nachdem die Krankenschwester die Heparin-Kanüle gelegt hatte, las Jane die Sitzung weiter durch, während sie auf das Antibiotikum wartete. Das Lesen ging ganz gut. Ich war entmutigt. Ihre Nebenhöhlen waren wieder verstopft.

15.50 Uhr. Judy kam, um die Urinprobe zu nehmen. Es wird eine Kultur angelegt, wie bei der Blutprobe. Jane war um 15.55 Uhr mit der Sitzung fertig. Sie rauchte eine Zigarette. »Wenn jetzt keiner kommt, fange ich mit der Sitzung einfach an. Man wird wahrscheinlich auch wieder meine Temperatur und den Blutdruck messen wollen.«)

Nun –

(16.12 Uhr. Jane hatte gerade Seths Begrüßung gesprochen, als eine Studentin hereinkam, um ihre Temperatur zu messen: 38,4. »Mist«, fluchte Jane. Dorothy kam, um den Blutdruck zu messen. »Wir fangen am besten wieder von vorne an«, kommentierte Jane, als sie alle um 16.18 Uhr gegangen waren.)

Nun: Guten Tag.

(»Guten Tag, Seth.«)

– und ich spreche jetzt, um euch beide einfach zu beruhigen.

Der Körper reinigt sich, sein Feuer wird geschürt – eine Ansicht, die vom ärztlichen Establishment völlig ignoriert wird.

Dessen Antwort lautet natürlich Antibiotika. Solange Ruburt seine gute Einstellung beibehält, werden sie keinen Schaden anrichten. Es ist natürlich bedauerlich, daß Ruburt in dieser Umgebung ist, aber dies sind eindeutige Zeichen für den Heilungsprozeß seines Körpers. Es wird euch beiden helfen, wenn ihr die Abschnitte für Tag Eins und Tag Zwei nochmals lest, damit ihr euch an diese lebenswichtigen Grundsätze erinnert.

Ich aktiviere wieder jene Koordinaten, die die Heilung vorantreiben. Denkt daran, daß der Körper ein natürlicher »Selbstheiler« ist.

Nun, ich komme zurück oder auch nicht usw. – aber unabhängig davon bin ich auf meine Art »in der Nähe«.

(»Danke.«

16.38 Uhr. Jane wollte von mir auf ihre Seite gedreht werden. Um 16.53 Uhr hatte ich sie gerade mit Oil of Olaz fertig massiert, als Linda, die

Oberschwester, hereinkam mit dem Antibiotikum. Sie sagte, es sei ein »Breitbandantibiotikum«, das viele Bakterien vernichten könne. Gentamicin 60 mg, in 50 ml-Ampullen. Sie meinte, es würde vermutlich eine halbe Stunde brauchen, bis Jane alles aufgenommen hätte; danach würde sie eine kleine Menge Heparin bekommen, welches die Vene offenhielte für weitere Dosen. Jane soll das Mittel alle acht Stunden bekommen. Sie fluchte wieder. »Aber Sie haben doch Fieber«, sagte Linda sanft. Sie gab zu, daß manche Menschen allergisch darauf reagierten – »Es gibt immer Nebenwirkungen.«

17.05 Uhr. Das Tablett mit dem Abendessen kam, als ich ein Nickerchen machen wollte. Linda kam wieder herein und half mir dabei, Jane zum Kopfende des Bettes hochzuziehen, nachdem ich sie auf ihren Rücken gelegt hatte. Jane zeigte keine Reaktion auf das Antibiotikum.

Jane rief mich mit Carlas Hilfe gegen 21.20 Uhr an. Ihre Temperatur betrug etwa 37,8 Grad, nachdem ich gegangen war. Sie sagte, sie sei »ein paar Grad« gesunken im Vergleich zu heute mittag. Sie hörte sich gut an.)

Samstag, den 11. Februar 1984, 16.23 Uhr

(Es war sehr warm heute – 7 Grad –, als ich zu Jane fuhr. Jane war beunruhigt, als ich ankam, obwohl die dunkelroten Flecken an ihren Füßen sich sichtlich zurückgebildet hatten. Sie war heute nicht bei der Hydro gewesen – bei dem Fieber hatte Jeff es nicht erlaubt. Sie konnte während der Nacht nicht gut schlafen, und das Personal war zu beschäftigt gewesen, um sie öfters zu wenden. Jane war sich nicht sicher, ob sie eine Dosis Antibiotikum mitten in der Nacht erhalten hatte, da sie vielleicht doch eingenickt war.

Sie schätzte ihre Temperatur gestern abend gegen 20.00 Uhr auf 38,3 Grad, um 23.00 Uhr auf 38,3, und gegen 3.00 Uhr auf 38,3 ein. Zum Frühstück lag sie bei 37,4. Nach dem Mittagessen lag sie bei 38,9. »Nicht schlecht«, sagte der Helfer nach dem Messen.

Es war mühsam, diese Information über ihre Temperatur von ihr nach dem Mittag zu bekommen, weil sie immer wieder einzuschlafen drohte. Sie sagte, sie sei heute morgen auf Jeff und Judy wütend geworden, weil sie so negativ denken würden. Jeff sagte, die Flecken an ihren Füßen seien vielleicht Entzündungen; Judy meinte, die Drainage aus dem kleinen Geschwür an der rechten und linken Hüfte habe sich verschlechtert. Jane befahl ihnen schließlich, damit aufzuhören. Jeff sagte, er würde gerne wissen, woher das Fieber kam.

14.45 Uhr. Jane erzählte mir, daß gestern abend zwei Studenten zugeschaut hatten, als eine Helferin den Katheter überprüfte. Sie erinnerte sich dann daran, Jeff habe heute gemeint, daß der Katheter vielleicht eine Infektion hervorgerufen habe, »da die Leute das immer bekommen«. Auch die Krankenschwestern würden das gleiche sagen.

15.10 Uhr. Judy sagte, die Saftmischung mit Preiselbeeren mache ihren Urin sauer anstatt basisch – warum wissen wir nicht.

15.37 Uhr. Lippenstift und Spiegel.

15.45 Uhr. Carla nahm Janes Temperatur – 39,1 Grad, die höchste bis jetzt. Jane fluchte wieder. Sie machte sich über Jeffs Reaktion mehr Sorgen als über ihre Temperatur. Sie hat viel Saft getrunken.

15.50 Uhr. Jane begann, die gestrige Sitzung zu lesen, während ich die Post erledigte. Sie konnte gar nicht gut lesen. Fünf Minuten später brachte ihr Leanne Ascripton, oder Aspirin, in Eiskrem aufgelöst, gegen das Fieber. Dann richtete sie Jane eine neue Dosis des Antibiotikums Gentamicin, 40 mg, ein. Es würde in einer halben Stunde durch sein, wie immer. Jane las die Sitzung weiter durch – es ging immer noch nicht gut.

16.15 Uhr. Ich las ihr die Sitzung zu Ende vor.)

Guten Tag.

(»Guten Tag, Seth.«)

– und ich kann die Sitzung von gestern nur nochmal wiederholen.

(Lange Pause.) Ruburt ist in keiner Gefahr. *(Pause.)* Wir können die Situation jedoch als Lernaufgabe benutzen, so daß er sich mit Erfolg über diese unglücklichen medizinischen Glaubenssätze erhebt.

Noch einmal, es ist vollkommen natürlich, daß jede Zelle, jedes Organ und jeder Teil des Körpers sich selbst heilt, und genauso ist es wirklich »unnatürlich«, dem Körper nicht zu vertrauen und ihm eher mißtrauisch zu begegnen. Auf jeden Fall –

(16.27 Uhr. Leanne rauschte herein. Das Antibiotikum war von Jane völlig aufgenommen worden. Vor wenigen Minuten hatte ich es noch tropfen sehen. Sie holte das Heparin, um es durch die Kanüle an Janes Armgelenk einzuflößen.)

– Auf jeden Fall ist es wichtig, daß Ruburt sich geistig so weit wie möglich entspannt. Das allein entspannt alle anderen Teile des Körpers und läßt den Heilungsprozeß schneller und wirkungsvoller vonstatten gehen.

Nun, ich komme zurück oder auch nicht, jedenfalls werde ich auf Ruburt aufpassen, und auf dich auch.

(»Okay. Danke.«

16.33 Uhr. Ich las Jane die Sitzung vor. Sie rauchte eine Zigarette. Abends zu Hause fiel mir ein, daß ich nach der Massage vergessen hatte, Janes rechtes Bein zu bewegen, als sie auf ihrer Seite lag. Ich bewege es mittlerweile 250 Mal auf und ab, und es geht jedesmal besser.

Bevor ich Jane das Gebet vorlesen konnte, kamen Carla, ein Student und Dorothy herein, um Jane zu drehen. Ich ging also erst um 19.00 Uhr.

Als ich durch den Gang auf dem Weg nach draußen lief, fiel mir auf, welche Aktivität in den Zimmern der Patienten herrschte, eine Kakophonie der

Geräusche von Besuchern, Patienten, Krankenschwestern und Helfern. Ich könnte ebensogut auf einer belebten Straße in der Stadt sein, dachte ich mir. Der Gang war wie eine abgeschlossene Gemeinschaft, von allen akzeptiert.)

Sonntag, den 12. Februar 1984, 16.28 Uhr

(Als Jane gestern abend anrief, sagte sie, ihre Temperatur sei bis auf 37,6 Grad gesunken – und hat damit die 37,7-Grenze unterschritten. Heute war es wieder warm – 5,5 Grad –, als ich zu Jane ging. Ihre Füße sahen viel besser aus. Sie war nicht bei der Hydro gewesen. Sie erzählte, sie habe gestern, nachdem ich gegangen war, beschlossen, das zu tun, was Seth gesagt habe, egal was passierte. Debbie Harris habe sie dann besucht. Danach habe Leanne bemerkt, daß Janes Urin viel besser aussehe als bisher. Sie hat in letzter Zeit auch viel mehr getrunken.

Jane hatte sehr gut geschlafen, und um 5.30 Uhr betrug ihre Temperatur 36,6 Grad.

Man hat ihr vor dem Frühstück Blut vom linken Fuß abgenommen. Ihre Temperatur um 11.00 Uhr war 36,6. Mir fiel auf, daß auf Janes Speiseplan für morgen bei jeder Mahlzeit »Kalorien überprüfen« draufstand. Ich konnte also nichts mehr von dem Essen aufheben, da ich schätzen mußte, wieviel sie von allem gegessen hat, damit der Ernährungsberater die Kalorien zusammenzählen konnte. Jane aß nur wenig zum Mittagessen.

14.15 Uhr. Sie versuchte, die Sitzung von gestern zu lesen, es ging aber gar nicht. Sie legte sie zur Seite, als Judy hereinkam, um sie an einen neuen Medikamentenbeutel anzuschließen. Es gab einige Verwirrung, da Judy uns sagte, es sei das gleiche Mittel – Gentamicin –, das sie bisher erhalten habe, nur daß es jetzt 100 ml statt 50 ml waren. Als sie danach gegangen war, entdeckte ich einen anderen Namen auf dem Beutel: (Septra) Bactrim.

14.45 Uhr. Jane versuchte immer wieder, die Sitzung zu lesen, vergeblich. Ich fing um 15.10 Uhr an, sie ihr vorzulesen, als Mary Jean hereinkam, um den Fluß des Antibiotikums zu prüfen. Es stellte sich heraus, daß Jane eine zweite Verordnung erhalten hatte, ohne darüber informiert zu werden. Dies war ein Antibiotikum gegen Blasenentzündung. Mary Jean meinte, Jeff habe wohl etwas in ihrer Urinanalyse heute morgen entdeckt und daraufhin Bactrim verordnet, ein ziemlich starkes Mittel. Jane wurde wütend. »Ich möchte Widerspruch dagegen einlegen«, sagte sie zu Mary Jean, »daß ich nicht informiert wurde.« Mary Jean sagte, daß sie es an die Oberschwester weiterleiten würde; ich nehme an, es wird einfach im Sande verlaufen. Dieses Mittel braucht eine Stunde, bis der Beutel leer ist und nicht nur eine halbe, wie beim Gentamicin.

15.20 Uhr. Ich las Jane die Sitzung von gestern vor und begann mit der Post.

15.30 Uhr. Carla nahm Janes Temperatur – sie war auf 38,4 gestiegen.

Judy kam herein, um den Fluß zu kontrollieren und sagte, Jane müsse das Antibiotikum alle sechs Stunden oder viermal täglich bekommen. Zusammen mit dem Gentamicin alle acht Stunden macht das sieben Medikamente innerhalb von 24 Stunden. Jane hat jeden wissen lassen, daß es ihr stinkt. Was ist passiert? »Es wäre schön, es zu wissen«, sagte ich, als sie ihre Angst ausdrückte; sie erwiderte, sie tue, was sie könne. Ich hatte das Gefühl, in einen Strudel ärztlicher Entscheidungen hineingerissen zu werden, immer tiefer, ohne daß ich mich daraus befreien konnte. Ich fragte mich, warum der Körper sich nur durch Fieber und Infektionen heilen konnte. »Tja, das wär's dann«, sagte ich und kümmerte mich wieder um die Post, bis Jane sagte, sie wolle eine Sitzung abhalten.)

Nun: Guten Tag.

(»Guten Tag, Seth.«)

In jeder Blase befinden sich auf natürliche Art und Weise Bakterien – wenn sie aber gesammelt oder isoliert werden, sprechen die Ärzte von einer Infektion.

Ich wiederhole es, Ruburt ist nicht gefährdet, aber ich möchte, daß einige der vergangenen Sitzungen als Unterstützung wiederholt werden. Ich aktiviere nochmals jene Koordinaten, die Ruburts Heilkräfte intensivieren; ich passe auf euch beide auf.

Es ist nach wie vor unerläßlich, daß ihr dem Körper vertraut, besonders angesichts der ärztlichen Zweifel über die natürlichen Heilfähigkeiten des Körpers.

Ich komme zurück oder auch nicht usw. und wünsche euch einen frühen schönen guten Abend.

(»Danke.«

16.32 Uhr. Ich las Jane die Sitzung vor. Nachdem ich sie um 16.40 Uhr auf die Seite gewendet hatte, kam Leanne herein, um Jane eine weitere Dosis von Gentamicin an ihren Tropf zu hängen.

Ich machte mich um 18.50 Uhr bereit, nach Hause zu fahren, nachdem ich Jane gedreht und gefüttert hatte, als ich feststellte, daß ich meine Brille verlegt hatte. Ich trage sie nicht mehr so häufig, aber ich war mir sicher, daß ich sie heute nachmittag wenigstens einmal auf hatte. Oder ich habe sie zu Hause gelassen – etwas, was mir noch nie passiert ist. Ich fand sie schließlich im Badezimmer wieder. Nachdem ich Jane das Gebet vorgelesen hatte, ging ich um 19.25 Uhr. Es war immer noch angenehm warm. Es war nebelig auf dem Weg zum Hügelhaus entlang der Coleman Avenue.

Bevor ich Jane verließ, rieb ich ihre rechte Fußsohle, die sehr juckte. Ihr linker Fuß bewegte sich im Rhythmus dazu; sie sagte, sie habe in letzter Zeit mehr Bewegung dort gespürt. Aber eigentlich hat sie seit langem keine erwähnenswerten Bewegungen mehr gemacht.)

MONTAG, DEN 13. FEBRUAR 1984

(Tag Zwölf von Janes neuer Lebensplanung.

Jane hatte gestern abend angerufen.

Ich kam verspätet bei ihr an. Sie lag auf ihrer Seite. Suzanne half mir, sie in eine sitzende Haltung zu bringen. Sie aß ein wenig besser als gestern. Ich machte einen Vermerk auf dem Menü für die Kalorienprüfung.

Jeff war da – er sagte, die Ergebnisse aller Tests hätten eine Blutinfektion ergeben. Sie würden es ohne Zweifel in den Griff bekommen. Sie versuchen es mit den zwei Medikamenten, Gentamicin und Bactrim, um festzustellen, welches besser wirkt. [Wie sie das feststellen wollen, ist mir schleierhaft.]

Peggy Gallagher besuchte uns während des Mittagessens. Danach las ich Jane die gestrige Sitzung vor, da sie es nicht konnte.

Lippenstift und Spiegel. Post.

16.00 Uhr – Dana. Blutdruck und Puls.

16.25 Uhr – Carla. Temperatur 37 Grad. Medikament tropft noch.

16.35 Uhr – Ich drückte auf die Klingel. Das Medikament war zu Ende.

16.50–17.15 Uhr – Wenden, Massage, Tablett.

17.15–17.45 Uhr – Nickerchen.

18.00 Uhr – Abendessen.

18.20 Uhr – Zigarette, Nachtisch, Zähne.

19.05 Uhr – Zigarette, TV.

19.13 Uhr – Gebet.

19.20 Uhr – Abschied.)

DIENSTAG, DEN 14. FEBRUAR 1984, 16.32 UHR

(Tag 13 von Janes neuer Lebenskampagne.

Jane hatte gestern abend angerufen. Es war wieder sehr warm, über 10 Grad, als ich zu Jane ging. Schnee und Eis waren geschmolzen. Ich ging zur Bank, um den Scheck für das Finanzamt einzureichen und Überweisungen zu tätigen. Ich erzählte Jane, daß ich zwei Briefe an Leute geschrieben hatte, die gespendet hatten. Ich werde ein Konto für diese Spenden gegen Ende der Woche einrichten.

Ich erzählte Jane, daß ich in einem Stapel Fanpost, der vorübergehend abhanden gekommen war, ein Schreiben von meinem Zahnarzt fand, in dem seine Sekretärin Babs den Termin vom 13. auf den 23. Februar verlegt hatte. Ich hatte gestern, zum ursprünglichen Termin, allein in der Praxis gesessen, ohne daß jemand kam.

Ich hab's mit Zahnärzten. Ich sagte Jane, wenn sie ihre Sitzung gestern gehalten und ich diese dann abends abgetippt hätte, wäre mir das Schreiben von Babs nicht in die Hände gefallen, weil ich keine Zeit nach dem Abendessen gehabt hätte, die Fanpost durchzusehen, die Papiertüte, die ich jeden Tag zum Krankenhaus mitnehme, auszuleeren usw. Warum hat sie also gestern, am Tag meines Zahnarzttermins, keine Sitzung abgehalten? Es ist die erste, die sie seit Wochen hat ausfallen lassen.

Jane hatte heute morgen Hydro. Ihre Temperatur war normal, und auf ihrem Speiseplan war die Kalorienprüfung nicht mehr vermerkt. Sie hatte Jeff heute morgen nicht gesehen. Sie nimmt immer noch die beiden Antibiotika, Gentamicin und Bactrim. Ihre Füße sehen immer besser aus – sichtbar, sagte ich ihr. [Sie kann sie nicht sehen.]

Jane hatte nicht übermäßig viel zum Mittagessen. Ich gab ihr eine Valentinskarte und eine Schachtel Süßigkeiten in Herzform.

Da es keine Sitzung von gestern zu lesen gab, las Jane die vom 1. Februar, diejenige, durch die sie ihr Tag Eins, Zwei, Drei-Programm eingeleitet hatte. Sie konnte aber nicht lesen, also las ich sie ihr vor: »Gesundheit ist Einfachheit an sich.« Eine hervorragende Sitzung. Ich las ihr dann die Sitzung vom 5. Februar vor – genauso gut. Sie halfen ihr. Jane liest selten vergangene Sitzungen – ein Schutzmechanismus, glaube ich, der seit vielen Jahren besteht. Und dies, obwohl Seth in letzter Zeit öfter vorgeschlagen hatte, älteres Material nochmals zu lesen. Für mich ist diese Situation immer ein klares Zeichen dafür gewesen, daß ein Teil ihres Selbst dem anderen Teil Widerstand leistet und daß die Ängstlichkeit immer noch dominiert, auch wenn sie in letzter Zeit aufgrund unserer Fortschritte abgenommen hat.

Janes Temperatur war normal – 36,8 um 15.45 Uhr. Frank Longwell besuchte sie. Ich versuchte, die Post zu bearbeiten, kam aber nicht weit. Weil es so warm war draußen, war das Fenster 30 Zentimeter geöffnet und die Heizung aus. Ich bemerkte wieder den Verkehrslärm von der Market Street, als Jane mit der Sitzung begann.)

Nun: Guten Tag.

(»Guten Tag, Seth.«)

Ruburt mußte genau das hören, was du ihm heute vorgelesen hast.

(Lange Pause.) Die Konzepte sind dermaßen wichtig, daß es schade ist, daß ihr nicht irgendeinen Zeitpunkt festlegen könnt, zu dem das Material öfter vorgelesen wird.

(»Er fragt mich selten danach, es ihm vorzulesen.«)

Das liegt daran, daß die zur Verfügung stehende Zeit einfach sehr verplant ist. Das Material ist jedoch »eine hervorragende Medizin« und kann in der Tat lebensrettend sein *(mit Nachdruck)*. Es ist wirklich traurig, daß die Glaubensvorstellungen, die sich in der Natur in ihrer Einfachheit und Wirkung eindeutig widerspiegeln, etwas Mysteriöses für die allgemeingültige Ausrichtung des offiziellen Bewußtseins sind.

Die allgemeingültige Ausrichtung spielt natürlich eine Rolle – aber für sich selbst genommen bleibt sie isoliert von den tiefen, schöpferischen, heilenden Funktionen des Körperbewußtseins. Das allgemeine Bewußtsein ist »pessimistisch« ausgerichtet, weil es nur bis zu seinen Grenzen geht und weil es üblicherweise nicht genug entwickelt ist, um erkennen zu können, daß es selbst erhalten und unterstützt wird. Nun wünsche ich euch einen schönen guten Tag und aktiviere jene Koordinaten, die Ruburts Heilungsprozesse beschleunigen.

(Zu mir:) Ich passe auch auf dich auf, und diese späten Sitzungen bereichern auch deinen Körper und lassen Gefühle der Fülle und der Erkenntnis aufkommen.

(»Darf ich dich etwas fragen?«)

Ja.

(»Was genau meinst du mit: ›Ich aktiviere jene Koordinaten, die Ruburts Heilungsprozesse beschleunigen‹?«)

(Langsam um 16.44 Uhr.) Wartet einen Augenblick . . . Durch meine »Gegenwart« erhält auch Ruburt einen anderen Bezug zu sich selbst, wo die Negativität einfach nicht greifen kann. Es ist, als ob man eine kleine Heilungsstation oder -plattform errichte, von der aus der Körper seine Heilfähigkeiten viel wirkungsvoller einsetzen kann.

Nun, ich komme zurück oder auch nicht usw . . .

(»Ich bin's«, sagte Jane.

16.47 Uhr. Jane konnte sich nur vage an Seths Antwort auf meine Frage erinnern. Ich hatte schon früher daran gedacht, sie zu stellen. »Ich wollte noch eine andere Frage stellen, aber du bist zu schnell aus der Trance gekommen«, sagte ich. Ich las ihr die Sitzung vor. Ich sagte ihr, daß es in meiner zweiten Frage darum ging, ob sie sich in den gleichen Zustand versetzen könnte, wenn ich nicht da wäre und Seth nicht sprechen würde. »Wenn du das einmal am Tag machen kannst, warum nicht zweimal oder mehr?« fragte ich. »Tue so, als ob ich im Badezimmer wäre oder im Gang, und du mich nicht sehen könntest.« Ich hoffte, die Heilung würde somit noch weiter beschleunigt. Jane wollte es versuchen.

»Ich kann es mir einfach nicht vorstellen, daß wir uns nicht zehn Minuten täglich freinehmen können, um die Sitzung vom 1. Februar zu lesen, auch wenn wir dafür weniger fernsehen«, sagte ich ihr. »Besonders, wenn wir den Film schon mal gesehen haben.« Bei einer solch wichtigen Angelegenheit sollten wir nicht irgendeinen »Termin« dazwischenkommen lassen. Ich hatte wieder den Eindruck, daß es an mir lag, die Initiative dafür zu ergreifen.

Jane meinte, ich könne Seth morgen die zweite Frage stellen.)

Mittwoch, den 15. Februar 1984, 16.32 Uhr

(Es regnete in der Nacht und heute morgen. Es war wieder sehr warm – 5,5 Grad –, als ich mich auf den Weg zu Jane machte.

Jane wurde während des Frühstücks nochmals Blut abgenommen. Sie hatte gut geschlafen und war bei der Hydro gewesen. Ihre Temperatur war normal, und sie nahm auch nur noch ein Antibiotikum – Bactrim. Sie aß mäßig zu Mittag. Rita brachte ihr etwas Kalium und Vitamin C, da Jeff diese aufgrund eines Testergebnisses für meine Frau verordnet hatte. Rita zerkleinerte beides, und Jane nahm es in einem Hawaii-Punch zu sich, obwohl es ihr nicht schmeckte.

Nach dem Mittagessen las ich Jane die beiden Sitzungen vom 1. und 5. Februar vor, die ich ihr auch gestern vorgelesen hatte. Ich sagte ihr, daß ich Seth danach fragen wollte, warum ihr Fieber mit dem Stichtag von Tag Eins ihrer neuen Lebensplanung angefangen hatte. Es muß sicherlich viele Verbindungen geben.

Jane versuchte, die gestrige Sitzung zu lesen, was ihr aber nicht leichtfiel, so daß sie statt dessen eine Zigarette rauchte. Sie zeigte, wie sie ihren gesamten linken Arm inklusive Hand besser bewegen konnte, besonders am Ellenbogen. Sie hatte in letzter Zeit über spürbare Veränderungen in ihren Händen gesprochen. Sie zeigte mir auch die Beweglichkeit ihrer rechten Hand und des Unterarms. Ihr beiden Füße bewegten sich auch freier. Die Flecken auf ihren Füßen hatten sich sichtlich zurückgebildet. Es scheint, als ob ihr Körper sich allgemein verändert, als ob er sich auf die Besserung vorbereitet. Seth hatte dies vorausgesagt. Jane hatte sich seit langem nicht mehr richtig bewegt. Ich las ihr die Sitzung von gestern vor.

Es war bereits 16.20 Uhr, bevor wir es merkten. Ich versuchte mich an der Post, kam aber nicht weit. Um 16.30 Uhr klingelte ich für eine Helferin, da der Medikamentenbeutel am Kopfende leer an der Stange hing. Während wir warteten, entschied sich Jane, die Sitzung anzufangen. »Ich werde leise sprechen«, sagte sie. Das Fenster hatte ich gerade geschlossen. Der Verkehrslärm hatte mich schon während des Vorlesens gestört. Janes Seth-Stimme war tatsächlich eher gedämpft.)

Nun: Guten Tag.

(»Guten Tag, Seth.«)

Es gibt verschiedene Gedanken<u>stile</u>, genauso wie es verschiedene Modestile gibt.

Das allgemeine Bewußtsein ist eine besondere Geisteshaltung, eine Art Konvention. *(Lange Pause.)* Als Kinder dachtet ihr in einer sehr freizügigen Art. Aber im Verlauf eurer Erziehung verwandtet ihr die Worte in einer bestimmten Art. Ihr konntet feststellen, daß eure Bedürfnisse schneller befriedigt wurden, daß ihr öfter Anerkennung bekamt, wenn ihr in der bestimmten Art dachtet und spracht. Es wurde schließlich die einzige –

(16.35 Uhr. Rita kam herein, um irgend etwas zu tun – ich weiß nicht mehr was, da ich es nicht notiert hatte. Ich las Jane vor, was sie gerade durchgegeben hatte. Wiederaufnahme um 16.39 Uhr.)

– natürliche Kommunikationsweise. Eure ganze Zivilisation ist auf dieser inneren Struktur aufgebaut. Die Art zu denken wird zu einem Automatismus, der einem mental nicht mehr auffällt. Bei kreativen Köpfen hingegen tauchen immer wieder Einschnitte, Ahnungen und Fragen in ihren Gedankengängen auf, die fremd erscheinen, die aber dazu benutzt werden, ein Kunstwerk, eine Komposition oder ähnliches zu schaffen. Diese Menschen spüren die darunterliegende Kraft.

Du und Ruburt habt dieses Gefühl viele Male erlebt – und was wir versuchen wollen ist, völlig von der einen Funktionsweise zur anderen überzuwechseln und neue innere Bedeutungsformen aufzubauen, die die nächste Ära einleiten können.

(Lange Pause um 16.44 Uhr.) Ihr seid dadurch natürlich mit einer völlig neuen Erziehungsmethode konfrontiert, durch die ihr wenigstens den einen Gedankenstil vom anderen unterscheiden könnt und somit freier in euren Entscheidungen seid.

Ich wollte euch dieses Material durchgeben, und es wird euch –

(16.48 Uhr. Carla kam mit dem Abendessen herein, und wir machten sie auf den leeren Medikamentenbeutel aufmerksam. Ich hatte das Klingelzeichen am Anfang der Sitzung wieder abgestellt, in der Hoffnung, nicht gestört zu werden.)

– helfen, die Plattform, die sich Ruburt vorstellt, zu verstehen und die innere Vorgehensweise, um eine Sitzung ohne eine Sitzung abzuhalten.

Nun, ich komme zurück oder auch nicht usw. – und intensiviere wieder jene Koordinaten, die den Heilungsprozeß unterstützen.

(»Danke.«

16.50 Uhr. Jane sagte, Seth »hätte immer weitermachen können.« Ich bereute die verpaßte Gelegenheit. Jane sagte, sie habe versucht, diese Plattform zu erreichen, von der Seth gesprochen hatte; als ich sie nochmals dazu aufforderte, gelang es ihr nur halb. Jedenfalls hatte sie etwas erreicht, und es lohnte sich, weiter daran zu arbeiten.

Ich erinnerte Jane auch daran, daß Seth uns keine Antwort gegeben hatte auf meine Frage nach den Fieberschüben, die mit ihrer neuen Lebensplanung begonnen hatten. Sie sagte, daß wir es morgen nochmal versuchen sollten. Ich drückte wieder auf die Klingel – und Leanne kam sofort herein, um den Beutel auszutauschen und ihr Heparin durch die Kanüle einzuflößen.

Jane konnte beide Arme und Hände ausgezeichnet bewegen, auch die Füße, als ich bereit zum Aufbruch war. Ich ermutigte sie, so weiterzumachen, auch wenn sie allein ist. Wenn sie heute abend anruft, könne sie mir über den Fortschritt berichten. Ich liebe dich, Jane.)

Donnerstag, den 16. Februar 1984, 16.20 Uhr

(Jane rief gestern abend nicht an, um mir einen Statusbericht über ihre neuen Bewegungsfortschritte zu geben, über die sie sich gestern gefreut hatte. Auch heute kann sie sich ganz gut bewegen. Sie hatte in der Nacht sehr gut geschlafen.

Jane hatte eine weitere hervorragende Neuigkeit. Der Therapeutin in der Hydro, die Jane letzte Woche untersucht hatte, verschlug es fast den Atem, als sie die Geschwüre an der Hüfte untersuchte und ausrief: »Kaum zu glauben.« Sie erklärte Jane, daß die Geschwüre mindestens um die Hälfte geschrumpft waren. Sie holte sogar einen Mikrometer, um die Größe nachzumessen. Eine andere Krankenschwester hatte allerdings vor einiger Zeit gesagt, daß die Drainage sich verschlechtert hätte – eine Aussage, die Jane und mich sehr beunruhigt hatte.

Janes Temperatur hatte sich normalisiert. Es wurde ihr heute morgen kein Blut abgenommen. Sie aß mäßig zu Mittag.

15.30 Uhr. Ich las Jane die gestrige Sitzung vor, weil es ihr nicht möglich war.

15.45 Uhr. Jeff Karder kam herein. Jane soll noch ein paar Tage lang Bactrim nehmen. Die Blutinfektion ist jetzt auch auf dem Weg der Besserung. Jeff hat weiterhin Kalium und Vitamin C verordnet, damit Janes Urin sauer bleibt, um das Bakterienwachstum zu verhindern.

15.55 Uhr. Janes Temperatur lag bei 37,2. Ich las ihr die Sitzung vom 1., 6. und 7. Februar vor. Sie sagte, ihre Augen würden sie stören. Sie waren sehr rot. Ich riet ihr, bald eine Sitzung abzuhalten, unabhängig davon, daß ihr Blutdruck noch gemessen werden mußte. Das Fenster stand wieder weit offen, der Vorhang war zu, um die grelle Sonne abzuhalten. Heute ist Tag 15 von Janes neuer Kampagne, und ich hatte sie nochmals an unsere Frage für Seth erinnert: Warum hatten mit Tag Eins ihr Fieber und die Infektionen angefangen?

Janes Seth-Stimme war wieder recht leise, ihre Durchgabe zeitweise sehr langsam.)

Nun: Guten Tag.

(»Guten Tag, Seth.«)

Ruburt begann sein neues Programm mit einem Gefühl der Entschlossenheit und des Vertrauens.

Diese Entschlossenheit und dieses Vertrauen ließen ihn auch erkennen *(lange Pause)*, wie weit er sich von einem normalen gesunden Zustand entfernt hatte. Vor dieser Erkenntnis hatte er vorher Angst gehabt. Das bewirkte bei ihm noch mehr Entschlossenheit und Vertrauen; er erkannte, wie lange es her war, daß er sich mit Freude normal bewegen konnte.

Diese Gefühle jagten ihm Angst und einige Frustrationen ein. Das wiederum half ihm, vergrabene Gefühle aufzulösen, und die daraus entstandene Entschlossenheit gab seinem Immunsystem einen Auftrieb. Die Verbesserungen von gestern und heute beweisen die Fähigkeiten des Körpers und zeigen sein Bestreben nach mehr Mobilität und Flexibilität.

(Pause um 16.27 Uhr.) In der gleichen Weise hat Ruburt die Krankenhausumgebung erlebt und festgestellt, wie weit sie von normalen Umständen abweicht. Dies (unterstrichen) machte ihm ebenfalls Angst.

Der Körper reagiert auf alle diese Eindrücke, und er beschleunigt die Heilungsprozesse. Es ist eine ausgezeichnete Idee, diese Sitzungen zu wiederholen.

Nun, ich komme zurück oder auch nicht et cetera.

(»Darf ich etwas fragen?«

Es gab eine lange Pause. Jane zögerte, und ich hatte den Eindruck, daß sie halb aus der Trance war. Sie bestätigte mir das später – aber sie ging zurück in die Trance und gab Antwort.)

Ja, bitte.

(Ich beschrieb meinen Traum, den ich Jane bereits erzählt hatte: Ich saß mit Jane und unserem Nachbarn, Joe Bumbalo, auf unserer Couch. Joe lebte mit uns; wir aßen zu Abend und schauten TV. Margaret, Joes Frau, war nicht im Traum dabei. Ich fragte mich, ob der Traum ein Hinweis auf irgend etwas über die beiden – Joe oder Margaret – war.)

Joe hat sich von einer schweren Herzkrankheit erholt, und – verzeiht – genau darum geht es. Jane, oder Ruburt, war im Traum genauso regeneriert wie Joe. Es war, als ob du deinen Nachbarn stellvertretend für Janes Thema genommen hast. Joe hat die Krankenhausumgebung auch überlebt.

(»Danke.«

16.33 Uhr. »Das war dann ja ein ganz schöner Traum«, sagte ich zu Jane; im Traum war sie völlig gesund gewesen. Jane erinnerte sich wieder daran, daß ich ihr den Traum Anfang der Woche erzählt hatte. »Erst vor kurzem ist mir aufgefallen, wie weit ich mich von der normalen Bewegung, oder vom Leben, entfernt habe. Jetzt will ich unbedingt zurück. Ich muß einfach selber leben, anstatt mich leben zu lassen . . .«

Ich erinnerte sie daran, daß sie gemäß der Sitzung vom 1. Februar überhaupt nichts tun müßte. Sie bräuchte sich nur der natürlichen Fähigkeit des Körpers, sich selbst zu heilen, zu überlassen. Ich war überrascht, wie ihr Körper nach all diesen Jahren immer noch versuchte, sich wieder ins Gleichgewicht zu bringen. Wie grausam wir doch zu uns selbst sein können, dachte ich mir; dies erinnerte mich an meine alte Frage, warum das Körperbewußtsein nicht manchmal einfach rebellierte und sich weigerte, durch falsche Glaubensüberzeugungen mißbraucht zu werden. Seth hat sich darüber nur kurz ausgelassen, wir brauchen aber noch viel mehr Wissen darüber. Er ist bisher auch nicht auf meine Frage über die Einflüsse aus einem früheren Leben, die möglicherweise bei Jane wirksam sein könnten, eingegangen.

Ich sagte Jane, daß ihr Körper sich weiterhin regenerieren würde, nachdem die Fieberschübe jetzt vorüber waren. Ihre neuen Bewegungen waren ein gutes Zeichen für den unglaublichen Willen des Körpers, sich auszudrücken.

Bevor ich Jane wendete und ein Nickerchen hielt, versuchte ich, den Traum mit Jane und Joe in meinen Aufzeichnungen wiederzufinden. Keine Chance. Ich mußte letztendlich zugeben, daß ich ihn trotz meiner guten Absichten nicht aufgeschrieben hatte. Er war nicht einmal in meinen Notizen von dem Tag, an dem Jane keine Sitzung hatte – den 13. Februar, wie ich zu Hause feststellte.

Ich las Jane diese Sitzung nach dem Abendessen vor. Sie gab zu, sie habe heute Angst bekommen, weil sie ab und zu Schleim beim Husten ausgeworfen habe. Und nach der Sitzung habe sie noch mehr Angst gehabt. Ihre Reaktionen machten mir Angst; ich war entsetzt darüber, daß sie bei einer guten Reaktion wie dem Husten immer noch Angst empfand. Die Implikationen verschlugen mir den Atem, und ich wurde frustriert bei dem Gedanken, daß sie es auf diese Weise nie schaffen würde, den Kreislauf der Ängstlichkeit gegenüber der Welt und ihrem Platz darin, der Angst, angegriffen zu werden, sogar vom Leben selbst, zu durchbrechen. Ich fragte mich, was wir hier die ganze Zeit machten.

»Darf ich dir etwas sagen?« fragte ich. »Ich verstehe nicht, wie du so viel Angst vor einer gesunden Reaktion wie dem Husten haben kannst, dich dabei aber die ganzen Jahre mit der Unfähigkeit zu laufen abgefunden hast. Diese Widersprüche übersteigen mein Verständnis. Es ist mir egal, was Seth beispielsweise über die Extreme der Armut sagt, aber dein Verhalten ist wirklich extrem. Im Zusammenhang mit unserer Gesellschaft ist es extrem . . .«

Jetzt zu dem kurzen Traum, den ich während meines Nickerchens hatte. Ich erzählte ihn Jane, als sie zu Abend aß. Ich erhielt im Traum einen Anruf von einer Bankangestellten. Die Frau sagte mir, daß einer der Schecks, die ich für Janes Krankenhauskosten eingelöst hatte, nicht 1000 Dollar betrug, wie wir beide angenommen hatten, sondern eine Million Dollar. Ich war völlig überrascht. »Sind Sie sicher?« fragte ich nach. Die Angestellte erwiderte, sie sei sich sicher, wir hätten uns schon einmal bei den Nullen vertan. »Halten Sie den Scheck zurück, ich bin in 20 Minuten bei Ihnen«, sagte ich ihr.

Ich sagte Jane, daß ich von keinem eine Million Dollar erwarten würde, aber vielleicht sollte es ein gutes Zeichen für unsere Zukunft sein.)

Freitag, den 17. Februar 1984, 16.05 Uhr

(Heute ist Tag 16 von Janes neuer Kampagne.

Sie hatte gestern abend nicht angerufen. Heute morgen rief eine Krankenschwester für sie an – Jane hatte kein Feuerzeug mehr und wollte, daß ich eines mitbringe. Wir sprachen nur kurz.

Nach dem Frühstück widmete ich mich eine halbe Stunde lang dem Beantworten von Weihnachtskarten; ich werde mir irgendeine Methode ausdenken müssen, um die Flut dieser Leserbriefe zu beantworten. Obwohl wir uns sehr über diese wichtigen Briefe freuten – was hätten wir denn erreicht, wenn sich die Menschen nicht für unsere Arbeit interessiert hätten? –, zogen sie mir doch Zeit von dem Buch Träume *ab.*

Jane war heute morgen bei der Hydro; es lief ganz gut. Sie kann ihre Arme und Hände noch freier bewegen. Sie sagte auch, daß sie einen neuen Bewegungsspielraum in ihrem linken Fußknöchel spürte, »wie ein Kugellager«, auch wenn die Bewegung nicht viel anders als sonst aussieht. Sie nimmt immer noch Bactrim. Ihre Augen sind noch recht gerötet. Sie versuchte, die Sitzung von gestern zu lesen, hatte aber keinen Erfolg. Ich las sie ihr um 14.45 Uhr nach dem Mittagessen vor.

15.00 Uhr. Nachdem ich die Sitzung zu Ende gelesen hatte, besonders den letzten Teil und die Notizen über meine Reaktion, die Jane beunruhigten, erzählte sie mir, daß sie sich sehr deprimiert gefühlt hatte, kurz bevor ich ging. Sie hatte Angst davor, daß der Schleimauswurf beim Husten das Zeichen einer Lungenentzündung sein könnte – dies hatte sie mir nicht mitgeteilt. Sie hatte diese Idee aufgrund einer Aussage der Krankenschwester aufgefangen. Ich erwiderte, daß es nicht so sehr darum ging, was die anderen sagten, sondern wie sie auf das, was die anderen sagten, reagierte. Ich hatte gehofft, daß wir diese Phase abgeschlossen hatten. Ich sagte ihr, ich habe mich gestern klar genug ausgedrückt, und sie wisse, was ich darüber dachte.

Jane äußerte sich nicht zu meinem Gedanken über eine mögliche Verbindung zwischen ihren Symptomen und einem früheren Leben. Die Vorstellung von einer Lungenentzündung sei ein weiteres Beispiel für ein Extrem, sagte ich ihr. Jane habe sofort eine bessere Stimmung gestern abend bekommen, nachdem ich gegangen war, wie durch Magie; sie habe sich gut gefühlt und habe gut geschlafen. Ich sagte, daß sie vielleicht mittlerweile gelernt habe, die Trauerphasen zu verkürzen – ein Zeichen dafür, daß wir doch etwas dazugelernt haben.

»Ich habe gerade an etwas Gemeines gedacht«, sagte ich. »Indem du versuchst, negative Gedanken zu vermeiden, wirst du noch empfänglicher für sie.« Jane meinte, sie habe auch schon daran gedacht.

Seitdem ich heute gekommen bin, hat Jane viel gehustet und sich immer wieder geschneuzt. Das Zimmer war nicht geheizt – die Heizung war aus irgendeinem Grund kalt.

15.08 Uhr. Jane schminkte ihre Lippen, schaute sich im Spiegel an und rauchte eine Zigarette; ich las ihr die Sitzung vom 1. Februar und noch ein paar ältere, sehr gute Sitzungen vor. Danach erzählte ich ihr von meinem lebhaften Traum: Jane und ich fuhren in unserem alten Cadillac-Cabrio. Sie konnte ganz normal laufen. Als wir in eine Bar einkehrten, wurde der Wagen, den wir in der Nähe geparkt hatten, von zwei Jugendlichen geklaut, die damit eine Spritztour machten. Als ich nämlich das Auto holen wollte, um mit Jane wieder nach Hause zu fahren, war es verschwunden. Ich rief die Polizei. Ein junger Mann in der Kneipe kannte die beiden Jungs, die das Auto geklaut hatten, er wollte mir aber nicht sagen, wer sie waren. Die Polizei fand den Wagen schließlich nicht weit von der Kneipe, unbeschädigt. Ich war sehr sauer über den Vorfall und schwor mir herauszufinden, wer die beiden Jungs waren. Zu Jane sagte ich, der Traum sei wie eine Übung darin, eine wahrscheinliche Realität zu entdecken.

15.47 Uhr. Temperatur 37,3. »Das war die höchste Temperatur der letzten Tage«, sagte Jane. Ihr wurde ein wenig kühl. Ich schlug ihr vor, eine Sitzung abzuhalten, bevor ich das Personal darum bat, den Heizungsinstallateur wieder zu rufen. Jane mußte immer noch husten und sich die Nase putzen. Ich schaute die Post durch, kam aber nicht weit.)

Nun: Guten Tag.

(»Guten Tag, Seth.«)

Ich möchte Ruburt an Material erinnern, welches ich in der Vergangenheit schon einige Male thematisiert habe.

Wenn er eine Idee zu einem Gedicht oder einem Buch hat, dann »stimmt er sich sofort darauf ein«. Er fängt nicht an zu überlegen, wieviele Vokale, Silben, Wörter, Sätze, Paragraphen oder Seiten dabei herauskommen werden. Er geht einfach davon aus, daß er seine Absicht ausführen wird –

(Leanne kam mit einem neuen Beutel Bactrim herein. Wir baten sie, den Installateur für die Heizung zu rufen. Ich las Jane das eben Durchgegebene vor.

16.11 Uhr.) Das ist die natürliche, kreative Art zu sein, und sie hat ihm viele hervorragende Bücher und Gedichte beschert. Wenn er schreibt, denkt er nicht an Hindernisse. Wenn es welche geben sollte, wischt er sie einfach weg.

Seine Gesundheit kann genauso behandelt werden; er braucht sich keine Gedanken darüber zu machen, wie viele Nerven oder Muskeln oder Schritte aktiviert werden müssen oder wieviel Zeit für die Heilung erforderlich sein wird. In gewisser Weise ist der Körper wie ein lebendiges Buch, das in jedem Augenblick neu entsteht.

Es klingt vielleicht zu einfach – aber durch Anwendung dieser Methode auch für den Körper wird seine Gesundheit und Vitalität niedergeschrieben, indem Blut und Blutkörperchen, Gelenke und Bänder usw. verwendet werden, anstatt Silben, Konsonanten, Wörter und Sätze.

Ich komme zurück oder auch nicht, abhängig von jenen Rhythmen, von denen ich spreche – aber wißt, daß ich präsent und zugänglich bin.

(»Darf ich etwas fragen?«)

Ja, bitte.

(»Was hältst du von meinem Traum von gestern, über die eine Million Dollar?«)

Ihr habt ihn beide richtig gedeutet. Er bedeutet einfach, daß ihr viel mehr auf eurem Konto gutgeschrieben bekommt, als ihr es euch vorgestellt habt – das heißt Fülle nicht nur in finanzieller Hinsicht.

(»Und was ist mit meinem Traum von letzter Nacht, über den geklauten Cadillac?«)

Macht eine Pause, dann machen wir weiter.

(16.18 Uhr. Jane rauchte eine Zigarette, während ich ihr meinen Traum, den ich in meine täglichen Notizen aufgenommen hatte, nochmal vorlas, da sie sich nicht mehr genau daran erinnern konnte.

16.24 Uhr.) Nun: Der Traum symbolisiert die Glaubenssätze, die du hattest, als du den Wagen hattest. Diese Glaubenssätze haben dich auf »eine Spritztour« mitgenommen – und sind ein Teil deines Selbst. Im Traum wirst du sehr wütend, weil die Glaubenssätze den Wagen deines Lebens aus deinen Händen genommen haben, und zwar deshalb, weil du in der Vergangenheit diese Glaubenssätze nicht als deine eigenen anerkannt hattest. Zum Schluß wird (unterstrichen) dir der Wagen zurückgegeben; der Traum zeigt, daß du jetzt seine Aussage verstehst.

(»Ich bin's«, sagte Jane.

»Danke«, sagte ich Seth hinterher.

16.28 Uhr. Ich sagte Jane, daß Seths Deutung des Traumes hervorragend war. Der Beutel mit Bactrim an Janes Kopfende tropfte immer noch in den Plastikschlauch und in Janes rechten Arm hinein. Mir war kalt, Jane wollte aber immer noch nicht wärmer zugedeckt werden. Ich hielt mein Nickerchen, während der Installateur kam und das Thermostat an der Heizung neu einstellte; dadurch sollte die Heizung wieder funktionieren. Es geschah jedoch nichts. Das Problem war immer noch nicht behoben, als ich Jane nach dem Abendessen die Sitzung vorlas und schließlich um 19.10 Uhr nach Hause ging.

Jane konnte es noch nicht wissen, aber in der Post heute abend war ein Brief von Maude Cardwell mit 620 Dollar in Schecks für ihre Krankenhauskosten. Ich identifiziere diese Zahl nicht mit meinem Traum. Wie Seth schon gesagt hat, bedeutet der Traum weitaus mehr als nur eine bestimmte Summe an Geld, die wir erhalten. Dieser Traum ist sehr ermutigend, und ich freue mich, daß ich ihn geträumt habe. Nicht daß die Schecks nicht willkommen sind! Schlaf gut, Jane. Ich liebe dich.)

Samstag, den 18. Februar 1984

(Tag 17.

Jane rief mich gestern abend an; sie hatte vergessen, mir zu erzählen, daß Debbie Harris sie besucht hatte.

Der Tag war warm – 10 Grad.

Ende von Kapitel Fünf von Träume *heute morgen.*

Immer noch Bactrim. Die Heizung funktioniert, ist aber ausgestellt. Fenster ist weit geöffnet. Jane hatte ein mäßiges Mittagessen. Ihren Füßen geht es immer noch gut. Lippenstift und Spiegel.

14.49 Uhr – Jane wollte sich die Sitzung von gestern anschauen, konnte aber nicht lesen. Ich tat es. Sie hustet noch sehr.

15.14 Uhr – Las Jane die Briefe von Maude Cardwell vor.

16.00 Uhr – Bactrim tropft noch.

16.10 Uhr – Lynn, Temperatur 36,6.

16.45 Uhr – Wenden. Massage.

17.10 – 17.40 Uhr – Nickerchen. Bactrim war zu Ende.

18.00 Uhr – Abendessen.

18.20 Uhr – Zigarette, Nachtisch. Noch mehr husten und schneuzen. Ich fragte sie, ob sie eine Erkältung habe – eine schlechte Frage – aber anstatt sie zu verneinen, meinte sie, sie wisse es nicht.

18.45 Uhr – Zigarette, TV.

19.00 Uhr – Gebet.

19.05 Uhr – Abschied. Einkaufen im ACME-Supermarkt.)

Sonntag, den 19. Februar 1984, 16.23 Uhr

(Jane rief gestern abend an. Sie sagte, sie habe durch die meisten Fernsehsendungen gedöst – etwas, was sie äußerst selten tut. Der Tag war wieder warm – 6,7 Grad –, als ich zu Jane ging. Die Heizung in ihrem Zimmer war aus. Ihr Husten war heute besser. Sie sagte, ihre »Augen sind schlimm«, obwohl sie nicht mehr so gerötet waren. Auch ihre Füße sahen viel besser aus. Sie nahm immer noch Bactrim, und ihre Temperatur war bisher normal.

Ich habe den Verdacht, daß ihre Erkältungssymptome darauf hindeuten, daß ihre Psyche etwas Widerstand aufgebaut hat, seit sie ihr Tag-Eins-Programm angefangen hat. Heute ist Tag 18 ihres Programms. Ich habe das Gefühl, daß wir die gesundheitlichen Aspekte der Sitzungen eine Weile ruhen lassen sollten.

Jane aß heute mehr zu Mittag als gestern. Danach rauchte sie eine Zigarette, und ich beantwortete Briefe. Jane schminkte sich die Lippen und betrachtete sich im Spiegel.

Sie hustete und schneuzte sich weiterhin. Carla nahm ihre Temperatur – 37,1. Fünf Minuten später brachte Penny eine neue Dosis des Antibiotikums. Ich machte mit der Post weiter, bis Jane für eine Sitzung bereit war. Der Beutel war bis dahin wieder fast leer, ich sagte aber keinem Bescheid. Jane hustete wieder viel und hoffte, daß sie die Sitzung abhalten konnte. Das Fenster war geschlossen und die Heizung aufgedreht. Wind kam auf, und ich befürchtete einen neuen Kälteeinbruch.)

Nun: Einen wunderschönen guten Tag euch.

(»Guten Tag, Seth.«)

Das Material für Tag Eins sollte heute auf jeden Fall wiederholt werden.

Der Körper verfügt über viele Arten, seine Abwehrmechanismen zu mobilisieren *(husten)*. Zum Beispiel die sogenannte gewöhnliche Erkältung. Ich werde zu einem anderen Zeitpunkt näher auf diesen Mechanismus eingehen. Der Körper läuft jetzt auf Hochtouren. Kopf, Hals und Schultern werden bearbeitet, um die Arme und Finger zu stärken – deshalb der vorübergehende Zustand der Augen.

Ich melde mich deshalb, damit ihr wißt, daß ich tatsächlich präsent und zugänglich bin und daß ich jene Änderungen aktiviere, die den Heilungsprozeß fördern. Ruburt läuft keine Gefahr *(Pause)*, blind zu werden oder irgend etwas anderes Ernsthaftes zu bekommen. Einen frühen, schönen guten Abend.

(16.28 Uhr. »Wahrscheinlich bedeutet das, daß ich dir die Sitzung vom 1. Februar nochmal vorlesen soll«, sagte ich. Jane stimmte zu. »Ich glaube, mit dieser Sitzung wurden alle nachfolgenden Irritationen eingeleitet«, fügte ich hinzu. Jane und Seth hatten nun beide zugegeben, daß Jane doch eine Erkältung hatte.

»Weißt du noch, was ich vor Jahren immer gesagt habe?« fragte ich plötzlich. »Es hat sich aus dem privaten Material damals ergeben: Wenn die Dinge schlimmer werden, bedeutet das, daß sie besser werden.« Jane sagte, sie habe heute morgen daran gedacht. Ich hatte diese Bemerkung eine Zeitlang, das heißt jahrelang, völlig vergessen.

Als ich Jane diese Sitzung vorlas, fiel mir nochmal das Wort »blind« auf, das Seth erwähnt hatte; Jane gab zu, sie habe durch ihre Augenprobleme Angst davor, blind zu werden. Ich lachte, aber eher aus Ungläubigkeit als aus Humor, da sie vorher auch Angst vor einer Lungenentzündung gehabt hatte. Ich fragte mich wieder, wann dieser Kreislauf der ängstlichen Reaktionen ein Ende haben würde. »Verschone mich«, sagte ich, halb scherzhaft. Seths Aussage darüber, daß der Körper auf Hochtouren läuft, hat mich überrascht.

Vor dem Abendessen erzählte ich Jane meinen Traum über Bill Gallagher: Er war ein weißhaariger Schauspieler, und ich sah ihm aus meinem Logensitz in einem kleinen, intimen, dramatisch beleuchteten Theater zu. Bill hatte einen Schuh während seines Auftritts verloren und hörte aus Frustration auf zu spielen. Er stand hilflos auf der Bühne mitten im Scheinwerferlicht in seiner leuchtenden Bühnenbekleidung, wie ein Komödiant. Jemand half ihm wohl, die Bühne zu verlassen. Vor dieser Szene war etwas Ähnliches passiert, wobei ein kleiner Unfall sein Rollenspiel unterbrochen hatte und er auch frustriert und verwirrt auf der Bühne stand. Ich erinnere mich nicht klar genug daran, um es wiederzugeben.)

Montag, den 20. Februar 1984, 16.27 Uhr

(Heute ist Tag 19 von Janes neuer Kampagne.

Sie hatte mich gestern abend angerufen. Ich erzählte ihr, daß ich die zwei Spender angerufen hatte.

Heute war es etwas kälter – 3,8 Grad –, als ich zu Jane ging. Jeff war nach der Hydro da gewesen, um Janes wundgelegene Stellen zu begutachten. Er setzte das Antibiotikum ab und verordnete ihr mehr Vitamin C, um ihren Urin anzusäuern. Er schlug ihr vor, sie solle sich öfters auf ihre rechte Seite legen. Janes Füße sahen noch besser aus. Husten und Schnupfen waren auch besser geworden, ihre Temperatur war normal.

Sie nahm ein leichtes Mittagessen zu sich. Obwohl ihre Augen besser aussahen, konnte sie weder die Gesichter im Fernsehen richtig erkennen, noch die gestrige Sitzung lesen. »Das beunruhigt mich sehr«, sagte sie. »Ich dachte, die Augen würden auch besser werden, als es dir besser ging« sagte ich. »Das dachte ich auch«, antwortete sie. Wir rätselten immer noch an den Entwicklungen seit Tag Eins herum. Ich sagte ihr, daß ich gestern nochmal von unserem Rückzug in die Wohnung in West Water 458 geträumt hatte, konnte mich aber nicht weiter daran erinnern. Ihr fiel dabei auf, daß sie auch einiges geträumt hatte, was sie aber nicht mehr wußte.

15.26 Uhr. Ich las Jane die Sitzung von gestern vor. Den Gedanken, sich nicht mehr so sehr auf die Gesundheit zu konzentrieren, habe sie heute morgen auch schon gehabt, stellte sie überrascht fest. Ihre Augen beunruhigten sie immer noch sehr, genauso wie mich, obwohl ich dachte, ihre Augen seien in Ordnung.

15.45 Uhr. Carla nahm Janes Temperatur – 36,8. Ich las Jane die Sitzung vom 17. Februar vor, in der es um die gesundheitlichen Einschränkungen im Gegensatz zu den schriftstellerischen Freiheiten ging. Ich sah die Post durch.

16.09 Uhr. Shannon brachte ein Eiscreme mit Vitamin C. Jeff hat es viermal täglich verordnet.

Als Jane die Sitzung begann, war das Fenster geöffnet und die Heizung abgeschaltet.)

Nun: Guten Tag.

(»Guten Tag, Seth.«)

Ruburt hat sich zu sehr bemüht *(Pause)*, und es ist nicht unüblich, daß auf eine Zeit neuer Entscheidungen eine Zeit quälender Zweifel folgt.

In solchen Fällen ist Entspannung angesagt. Die Situation ist (unterstrichen) so, wie ich sie angekündigt habe. Er soll sich vorstellen, wie er eine Sitzung liest oder wie du ihn lobst, daß er gut gelesen hat. Dann soll er diese Vorstellung loslassen und vergessen, so gut es geht, und es wird sich von allein einstellen.

Es gibt noch mehr Material über dieses Thema, und ich werde es auch durchgeben – nur ist jetzt nicht der richtige Moment. In der Zwischenzeit rege ich jene Koordinaten an, die Ruburts Heilungsprozeß aktivieren. Ich komme zurück oder auch nicht, aber wißt, daß ich präsent und zugänglich bin.

(»Vielen Dank.«

16.32 Uhr. Ich las Jane die Sitzung vor, während sie eine Zigarette rauchte. Seth hat zumindest einige meiner Gedanken bestätigt. Sein Versprechen, mehr Material durchzugeben, hält er selten ein – ich erinnere mich an einige dieser Bemerkungen aus verschiedenen Sitzungen. Der zusätzliche Stoff wird doch nicht durchgegeben. Entweder müßte ich eine Liste darüber anfertigen und Jane immer wieder damit nerven, oder sie müßte sich an die Passagen erinnern. Und dies konnte ich mir bei ihr nicht vorstellen, da sie nicht einmal die getippten Sitzungen nachliest, sondern mir nur zuhört, wenn ich sie ihr vorlese. Also habe ich aufgehört, nach dem versprochenen Material zu fragen. Ich weiß, daß es da ist und daß es manchmal sehr hilfreich wäre, wenn es durchkommen würde.)

Dienstag, den 21. Februar 1984, 16.40 Uhr

(Heute ist Tag 20 von Janes neuer Kampagne.

Sie rief mich ziemlich früh gestern abend an. Ich erzählte ihr, daß ich ihr eine andere Sorte flüssiger Multivitamine besorgt hatte. Heute morgen beantwortete ich noch mehr Weihnachtskarten und beendete Kapitel Fünf von Träume, *damit ich es ausdrucken konnte.*

Ich war frühzeitig fertig, so daß ich noch Zeit hatte, um Janes Konto für die Krankenhausgelder einzurichten – aber wie es manchmal so kommt, klingelte um 11.50 Uhr das Telefon. Es war eine Frau von der sozialen Beratungsstelle des Krankenhauses. Sie wollte den neuesten Stand der Dinge hören; ich sagte ihr, daß wir unser Bestes täten. Ich wußte nicht genau, was sie meinte, als sie vom Krankenzimmer, den Betten und davon sprach, wie sie mit den Patienten reden mußte. Sie meinte, sie sei »entsetzt« darüber, was sie ihnen sagen mußte. Ich sagte ihr, Jane und ich seien schon seit langem »entsetzt«, was sie gut verstehen konnte. Ich erklärte ihr, wie ich mich von den Sorgen distanzieren müsse, um meinen gesunden Menschenverstand zu bewahren und meine Arbeit machen zu können. Sie erzählte dann doch einige Neuigkeiten: Die Versicherung hatte noch zusätzliche Unterlagen über Janes Krankheitsverlauf angefordert.

Jane war heute morgen bei der Hydro. Ihre Augen sahen nicht mehr so rot aus, aber sie sagte, sie würden sie noch sehr stören. Sie versuchte, sie zu ignorieren. Sie konnte die Sitzung nach dem Mittagessen auch nicht lesen, also las ich sie ihr um 15.18 Uhr vor. Ich hatte vergessen, mir die Post mitzubringen, aber ich fand noch ein paar alte Briefe in meiner Tasche, die ich ganz vergessen hatte. »Wenn die Wohnung nicht so weit weg vom Krankenhaus (fünf Kilometer) wäre, würde ich sie mir holen«, sagte ich frustriert. »Ich dachte mir schon, daß du daran denkst«, erwiderte Jane. Ihre Füße sahen wieder besser aus, und sie hustete und schneuzte weitaus weniger.

Als ich ihr die Sitzung vorlas, schlief sie beim Seth-Material ein, so daß ich es ihr nochmals vorlas, als sie mit einem Ruck wieder aufwachte. Ich dachte mir, daß sie den Schlaf nach den verschiedenen Infektionen nötig hatte.

15.48 Uhr. Lynn nahm Janes Blutdruck. Shannon nahm ihre Temperatur – 37 Grad – perfekt. Diana brachte das Vitamin C, welches Jane viermal täglich zu sich nehmen muß.

Das Fenster war geschlossen, und die Heizung funktionierte wieder nicht, obwohl sie mit dem Austausch des Thermostats »repariert« worden war. Seths Einleitung der heutigen Sitzung nahm zweifellos Bezug auf meine Bemerkung von gestern, daß die Durchgabe von bestimmten Themen in leeren Versprechungen enden.)

Nun: Guten Tag.

(»Guten Tag, Seth.«)

Apropos, was ich zum Material, das ich gestern erwähnte *(über Janes Symptome, besonders ihre Augen)*, noch sagen will: Solches Material wird zu einem späteren Zeitpunkt durchgegeben, möglicherweise unter einer anderen Überschrift, oder in ein anderes Thema integriert.

Ich wollte betonen, daß das Verhalten des Körpers unglücklicherweise öfter mißinterpretiert wird. Der Körper versucht, sich mit seinen eigenen Prozessen zu säubern – vielleicht durch ein paar Tage Fieber, das dann wieder sinkt, wenn sozusagen die schädlichen Substanzen verbrannt sind.

Manchmal wird Urin im Körper gehalten, um Mineralien nicht zu verlieren, und manchmal wird sehr viel Urin ausgeschieden. Wenn man jedoch dem Körper mißtraut, wird ein solches Verhalten als gefährlich oder schädlich angesehen. Ruburts »Erkältung«, die lästigen Symptome der Augen hängen zusammen mit der ungewöhnlichen Muskelaktivität des Kiefers, des Kopfes, der Schultern, Arme und Hände. Diese Zustände werden sich wieder normalisieren, und die Augenmuskeln werden flexibler und elastischer als vorher sein.

Seine Temperatur hat sich normalisiert. Seine Füße erhalten wieder ihre normale Farbe, und sein Urin ist gereinigt.

Nun, ich komme zurück oder auch nicht, abhängig von jenen Rhythmen, von denen ich spreche – aber wißt, daß ich präsent und zugänglich bin.

(»Danke, Seth.«

16.47 Uhr. Seths Material war sicherlich sehr beruhigend, und ich glaubte ihm. Jane ging es ähnlich, trotz alledem. Nach dem Abendessen, kurz bevor ich mich verabschiedete, sagte ich zu Jane: »Wenn du sein Zeug befolgt hättest, hättest du die Antibiotika nicht genommen, sondern deinem Körper die Heilung überlassen.« Das hätte ebenfalls bedeutet, daß sich Jane in der Zwischenzeit auch nicht »zu sehr bemüht« hätte.

»Aber was willst du machen, wenn du mit einer solchen Behandlung konfrontiert wirst, an einem Ort wie diesem, und du nicht einfach gehen kannst, wenn es dir nicht gefällt?« fragte ich. »Dann sitzen wir fest . . . Die Menschen sind noch weit davon entfernt, eine anerkannte Heilmethode zu haben, die den Körper so betrachtet, wie Seth oder gar wir es tun.«

Egal, was Seth sagt, ich warte immer noch auf Material über Janes extreme Verhaltensweisen, das heißt ihre Minderwertigkeitsgefühle, Schuldgefühle, Ängste vor Angriffen – die ganze Palette. Ich finde es in Ordnung, Ängste zu haben, auch sehr große, aber man muß sich ihnen nicht dermaßen ausliefern, daß man dadurch hilflos wird. Langfristig gesehen kann ich verstehen, warum jemand ein bestimmtes Verhalten bis zum äußersten Extrem treibt. Aber kurzfristig betrachtet sehe ich wenig Sinn darin.)

Mittwoch, den 22. Februar 1984, 16.14 Uhr

(Es war heute ein sonniger Tag bei 7 Grad, als ich mich auf den Weg zu Jane machte. Jane war heute morgen bei der Hydro gewesen. Ihre Füße werden immer besser. Sie aß nur mäßig zu Mittag. Sie probierte die neue flüssige Vitaminsorte, die ich ihr gestern abend auf dem Nachhauseweg gekauft hatte; sie schmeckte ihr besser als die im Krankenhaus. Allerdings stand kein Vitamin C oder E auf dem Etikett. Ich werde das Krankenhauspersonal nach diesem Produkt fragen.

Nach dem Mittagessen führte mir Jane die weit ausholende Bewegung vor, die sie mit ihrem rechten Arm machen konnte – sie konnte ihren Ellenbogen auch besser strecken. Sie sagte, sie könne es sogar noch besser bei der Hydro, wenn sie flach liegt und ihre Arme in der Lage sind, sich nach unten hin zu strecken. Ich hoffte, daß dies ein Zeichen der Heilung und der neugewonnenen Freiheit war, die Seth angekündigt hatte, nachdem sie die Fieberschübe und die Erkältung überwunden hatte.

15.20 Uhr. Jane konnte die Sitzung von gestern überhaupt nicht entziffern, also las ich sie ihr vor. Sie sagte, sie wolle »an dem Buch arbeiten, statt dessen verbringe ich die ganze Zeit damit, meine Gesundheit zu ergründen.« Ich meinte, ich sei bereit, gesundheitliche Themen eine Weile außer acht zu lassen – eine lange Weile, wenn nötig. Soweit ich sehen konnte, half es nicht besonders viel. Vielleicht kann sie die Veränderungen besser geschehen lassen, wenn wir die ganze Angelegenheit mal ruhen lassen und uns nicht darauf konzentrieren. Etwas anderes fällt mir dazu nicht ein.

15.43 Uhr. Ich las Jane das letzte Buchdiktat, das sie vor 15 Tagen, am 7. Februar, durchgegeben hatte, vor. Es fällt nicht leicht, daran zu glauben. Um 16.09 Uhr erhielt Jane die nächste Dosis Vitamin C – Jeff hatte aus irgendeinem Grund die Intervalle verändert.

Das Fenster war offen, die Gardinen wegen der grellen Sonne zugezogen, als Jane mit der Sitzung beginnen wollte. Ich hatte jedoch die Heizung wieder hochgedreht – sie funktionierte auf mysteriöse Weise wieder, obwohl keiner danach geschaut hatte. Jane hatte ihre Brille abgesetzt, da sie ohne besser sehen konnte. Sie sagte, die Dinge seien nicht unbedingt klarer, aber weniger verschwommen. Ich erwiderte, dies sei vielleicht auch ein Zeichen der Besserung. Ich trage meine Brille auch nicht mehr so oft wie früher. Janes Seth-Stimme war leiser als sonst und klang etwas rauh oder heiser.)

Nun: Guten Tag.

(»Guten Tag, Seth.«)

Diktat. *(Lange Pause.)* In diesem Buch wollen wir nicht, daß der Leser Körper und Verstand getrennt betrachtet. Stellt euch den Geist nicht als eine rein mentale Wesenseinheit vor und den Körper auch nicht als eine rein physische Wesenseinheit. Stellt euch statt dessen Körper und Geist als ständig ineinander übergehende Prozesse vor, die gleichzeitig mental und physisch sind. Eure Gedanken sind eigentlich genauso physisch wie eure Körper, und eure Körper sind fast genauso nichtphysisch, wie ihr dies von euren Gedanken annehmt. Ihr seid eigentlich eine vitale Lebenskraft, die Teil eurer Umwelt ist, aber gleichzeitig auch getrennt von ihr existiert.

Es ist klar, daß ein Zimmer durch die Auswahl des Mobiliars von euch auf charakteristische Weise geprägt wird; ihr prägt aber auch die anscheinend leeren Flächen – das heißt, ihr verwandelt den leeren Raum in die lebende Materie eures Körpers, ohne es überhaupt zu merken. Es besteht ein Wechselspiel zwischen eurer Gesundheit und der täglichen

Wetterlage. Es vollzieht sich auf einer individuellen und einer allgemeinen Basis. Ich gebe zu, daß einige Themen in diesem Material euren gewohnten Vorstellungen widersprechen können, aber in der Tat hängt der Gesundheitszustand eures Körpers nicht nur sehr vom Gesundheitszustand der Welt ab, sondern auch von klimatischen Veränderungen.

(Lange Pause um 16.25 Uhr.) Ihr »fangt« euch keine Dürreperiode ein. Ihr fangt euch auch keine Erkältung ein. Eine Dürreperiode ist zum Teil ebenso durch den emotionalen Zustand der betroffenen Menschen bedingt - obwohl eine Dürrezeit keine Krankheit ist. Sie ist Teil eines Prozesses. Sie ist der notwendige Teil eines viel größeren Prozesses der physischen Stabilität der Erde. So unglücklich eine Dürre auch sein mag, trägt sie doch erheblich zu einem Ausgleich der gesamten Feuchtigkeit des Planeten bei. Auf gleiche Weise sind Krankheiten Teile größerer Prozesse, die das Gleichgewicht und *(lange Pause)* die Kraft des Körpers herstellen wollen.

(Lange Pause um 16.30 Uhr.) Ihr könnt den Wind nicht direkt sehen - ihr seht nur die Effekte davon. Das gleiche gilt für eure Gedanken. Sie besitzen die gleiche Kraft wie der Wind, ihr nehmt aber nur die Auswirkungen ihrer Inhalte wahr.

Nun, ich komme zurück oder auch nicht, abhängig von jenen Rhythmen, von denen ich spreche - aber wißt, daß ich präsent und zugänglich bin.

(»Danke.«

16.32 Uhr. Jane wollte eine Zigarette rauchen, obwohl Rauchen den Hustenreiz verschlimmerte. Keiner hatte heute ihre Werte gemessen; ihre Temperatur war bisher normal. Jane war überrascht, daß Seth sich »über das Zeug mit dem Wetter« ausgelassen hatte. Ich las ihr die Sitzung vor.

Jane rief um 21.31 Uhr an, als ich diese Sitzung gerade zu Ende getippt hatte.)

Dienstag, den 28. Februar 1984, 16.16 Uhr

Diktat: (in weniger als fünf Minuten)

Meine Gedanken schwirren
durch die Korridore der Zeit,
mit ihren Schwingen
durch sonnige Stunden,
tauchen sie in schattige Ecken ab,
laben sich an den süßen Waben
der Sehnsucht, huschen durch

goldene Schlüssellöcher
und fliegen frei über
die Weiden der Ewigkeit.
Da sie die Reise vor mir antreten,
wünsch ich ihnen alles Gute.
Eines Tages werde ich
sicherlich folgen.

(Anmerkung: 1. März, 15.05 Uhr. Jane las dieses Gedicht und das vom 29. Februar relativ gut ohne ihre Brille. Überrascht und zufrieden.)

Mittwoch, den 29. Februar 1984, 16.00 Uhr

Diktat: (etwa fünf Minuten Dauer)

Meine Gedanken fliegen
zurück in das Gestern,
dicke Honigbienen
suchen frischen Nektar
in versteckten Lagern,
plündern die Höhlen des Verlangens
und kosten Honig,
aufbewahrt aus den süßen Augenblicken
der Vergangenheit,
jedes Mal besser genährt
als zuvor.
Wie weise ich doch war,
mir eine Portion der Vergangenheit
unberührt bis jetzt aufzuheben.

Donnerstag, den 1. März 1984, 15.28 Uhr

Diktat: (von 15.28 bis 15.35 Uhr.)

Meine Vergangenheit ist voller Königreiche,
die ich gewonnen und verloren habe,
mit magischen Spiegeln, die sich
zu brandneuen kosmischen Landkarten öffnen,
und in meinem Kopf (Pause)
machen sich glitzernde Welten breit,

die sich in tausend Bücher ergießen könnten. (Lange Pause.)
Verschiedene Visionen führen mich
über Wege, die neue (lange Pause)
Welten von Tatsachen schaffen.

Diktat: (von 16.45 bis 17.00 Uhr.)

Ein Augenblick der Vergangenheit
blitzte vor meinen Augen auf,
und plötzlich war ich auf allen Vieren
und beobachtete einen Maikäfer,
auf dem Weg ins Gras,
sein Körper glänzend oval und hart.
Ich beugte mein Gesicht,
so nah ich konnte,
und machte große Augen,
als er sich bewegte (Unterbrechung)
wie ein dunkler, funkelnder, lebendiger Stein.
Sein Schatten fiel faltig
auf das Gras, während sein
Körper im Sonnenlicht leuchtete. (Unterbrechung.)
Er machte ein knirschendes Geräusch,
als ob seine Gelenke eine Ölung nötig hätten . . .

(Jane wurde bis hierher zweimal vom Personal unterbrochen und konnte aus irgendwelchen Gründen das Gedicht nicht beenden. »Ich lasse sie überhaupt nicht gerne so«, wiederholte sie mehrmals. Sie fügte anschließend noch ein paar Zeilen hinzu, mit denen sie allerdings nicht sonderlich zufrieden war:)

. . . und er krabbelte auf Beinen,
so dünn wie trockenes Stroh.

(Anmerkung: 2. März – Jane las ihre beiden Gedichte ohne Brille durch, genauso gut wie sie gestern meine Notizen gelesen hatte. Es war nicht perfekt, aber immerhin . . .)

Montag, den 5. März 1984

Auf den Schwingen meines Geistes
fliege ich in die Himmel von Morgen,
verzaubere Kinder, die da rufen,
»Seht, die wunderschöne Libelle!«
Manchmal kugeln meine Gedanken
den Berg hinunter
wie kleine Steine.
Die Bewohner unten rufen,
»Vorsicht, Lawine!«

(15.52–15.53 Uhr.)

Manchmal gewinnen meine Gedanken Kraft
und brechen am Strand meines Geistes.
Die Badenden rufen,
»Hier kommt die neunte Welle.«

(15.54–15.55 Uhr.)

Meine Gedanken brauchen
gute gestreckte Beine.
Ich bin sicher, meine Gedanken
können meine Beine zum Laufen bringen,
treppauf, treppab,
mit einer Schnelligkeit,
die ich so schnell nicht
entziffern kann,
weil meinen Gedanken
der Antrieb fehlt.

(15.58–16.00 Uhr.)

Meine Träume fallen hinunter,
einer nach dem andern
und verschmelzen ineinander,
die anderen Träumer unten
retten sich ins Trockene.

(16.02–16.04 Uhr.)

Samstag, den 10. März 1984, 15.38 Uhr

(Nach der heutigen Sitzung – der ersten seit dem 22. Februar – sprach ich mit Jane über meine Pläne, daß ich ab der nächsten Sitzung nur das durchgegebene Material abtippen werde, ohne die Bemerkungen über ihren täglichen Gesundheitszustand, wie Temperatur usw., es sei denn, es gäbe etwas Ungewöhnliches zu berichten. Sie stimmte zu. Diese nebensächlichen Ereignisse sind alle handschriftlich in meinen Notizen festgehalten. Vielleicht finden sie eines Tages Verwendung für einen jetzt noch unbekannten Zweck.

Ich möchte trotzdem erwähnen, daß ich heute auf dem Weg zu Zimmer 330 Jeff Karder im Gang traf. Er fragte, wie es Jane ginge, wie ihre Arbeit und ihre Bücher vorankämen, und sprach recht positiv über ihre Genesung seit der Infektion und den Fieberschüben. »Sie ist unverwüstlich, nicht wahr?« meinte er; ich konnte sehen, daß er angenehm überrascht und zufrieden war mit Janes Entwicklung. »Meine Frau hat einen äußerst starken Willen«, erklärte ich, und Jeff stimmte zu. Er sagte, er werde sie besuchen und behalte sie durch die Berichte über ihren Zustand im Auge.

Jane freute sich über diese Kommentare. »Ich bin sicher, daß ich die Aussage über die Unverwüstlichkeit gut verwenden kann«, sagte sie; das heißt für ihre geistige Einstellung, ihre Affirmationen usw. Wir freuten uns beide über diese Begegnung.

Janes Seth-Stimme klang kräftiger als sonst, als ob sie energiegeladener wäre.)

Nun: Guten Tag.

(»Guten Tag, Seth.«)

Diktat. Auf jeden Fall ist eine geheimnisvolle Kraft überall mit im Spiel, sowohl in der Funktionsweise eures Körpers als auch in der Welt.

Ich definiere die geheimnisvolle Kraft folgendermaßen: Sie ist die ungebremste Natur oder das ungebremste Leben. Es ist richtig, daß eure Gedanken, Gefühle und Glaubensüberzeugungen die Wirklichkeit, so wie ihr sie erlebt, formen. Aber es ist auch richtig, daß diese kreativen Entwürfe gewissermaßen auf magische Weise geschehen. Das heißt, der Entwurf eures Körpers und der Entwurf einer Welt *(Pause)* werden mit einer größtmöglichen Kombination von Ordnung und Spontaneität kreiert – eine Ordnung und eine Spontaneität, die eher versteckt als offensichtlich sind *(eindringlich)*.

Ihr habt beispielsweise alle Gedanken, ohne daß ihr bewußt wißt, wie sie zustande kommen, oder ihr sprecht lange Sätze, ohne schon am Anfang genau zu wissen, wie der Schluß lauten wird.

Das heißt nicht, daß ihr zu dieser Unwissenheit verdammt seid, es bedeutet lediglich, daß es verschiedene Arten von Wissen gibt und daß ihr nicht allein über euren Verstand Zugang zu allen Informationen habt. Ihr seid vom Zustand eines Fötus' zum Erwachsenen gereift, also muß ein Teil in euch über das Wissen verfügen, wie das Wachstum und die Reifung eines physischen Körpers, ein wunderbarer Vorgang, vonstatten geht. Der Verstand kann jedoch von allein nicht einmal die kleinste Zelle wachsen lassen oder das Leben eines Moleküls aktivieren, und trotzdem ist das Wachstum und die Gesunderhaltung des Körpers gegeben.

Die gleiche verborgene Fähigkeit, die eure Gesundheit und Lebenskraft fördert, erfüllt und erhält auch die Welt im allgemeinen. Dies geschieht auf spielerische Art, aber dennoch mit einem hohen Maß an Ordnung und Struktur.

Wenn ihr die Dinge zu ernst nehmt, dann überarbeitet ihr euren Intellekt und ermüdet euren Körper; es scheint dann, als ob euer ganzes Leben allein vom logischen Denken abhinge. Statt dessen werden aber eure intellektuellen Fähigkeiten von dieser inneren Kombination aus Ordnung und Spontaneität unterstützt, die auf geheimnisvolle Art sowohl eure Realität als auch die Realität der Welt formt.

Ich wünsche euch einen schönen guten Tag –

(»Danke.«)

– und aktiviere jene Koordinaten, die alle Aspekte eures Lebens unterstützen.

(»Danke«, sagte ich nochmals.

16.02 Uhr. Jane sagte, sie sei froh, die Sitzung abgehalten zu haben.

Ich wollte in meinen einleitenden Bemerkungen noch erwähnen, daß Janes Unverwüstlichkeit sowohl für Jeff Karder als auch für sie und für mich eine Lernaufgabe darstellte.)

MONTAG, DEN 12. MÄRZ 1984, 15.08 – 15.12 UHR

(Diktat.)

Die Wintervögel singen
ihr Winterlied
während eisig der Wind weht
über den gefrorenen Rasen.
Wohin fliegen die Vögel,
wenn die Nacht hereinbricht?
Wer füttert die Wintervögel,
die auf Ästen, Pfosten
oder Zäunen sitzen?

Ich gebe ihnen Körner und Brotkrümel
und lausche ihrem Gesang,
während Schneeflocken über
dem Rasen tanzen.
Die Wintervögel grüßen
die winterliche Dämmerung
des Abends und des Morgens.

Bemerkung: Jane sang dieses Gedicht, als sie es am 13. März vortrug – ganz gut. Sie sagte, sie habe es sich ursprünglich als Lied vorgestellt, habe es mir aber vorher nicht gesagt.)

3. Kapitel

Tollkühne, Todesmutige und Gesundheit

Dienstag, den 13. März 1984, 16.10 Uhr

(Janes Seth-Stimme klang kräftiger und nachdrücklicher als sonst; die Sitzung verlief wieder mit den üblichen Pausen.)

Nun: Euch einen wunderschönen Nachmittag.

(»Guten Tag, Seth.«)

Diktat. 3. Kapitel – ihr habt die Überschrift bereits.

(Jane hatte sie mir gestern diktiert: »Tollkühne, Todesmutige und Gesundheit«.)

Oberflächlich betrachtet scheint es so zu sein, als ob die Menschen das Leben lieben und den Tod fürchten – daß sie Freude erleben und Schmerz vermeiden wollen.

Dies ist aber nicht immer der Fall. Es gibt Menschen, die erst mit dem Tod konfrontiert werden müssen, bevor sie das Leben vollkommen schätzen lernen. Diese Menschen können nur Zufriedenheit und Glück in ihrem Leben empfinden, wenn sie sich gleichzeitig mit dem Tod oder intensiven Schmerzen auseinandersetzen müssen.

Es gibt andere Menschen, die glauben, Freude führe unweigerlich zu Schmerz oder Schmerz an sich sei Freude. *(Lange Pause.)* Andere wiederum fühlen sich unwohl, wenn sie gesund sind – ihnen vermittelt eine schwache Gesundheit ein Gefühl der Sicherheit und Geborgenheit.

Es gibt unzählige verschiedene Stufen der Gesundheit, von einem enormen Energieüberschuß *(lange Pause)* bis hin zu einer ausgeprägten Lethargie und einem Gefühl des Unwohlseins. Streiche das Wort »ausgeprägt« in dem Satz. Es gibt einfach unzählig viele Stufen, wenn es um die Gesundheit geht. Man könnte die Gesundheit des Menschen völlig neu betrachten, wenn man jede einzelne Stufe definieren und numerieren würde. Statt dessen zieht es eure Gesellschaft natürlich vor, genau die Stufen zu benennen und festzulegen, die der Gesundheit diametral entgegengesetzt sind – Stufen, die man daran erkennt, daß sie die Abwesenheit von Gesundheit beinhalten. In diesem Buch geht es uns darum, Gesundheit zu fördern, und wir werden absichtlich die Benennung von Krankheiten vermeiden. Punkt.

(16.22 Uhr.) Es sei vorab noch erwähnt, daß der Tod die Erlösung – der Erlöser – sowohl eurer Spezies als auch anderer Arten ist. Er ist an sich nichts Negatives, sondern der Anfang einer anderen Art von positiver Existenz. Er erhält das Gleichgewicht der Erde, so daß es Raum und Zeit, Energie und Nahrung für alle gibt. Weil es den Tod gibt, gibt es das Leben. Diese anscheinend gegensätzlichen Qualitäten sind einfach verschiedene Seiten ein und desselben Phänomens.

Wenn es den Tod auf eurem Planeten auch nur für eine Stunde nicht gäbe, wäre alles Leben bedroht. Wenn alles Leben plötzlich auf einmal hervorbräche, würde sicherlich alles ausgelöscht. Wir müssen demnach zugeben, daß der Tod Teil des Lebens ist – und darüber hinaus ist der Tod gesund.

Macht eine Pause.

(16.28 – 16.36 Uhr.)

Nun: Ende des Diktats.

Eine Bemerkung zu deinem Traum. Er war, wie du bereits vermutetest, ein telepathischer Traum. Es gibt eine zelluläre Verständigung zwischen allen lebenden Zellen auf der Erde, als ob die Erde selbst ein einziger großer physischer Körper sei.

Du hast dich durch dein Wissen, deinen Wunsch und deine Absicht auf diese Art der Verständigung eingestimmt; deine Sorge um Joe Bumbalo *(unser Nachbar in der Pinnacle Road)* hat dich auf seinen damaligen emotionalen und körperlichen Zustand einstimmen lassen.

Nun, ich wünsche euch einen schönen Tag; die Sitzungen an sich aktivieren die Koordinaten für Heilung und Gesundheit.

(»Vielen Dank.«

16.40 Uhr. »Das erinnert mich an die alten Tage«, sagte Jane und freute sich darüber, wie das Material durchgekommen war.

Am 6. März 1984 notierte ich folgendes in meinem Tagebuch, das ich jeden Tag im Krankenhaus führte: »Ich erzählte Jane von meinem Traum von Joe Bumbalo. Er hatte Schmerzen am Herzen und war sehr krank. Er wollte nur im Bett auf dem Rücken liegen bleiben, in einer Art Wohnwagen. Seine Frau Margaret und ich waren bei ihm. Ich war mir nicht sicher, ob dieser Traum Joes Tod andeutete oder nicht.«

Ich hatte den Traum dann mehr oder weniger vergessen. Um 11.55 Uhr, als ich auf einen Anruf von meinem Rechtsanwalt wartete, rief mich Joe Bumbalos Sohn John an. Er wollte sich mein Auto ausleihen. Sein Wagen war völlig vereist. Er mußte um 14.30 Uhr am Chemung County Flughafen sein, um zuerst seine Schwester Judy und dann um 17.30 Margaret und Joe abzuholen. Ich war sehr überrascht, da die Eltern erst im Mai aus Florida zurückkommen wollten.

John erzählte, daß Joe sehr krank war, Schmerzen im ganzen Körper, in den

Knochen und auch am Herzen hatte. Eine Probe der Gewebeflüssigkeit aus der Herzgegend hatte ergeben, daß sich dort Krebszellen befanden. Mit einer Computertomografie konnte nicht festgestellt werden, wo diese Zellen herkamen. Joe hatte auf dem Bett im Wohnwagen gelegen, und Margaret hatte lange gezögert, ihn ins Krankenhaus zu bringen. Sein Diabetes war nicht mehr unter Kontrolle. Als ich John zum Krankenhaus fuhr, sagte er, daß mein Traum mit den Ereignissen übereinstimmte, wie sie Margaret beschrieben hatte. Vielleicht hatte ich mich eingestimmt auf die Untersuchung der Gewebeflüssigkeit, aber ich bezweifle, ob dies jemals bewiesen werden kann. Das macht auch nichts. John nahm das Auto, nachdem er mich beim Krankenhaus abgesetzt hatte, und rief um 18.45 Uhr an, um mir mitzuteilen, daß er alle nach Hause gebracht hatte. Er holte mich um 19.05 Uhr ab. Ich bat ihn, Margaret auszurichten, sie solle mir Bescheid geben, wann ich sie besuchen konnte.

Jane erinnerte sich an meinen Traum und daran, daß ich damals gehofft hatte, daß er sich nicht realisieren würde. Anscheinend hat er es doch. John hatte erwähnt, daß eine spätere Untersuchung Krebs in Joes gesamtem Körper ergeben hatte.)

Donnerstag, den 15. März 1984, 16.06 Uhr

(Janes Seth-Stimme war kräftiger als sonst – sogar manchmal richtig laut, mit den üblichen Pausen.)

Nun: Guten Tag –

(»Guten Tag, Seth.«)

– und wir machen mit dem Diktat weiter.

Diejenigen, die den Tod immer wieder herausfordern, haben im Grunde mehr Angst vor ihm als die meisten anderen Menschen. Trapezkünstler, Stuntmen, Frauen, Rennfahrer und viele andere Gruppen führen einen Lebensstil, in dem todesmutige Stunts zur Tagesordnung gehören.

Trapezkünstler haben beispielsweise täglich mehrere Vorstellungen. Es scheint, daß diese Menschen mit sehr viel Kühnheit auftreten, ja sogar mit einer Unbesonnenheit, die die meisten Menschen nicht kennen. Diese Künstler sind jedoch äußerst kontrolliert. Sie arbeiten mit sehr wachsamen Augen unter Bedingungen, in denen jedes kleinste Detail größte Bedeutung hat. Unabhängig davon, wie oft das Kunststück wiederholt wird, immer herrscht die Gefahr eines sofortigen Unglücks – ein Schritt daneben, ein letzter Sturz. Indem sie ihr »Schicksal« testen, beweisen sich die Todesmutigen mit jeder Vorstellung, daß sie doch in Sicherheit sind und die schwierigsten Lebensbedingungen überwinden können.

Das Leben hat dann die süßeste Dynamik, die höchste Genugtuung, da der Tod als immerwährende Bedrohung ständiger Begleiter ist. Diese Menschen fühlen sich unter normalen Lebensumständen nicht sicher. Sie schützen sich, indem sie sich risikoreichen Situationen ausliefern und diese bis ins kleinste Detail meistern.

(Lange Pause um 16.16 Uhr.) Solche Menschen können nur dann entspannen und ein halbwegs normales Leben führen, wenn sie einen Beruf ausüben, in dem sie den Tod provozieren können.

Ich möchte derartige Verhaltensweisen nicht bewerten. Sie vermitteln oft ein Gefühl der Überschwenglichkeit und Lebenskraft. Was diesen Menschen jedoch auch widerfahren kann ist, daß sie sich viele Jahre lang bester Gesundheit erfreuen – abgesehen von einigen Knochenbrüchen und Prellungen –, dann aber plötzlich krank werden, sobald sie ihre Aktivitäten aufgeben.

Dies ist keine zwingende Konsequenz. Selbsterkenntnis kann das Leben zum Besseren ändern, unabhängig von den Aktivitäten oder Lebensumständen. In der Tat wählen diese Menschen einen sorgfältig geplanten und durchorganisierten Lebensstil, mit dem sie die Gefahr des Todes immer wieder erfahren können; jeder Tag wird zu einer Odyssee, in der Leben und Tod absichtlich herausgefordert werden. Punkt.

Kinder haben vielleicht viele Kinderkrankeiten und trotzdem eine gute Gesundheit. Erwachsene brechen sich beim Skifahren oder bei einer anderen Sportart das Bein, sind aber ansonsten sehr gesund. *(Lange Pause.)* Andere bekommen eine Erkältung oder die Grippe oder eine andere Krankheit, die angeblich leicht von einer Person auf die nächste übertragen wird; aber ansonsten können diese Menschen sehr gesund sein. Der Körper hat sein eigenes Regulativ. Dieses wird oft als Immunsystem bezeichnet.

Wird jemand krank, so wird gerne behauptet, daß das Immunsystem zu schwach war – obwohl der Körper weiß, daß gewisse Erkrankungen eine gesunde Reaktion sind. Für den Körper sind Krankheiten nicht gleich Krankheiten, wie sie normalerweise verstanden werden. Für den Körper ist jede Aktivität eine Erfahrung, ein momentaner Zustand des Lebens *(Pause)*, eine Situation des Ausgleichs. Der Körper hat ein Gefühl für Ganzheit und Integrität, da er weiß, daß er weiterleben wird, wenn auch unter anderen Bedingungen; er erkennt, daß dieser Wechsel genauso natürlich und notwendig ist wie der der Jahreszeiten, damit der Mensch weiterhin existieren kann und die Erde die Nahrung für die Sicherung des physischen Lebens liefert.

Ende des Diktats.

Ich aktiviere wieder jene Koordinaten, die Lebenskraft und Heilung fördern, und wünsche euch einen schönen Tag.

(»Schönen Tag, Seth.«

16.42 Uhr. Jane rauchte eine Zigarette und trank etwas Wasser, bevor ich sie wendete.

Als ich nach Hause kam, rief ich Margaret Bumbalo an. Joe ist im Krankenhaus, Zimmer 560; man hat ein Sarkom in der Herzgegend festgestellt. Er wird morgen mit Chemotherapie behandelt, also werde ich ihn erst übermorgen sehen. Zwischen den Behandlungen kann er nach Hause gehen. Sein Diabetes ist immer noch nicht unter Kontrolle.

In meinem Traum ging es um einen Herzinfarkt; darum geht es jetzt doch nicht, aber zumindest hat mein Traum auf die richtige Gegend gedeutet. Zeitweise habe ich mich schon gefragt, ob ich den Traum richtig festgehalten habe, da ich nicht den Herzinfarkt sah, sondern lediglich, wie sich Joe die Herzgegend rieb und Margaret ihm dabei half. Sie findet den Traum außerordentlich und wird den zeitlichen Einzelheiten nochmal nachgehen.)

Freitag, den 16. März 1984, 15.58 Uhr

Guten Tag.

(»Guten Tag, Seth.«)

Wir nehmen das Diktat wieder auf.

Bevor wir wirklich das Wesen von Gesundheit oder Krankheit genau erfassen können, müssen wir das menschliche Bewußtsein und seine Beziehung zum Körper verstehen lernen.

Ihr wißt, daß ihr einen bewußten Verstand habt. Ihr besitzt auch das sogenannte Unterbewußtsein, welches lediglich aus Gefühlen, Gedanken oder Erfahrungen besteht, die mit eurem bewußten Verstand verbunden sind; sie würden euch jedoch übermäßig belasten, wenn ihr euch deren immer bewußt sein müßtet. Sie würden alle um eure Aufmerksamkeit kämpfen und somit in eure gegenwärtigen Entscheidungsprozesse eingreifen. Punkt.

Wenn ihr versucht, diese unterbewußten Erinnerungen ständig in eurem Geist wachzuhalten, dann wärt ihr unfähig, im gegenwärtigen Moment zu denken oder zu handeln. Ihr habt jedoch einen gewissen Zugang zu eurem Unterbewußtsein. Es ist möglicherweise leichter, sich ein Bewußtseinskontinuum vorzustellen, da ihr auch ein Körperbewußtsein habt, welches wiederum aus dem individuellen Bewußtsein eines jeden Moleküls besteht, das alle Teile des Körpers formt.

(Lange Pause um 16.06 Uhr.) Es wird oft von bewußten, unterbewußten und unbewußten Gedanken gesprochen – aber so etwas wie einen unbewußten Verstand gibt es nicht. Das Körperbewußtsein ist äußerst bewußt (unterstrichen). Ihr seid euch nur normalerweise dessen nicht

bewußt. *(Lange Pause.)* Logisches Denken braucht seine Zeit. Es muß den Problemlösungsprozeß durchlaufen – erst wird eine Hypothese aufgestellt, die dann durch empirische Lösungsversuche bewiesen werden soll.

(16.10 Uhr. Carla, Temperatur 36,9. Ich las Jane das bisherige Material vor. Wiederaufnahme um 16.15 Uhr.)

Wenn ihr erst diesen Prozeß durchgehen müßtet, um einen Muskel zu bewegen, würdet ihr natürlich nirgendwo hinkommen. Die anderen Bereiche eures Bewußtseins enthalten eine Art automatisches Denken und funktionieren mit einem Wissen, das in eurem Verständnis keine Zeit in Anspruch nimmt.

Für euch arbeiten die verschiedenen Bereiche eures Bewußtseins mit unterschiedlichen Geschwindigkeiten. Die Übersetzung zwischen einem Bereich und einem anderen geschieht andauernd, so daß Information von einer »Geschwindigkeit« zur nächsten übersetzt wird. Vielleicht versteht ihr nun, daß das ganze Konzept von Gesundheit oder Krankheit von sehr viel mehr Seiten betrachtet werden muß, als ihr bisher angenommen habt. Viele von euch haben konventionelle und verzerrte Einstellungen über Gesundheit und Krankheit im allgemeinen. Ihr denkt beispielsweise, daß der Körper von Viren überfallen oder von einer Krankheit angegriffen wird, und das wirft dann Fragen für euch auf: Warum setzt das Körperbewußtsein sich nicht zur Wehr und wendet die bedrohende Krankheit ab? Warum läßt er es zu, daß einige Zellen aus der Reihe tanzen und verrückt spielen? Das Konzept des Immunsystems unterstellt, daß jeder Eindringling abgewehrt werden muß oder sollte, um den Körper zu schützen.

Ende des Diktats.

Ich wünsche euch einen schönen guten Tag – und aktiviere jene Koordinaten, die den Heilungsprozeß unterstützen.

(»Gleichfalls, Seth.«
16.27 Uhr.)

Sonntag, den 18. März 1984, 16.19 Uhr

Nun: Guten Tag.

(»Guten Tag, Seth.«)

Wir machen mit dem Diktat weiter – ich denke aber nach wie vor an eure persönlichen Anliegen.

Diktat. Normalerweise haltet ihr euren bewußten Verstand für euer Ego. Es ist zuständig für Handlungen im äußeren, physischen Leben. Viele Lehrmeinungen *(lange Pause)* haben die seltsame Vorstellung, daß das Ego gegenüber anderen Teilen des Selbst minderwertig oder sogar »egoistisch« ist und daß es sicherlich von minderer Qualität als das innere Selbst oder die Seele ist.

Zunächst ist es einfach unmöglich, Teile des Selbst voneinander zu trennen; wir machen solche Unterscheidungen lediglich, um die vielen Facetten der Persönlichkeit zu erklären. *(Lange Pause.)* Es wird allgemein angenommen, daß ihr ein Ego besitzt, welches sich um äußere Handlungen kümmert, und in diesem Sinne (unterstrichen) habt ihr also auch ein inneres Ego. Es ist auch bewußt und steuert alle automatischen inneren Regungen *(eindringlich)*.

Die meisten Menschen wissen nicht, daß sie Zugang zu dieser inneren Wahrnehmung finden können. Dieses innere Ego oder innere Selbst ist jedoch nicht dem Verstand überlegen. Es ist auch nicht als etwas Getrenntes von eurem Verstand zu betrachten. Euer Ego und euer normales Bewußtsein ermöglichen euch eure physischen Erfahrungen und deren wunderbare Genauigkeit.

Es ist wahr, daß das physische Leben nur eine –

(16.30 Uhr. Temperatur: normal. Wiederaufnahme um 16.32 Uhr.)

– Form des Seins darstellt. Ihr habt auch andere Arten der Existenz. Der bewußte Verstand ist ein großartiges Segment eures umfassenderen Bewußtseins, und er setzt sich zusammen aus der gleichen universellen Energie und Lebenskraft, die in allem Bewußtsein vorhanden ist. Es gibt verschiedene Möglichkeiten, mit dem inneren Ego oder inneren Selbst zu kommunizieren, und wir werden gleich näher darauf eingehen. Es ist wichtig, daran zu denken, daß das innere Ego *(lange Pause)* einen Prozeß durchläuft, der weitaus schneller als die Funktionsweise des Verstandes abläuft.

Wenn eine solche Kommunikation stattfindet, äußert sich diese in einer Inspiration, einem Impuls oder einer Intuition; dies geschieht eher durch Fühlen als durch logisches Denken.

Ende des Diktats.

(16.38 Uhr.) Dein Traum, Joseph, spiegelte einen Geisteszustand und ein Gefühl der Verwirrung wider, wie du selbst angenommen hattest. Es war kein präkognitiver Traum, aber er hat dir doch ein Bild vermittelt – durch Vorstellungen und Gefühle –, das deine Gedanken sich ausgemalt hatten. Ruburt hätte beispielsweise den gleichen Traum haben können.

Seine Augen werden nicht schlechter. Ich werde im Verlauf dieser Woche noch einiges zu euren finanziellen Mitteln sagen. Jetzt wünsche ich euch einen schönen guten Tag und aktiviere jene Koordinaten, die die Heilung unterstützen.

(»Gut, ich danke dir.«

16.43 Uhr. Jane rauchte eine Zigarette. Ich las ihr die Sitzung vor, bevor ich sie auf die Seite drehte und mein Nickerchen hielt.

Jeff Karder hatte Jane heute morgen auf ihre wundgelegenen Stellen usw. untersucht und schien zufrieden zu sein. Er willigte auch ein, daß sie keine Schlaftablette mehr nehmen müßte, sondern nur Aspirin – eine klare Verbesserung. Er machte ihr jedoch keine Hoffnung, daß sie sich mit ihrem gebrochenen rechten Bein richtig aufsetzen könnte. Dies hatte sie frustriert. Sie sagte, sie wolle sich auf das Buchmaterial konzentrieren, so gut sie konnte. Ich war auch etwas entmutigt. Wir konnten aber zu diesem Zeitpunkt wenig anderes tun. Sie las heute etwas besser, ohne ihre Brille, aber ich mußte ihr trotzdem den Rest der Sitzung vorlesen.

Seth hatte die Spenden erwähnt, vielleicht weil ich Jane einen Brief von Mary Newman vorgelesen hatte. Diese nette und sehr großzügige Frau bat uns erhebliche finanzielle Hilfe an, sollten wir sie benötigen. Ich hatte bereits zweimal versucht, sie anzurufen. Jane schlug vor, ich solle ihr ein Exemplar von »Überseele Sieben« zuschicken. Wenn ich sie nicht bald telefonisch erreiche, werde ich ihr schreiben. Jane und ich hatten Mary vor einigen Jahren über gemeinsame Bekannte kennengelernt; während einer Geschäftsreise nach New York hatten wir einige Nächte in ihrem Appartment verbracht.

Ich hatte gestern morgen den Traum gehabt, den Seth angesprochen hatte. Er war mir so lebendig in Erinnerung, daß ich danach eine Stunde wach im Bett lag. Er begleitete mich den ganzen Tag über. Wegen seiner Ausdrucksstärke würde er sicherlich eine Reihe guter Zeichnungen abgeben. Der Traum drückte offensichtlich meine bewußten Ängste über unsere Situation aus, denn im Traum fand ich mich zwischen alten Fabrikgebäuden wieder, ohne Auto. Ich war nackt und sagte zu einer Frau, möglicherweise einer Krankenschwester, die an einem Tisch in einem dunklen, leeren, heruntergekommenen, rostroten Raum saß: »Ich habe den Weg verloren.« Ich besuchte sogar die Müllhalde von Elmira – wobei die Landschaft vulkanischen Ursprung hatte, wunderschön aussah und mit einer Schicht feiner, grauer Asche überzogen war; es sah fast wie die Oberfläche des Mondes aus.)

Montag, den 19. März 1984, 16.21 Uhr

(Jane war gestern traurig und deprimiert; als ich heute zu ihr kam, fühlte sie sich immer noch so. Sie mußte weinen. Sie hatte gestern abend angerufen. Ich erzählte ihr, daß ich heute morgen mit Mary Newman gesprochen, die Versicherungssumme für eine bessere Deckung erhöht und mit Jim Baker, unserem Optiker, gesprochen hatte. Jane hofft, daß sie eine neue Brille für ihre Augen bekommen kann. Das würde ihr wieder Mut machen.

Als sie die Sitzung begann, fühlte sie sich immer noch niedergeschlagen, aber ihre Seth-Stimme klang kräftiger als sonst.)

Guten Tag.

(»Guten Tag, Seth.«)

Wir machen mit dem Diktat weiter; diese Sitzung sollte Ruburt besonders beherzigen *(eindringlich)*.

Jeder Mensch ist ein lebenswichtiger *(lange Pause)* und bewußter Teil des Universums. Jeder Mensch hat seinen einmaligen Platz im Universum und erfüllt einen ganz bestimmten Zweck, einfach durch sein Sein. Die Existenz jedes einzelnen hinterläßt ihr eigenes Echo über die Zeit. Das Universum ist sich zu jedem denkbaren Punkt seiner selbst bewußt. Jedes Wesen ist ein individualisiertes Segment des Universums; in euren Begriffen ausgedrückt bedeutet das: Jeder ist ein geliebtes Individuum, das mit unendlicher Sorgfalt und Liebe geschaffen wurde und mit einem ganz einzigartigen Leben ausgerüstet ist.

Kein Tier betrachtet sich als Fehlschlag. Die Menschen hingegen identifizieren sich oft mit ihren angeblichen Fehlern und vergessen *(Pause)* dabei, daß sie auch noch andere Talente haben; sie scheinen dann der Außenseiter im Universum oder in der Welt zu sein. Der Verstand produziert solche Gedanken, da er immer wieder versucht, Probleme allein zu lösen, bis er Angst bekommt, sich überlastet fühlt und sich als Mißerfolg betrachtet.

Das innere Ego identifiziert sich jedoch immer mit seiner Quelle als dem geliebten, individualisierten Teil des Universums. Es ist sich der kosmischen Liebe als sein Erbe bewußt.

(Pause um 16.33 Uhr.) Das innere Ego ist sich auch der unendlichen Kraft bewußt, die jede einzelne Faser seines Wesens ausmacht. Indem es sich dieser Tatsache bewußt wird, erhält das äußere Ego schneller das Gefühl, daß es unterstützt und genährt wird. Mit diesem Wissen kann es sich entspannen, loslassen und sich seines Lebens sicher fühlen; es weiß, daß es ein geliebtes Kind des Kosmos ist, uralt und jung zugleich, mit einer Identität, die über die Annalen der Zeit hinausgeht.

Es ist von großem Wert, daß jeder Mensch sich an diese universelle Verbundenheit erinnert. Eine solche Erinnerung ermöglicht es dem inneren Selbst, wichtige Botschaften der Kraft und Liebe durch die verschiedenen Ebenen zu vermitteln, die sich dann als Inspiration, Träume oder einfach als Gefühlsausbrüche äußern. Das innere Ego *(lange Pause)* erhält sofortige und anhaltende Unterstützung vom universellen Bewußtsein; je mehr das äußere Ego diese Tatsache im Auge behält, desto intensiver wird sein Gefühl des Gleichgewichts, der Sicherheit und Selbstachtung.

(16.41 Uhr.) Eine Einstellung, die der Gesundheit abträglich ist, be-

steht darin, sich selbst zu verurteilen oder sich nicht anzunehmen. Diese Überzeugungen werden leider oft von Eltern, Schulen und Religionen hervorgerufen. Selbstachtung, Selbstwert und Freude an den eigenen Fähigkeiten fördern Gesundheit, Erfüllung und ein Gefühl des Wohlbefindens.

Ende des Diktats.

(16.45 Uhr.) Lies Ruburt diese Sitzung einmal täglich für ein paar Tage vor; es wird auch dir nützen.

(»Ja.«)

Allein diese Sitzung sollte mit einigen von Ruburts Problemen aufgeräumt haben und ihm mehr Freude bereiten.

(16.46 Uhr. Jane mußte wieder gedreht werden. Ich las ihr die Sitzung nach dem Abendessen vor. Sie rief mich mit Carlas Hilfe gegen 21.20 Uhr an, als ich diese Sitzung gerade abgetippt hatte.)

Dienstag, den 20. März 1984, 16.25 Uhr

(Jane fühlte sich heute besser; sie erklärte mir, wie sie versuche, die Welt im allgemeinen und ihre eigene Situation im besonderen neu zu betrachten. Ich sagte ihr, ihre neue Einstellung sei schon ein großer Fortschritt. Ihre Augen sahen auch schon besser aus. Sie versuchte, die gestrige Sitzung zu lesen, kam aber nur bis zur Hälfte der ersten Seite, also las ich ihr den Rest vor. Es war ausgezeichnetes Material, und ich werde es ihr in den nächsten Tagen immer wieder vorlesen, wie es Seth vorgeschlagen hatte.

Janes Seth-Stimme war heute wieder kräftiger als sonst, mit den üblichen Pausen.)

Guten Tag.

(»Guten Tag, Seth.«)

Wir nehmen das Diktat wieder auf.

Das Universum liebt sich selbst und alle seine Teile. Die Erde liebt sich selbst und alle ihre Teile. Es ist nicht wahr, daß Energie neutral oder unbeteiligt ist. Energie ist aktiv, positiv und getrieben von etwas, was man als eine unmittelbare Freude an sich selbst und seinen Eigenschaften bezeichnen könnte.

Trotz aller gegenteiliger Meinungen ist Energie im Grunde nichts anderes als Liebe. *(Pause.)* Sie enthält auch ein hochsensibles Bewußtsein, das blitzartig Ausbrüche von Erfüllung und Vitalität hervorbringt. Die größte kreative Kraft – die der Ursprung allen physischen Lebens ist – ist nicht plötzlich irgendwann in einer dunklen Vergangenheit aufgetaucht, um eure Realität zu erschaffen und sie mit Energie zu füllen, die sich dann nur zerstreuen und auflösen konnte. Im Gegenteil, diese sogenannte jungfräuliche Energie wird jeden Moment neu geschaffen und ist an jedem Punkt eures Universums vorhanden.

Jede erblühende Rose im Frühling ist in Wahrheit eine ganz neue Rose, mit einer völlig neuen und einmaligen Energie, die ganz sie selbst ist, unschuldig und lebendig in dieser Welt.

(Lange Pause um 16.36 Uhr.) Während jeder Körper seine Geschichte hat, ist jeder Augenblick in der Existenz des Körpers ein neuer, der unschuldig und einzigartig in die Welt eindringt. Obwohl es Schmerz in der Welt gibt, ist es doch das wundersame Prinzip der Freude, das das Leben antreibt.

Ende des Diktats.

In diesem Material sind einige Nüsse zu knacken, wie ihr feststellen werdet, wenn ihr es nochmals lest. Ich wünsche euch einen schönen guten Tag.

(»Einen schönen Tag, Seth.«

16.41 Uhr. Jane hatte nicht gemerkt, daß es schon so spät war.

Es gibt tatsächlich in der Sitzung einige »Nüsse zu knacken«; ich kann sie noch gar nicht in Worte fassen – aber Seths kreative Gaben werden noch erschöpfend wirken, notierte ich.

Ich sollte hier auch erwähnen, daß ich heute mit etwas Mühe eine große Vase mit langen Malven und Schwertlilien in Janes Zimmer brachte. Diese wunderschönen Blumen waren ein Teil einer Blumensendung eines Lesers aus Holland. Unser Nachbar, John Bumbalo, hatte den riesigen Strauß gestern nachmittag entgegengenommen, als ich im Krankenhaus war. Er brachte ihn mir, sobald er mich im Wagen zurückkommen sah. Es waren so viele Blumen, daß ich sie in drei Vasen aufteilen mußte. Morgen werde ich Jane Tulpen mitbringen.)

Mittwoch, den 21. März 1984, 16.15 Uhr

(Jane hatte gestern abend nicht angerufen. Sie fühlte sich heute besser. Ich erzählte ihr, daß ich 1200 Dollar auf ihr Konto für die Krankenhauskosten einbezahlt hatte, bevor ich zu ihr kam. Wir sind den Lesern für ihre Unterstützung sehr dankbar. Jane aß gut zu Mittag. Sie las die Sitzungen von gestern und vorgestern, und es ging viel besser als die ganzen Tage zuvor. Sie hatte ihre Brille auf und las mit kräftiger Stimme.)

Nun: Guten Tag. Wir nehmen das Diktat wieder auf.

(»Guten Tag, Seth.«)

Diejenigen, die das physische Leben als etwas Minderwertiges im Vergleich zu einer eher perfekten spirituellen Existenz betrachten, fügen der physischen Existenz großes Unrecht zu. Physisches Leben ist überall mit der Energie des Universums, seiner Quelle, verbunden, so daß es kaum minderwertig sein kann.

Die körperliche Realität ist ein großartiges Segment der Existenz. Sie kann der Existenz nicht einfach unterlegen sein. Weil ihr eure Welt so oft durch ein System von äußerst begrenzenden Glaubenssätzen betrachtet, versteht ihr die Implikationen des zeitlichen Lebens falsch. Punkt.

(Lange Pause.) Solche Glaubenssätze engen euer Verständnis so weit ein, bis das physische Leben ein einziger verzweifelter Kampf ums Überleben auf jeder Bewußtseinsstufe zu werden scheint. Solche Geisteshaltungen fördern sicherlich keine Gefühle der Sicherheit, Gesundheit oder Zufriedenheit, und sie verzerren das Wesen eurer physischen Umwelt.

Diese Umwelt ist nicht etwas Getrenntes von euch, das ihr kontrollieren könnt. Ihr und die Umwelt unterstützt und stärkt euch gegenseitig auf eine Art, die ihr oftmals gar nicht wahrnehmt. *(Pause.)* Alle Bereiche der Umwelt enthalten ihr eigenes Bewußtsein. Sie sind sich ihrer eigenen Teile im Organismus der Erde gewissermaßen bewußt; sie nehmen nicht nur ihren eigenen Zustand wahr, sondern auch ihre Beziehungen zu allen anderen Teilen der Welt. Sie tragen also zur Gesundheit der Erde bei, und eure Vitalität – und die eurer Umwelt – stehen mit allem in enger Beziehung.

Ende des Diktats.

(16.33 Uhr:) Ich wünsche euch einen schönen guten Tag, und ich aktiviere wieder jene Koordinaten, die der Heilung und dem Wohlbefinden förderlich sind.

(»Danke.«

16.34 Uhr. »Das lief ziemlich langsam«, sagte Jane.

»Stimmt«, sagte ich. Seth hatte viele Pausen eingelegt. Deshalb waren wir über das plötzliche Ende der Sitzung auch etwas überrascht.)

4. Kapitel

Die gebrochenen Herzen, die Herzlosen und die moderne Medizin

Freitag, den 23. März 1984, 16.00 Uhr

(Jane hatte gestern abend nicht angerufen. Sie fühlte sich immer noch etwas deprimiert; seitdem sie die von Jeff verordnete Nachtmedizin einnahm, konnte sie auch nicht mehr gut schlafen. Mit ihrer Brille konnte sie die Sitzungen vom 19. und 21. März ganz gut lesen.

Um 15.10 Uhr meinte Jane, sie habe gerade die Überschrift für das 4. Kapitel von Seth erhalten und müsse einen gewissen Gesundheitszustand erreichen, bevor sie sein Material durchgeben könne.

Ihre Seth-Stimme war gut, es gab aber wieder viele Pausen.)

Nun: Einen schönen und guten Tag euch!

(»Guten Tag, Seth.«)

Wir nehmen das Diktat wieder auf.

Viele Psychiater und Psychologen erkennen heutzutage, daß einem gestörten Patienten *(Pause)* nur wirklich geholfen werden kann, wenn man auch seine Beziehung zu seinen Familienmitgliedern betrachtet.

Mit der gleichen Einstellung sollten auch Krankheiten behandelt werden. Man kann sogar noch weiter gehen, so daß die kranke Person nicht nur in Beziehung zu ihrer Familie, sondern auch zu ihrer Umwelt gesehen werden sollte. Die früheren Familienärzte verstanden etwas von der Empfindlichkeit des Patienten gegenüber seiner Familie und seiner Umgebung und sympathisierten mit ihnen – etwas, was die Ärzte der modernen Medizin heutzutage anscheinend vergessen haben.

Ich meine jedoch eine tiefere Beziehung zur Umwelt, die die symbolischen und praktischen Aspekte der Umwelt in Zusammenhang mit Gesundheit und Krankheit setzt. Eure Einstellungen zu eurem Körper, eurem Geist, dem Universum und eurer Rolle darin, eure Beziehung zur Familie, zu Freunden und zur Umwelt stehen alle in enger Verbindung zu eurem Gesundheitszustand, eurer Zufriedenheit und euren Gefühlen des Unwohlseins.

Laßt uns im nächsten Kapitel genauer die Bedeutung der Symbole für euren Geist, euren Körper und eure Umwelt betrachten.

4. Kapitel: »Die gebrochenen Herzen, die Herzlosen und die moderne Medizin«.

Macht eine Pause.

(16.12 Uhr. Jane trank einen Schluck Wasser. Sie sagte, Seths Kapitelüberschrift sei dieselbe, die sie heute nachmittag erhalten habe. Wiederaufnahme um 16.20 Uhr, mit vielen Pausen.)

Nun: Die moderne Medizin betrachtet den menschlichen Körper als ein mechanisches Teil, wie einen Wagen, der immer wieder zur Wartung muß.

Genauso, wie ein Auto auf einem Fließband zusammengesetzt wird, wird auch der Körper als sehr effiziente Funktionseinheit gesehen, die von der »Fabrik« der Natur zusammengesetzt wird. Wenn alle Teile am richtigen Platz sitzen und sauber laufen, sollte dieses Gerät genauso gute Dienste leisten wie ein gut funktionierendes Auto.

Die einzelnen Teile eines Autos funktionieren aber nur, solange der Fahrer verantwortungsbewußt damit umgeht. Beim Körper hingegen bestehen verdeckte Beziehungen zu seinen verschiedenen Teilen – und diese Teile selbst funktionieren kaum mechanisch. Sie verändern sich in jedem Augenblick.

Das Herz wird oft als Pumpe bezeichnet. *(Lange Pause.)* Durch die neuesten Entwicklungen in der modernen Medizin werden alle möglichen Herzoperationen bis hin zu Herztransplantationen durchgeführt. In vielen Fällen taucht jedoch nach einer Herzoperation das gleiche Problem zu einem späteren Zeitpunkt wieder auf, oder der Patient erliegt einer anderen, fast tödlichen Erkrankung. Das muß natürlich nicht immer zwangsläufig geschehen, aber wenn ein Patient tatsächlich völlig gesund wird, liegt es daran, daß er seine Glaubenssätze, Geisteshaltungen und Gefühle verändert hat; er hat sich wieder »ein Herz gefaßt«, Komma, mit anderen Worten, weil er wieder zu seinem Lebenswillen gefunden hat.

Ende des Diktats.

(Wiederaufnahme um 16.36 Uhr, wieder mit vielen Pausen.)

Viele Menschen mit Herzproblemen haben das Gefühl, daß sie die Lebenslust verloren haben. Ihr Herz ist vielleicht aus den unterschiedlichsten Gründen gebrochen. Oder sie fühlen sich herzlos oder meinen, daß sie so kaltherzig sind, daß sie sich selbst dafür bestrafen müssen, indem sie ihr Herz buchstäblich verlieren.

Für viele solcher Menschen bewirkt eine liebevolle Umgebung viel mehr als eine Herzoperation. Ein Haustier kann einen Menschen, der einen Verlust erlitten hat, besser vor einer Herzoperation bewahren als jeder Arzt. Das heißt, eine »Liebes-Transplantation« in das Umfeld des Betroffenen kann weitaus bessere Ergebnisse hervorbringen als eine

Herztransplantation, eine Bypass-Operation oder sonstiges; in solchen Fällen kann sich das Herz selbst heilen.

Ende der Sitzung. Ich wünsche euch einen schönen guten Tag; ich aktiviere wieder jene Koordinaten, die Gesundheit und Lebenskraft stimulieren.

(»Danke.«

16.43 Uhr. »Er wollte auf bestimmte Punkte hinaus, ich hoffe, ich habe sie klar genug wiedergegeben«, sagte Jane. »Weißt du, was ich meine?« Nachdem sie selbst versuchte, in wenigen Worten das wiederzugeben, was Seth gemeint hatte, sagte sie: »Wahrscheinlich habe ich es richtig gemacht.«

»Ich habe es so verstanden«, sagte sie, »daß Seth nicht sagen wollte, daß diese Menschen nicht operiert werden müßten, sondern daß sie diese anderen Dinge zusätzlich bräuchten, um einen Erfolg der Operation zu spüren.«

Als wir weiter darüber sprachen, meinte Jane, daß ein Haustier unserem Nachbarn Joe Bumbalo sehr helfen würde; sie möchte, daß ich Margaret Bumbalo davon überzeuge. Sie fühle sich in diesem Punkt absolut sicher, es sei nicht nur irgendeine Idee, fügte Jane hinzu.)

Sonntag, den 25. März 1984, 16.13 Uhr

(Jane hatte mich gestern abend nicht angerufen. In der gestrigen Post fand ich eine neue Version für die Titelseite der Fachzeitschrift »The God of Jane« – *eine sehr schöne Arbeit, sie gefiel uns beiden. Ein weiterer Scheck über 1000 Dollar als Spende für Janes Krankenhausausgaben war auch dabei. Ich fragte mich, ob diese Ereignisse irgend etwas mit meinen Vorahnungen zu tun hatten, die ich gestern nachmittag bei Jane deutlich spürte. Ich erzählte Jane davon.*

Ich möchte noch hinzufügen, daß ich gestern einen Brief von der BBC – der British Broadcasting Corporation – entdeckte, der vom Januar war. Ich weiß nicht, wie lange ich ihn schon im Haus hatte. Der Produzent war daran interessiert, eine Serie über Janes Arbeit zu entwickeln. Vielleicht bezogen sich meine Vorahnungen hierauf . . .

Janes Seth-Stimme war wieder kräftig, mit den üblichen Pausen.)

Nun: Guten Tag –

(»Guten Tag, Seth.«)

– und wir machen mit dem Diktat weiter.

Wir werden später noch detaillierter auf verzerrte Vorstellungen über das Selbst und besonders den Körper eingehen, die Fülle und Gesundheit behindern.

Ich werde jetzt einiges über die Art und Weise, wie diese Glaubenssätze allgemeines Wohlbefinden lähmen, sagen. Zur Zeit ist es Mode geworden, Körperübungen, Fitnessgymnastik oder eine anstrengende Sportart zu betreiben, so daß es den Anschein hat, als ob die breite Masse den Körper in den Mittelpunkt stellte. Unglücklicherweise fühlen sich große Teile der Bevölkerung in ihren Körpern sehr unwohl und vertrauen nicht auf seine Spontaneität, Kraft und Zuverlässigkeit. Den Menschen wurde beigebracht, daß die Medizin allgemein weitaus mehr über den Körper weiß, als der einzelne über seinen eigenen Körper und seine Funktionsweise.

Man hat gelernt, den Röntgenaufnahmen über Vorgänge im Körper mehr zu vertrauen als den eigenen Gefühlen. Punkt. Bestimmte Gesundheitseinrichtungen betonen die »Tatsache«, daß hoher Blutdruck beispielsweise eine große Gefahr bedeutet, auch wenn sich der- oder diejenige vollkommen gesund fühlt.

Weil die breite Masse bestimmte schädliche Glaubensüberzeugungen hat, widmet sie sich diesem ausgeprägten Fitnessprogramm. Da sich viele von ihrem Körper getrennt fühlen, mißtrauen sie den inneren physischen Vorgängen. Es gibt religiöse Überzeugungen, die den Körper als unrein und als Erbe von Krankheiten und Gebrechen betrachten. Die Menschen treiben manchmal übereifrig Sport, um ihren Körper zu bestrafen oder ihn zu Höchstleistungen zu zwingen, da sie es ihm auf andere Weise nicht zutrauen.

(16.27 Uhr.) Oftmals treiben Menschen einfach Sport, weil sie Angst vor dem haben, was passieren könnte, wenn sie es nicht täten. Sie üben sich in Dauerlauf, um einem schwachen Herzen vorzubeugen, wobei es genau ihre eigene Angst sein kann, die ein Herzleiden provoziert.

Die Gesundheit des Körpers ist Ausdruck des inneren Wohlbefindens. Schwache Gesundheit ist auch ein Ausdruck, der verschiedenen Zwecken dienen kann. *(Pause.)* Es versteht sich von selbst, daß es einige Menschen vorziehen, krank zu werden, anstatt ihre Gewohnheiten oder ihre Umstände zu ändern. Sie werden aber vielleicht auch deshalb krank, um sich dazu zu zwingen.

Ende des Diktats.

Dienstag, den 27. März 1984, 16.12 Uhr

(Jane rief gestern abend an. Margaret Bumbalo kam gerade zu Besuch, als ich ging.

Um 11.00 Uhr rief unser Rechtsanwalt an, um mir mitzuteilen, daß das Blue Cross die Kosten für die Versicherung übernehmen würde. Ich konnte es kaum glauben und reagierte dementprechend kaum darauf. Dennoch fragte ich, ob die Versicherung 80 oder 100 Prozent übernähme. Der Rechtsanwalt wußte es nicht. Wenn es nur 80 Prozent sind, bleibt uns noch eine gewaltige Rechnung zu bezahlen.

»Seth hatte recht«, sagte Jane mit einem Lächeln, als ich ihr die Neuigkeit berichtete. Sie sagte, sie habe sich nie Sorgen über die Versicherungsangelegenheiten gemacht. Die erfreuliche Nachricht war wohl noch nicht in mein Inneres vorgedrungen, auch nicht als ich diese Zeilen um 21.00 Uhr tippte. Nach dem Gespräch mit dem Rechtsanwalt heute morgen widmete ich mich wieder meiner Arbeit an Träume, *als ob nichts geschehen wäre. Diese Mischung aus Angst und Erwartung, die ich seit Monaten jedes Mal spürte, wenn ich den Briefkasten leerte, dürfte sich jetzt langsam auflösen.*

Ich erzählte Jane von einem weiteren langen und angsterregenden Traum, den ich letzte Nacht hatte: Ich wurde von unbekannten Männern aus unbekannten Gründen durch mehrere Zimmer verfolgt. Ich konnte immer wieder entkommen und mich in einem neuen Zimmer verstecken. Der Traum beunruhigte mich jedoch, genauso wie der Traum vor einer Woche, in dem ich den Weg zwischen verschiedenen verlassenen Fabrikgebäuden außerhalb von Elmira verloren hatte. Ich erinnere mich noch lebhaft daran.

Ich verstand die Botschaft des gestrigen Traumes jedoch viel besser als die des vorherigen. Der erste Traum sollte wohl meine unzähligen Ängste verdeutlichen.

Janes Sehvermögen sowie die Beweglichkeit der Arme und anderer Körperteile haben sich verbessert. Ich las ihr Briefe von zwei Wissenschaftlerinnen aus Kalifornien vor, von denen ich hoffte, sie würden sie aufmuntern. Sie betonten den Wert ihrer Arbeit. Es half. Jane las sogar einige der letzten Sitzungen selbst durch, zum größten Teil recht zügig – besser als die ganzen letzten Male.

Nachdem ich ihr die Angelegenheit mit der Versicherung erzählt und sie mir über ihre Bewegungsfortschritte berichtet hatte, fügte sie noch hinzu, sie habe jetzt das Gefühl, alles entwickle sich zum Besseren und sie würde gesund werden. Welch große Freude!

Janes Seth-Stimme war gut, mit Pausen.)

Einen schönen und guten Tag euch!

(»Guten Tag, Seth.«)

Wir machen weiter mit dem Diktat. Ich gratuliere euch zum Erfolg mit der Versicherung, nach der langen Warterei. Ich verstehe, daß dieses Warten euch viel länger vorkam als mir, aber ich habe mir keine Sorgen darüber gemacht.

(Seth war zugleich amüsiert, aber auch verständnisvoll. Er hatte mehr ausgedrückt, als ihm bewußt war – daß wir nämlich im Zusammenhang mit Voraussagen daran denken sollten, daß er tatsächlich ein anderes Zeitgefühl hat als wir; wir erleben eine Zeitspanne als etwas viel Längeres. Ich mußte an einen Traum denken, den ich vor Monaten hatte: Als ich aus einem Fenster im Krankenhaus herunterblickte, sah ich Schecks von der Versicherung auf dem

Asphalt neben dem linken Vorderreifen meines Wagens liegen. Ich deutete den Traum in der Weise, daß eine positive Entscheidung zwar noch in weiter Ferne lag, daß sie aber kommen würde. Aus dem Kopf weiß ich nicht mehr, wann ich diesen Traum hatte.

Pause.) Nun: Diktat. Ich möchte nicht sagen, daß Gymnastik sich nachteilig auf die Gesundheit auswirkt. Es ist jedoch so, daß der Grund, aus dem Übungen gemacht werden, wichtiger ist als die Übung an sich. Die Motivation kann entweder die Gesundheit fördern oder schädigen.

Bisher haben wir in diesem Buch die zahlreichen Themen im Zusammenhang mit Gesundheit und Krankheit nur angerissen. Bis zum Ende des Buches möchte ich euch einen größeren Überblick vermittelt haben, in welchem Kontext ihr Gesundheit betrachten könnt und welche individuellen Optionen es für jeden einzelnen gibt. Wir werden die verschiedenen Aspekte eines langen, gesunden, relativ glücklichen Lebens und eines frühen Todes, einer ernsthaften Krankheit und des Selbstmordes beleuchten – und hier besonders den Selbstmord junger Menschen.

Wir haben an anderer Stelle bereits über die ungeheuren Kräfte gesprochen, die der Natur innewohnen, um Fülle und Wohlbefinden zu schaffen. Es ist so, als ob die Natur sich immer selbst übertreffen möchte und ihre Lebensqualität erhöhen will. Auch der einzelne Mensch durchläuft diesen ständigen Prozeß, die Lebensqualität in allen Bereichen seines persönlichen Erlebens zu erhöhen. Die Realität ist so konzipiert, daß die Erfüllung des Potentials eines Menschen sich nicht auf Kosten anderer Menschen verwirklicht, sondern in einer Form, die die Lebensqualität aller erhöht.

(Lange Pause um 16.22 Uhr.) Jeder einzelne versucht spontan, in sein Potential hineinzuwachsen – auch wenn es ihm noch nicht direkt bekannt ist.

Auf die eine oder andere Art ist jedes Segment des Bewußtseins dem anderen bekannt, und zwar durch eine unmittelbare Kommunikation, die auf vielen Ebenen existiert. Es ist wichtig, daß eure Ideen frei zirkulieren können, daß die Ideen aller Menschen auf dieser Erde frei zirkulieren können; genauso wichtig ist es, daß der Kreislauf in eurem Körper gut funktioniert. Eure Vorstellungen über eure Gesundheit sind sogar noch wichtiger als die Schritte, die ihr unternehmt, um sie zu erhalten.

Eure Einstellungen zu anderen Ländern, Verbündeten oder Feinden spielen auch eine erhebliche Rolle dabei, wie ihr mit euren körperlichen Abwehrmechanismen umgeht. Menschen, die Angst davor haben, daß ihr Land von einem Feind angegriffen wird, erleben Viren oder Krankheiten oftmals auch als Feinde, die ihr Überleben bedrohen. Solche Einstellungen verhindern natürlich Gefühle des Wohlbefindens, der

Gesundheit und Erfüllung. Es ist sicherlich richtig, daß die moderne Medizin ernst zu nehmende Schwächen aufweist, aber es ist auch eine Tatsache, daß viele Menschen an die Medizin dermaßen glauben, daß es für sie fast unmöglich wäre, ohne sie gesund zu werden.

Später werden wir darauf eingehen, wie ihr eure Glaubenssätze über die moderne Medizin benutzen könnt, um euren Sinn für Gesundheit zu fördern, statt zu unterlaufen.

Ende des Diktats.

(16.34 Uhr.) Ihr habt beide das Bezugssystem 2[1] hinreichend aktiviert, so daß die Auswirkungen sich zu eurem Vorteil in allen Bereichen eures Lebens zeigen – den körperlichen Bereich miteingeschlossen.

Ich wünsche euch einen schönen guten Tag und aktiviere jene Koordinaten, die Heilung und Fülle fördern.

(»Okay, danke.«

16.36 Uhr. Ich las Jane die Sitzung vor. Das war das erste Mal, daß Seth uns gelobt hat, wie gut wir das Bezugssystem 2 umsetzen. Noch dazu in allen Bereichen! Vielleicht haben wir ja tatsächlich dazugelernt, Jane. Ich liebe dich. Schlaf gut.)

Montag, den 2. April 1984, 15.58 Uhr

(Dies ist Janes erste Sitzung nach sechs Tagen Pause – ungewöhnlich für sie.

Ich habe die Zeit aber gut nutzen können. Ich habe jeden Brief beantwortet, Rechnungen bezahlt und konnte sogar mal tief durchatmen und mich entspannen angesichts unserer verbesserten finanziellen Lage, unserer Arbeit, der Versicherungsangelegenheiten usw.

Letzten Donnerstag, am 29. März, versäumte ich es, Jane zu besuchen, zum ersten Mal seit ihrer Einlieferung. Der Grund war einfach: Ein Schneesturm, der viel feuchten Schnee mit sich brachte, hatte die Ulmen im Garten gespalten und vor der Garageneinfahrt niederkrachen lassen. Das Auto in der Garage

---

1 In Jane Roberts *Individuum und Massenschicksal*, das im Jahre 1981 veröffentlicht wurde, schrieb ich: »Kurz und sehr vereinfacht gesagt, ist Seth zufolge das Bezugssystem 2 oder die innere Wirklichkeit der schöpferische Ursprung, aus dem heraus wir alle Geschehnisse gestalten, und durch die Konzentration unserer Aufmerksamkeit können wir daraus alles beziehen, was wir für ein konstruktives, positives Leben im Bezugssystem 1 oder in der Welt unserer körperlich-stofflichen Wirklichkeit brauchen« (S. 87). Seth sagt in diesem Buch noch sehr viel mehr über die Bezugssysteme 1 und 2. Beispielsweise: »Die ganz besonderen Absichten, die jedem Individuum eigentümlich sind, sind also im Bezugssystem 2 vorhanden, und mit der Geburt beginnen diese Absichten unverzüglich, sich der stofflichen Welt von Bezugssystem 1 aufzuprägen« (S. 161). (Aus: Jane Roberts: *Individuum und Massenschicksal.* Ariston Verlag, Genf, 1988.)

war somit blockiert. Die Bäume sind ruiniert. Die Versicherung war für den Schaden nicht zuständig. Am 31. März kam Frank Longwell mit seiner Motorsäge, um die Einfahrt freizumachen, damit ich wenigstens das Auto herausfahren konnte. Am Tag zuvor hatte mich John Bumbalo zum Krankenhaus und wieder zurück gebracht.

Jane hat mittlerweile über 7000 Dollar an Spenden durch Maude Cardwells Bemühungen in »Reality Change« *eingenommen.*

Jane konnte die letzte Sitzung und die vom 19. März, die sie Seth zufolge so oft wie möglich lesen soll, heute sehr gut durchlesen.

Ihre Seth-Stimme war ganz gut, wenn auch mit einigen langen Pausen.)

Nun: Guten Tag –

(»Guten Tag, Seth.«)

– wir nehmen das Diktat wieder auf.

Es gibt viele große Themen im Zusammenhang mit der Gesundheit des einzelnen, die wir hier noch nicht besprochen haben.

Sie werden später in diesem Buch erörtert, jetzt gehen wir zunächst ganz allgemein auf sie ein. Die Themen haben wenig mit der üblichen medizinischen Sichtweise zu tun, so daß sie von der Mehrheit der Mediziner als reine Quacksalberei betrachtet werden.

Tatsache ist, daß der Mensch eine Vielzahl von Leben hat und daß das innere Selbst sich seines spirituellen und physischen Geschicks sehr wohl bewußt ist. Das Körperbewußtsein allein erkennt, daß seine physische Existenz in jedem Leben von seinem physischen Tod abhängig ist – und daß dieser Tod ihm eine weitere Existenz sichern wird. Der »Überlebenstrieb« ist deshalb ein Trieb, der in den Tod und darüber hinaus führt, da das Bewußtsein weiß, daß es viele Formen und Zustände überdauert.

Die Gesundheit und das Wohlbefinden des Menschen müssen auch im größeren Zusammenhang mit der Reinkarnation betrachtet werden. Die Auswirkungen eines früheren Lebens sind besonders offensichtlich bei Körperbehinderungen, die schon von Geburt an bestehen; sie werden später in diesem Buch thematisiert.

Die Auswirkungen eines früheren Lebens sind nicht so stark festgelegt, wie oft von denjenigen angenommen wird, die an die Reinkarnation glauben. Die Einflüsse aus einem Vorleben bieten einem Menschen oftmals viele Optionen. Es wäre zu einfach zu behaupten, daß ein bestimmtes Ereignis aus einem vergangenen Leben unweigerlich ein entsprechendes Verhalten in diesem Leben nach sich zieht. Es gehören noch viele andere Elemente zur Persönlichkeit des Menschen. Es ist nicht das »Schicksal« eines Menschen, eine Krankheit zu haben. Keiner wird in diesem Leben dafür bestraft, daß er etwas »Böses« im vergangenen Leben getan hat.

Ein Mensch, der in einem Leben grausam war, erlebt im nächsten Leben vielleicht Umstände, die ihn die Bedeutung von Grausamkeit erkennen lassen; dies bedeutet aber nicht, daß der Betreffende sein ganzes Leben als Opfer leben muß.

Es geht immer auch darum, Neues hinzuzulernen, somit gibt es immer mehrere Optionen. Es gibt sehr viele verzerrte Vorstellungen über die Reinkarnationsidee, so daß ich es für sinnvoller halte, sich einfach auf die Vorstellung zu konzentrieren, daß es mehrere Leben gibt. Aufgrund der wahren Natur der Zeit und der Beziehungen des Bewußtseins beeinflußt ein zukünftiges Leben ein vergangenes, da in Wirklichkeit all diese Leben gleichzeitig ablaufen. Alle Systeme haben ein offenes Ende, besonders die psychologischen. In größerem Zusammenhang gesehen arbeitet ihr »auf allen Ebenen« und mit all euren Existenzen simultan, auch wenn es manchmal nützlich ist, die Reinkarnation als eine Reihe von Leben zu verstehen, die sich eines nach dem anderen manifestieren.

Ende des Diktats.

(16.22 Uhr.) Ihr richtet eure Realität sehr gut nach dem Bezugssystem 2 aus und auf eine Art und Weise, die auch auf allen normalen Ebenen eurer individuellen und gemeinsamen Erfahrung deutlich wird.

Ich aktiviere jene Koordinaten, die den Heilungsprozeß beschleunigen und Gefühle des Wohlbefindens und der Fülle hervorrufen.

(»Danke.«

16.24 Uhr: Ich las Jane die Sitzung vor. Sie hatte ein paar eigene Gedanken dazu: Ein Mensch wählt beispielsweise eine Krankheit, um diese Realität zu entdecken und um eine besondere Wirkung auf andere zu haben. Diesen Gedanken hatte ich auch schon oft – die Vorstellung, daß sich das Bewußtsein selbst kennenlernen will, in möglichst vielen Facetten.

Janes Gedanken gingen auch dahin, daß wir in unserer Gesellschaft so gebildet sind und gewohnt, uns selbst zu verurteilen, wenn wir irgendeinen Fehler haben, daß wir blind für die ursprünglichen Gründe werden, die uns krank gemacht haben. Darüber habe ich auch schon nachgesonnen. Ich bin aber der Meinung, daß wir noch weit davon enfernt sind, solche Einstellungen in unser tägliches Leben zu integrieren.

Jane fügte hinzu, daß sie, während sie mir beim Vorlesen zuhörte, intuitiv aufnahm, worüber Seth das nächste Mal sprechen werde: »Die Gedanken sind meine eigenen, aber sie sind auch leicht mit Seths Ideen vermischt.« So sei es auch heute für sie gewesen.

Als ich sie danach fragte, ob wir uns ihrer Meinung nach innerhalb von Bezugssystem 2 bewegten, bestätigte sie es und meinte, daß die Angelegenheit mit der Versicherung, die Spenden und unsere momentane Arbeit allesamt Zeichen dafür wären, daß wir die Dinge gut bewältigten. Ich stimmte zu.

Jane rief mit Carlas Hilfe um 21.45 Uhr an, als ich gerade diese Sitzung zu Ende tippte.)

Dienstag, den 3. April 1984, 16.03 Uhr

(Heute war es warm – 10 Grad.

Jane las die ersten zwei Notizen für Sitzung 907 in Träume *laut vor und die Sitzung von gestern mit gutem Erfolg. Sie las die Sitzung sehr schnell durch, wie schon seit langem nicht mehr. Mittendrin besuchte uns Peggy Gallagher.)*

Nun: Ich wünsche einen schönen und guten Tag.

(»Guten Tag, Seth.«)

Wiederaufnahme des Diktats.

Das Konzept vom Überleben des Stärkeren hat sich in vielen Bereichen des menschlichen Verhaltens sehr nachteilig ausgewirkt – besonders in der medizinischen Denkweise und Praxis.

Das ganze Konzept wurde sehr mechanistisch entwickelt; es betont den Wettbewerb in allen Bereichen des Lebens, in denen eine Lebensform den Kampf gegen eine andere aufnimmt und physische Kraft, Geschicklichkeit, Schnelligkeit und Effizienz zur Hauptvoraussetzung für das Überleben des einzelnen oder der Art werden.

Es ist jedoch eine Tatsache, daß Tiere in der Wildnis andere verletzte oder verkrüppelte Tiere schützen und versorgen und daß die Altersweisheit auch im Tierreich ihre Geltung hat. Das Konzept vom Überleben des Stärkeren wird jedoch weitaus übertrieben und über die Kooperation gestellt.

(Lange Pause um 16.12 Uhr.) Sowohl politisch als auch medizinisch haben solche verzerrten Vorstellungen unglückliche Zustände geschaffen: die Überlegenheit der arischen Rasse, die im Zweiten Weltkrieg aufkam, die Konzentration auf den »perfekten Körper« und andere verdrehte Auffassungen. Die Idee des idealen Körpers wird der breiten Öffentlichkeit immer wieder vorgehalten; dadurch wird das Bild eines stilisierten »perfekten« Körpers in die Welt gesetzt, dem nur die wenigsten gerecht werden. Abweichungen davon werden nicht gerne gesehen und Mißgeburten mit Argwohn betrachtet. Es gibt Lehrmeinungen, die behaupten, daß nur Menschen mit genetisch einwandfreien Erbanlagen sich fortpflanzen sollten; es gibt andere Wissenschaftler, die der Meinung sind, alle Erbkrankheiten könnten durch kluge genetische Planung ausgemerzt werden.

Als Ergebnis dieser allgemein anerkannten Theorien trauen die Menschen ihrem eigenen Körper nicht mehr. Behinderte werden oft, sogar von Ärzten, so behandelt, daß sie sich als Außenseiter fühlen, die nicht das Recht haben zu überleben. Wenn Menschen krank werden, beschuldigen sie sich selbst derart, daß sie unnötige Schuldgefühle bekommen.

In der Vergangenheit haben auch einige religiöse Gruppen den Glauben verbreitet, daß Krankheit eine von Gott auferlegte Strafe oder eine Vergeltung für die Nichtbeachtung seiner »Güte« sei.

Die gleichen Glaubenssätze fanden sich auch in wirtschaftlichen Bereichen wieder, in denen *(lange Pause)* diejenigen, die im Sinne Gottes Erfolg hatten, auch mit Reichtum und guter Gesundheit belohnt wurden. Man glaubte demnach, daß Gott auf Seiten derjenigen stand, die sich außerordentlich anstrengten, so daß Armut oder Krankheit als Zeichen von Gottes Ungnade gesehen wurden. Solche Auffassungen findet man in der einen oder anderen Form im Gedankengut der Masse und in der Erziehung wieder. Die ganze Idee von der Ästhetik der Natur wird völlig außer acht gelassen – ein Thema, auf das wir später zurückkommen werden.

(Herzlich:) Ende der Sitzung. Einen schönen Tag.

(16.40 Uhr. »Schönen Tag, Seth, danke.«)

Mittwoch, den 4. April 1984, 16.14 Uhr

(Frank Longwell kam heute nachmittag kurz vorbei, um die angeschlagenen Ulmen im Garten zu beseitigen, die Erde umzugraben und wilde Blumen anzupflanzen. Ich erzählte Jane davon, und sie fand die Idee ganz gut, obwohl sie den Verlust der Bäume sehr bedauert. »Vielleicht kannst du Baumstümpfe als Ablage für Vogelfutter verwenden«, meinte sie.

Nach dem Mittagessen las Jane mühelos die Sitzung von gestern durch. Die Heizung im Zimmer war wieder ausgefallen, und wir warteten den ganzen Nachmittag auf den Installateur.)

Nun: Guten Tag.

(»Guten Tag, Seth.«)

Wir machen mit dem Diktat weiter.

In diesem Kapitel geht es um ein Potpourri von verschiedenen Einstellungen – nur um auf die zahlreichen Themen hinzuweisen, die im Zusammenhang mit Gesundheit und Wohlbefinden stehen.

(Lange Pause.) Die Einstellungen, die ihr über euch selbst habt, sind ausschlaggebend für ein gesundes Leben. Beispielsweise wird der Zustand eures Herzens durch eure Gefühle darüber beeinflußt. Wenn ihr euch als kaltherzig oder herzlos empfindet, werden diese Gefühle seine Wirkung auf das Organ im Körper haben. Wenn ihr ein gebrochenes Herz habt, werdet ihr dieses Gefühl auch im Organ selbst spüren.

Aber, wie schon gesagt, hat jeder einzelne auch viele Optionen offen. Nicht jeder, der ein gebrochenes Herz hat, stirbt unbedingt an Herzversagen. Das Thema Gesundheit kann nicht isoliert betrachtet werden, sondern muß in einen größeren Zusammenhang gestellt werden, der der Gesundheit einen bestimmten Wert und eine Bedeutung verleiht. Jeder Mensch versucht, seine einmaligen Fähigkeiten auszuschöpfen und sein Leben bestmöglich zu »erfüllen«.

Wenn ein Mensch wiederholt und nachhaltig daran gehindert wird, schlägt sich die daraus resultierende Unzufriedenheit und Frustration in mangelnder körperlicher Lebenskraft nieder. Jeder verfügt über ein unerschöpfliches Reservoir an Energie, unabhängig von den Lebensumständen; wir werden später darauf eingehen, wie ihr diese Quelle anzapfen und eure Gesundheit stärken könnt.

(Pause um 16.25 Uhr.) Je eher ihr euch von der Vorstellung befreit, daß nur der Stärkere überlebt, desto besser wird es euch gehen. Alle Gedankensysteme, die den Körper als etwas Unreines oder Niederes darstellen, schädigen letztendlich auch die physische und spirituelle Integrität des Menschen. Solche Glaubensüberzeugungen überladen euren Geist mit Negativsuggestionen, die dem äußeren Ego nur Angst einjagen und dazu führen, daß eure Kraft und Lebensfreude, die euch als Erbe mitgegeben wurden, blockiert werden.

Wir werden noch auf verschiedene Heilmethoden eingehen, sowohl konventionelle als auch unkonventionelle. Die medizinische Technologie, wie ausgefeilt sie auch immer sein mag, kann ein gebrochenes Herz nicht wirklich heilen. Eine Heilung kann nur durch Verständnis und gelebte Liebe geschehen. Mit anderen Worten durch emotionale Transplantationen statt ausschließlich physischer. Die emotionale Komponente spielt eine entscheidende Rolle bei der Entstehung und Heilung von Krankheiten.

Wir werden nicht auf bestimmte Krankheiten in diesem Buch eingehen, sondern nur gewisse Symptome erwähnen, um spezielle Fälle zu verdeutlichen. Es ist weitaus wichtiger, Symptome der Gesundheit aufzuzeigen und Methoden, Glaubenssätze und Heilmöglichkeiten, die diese fördern.

Ende der Sitzung. Ich wünsche euch einen schönen guten Tag – und ich habe jene Zustände und Koordinaten aktiviert, die das Gefühl des Wohlbefindens und der Fülle verstärken.

(16.37 Uhr. »Danke.«)

FREITAG, DEN 6. APRIL 1984, 16.13 UHR

(Jane rief gestern abend an. Heute morgen hatte ich nur eine Stunde an Träume *gearbeitet, und ich sagte ihr, daß ich über die verlorene Arbeitszeit sehr beunruhigt war. Sie sagte, sie sei gestern, nachdem ich gegangen war, sehr deprimiert gewesen; aber nur für kurze Zeit, und dann ging es wieder gut. Ich hatte auch einige Tiefphasen in letzter Zeit, aber ich versuchte, einfach weiterzumachen.)*

Nun: Guten Tag.

(»Guten Tag, Seth.«)

In eurer Situation ist es verständlich, Phasen der Verzweiflung durchzumachen.

(Lange Pause.) Diese Phasen dienen jedoch oft als Sprungbrett zu tieferem Verständnis, und die aufsteigenden Gefühle ermöglichen es euch, Ängste und Bedenken auszudrücken und loszulassen. Dieses trifft auf alle Menschen zu. Ich habe es sicherlich schon einmal gesagt, ich wollte nur euer Gedächtnis auffrischen. Es ist viel besser, Gefühle herauszulassen, als sie zu unterdrücken.

Gleichzeitig solltet ihr beide – was ihr bereits tut – euren Geist anders ausrichten, damit diese Trauerphasen nicht bestehen bleiben. Ihr habt solche Situationen bisher gut gemeistert, und was ich über euer Verhalten im Bezugssystem 2 gesagt habe, trifft immer noch zu.

Dies wird sich auch in euren Sorgen um Bücher und den Verlag Prentice-Hall widerspiegeln – und in <u>all</u> euren Geschäftsbeziehungen. Es ist deshalb gut, daran zu denken, daß eure Angelegenheiten zu eurer Zufriedenheit geklärt werden, auch wenn es nicht den Anschein hat. Eure Briefe haben eine Wirkung, ob Fragen dadurch beantwortet werden oder nicht.

Ich wünsche euch einen guten Tag und aktiviere jene Koordinaten, die die Heilung, das Wohlbefinden und die Fülle unterstützen.

(»Schönen Tag, Seth. Danke.«

16.20 Uhr. »Ich hatte schon das Gefühl, daß es für uns sein würde anstatt für das Buch«, sagte Jane. Ich las ihr die Sitzung vor. »Der letzte Teil sollte dich eigentlich beruhigen, stimmt's?« fragte sie mich.

Ich mußte erst einmal überlegen, da ich in letzter Zeit recht verärgert und enttäuscht über den Kontakt mit Prentice-Hall war. »Es überrascht mich«, sagte ich im Hinblick auf Seths Aussage über unser gutes Verhalten im Bezugssystem 2. »Ich hätte nicht gedacht, daß ich es gut mache.« Ich glaube es eigentlich immer noch nicht, aber wir werden sehen.

Ich erzählte Jane, daß ich gestern nacht wieder einen von diesen langen, intensiven Verfolgungsträumen hatte, dieses Mal mit meinem Bruder Linden, der 13 Monate jünger ist als ich. Ich erinnere mich nur dunkel an den Traum. Der Ausgang war okay, allgemein spiegelte er meinen Geisteszustand der letzten Zeit wider – meine Ängste über viele Dinge.

Seths Erklärung über unsere Phasen der Verzweiflung als Ausdrucksmöglichkeit unserer Ängste fand ich ausgezeichnet. Ohne daß ich sonderlich darüber nachgedacht hatte, war es für mich selbstverständlich, daß diese Phasen meine eigenen Schwächen darstellten – Zeiten, in denen ich es hätte besser wissen sollen oder ich nicht mein Bestes gegeben habe. Jetzt können wir den therapeutischen Nutzen dieser Tiefphasen schätzen.

Auf dem Weg nach Hause ging ich noch in den Supermarkt SuperDuper; ich aß spät zu Abend. Um 21.50 Uhr rief Jane mit Carlas Hilfe an, als ich diese Sitzung abtippte. Ich liebe dich, Jane.)

5. Kapitel

Suggestion und Gesundheit

Sonntag, den 8. April 1984, 16.30 Uhr

(Jane war beunruhigt, als ich bei ihr in Zimmer 330 ankam. Jeff Karder war dagewesen. Sie wollte mir erst nach dem Mittagessen erzählen, was er gesagt hatte. Aber ich überredete sie, es mir jetzt schon zu sagen. Eine der Krankenschwestern hatte Jeff Karder erzählt, daß die offene Wunde an Janes rechtem Knie wässerte. Er meinte, es sei eventuell eine Infektion am Knochen, er sei sich nicht sicher. Eine kleine Operation könne Abhilfe schaffen, oder vielleicht müsse auch gar nichts getan werden.

»Also, es ging ja doch, oder?« sagte ich, nachdem Jane alles erzählte hatte. Sie fühlte sich schließlich ganz gut.

Ich hatte Kapitel Sechs von Träume *mitgebracht, das ich heute morgen fertiggetippt hatte; ich las Jane alles außer ein paar Bemerkungen vor. Es gefiel ihr. Sie hatte das gleiche Gefühl, das ich auch kenne, wenn man nach Jahren eine Sitzung wieder liest: Die Gedanken sind alle ganz neu und verblüffend, als ob sie von jemand anderem geschrieben wurden. Ich sagte ihr, das Seth-Material sei ein hervorragendes Beispiel für ihr eigenes direktes Wissen. Dies war mir aufgefallen, als ich Seths Material über direktes Wissen für Kapitel Sechs in* Träume *niederschrieb. Ich werde diesen Punkt in einer Fußnote festhalten.*

Es war bereits spät geworden, als ich Kapitel Sechs zu Ende gelesen hatte, so daß Jane nicht mehr daran dachte, eine Sitzung abzuhalten; ich sagte ihr, meinetwegen sei es kein Problem.)

Nun: Guten Tag –

(»Guten Tag, Seth.«)

– wir machen mit dem Diktat weiter, mit einem neuen Kapitel: »Suggestion und Gesundheit«.

(Jane hatte den Titel bereits gestern erhalten und ihn mir mitgeteilt.)

Suggestionen sind normalerweise Aussagen, die eine bestimmte Handlung oder Hypothese beinhalten. Größtenteils sind Suggestionen verflochten mit bewußten Gedankenprozessen, die dem Verstand unterliegen. Zum Beispiel: »Wenn dieses oder jenes so ist, dann muß dieses oder jenes folgen.« Suggestionen haben nichts mit Zauberei zu tun;

wenn man inbrünstig an sie glaubt und sie oft genug wiederholt, entwickeln sie sich zu einer Gewohnheit. Sie werden dann nicht mehr in Frage gestellt, sondern buchstäblich als Wahrheit angenommen.

(Lange Pause.) Sie werden an die eher automatisch funktionierenden Ebenen der Persönlichkeit weitergegeben, wo die in den Suggestionen implizierten Handlungen ausgelöst werden. Viele solcher Suggestionen bestehen aus Sprüchen, die ein »alter Hut« sind. Sie gehören der Vergangenheit an und werden nicht mehr in Frage gestellt oder untersucht, wie das bei neuen Ideen der Fall ist. Punkt.

Diese Suggestionen können sehr alt sein und aus Glaubenssätzen aus der Kindheit bestehen. Punkt. Wenn sie jetzt in der Gegenwart unkritisch weiterhin akzeptiert werden, können sie die Gesundheit und das Wohlbefinden stark beeinflussen. Sie können entweder positiv und unterstützend wirken oder schädlich und negativ. Ich gebe hier einige Beispiele, die vielen Menschen sicherlich bekannt sind. Es sind Suggestionen, die Kindern vermittelt werden:

»Wenn du ohne Gummistiefel in den Regen gehst, kriegst du eine Erkältung.«

»Wenn du zu viel redest oder angibst, werden dich die Leute nicht mögen.«

»Wenn du rennst, fällst du hin.«

Es gibt natürlich viele Abwandlungen, beispielsweise: »Wenn du bei Regenwetter hinausgehst, bekommst du eine Lungenentzündung«, oder: »Wenn du lügst, wird deine Zunge in einen Stein verwandelt.«

Diese und ähnliche Suggestionen erhalten Kinder von Eltern, die die besten Absichten haben. Wenn die Kinder klein sind, nehmen sie diese als etwas Selbstverständliches hin, da sie von einem ehrwürdigen Erwachsenen kommen; diese Suggestionen werden fast wie Befehle empfunden.

Eine Suggestion wie »Wenn du nach dem Essen gleich schwimmen gehst, wirst du ertrinken«, ist außerordentlich gefährlich, da es ein verhängnisvolles Verhalten voraussagt, das der ersten Handlung automatisch folgen müßte. Es ist jedoch offensichtlich, daß Kinder nach dem Essen nicht ertrinken. Die Suggestion an sich kann die verschiedensten Symptome hervorrufen – Panikattacken, Magenkrämpfe –, die sich bis ins Erwachsenenalter halten können.

Solche Suggestionen können aufgelöst werden, wie wir nachher sehen werden.

(16.47 Uhr.) Es gibt andere Suggestionen, die eine Identifikation beinhalten. Einem Kind wird gesagt: »Du bist wie deine Mutter; sie war auch immer nervös und launisch.« Oder: »Du bist dick, weil dein Vater auch dick war.«

Dies sind Aussagen, denen eine bestimmte Hypothese zugrunde liegt. Das Problem ist, daß die Hypothesen oftmals nicht hinterfragt werden. Das Ergebnis sind festgelegte und ungeprüfte Glaubenssätze, nach denen automatisch gehandelt wird.

Ende des Diktats.

(16.50 Uhr.) Sage Ruburt, er soll sich keine Sorgen machen. Die Angelegenheit mit dem Bein wird gelöst, ohne Operation.

Ich wünsche euch einen schönen guten Tag, und ich aktiviere jene Koordinaten, die euer Wohlbefinden und eure Heilfähigkeiten unterstützen.

(»Danke.« 16.52 Uhr.)

MONTAG, DEN 9. APRIL 1984, 16.01 UHR

(Es hatte sich sehr viel Gewebeflüssigkeit auf dem Schaumstoffpuffer zwischen Janes Knien angesammelt, als ich zu ihr kam, so daß ich sie auf den Rücken legte.

Um 14.50 Uhr kam Dr. Wilson, den Jane sympathisch findet, herein, um ihr Knie zu untersuchen. Er stellte fest, daß der Knochen an der gebrochenen Stelle bereits seit längerem infiziert war. Es könnte sein, sagte er, daß es von allein heilt, genauso wie mit dem Geschwür damals. Er vereinbarte mit uns, daß der Bereich unbedeckt und ohne Creme bliebe, da er sowieso jeden Tag in der Hydro gründlich durchgewaschen wird. Mit keinem Wort erwähnte er eine Operation, und sein Rat stimmte mit Seths Bemerkungen von gestern überein. Er sagte, er werde das Knie beobachten.

Jane sagte mir, daß meine Bemerkung gestern, sie sollte sich keine Sorgen machen, das Knie würde schon wieder von allein gesund werden, sie sehr getröstet hat. Ich habe es auch so gemeint, und ich sagte es ihr nochmals.

Um 15.15 Uhr versuchte sie, die Sitzung von gestern zu lesen, was ihr aber sehr viel Mühe bereitete, so daß ich sie ihr schließlich vorlas.)

Nun: Guten Tag –

(»Guten Tag, Seth.«)

– wir machen mit dem Diktat weiter.

Die bisher genannten Suggestionen sind Voraussagen; sie sind erschreckende Voraussagen von Ereignissen, die einer bestimmten Handlung folgen.

Es gibt viele solcher Suggestionen, besonders im Hinblick auf das Alter. Viele Menschen glauben unerschütterlich daran, daß sich ihr allgemeiner Zustand mit zunehmendem Alter gleichmäßig dramatisch verschlimmert, daß die Sinne und der Verstand trüb werden und der Körper durch Krankheit geschwächt und unbeweglich wird. Viele junge

Menschen glauben an diesen Unsinn und bereiten sich somit darauf vor, genau das zu erleben, was sie so sehr befürchten.

Der Geist wird mit zunehmendem Alter weiser, wenn es ihm gestattet wird. Gedanken und Inspiration entstehen sogar schneller, so wie es in der Pubertät auch geschieht; der ältere Mensch erhält neue Impulse, um ein tieferes Verständnis zu entwickeln – ein Verständnis, mit dem alle Ängste vor dem Tod erstickt werden könnten.

(16.08 Uhr. Shannon nahm Janes Blutdruck. Ich las ihr die Sitzung soweit vor. Um 16.13 Uhr machte Jane mit dem Material weiter, von dem sie mir gestern bereits erzählt hatte.)

Gedanken und Glaubensvorstellungen können tatsächlich Veränderungen im Körper bewirken. Sie können sogar genetische Informationen verändern.

Es gibt Krankheiten, von denen angenommen wird, daß sie vererbt sind und von einer Generation zur nächsten weitergegeben werden. Es gibt Menschen, die beispielsweise die Veranlagung zu Arthritis haben, selbst aber nicht davon betroffen sind, während andere sehr darunter leiden. Der Unterschied liegt im Glaubenssatz.

Die Menschen, die die Suggestion, daß sie eine solche Krankheit bekommen werden, kritiklos hinnehmen, sind auch anfällig dafür: Sie spüren die Symptome. Der Glaubenssatz selbst kann sogar eine gesunde Erbanlage in eine kranke umwandeln. Im Idealfall würde eine Veränderung des Glaubenssatzes die Heilung bringen.

Menschen werden aber nicht einfach ohne weiteres von einer negativen Suggestion befreit. Jeder einzelne hat eine ganze Reihe von Glaubenssätzen und Suggestionen – und diese spiegeln sich buchstäblich in seinem Körper wider.

(16.19 Uhr. Dana nahm Janes Temperatur. Ich las ihr die letzten paar Zeilen vor.)

Jede tatsächliche Heilung hat mit dem Ersetzen von negativen Suggestionen durch positive zu tun. Wie wir bereits erwähnt haben, besitzt jedes kleinste Atom oder jede Zelle ihren eigenen Impuls zum Wachstum und zur Werterfüllung. Mit anderen Worten, positive Suggestionen sind in sie eingepflanzt und ernähren sie biologisch, so daß man sagen kann, daß negative Suggestionen unnatürlich sind und von den Hauptanliegen des Lebens wegführen. Negative Suggestionen sind wie konstante Störgeräusche in einem ansonsten sehr klaren Programm.

Ende des Diktats.

Ich wünsche euch einen schönen guten Tag; ich verstärke wieder jene Koordinaten, die zur Heilung führen.

(»Danke.«)

Ich bin sehr zufrieden mit deiner Arbeit an *Träume* und mit den

Notizen, die du gestern vorgelesen hast. Du verstehst meine Anerkennung sicherlich.

(»Ja. Danke.«

16.28 Uhr. Ich las Jane die Sitzung vor. »Während du gerade vorgelesen hast, habe ich erfahren, worum es morgen gehen wird«, sagte Jane. »Es wird um die Verwirrung gehen, die entsteht, wenn man Glaubenssätze versucht zu verändern, da sie alle miteinander verwoben sind. Aber so einfach ist das auch nicht«, sagte sie und meinte, es gäbe noch sehr viel zu lernen.)

Dienstag, den 10. April 1984, 15.55 Uhr

(Es war heute wieder wärmer – 10 Grad, als ich zu Jane fuhr. Die Drainage an ihrem Knie war etwas besser. Georgia pflegte sie heute; sie wusch Janes Haare heute morgen. Die Krankenschwestern und Helfer auf der Station haben heute alle verrückt gespielt, haben immer irgendwelche anstößigen Witze erzählt und sich gegenseitig hereingelegt.

Jane erzählte von ihrem lebhaften Traum der letzten Nacht: Sie saß auf dem Boden und spielte mit ihrer Sammlung von Schmuckstücken usw. Die Details habe ich nicht notiert. Sie sagte, sie habe den Traum richtig genossen, bis Debbie Harris sie nach dem Abendessen besuchen kam und sie geweckt habe.

Jane las die gestrige Sitzung, fand es aber streckenweise sehr schwer zu lesen. Zum Schluß ging es wieder besser, und ihre – und meine – Lieblingssitzung vom 19. März konnte sie zügig durchlesen.)

Nun: Euch einen schönen guten Tag.

(»Guten Tag, Seth.«)

Wir nehmen das Diktat wieder auf.

Was der Gesundheit schadet, sind Sorgen, Angst und Zweifel; diese werden oft durch Glaubenssätze, die in der Gesellschaft allgemein vorherrschen, verursacht.

Diese Glaubensüberzeugungen malen ein düsteres Bild: Jede gegebene Situation kann nur noch schlimmer werden, jede denkbare Krankheit wird folgenreich sein, und jede Katastrophe wird eintreten.

Solche Glaubensvorstellungen nehmen einem die Freude, die Neugier oder die Möglichkeit zu staunen. Sie verhindern ein spielerisches Verhalten oder Spontaneität. Im Körper verursachen sie eine defensive, aggressive Haltung. Unter solchen Umständen erscheint es nur logisch, nach dem Wurm im Apfel zu suchen und Schmerz oder Gefahr bei jedem neuen Erlebnis zu erwarten.

Spiel ist sehr wichtig – sogar lebenswichtig – und trägt zum Wachstum und zur Erfüllung bei. Kinder spielen auf natürliche Weise, so auch Tiere. Insekten, Vögel, Fische und jede Form des Lebens spielt. Sogar

Ameisen und Bienen spielen. Ihre Geselligkeit ist nicht nur auf ihre ständige Arbeit in einem Ameisenhaufen oder einem Bienenstock zurückzuführen. Diese spielerische Art bildet die Basis für ihr organisiertes Verhalten, und auch als Erwachsene »spielen« sie, bevor sie an die Arbeit gehen.

Lebewesen spielen, weil es Freude macht, Spontaneität und Wohlbefinden fördert und weil durch das Spielen alle Teile des Organismus aktiviert werden; im Spiel imitieren die Jungen die Verhaltensmuster der Erwachsenen, wodurch sie letztendlich zur eigenen Reife gelangen.

(17.09 Uhr.) Wenn Menschen krank werden, Sorgen oder Ängste entwickeln, ist eines der ersten Symptome der Mangel an Freude, ein allgemeines Nachlassen an spielerischem Verhalten und eine Fixierung auf die eigenen persönlichen Probleme. Mit anderen Worten: Krankheit zeigt sich oft zuerst durch einen Mangel an Lebensfreude und Fülle.

Dieser Rückzug von der Freude führt dazu, daß die normale Aktivität eingeschränkt wird und neue Begegnungen oder Entdeckungen nicht mehr zugelassen werden; aber genau diese könnten das Problem erleichtern, indem sie neue Aussichten bieten. Ein solcher Mensch sieht deprimiert aus – düster und ohne ein Lachen, was andere Menschen zu Kommentaren über seine finstere Stimmung verleitet. Bemerkungen wie: »Du siehst müde aus« oder »Was ist los, geht es dir nicht gut?« und ähnliche Sprüche zementieren nur seine Resignation, bis dieses Geben und Nehmen schließlich zu einer Situation führt, in der beide Seiten sich in negative anstatt positive Muster verstricken.

Ich will damit nicht sagen, daß es immer schädlich ist, danach zu fragen, ob jemand krank oder müde ist. Solche Fragen implizieren schon ihre eigenen Antworten. Wenn jemand gesund ist und voller Lebensfreude, werden solche Fragen einfach übergangen – sie werden überhaupt keine Wirkung haben. Aber wiederholte Fragen dieser Art sind keine gute Unterstützung für denjenigen, der schon Schwierigkeiten hat; zu häufige Mitleidsbekundungen können sogar seinen Gemütszustand verschlimmern, weil ihm durch das Mitleid vermittelt wird, wie krank er doch eigentlich ist. Es ist besser, in solchen Fällen überhaupt keinen Kommentar abzugeben. *(Lange Pause.)* Ich meine hier nicht aufrichtige Anteilnahme, sondern diese automatischen, unüberlegten negativen Äußerungen und Fragen.

Auf der anderen Seite ist es eine hervorragende Übung, sich positiv über die offensichtliche Freude, Energie oder gute Stimmung eines Menschen zu äußern. Somit wird positives Verhalten unterstützt und kann eine Kettenreaktion auslösen, die konstruktive Reaktionen zur Folge hat und nicht in die Negativität führt.

Ende der Sitzung.

Ruburts Traum war hervorragend und hat gezeigt, daß er jetzt das Beste aus seiner Vergangenheit macht, erheiternde Glaubenssätze – die Schmuckstücke – und Quellen der Freude und Lebendigkeit wiederentdeckt. Ich aktiviere wieder jene Koordinaten, die Gesundheit und Wohlbefinden fördern.

(»Ich bin's«, sagte Jane.

»Danke.«

17.30 Uhr. Jane wurde um 16.14 Uhr von einer Krankenschwester unterbrochen, die Vitamin C brachte. Ich las Jane vor, was sie soweit durchgegeben hatte. Nach der heutigen Sitzung las ich ihr dann die erste Sitzung für Kapitel Eins von Träume *vor. Ich hatte die Idee, ihr das ganze Buch vorzulesen, nachdem sie außerordentlich positiv auf Kapitel Fünf reagiert hatte. Auch vom ersten Kapitel war sie sehr beeindruckt. »Es ist wichtig, daß du dir dessen bewußt wirst, was für gute Arbeit du mit dem Buch geleistet hast«, sagte ich ihr. Wir fanden es unglaublich, daß sie die erste Sitzung des Buches im September 1979 abgehalten hatte, vor etwa viereinhalb Jahren.)*

Donnerstag, den 12. April 1984, 16.13 Uhr

(Jane rief gestern abend an. Es waren etwas über 15 Grad, als ich mich auf den Weg zu Jane machte. In der Post fand ich Spenden in Höhe von 360 Dollar, die uns Maude Cardwell zugeschickt hatte. Heute morgen hatte ich auch das Buch Träume *für den Verlag zu Ende korrigiert.*

Ich fühle mich bedrängt, da wieder eine Ladung Briefe von Prentice-Hall in der Post dabei war. Manchmal tun mir die Zähne weh, und das Pendulum sagt, es sei wegen meiner Sorgen um Jane.

In Zimmer 330 war es heute nachmittag ziemlich warm gewesen, und Jane fühlte sich dabei unwohl.)

Nun: Guten Tag.

(»Guten Tag, Seth.«)

Wir nehmen das Diktat wieder auf.

Ich will euch nicht sagen, daß ihr euch in positive Suggestionen ergießen sollt, unabhängig davon, ob sie in der jeweiligen Situation angebracht sind oder nicht.

Was ich wohl zum Ausdruck bringen will ist, daß es viel besser ist, sich auf die meistbegehrte Lösung eines Problems zu konzentrieren und diese Einstellung auch auszudrücken, als ein schlechtes Ergebnis zu erwarten oder eine ablehnende Haltung einzunehmen. *(Lange Pause.)* Es gibt gewisse Themen, die zwar lebensnotwendig für Gesundheit und Zufriedenheit, aber schwer zu beschreiben sind. Sie werden von innen heraus erlebt. Sie sind Teil der Ästhetik der Natur. Blumen haben nicht nur ihre wunderschönen Farben zur Freude des Menschen, sondern weil Farben Bestandteil des ästhetischen Systems der Blumen sind. Sie genießen ihren eigenen Glanz und gedeihen in ihrer vielfältigen Farbenpracht.

(16.20 Uhr.) Insekten wissen die Farbvielfalt der Blumen zu schätzen, und zwar auch aus ästhetischen Gründen. Ich will sagen, daß sogar Insekten einen Sinn für Ästhetik haben und daß jedes Lebewesen, jede Pflanze oder jede natürliche Wesenheit ihren eigenen Sinn für Werterfüllung hat und ihr angeborenes Potential bestmöglich ausschöpfen und ausleben will.

Dieser Sinn für Werterfüllung dient nicht nur dem einzelnen, sondern auch seiner Gattung und allen anderen Gattungen. Man kann gewissermaßen sagen, daß die Natur sich durch ihre eigenen lebenswichtigen ästhetischen Teile darstellt. Jeder Teil der Natur kann sich auch auf verändernde Umstände einstellen; er hat seine eigene Fähigkeit, Dinge vorherzusagen, und kann demnach heute in die Umstände von morgen hineinwachsen.

Die Natur arbeitet immer mit Wahrscheinlichkeiten. In euren Begriffen ausgedrückt heißt das, viele Wege führen zur Werterfüllung, und jeder Mensch wird seinen eigenen Ausdruck gemäß seinen Fähigkeiten auf dem Weg dorthin finden.

Schwache Gesundheit, oder auch einfach unglückliche Situationen, entstehen nur, wenn der einzelne zu viele Umwege macht oder zu vielen Hindernissen auf dem Weg zur Werterfüllung begegnet.

Ende des Diktats.

(16.30 Uhr.) Ich aktiviere wieder jene Koordinaten, die Heilung und Wohlbefinden fördern.

(Lange Pause, mit geschlossenen Augen. »Das war's wohl«, sagte Jane schließlich.

16.31 Uhr. »Gut.« Ich las ihr die Sitzung vor, nachdem ich ihr ein Glas Wasser gegeben und ihr eine Zigarette angezündet hatte. »Du solltest eine Notiz dazu machen, daß die Sitzungen viel kürzer sind, weil ich hier im Krankenhaus bin. Wir müssen so vieles berücksichtigen: Ich muß gedreht und gefüttert werden, und du mußt rechtzeitig nach Hause kommen, um Abendbrot essen zu können – «

Ich erwiderte, daß die Kürze der Sitzungen durch die tägliche Routine kompensiert wird, daß wir aber auch viel Zeit ungenutzt verstreichen ließen. »Zum Beispiel jetzt, wir sind gerade allein, und keiner stört uns. Du könntest ein wenig weitermachen.«

16.39 Uhr.) Wiederaufnahme des Diktats.

Da der Mensch ein äußeres Ego besitzt, geht es hier um die Frage des freien Willens und der bewußten Entscheidungsfreiheit.

Der Mensch wird mit einer Vielzahl von möglichen Aktivitäten konfrontiert. Jeder einzelne besitzt tatsächlich weitaus mehr Begabungen, als er jemals in einer Lebensspanne ausdrücken könnte. Dies sichert ihm eine unendliche Vielfalt an möglichen Aktivitäten, unter denen er auswählen kann, je nach veränderten Bedingungen.

Jeder kann auch von innen heraus spüren, wohin es ihn treibt. Die Inspiration kann Hinweise auf eine bestimmte Richtung geben. Gewisse Richtungen sind für die Entwicklung und das Wachstum einfacher und erfreulicher als andere.

Ich spreche hier nicht nur von äußeren Errungenschaften oder Zielen, auch wenn diese wichtig sind. Viele Menschen entdecken vielleicht, daß sie ein natürliches Talent haben, um Beziehungen zu anderen Menschen herzustellen, wobei der darin enthaltene Wert schwerer einzuschätzen ist als beispielsweise beim Werk eines Künstlers oder Schriftstellers.

Diese Menschen sind so etwas wie Beziehungskünstler und können symphonische, emotionale Kompositionen schaffen und andere Menschen meisterhaft zum Schwingen bringen, wie ein Pianist die Töne aus den Tasten eines Klaviers hervorlocken kann. Wenn ihr euer eigenes Leben betrachtet, könnt ihr leicht feststellen, in welchen Bereichen eure Begabungen liegen, indem ihr euren Impulsen und Neigungen nachgeht. Ihr werdet euch selbst nicht kennenlernen, indem ihr darauf achtet, was die anderen von euch erwarten, sondern nur durch das, was ihr von euch selbst erwartet und durch die Entdeckung eurer individuellen Fähigkeiten.

Ende des Diktats.

(»Danke.«

16.56 Uhr. »Mensch, ist mir heiß«, sagte Jane. Die Fenster waren weit geöffnet. Vor der Sitzung hatte Jane die Sitzung vom 19. März selbständig durchgelesen, mit einigen Schwierigkeiten, aber die letzte Sitzung mußte ich ihr wieder vorlesen.

Sie bat mich, ihr die alte Brille zu geben, aber es machte keinen großen Unterschied. Auf jeden Fall standen die Brillen ihr gut.)

Dienstag, den 17. April 1984, 15.58 Uhr

(Heute ist Janes erste Sitzung seit fünf Tagen – ihre bisher längste Pause.

Jane war in letzter Zeit ziemlich deprimiert gewesen und hatte sich gefragt, ob sie jemals wieder nach Hause käme. Ich erwiderte, ich sähe nicht, wie dies derzeit möglich sei. Es ist bisher fast ein Jahr gewesen – seit dem 20. April. Wir sprachen über Dinge, die wir schon oft durchgegangen waren; es war nicht sonderlich erheiternd oder hilfreich. Ich war schon vor Jahren bereit gewesen, die psychische Arbeit vollständig aufzugeben, wenn sie es gewollt hätte, da ich die Probleme bereits während der Durchgaben für Gespräche mit Seth *hatte aufkommen sehen. Aber ich glaubte und glaube immer noch nicht, daß diese mediale Arbeit die Wurzel allen Übels ist.*

Ich glaube, Janes Lebensängste haben mit ihrer Konditionierung in der Kindheit zu tun; sie haben sich erfolgreich dagegen gewehrt, ausgemerzt zu werden, und bestimmen weiterhin ihr Leben. Ich sagte ihr, daß meiner Meinung nach das Seth-Material zwar auf diese Ängste eingeht, ihren emotionalen Zündstoff jedoch nicht entschärft. Ich weiß nicht mehr, wie ich ihr helfen kann. Ich habe selbst seit letztem Jahr die Hoffnung ein wenig aufgegeben, nachdem sie im Oktober 1983 einen Bewegungsschub hatte, nach einigen Monaten aber wieder aufgab. Ich interpretierte es als ein weiteres Zeichen des Widerstandes von tiefsitzenden Anteilen ihrer Persönlichkeit.

Dann folgten die verschiedenen Infektionen, die Antibiotika, die neue Entzündung am gebrochenen Bein usw., für mich alles Zeichen dafür, daß sie selbst wenig Hoffnung hatte. Diese Ereignisse zeigten ihren Widerstand gegen Veränderung – gegen die Wandlung ihrer Persönlichkeitsanteile. Anders kann ich mir den Zustand meiner Frau nicht erklären. Ihr Körper hat nicht die Erlaubnis erhalten, sich selbst zu heilen, sonst hätte er es bereits getan. Obwohl er natürlich dieses Potential hat. Als Seth davon sprach, daß Jane bald wieder ganz gut laufen könne, glaubte ich es ihm zuerst. Dann bekam ich aber Zweifel, als ich keinerlei Anzeichen für eine Besserung entdecken konnte. Statt dessen beobachtete ich die Fieberschübe und die Infektionen und erkannte, daß die Zeit zur Heilung und zum Laufen noch nicht reif war.

Meine Einstellung mag vielleicht zu simpel sein, aber ich glaube nicht daran, daß andere Menschen, Sitzungen oder was auch immer den Körper dazu überreden können, gesund zu werden. Ich sagte Jane, daß sie nur gesund werden würde, wenn sie die Erlaubnis dazu gäbe. Sie entgegnete unter Tränen, daß sie wirklich gesund werden wollte; ich war nicht sonderlich beeindruckt, da ihr Zustand eindeutig das Gegenteil bewies. Ich sagte ihr, daß ich es im großen und ganzen gesehen verstehen konnte, wenn sich jemand für ein Leben in Krankheit entscheidet, um sein Bewußtsein zu erforschen und dazuzulernen. Ich glaube, daß sie sich bisher dazu entschieden hat. Ihr Verhalten ist extrem – und wenn ich Seth dazu frage, spricht er zwar über die extreme Armut in Afrika, aber zu Janes Situation an sich sagt er herzlich wenig. Ein weiteres Zeichen für Widerstand. Jane ist auch nie wieder auf das Thema eingegangen. Ich schloß daraus, daß es Zeitverschwendung war, Fragen zu stellen, und hörte auf damit. Ich bleibe auch jetzt dabei, da ich immer das Gefühl bekam, daß Jane – ob mit oder ohne Seth – sich überhaupt nicht mit dem Thema auseinandersetzte, wenn ich sie nicht immer wieder dazu drängte. Und so war es bisher. Die meisten der persönlichen Sitzungen über ihre Symptome, die wir in 40 Loseblatt-Notiz-

büchern festgehalten haben, sind das Ergebnis von meinen wiederholten Fragen an sie, und nicht umgekehrt.

Janes Seth-Stimme war heute leise, und ich mußte mich anstrengen, gegen den Lärm auf dem Gang alles zu verstehen.)

Nun: Guten Tag.

(»Guten Tag, Seth.«)

Dies ist kein Buch-Diktat.

(Lange Pause.) Ich will versuchen, einige wichtige Themen näher zu erörtern. Natürlich will Ruburt auf der einen Ebene endlich nach Hause, und du willst ihn auch zu Hause haben. Auf der anderen Ebene hat er Angst davor, da er glaubt, es sei absolut unmöglich unter den gegebenen Umständen. Das trifft auch auf dich zu.

Er hat Angst davor, nach Hause zu gehen – aber diese Angst verlängert die momentanen Umstände. Ihr habt beide gewissermaßen Angst davor, überhaupt Pläne für eine Rückkehr zu machen, weil diese zum gegenwärtigen Zeitpunkt nicht realisierbar erscheinen. Ihr seht zu viele Hindernisse, die alle sehr real sind: die Verantwortung, gesund zu werden und zu bleiben, die finanzielle Situation; und von Ruburts Standpunkt aus gesehen die Angst davor, nicht vollkommen gesund zu werden, einen Rückfall zu erleiden und wieder ins Krankenhaus zurückkehren zu müssen.

In dieser Konfusion aus Ängsten und Gedanken geht Ruburts Ziel der Genesung, oder wenigstens eine erhebliche Besserung innerhalb eines bestimmten Zeitrahmens, völlig unter. Ihr müßt so viel wie möglich von dieser Angst und Verwirrung ausmerzen. Betrachtet das Ziel als erreichbar. Macht Pläne – denn die Pläne an sich werden Ruburts Zustand verbessern und die Berge von Problemen, die in euren Köpfen entstanden sind, verringern helfen.

Ich komme heute nachmittag zurück oder auch nicht. Ich tue mein Bestes und vermittle euch so viel Information, wie ich kann. Macht eine Pause.

(»Das war's, im Moment«, sagte Jane.

16.08 Uhr. Ich las Jane die Sitzung vor. Seth kam nicht mehr durch.

Die Sitzung bestätigte viele meiner Gedanken, die ich mir vorher notiert hatte – daß die Angst schon immer geherrscht hat, ob wir uns bewußt dafür entschieden hatten oder nicht. Ich dachte mir während der Sitzung, daß es weniger darum geht, die momentanen Ängste vor der Rückkehr nach Hause zu zerstreuen, sondern eher die grundsätzlichen Ängste, die für die ganze Situation »verantwortlich« sind. Die gegenwärtigen Ängste würden dann einfach wegschmelzen. Ich dachte mir sogar, daß Seths Bemerkung vor einigen Wochen über die Fähigkeit von Janes gebrochenem rechten Bein, sich selbst zu heilen, noch mehr Angst hervorrief, nämlich die, daß es doch nicht von allein abheilen würde. Ich glaube, daß jeder, der verzweifelt genug ist, alles Erdenkliche tun würde, um sich Schutz und Unterstützung vom Rest der Welt zu holen.)

Mittwoch, den 18. April 1984, 16.50 Uhr

(Jane rief gestern abend nicht an. Ich brachte die Katzen heute morgen zum Tierarzt, was viel leichter ging, als ich vermutet hatte. Obwohl ich schlecht geschlafen hatte und mir Sorgen darüber machte, wie ich die Katzen in den Transportkäfig bekommen würde; ich mußte mit ihnen nach Horseheads, einem Nachbardorf von Elmira. Mir schien es, als ob es ihnen schon wieder besser ging, obwohl sie nur eine Tablette gegen den Juckreiz erhalten hatten.

Um 11.00 Uhr, als ich gerade die Schecks von Maude Cardwell kopieren wollte, besuchte mich Frank Longwell; wir sprachen darüber, wie wir den Garten wieder herrichten könnten. Ich werde morgen den Rasen mähen, der langsam grün wird und anfängt zu wachsen. Es kommt mir vor, als ob ich seit Tagen nicht mehr an Träume *gearbeitet habe.*

Jane schien etwas gedämpft, obwohl sie guten Appetit hatte. Wir sprachen über die gestrige Sitzung. Sie versuchte, sie zu lesen, während ich die Post durchsah. Schließlich las ich ihr den größten Teil vor. Ich befürchtete, daß der Inhalt zu hart für sie war, aber letztendlich drückte er genau das aus, was ich dachte. Jane stimmte der Behauptung zu, daß irgendeine Grundangst hinter ihren Schwierigkeiten steckt; wir besprachen nochmal das gleiche wie gestern. Sie sagte, sie werde auf ihre Träume achten, um Hinweise zu erhalten. Ich fand dies einen guten Ansatz.

Eine weitere Methode, die wir ausprobieren möchten, liegt darin, eine Kassette zu hören, die uns ein Freund vor Monaten zugeschickt hat – eine Aufnahme von jemandem, der mediale Fähigkeiten haben soll. Jane ist mittlerweile so weit, daß sie die Kassette hören will – ich auch. Gestern abend konnte ich sie erst nicht finden, schließlich aber doch, kurz bevor ich diese Sitzung abtippen wollte. Morgen nehme ich Band und Kassettengeräte mit zu Jane.

Es verging so viel Zeit heute nachmittag, daß ich schon dachte, Jane würde keine Sitzung mehr abhalten. Aber schließlich sagte sie, sie wolle eine kurze Sitzung machen. Sie wurde während unseres Gespräches immer deprimierter, als wir feststellten, daß unsere Situation, zumindest in unseren Köpfen, ziemlich hoffnungslos ist. Sie war sich unsicher, ob sie eine Sitzung abhalten oder irgend etwas ausgraben könne, was helfen würde.

Es war heute warm und regnerisch, das Fenster war weit geöffnet. Ihre Seth-Stimme war wieder sehr leise, und ich mußte mir Mühe geben, sie gegen die anderen Geräusche im Krankenhaus zu verstehen. Die Art und Weise ihrer Durchgaben wechselte immer wieder, mal war sie emotional, dann wieder normal. Sie machte viele lange Pausen und seufzte gelegentlich, während sie für Seth sprach. Ich dachte manchmal, daß sie vielleicht mittendrin aufhören würde. An einigen Stellen merkte ich an der Stimme, wie nahe sie den Tränen war, die jeden Moment hätten ausbrechen können.)

Nun: Guten Tag.

(»Guten Tag, Seth.«)

Diese Sitzung ist eine Reaktion auf euer schwieriges Gespräch von gestern.

Es ist unerläßlich, daß ihr anerkennt, daß Ruburts Körper die ganze Zeit über mit der Heilung beschäftigt ist, wenn auch nicht mit der Gründlichkeit, die ihr euch vorstellt. Sonst wird er glauben, daß er eine physische Niederlage erlitten hat. *(Lange Pause.)* Er ist nicht so erfolgreich gewesen, wie er es sich gewünscht hat – aber obwohl Ängste wieder Komplikationen bewirkt haben, hat der Körper diese doch erfolgreich überwunden.

Auf einer Ebene hat Ruburt es doch zugelassen, sich mit einer sehr schwierigen gesundheitlichen Situation auseinanderzusetzen. Er hat sich viele Fragen besonders über den Zustand seiner Mutter gestellt *(Marie ist bettlägerig und leidet an Arthritis)* und über solche Situationen im allgemeinen; er hat einen außergewöhnlichen Impuls zugelassen, um seinen außergewöhnlichen Zustand zu meistern.

Die ganze Angelegenheit ist äußerst kreativ, da sie ihm lebenswichtige Erkenntnisse geliefert hat. Er fühlte sich dieser Aufgabe gewachsen. Andererseits hat er auch auf der menschlichen Ebene sehr viel Angst entwickelt.

(Lange Pause um 17.00 Uhr.) Ich muß eine Pause machen. Ich bin mir nicht sicher, ob er heute weitermachen wird, weil es schwierig für Ruburt ist, diese Sitzung in dem erforderlichen Trancezustand zu geben.

(17.01 Uhr. Ich konnte sehen, daß Jane sehr viel Mühe mit der Sitzung hatte, besonders als ihre Stimme anfing zu zittern und sie fast mit der Durchgabe aufgehört hatte. Sie gab es zu. »Ja«, sagte ich, »aber wie schwer kann denn eine Sitzung sein, wenn man sie mit deiner Situation hier jeden Tag im Bett vergleicht? Das ist doch viel schlimmer. Wohingegen die Sitzung etwas Wichtiges bewirken könnte.«

Die Zeit verging sehr schnell und ich war auch sehr müde geworden; die Sitzung hatte jedenfalls einen Hoffnungsschimmer aufkommen lassen. Vorhin hatte Jane wiederholt gesagt, sie sei am 20. April genau ein Jahr im Krankenhaus und wisse nicht, wie sie dort jemals wieder herauskäme.

Ich hatte noch keine Zeit gehabt, mit Jane darüber zu sprechen, aber meiner Meinung nach sollte sie die Sitzungen fortzsetzen – egal wie schwierig sie auch sein mögen –, einfach um diesen Kreislauf zu brechen, der sie ans Bett und ans Krankenhaus fesselte. Das seien die Sitzungen sicherlich wert. Ich sagte ihr nochmal, daß es unhaltbar war, weiterhin Angst vor anderen Menschen oder

der ganzen Welt zu haben, ich würde so etwas nie hinnehmen. Ich fragte sie, ob sie nicht genug davon hätte, und sie erwiderte, sie sei bereit, sich zu ändern. Das werden wir noch sehen. Ein wenig Hoffnung habe ich.

Es ist auch offensichtlich, daß wir uns beide der Heilfähigkeit des Körpers bewußt sind. Wenn er sie nicht hätte, würde er sterben. Die Heilung, die wir uns vorstellen, ist jedoch eine, die aus einem tieferen Verständnis und der Begegnung mit jenen mächtigen Kräften heraus entsteht, die diese Situation überhaupt erst hervorgebracht haben.

Gestern sagte ich zu Jane, daß ich mir wünschte, Seth würde auf die tatsächliche Beziehung zwischen Gesundheit und Krankheit eingehen. Da Krankheiten so weit verbreitet sind in unserer Welt und uns schon immer begleitet haben, welchem Zweck dienen sie? Es muß wohl Bände an Informationen darüber geben, die vielleicht ganz neu und revolutionär sein können. Wir als Gattung Mensch können nicht besonders gut mit Krankheiten umgehen. Ich fragte Jane, wie es denn bei wilden Tieren mit Krankheiten steht, auch wenn sie noch nie einen Menschen gesehen haben. Wenn wir *unsere Krankheiten durch unsere Gedanken und unseren Lebensstil* selbst *schaffen, wie ist es dann bei Tieren? Es müssen doch ähnliche Gründe sein, die das gleiche Ergebnis hervorbringen, was bedeuten würde, daß wir Tieren näher verwandt sind, als wir vermuten. Oder gibt es andere Gründe für Tierkrankheiten – Gründe, die aber die gleichen Ergebnisse zur Folge haben, mit denen wir uns auseinandersetzen müssen? Diese Fragen stellten sich mir, als ich unsere Katzen zum Tierarzt brachte, um sie gegen Flöhe und Zecken behandeln zu lassen.*

Mir ist klar, daß die Erkenntnisse, die ich aus Janes Zustand gewonnen habe, viele neue Fragen für mich aufgeworfen haben. Aber vielleicht gibt es auch andere Wege, zu solchen Einsichten zu gelangen. Schließlich hat Jane ihre Situation weit genug getrieben.)

DONNERSTAG, DEN 19. APRIL 1984, 16.03 UHR

(Jane rief gestern abend an. Ich besuchte heute morgen kurz unsere Nachbarn, die Familie Bumbalo. Sie bereiteten Joe darauf vor, zum Arzt zu gehen, um Blutuntersuchungen machen zu lassen. Da er sehr schwach war, konnte er nicht allein aufstehen und sich fertig machen. Ich vermutete, daß sein Tod nahe war.

Jane ging es ganz gut, obwohl drei Krankenschwestern dabei waren, ihr einen neuen Katheter zu legen, als ich kam. Jane hatte zuvor Krämpfe gehabt. Die Krankenschwestern hatten Schwierigkeiten, und das Mittagessen verzögerte sich. Danach spielten wir die Kassette des medial begabten Freundes vor, die ein Reading vom letzten September enthielt. Die Kassette war nur eine Kopie und die Aufnahmequalität unmöglich – wir konnten kaum alles verstehen. Mich wunderte, daß ein Wissenschaftler solch ein Produkt überhaupt verschickt.

Einiges von dem Material war ganz gut, anderes wiederum nicht, einiges stimmte, anderes war falsch – wie zu erwarten. Er sagte, Jane könne sterben, aber offensichtlich tat sie es nicht. Es stimmte, daß sie Anämie hatte, es war aber nicht richtig, daß sie auch unter Leber- und Milzproblemen litt, zumindest so weit wir das beurteilen konnten. Die Schwierigkeit mit solchen Readings sind die Verallgemeinerungen. Energieblockaden können immer festgestellt werden, aber das sagt sehr wenig aus. Wir haben alle irgendwelche Energieblockaden. Außerdem muß nicht nur die Realität der betreffenden Person »gelesen« werden, sondern auch die des Mediums. Das Reading bot keine wesentlichen Erkenntnisse über die Ursache von Janes Zustand. Das wäre auch in der kurzen Zeitspanne schwierig gewesen.

Eine richtige Aussage des Readings war, daß Jane das kreative Potential hat, um einen durchschlagenden Erfolg zu erleben und wieder gesund zu werden. Wir hatten den Eindruck, daß die Kassette auch einige negative Aussagen enthielt; aber wenn man körperliche Probleme hat, bleiben ein paar negative Bemerkungen darüber vermutlich nicht aus. Details sind uns jedoch sehr wichtig, also waren wir wieder allein gelassen. Ich bin nach wie vor davon überzeugt, daß Jane die Lösung in sich selbst trägt. Sie sagte, sie sei dem Reading eher abgeneigt. Amen. Mir ging es genauso. Auf jeden Fall war es eine lehrreiche Erfahrung. Ein Teil des Wertes lag darin, daß wir mit dem Abspielen so lange gewartet hatten, bis Jane selbst bereit war, sich die Ursachen anzusehen. Es hatte seinen Grund gehabt, daß wir uns die Kassette nicht schon früher angehört hatten.

Um 15.40 Uhr las Jane die Sitzung von gestern und kam zügig voran, las mit Brille und mit beiden Augen. Normalerweise muß sie immer eines schließen. »Vielleicht hängt das erfolgreiche Lesen mit der gestrigen Sitzung zusammen«, sagte ich ihr. Sie stimmte zu. Sie hatte auch ein großes Bedürfnis, eine Sitzung abzuhalten, und fing deshalb früh damit an.)

Nun: Guten Tag.

(»Guten Tag, Seth.«)

Das folgende Material ist für das Buch-Diktat, aber Ruburt soll es auch sehr beherzigen. Es gibt einige einfache Schritte, die ihr befolgen könnt, wenn ihr in einer schwierigen Situation seid – sei es eine Krankheit oder eine anstrengende Auseinandersetzung mit jemandem oder ein finanzielles Dilemma oder was auch immer.

Diese Schritte scheinen selbstverständlich oder vielleicht zu einfach zu sein – aber sie bewirken eine sofortige Erleichterung und einen Seelenfrieden, der eure inneren Reserven mobilisiert. Ich habe diese Schritte bereits öfter erwähnt, weil sie unerläßlich dafür sind, dem Verstand Klarheit und dem verschreckten Ego ein Gefühl der Sicherheit zu vermitteln.

1. Fangt sofort an, so sehr wie möglich in der Gegenwart zu leben. Versucht, euch eure momentanen Sinneseindrücke bewußt zu machen – alle. Ihr konzentriert euch beispielsweise nur auf den Schmerz, wenn ihr welchen verspürt, und vergeßt dabei die entspannten Zustände, die in anderen Körperteilen herrschen, und die Ansammlung von Geräuschen und Eindrücken, die euch umgeben. Diese Methode wird die Last des Problems unmittelbar verringern und euch ein Gefühl der Erleichterung geben.
2. Weigert euch, besorgt zu sein. Das ergibt sich unweigerlich aus dem ersten Schritt. Sagt euch, daß ihr euch morgen oder zu einer anderen Gelegenheit so viel Sorgen machen könnt, wie ihr wollt – aber beschließt, euch im Augenblick keine Gedanken zu machen.
3. Sollten eure Gedanken doch um ein bestimmtes Problem im gegenwärtigen Moment kreisen, stellt euch die bestmögliche Lösung dafür vor. Überlegt nicht wie, wann oder warum die ideale Lösung sich präsentieren wird, aber seht sie bereits vor eurem geistigen Auge. Wenn euch die visuelle Vorstellung nicht liegt, dann versucht, Dankbarkeit und Freude zu fühlen, die aufkämen, wenn ihr das Problem zu eurer Zufriedenheit gelöst hättet.

Diese Schritte ermöglichen euch eine Verschnaufpause und helfen, den Druck des Problems, wie auch immer gelagert, zu verringern. In diesem beruhigten Zustand könnt ihr euch dann Gedanken über geeignete Schritte machen, die das Problem möglicherweise direkter angehen.

Wir machen eine Pause, und danach geht es weiter.

(16.21 Uhr: »Er kommt zurück, vermute ich«, sagte Jane. Sie wurde zweimal während der Sitzung unterbrochen: Einmal wurde ihre Temperatur gemessen – 37 Grad –, ein anderes Mal bekam sie Vitamin C. Ich las ihr die Sitzung vor: »Mir kommt das wie Erste Hilfe vor«, sagte sie. Wiederaufnahme um 16.27 Uhr.)

Dies ist kein Diktat. Wartet einen Moment.

(Lange Pause.) Während ihr euch beide vorgenommen habt, Ruburts Schwierigkeiten auf den Grund zu kommen, ist es unvermeidlich, daß besonders Ruburt sich auf die Freude konzentriert und sie verstärkt erlebt, so daß diese freudige Empfindung jegliche Gefühle der Verzweiflung, die entstehen könnten, auflösen kann. Wir wollen uns nicht nur auf tiefsitzende Ängste konzentrieren. Es ist wichtig, diese aufzudecken, aber sie sollten ausgeglichen werden durch den Entschluß, Freude zu empfinden *(eindringlich)* – die Freude hilft, Ängste aufzufangen.

Wir werden mit dem Buch-Diktat weitermachen, wobei der Fokus hauptsächlich auf der Besserung von Ruburts Situation liegen wird, damit sich seine Energie, seine Gesundheit und Beweglichkeit aktivieren.

Ich schlage vor, daß Ruburt mit dem freien Assoziieren beginnt. Mit eurer Entschlossenheit vor Augen wird euch im Grunde jedes Thema, mit dem ihr beginnt, in die richtige Richtung führen. Erreicht werden soll beispielsweise der Ausgleich von schmerzhaften Gedanken oder Gefühlen durch die Schritte, die ich heute beschrieben habe, die als unterstützender Bezugsrahmen fungieren sollen.

(»Meinst du außerhalb der Sitzungen?«)

Ja.

Ich werde mich immer dann einschalten, wenn ich von Nutzen sein kann, und ich werde manchmal kurzes, aber prägnantes Material liefern *(humorvoll)*, das als Thema für die freie Assoziation verwendet werden kann. Ihr könnt natürlich mit irgendeinem geeigneten Thema anfangen – seine Mutter, sein Vater, eure Beziehung, eure individuellen oder gemeinsamen sexuellen Gefühle, seine Gedanken zu seinem medialen Material, seine Schriftstellerei oder was euch beliebt –, und ich werde einige Richtlinien dazu geben.

Dieser Schritt wird auch sein Traumleben stimulieren, und ihr werdet entdecken, daß ihr beide ein neues kreatives Verständnis im Umgang mit dieser Methode entwickelt.

Ruburts Vorlesen *(der Sitzung)* hat heute die Unverwüstlichkeit seines Körpers gezeigt.

Ich aktiviere wieder jene Koordinaten, die der Heilung, der Fülle und dem Wohlbefinden förderlich sind.

(»Ich bin's«, sagte Jane nach einer langen Pause.

16.43 Uhr. Ich las ihr die Sitzung vor. Es wäre sicherlich ein Fehler, kein Material mehr für das Buch zu liefern, aus welchen Gründen auch immer. Neben dem persönlichen Material von Seth würde das Buch-Material sicherlich Abwechslung und ein Gefühl der Genugtuung bieten. Der Ansatz zur freien Assoziation, den Seth vorgeschlagen hat, wird etwas Neues für uns sein. Ich werde sehen, wie es sich entwickelt.

Jane rief früh an – vor 21.00 Uhr, als ich gerade diese Sitzung abtippen wollte. Mir war nach dem Abendessen eine neue Erkenntnis in bezug auf die Rolle von Krankheiten gekommen, die ich mir für mögliche zukünftige Diskussionen notieren wollte. Es ging um meinen Besuch bei Joe Bumbalo heute morgen. Er hat Krebs. Meine Gedanken gingen dahin, daß der Krebs ein neues, explosives Wachstum in einem alternden Körper hervorruft. Dieses Wachstum ist dazu verdammt, nicht nur den Tod des Betroffenen herbeizuführen, sondern auch des Krebses selbst. Warum verhält sich der Krebs in dieser Art und Weise? Ermöglicht Joe Bumbalo dem Krebs, nach dem Tod eine neue Lebensform einzugehen und woanders zu wachsen, genauso wie wir das von Joe nach seinem Tod auch annehmen?)

6. Kapitel

»Zustände der Gesundheit und der Krankheit«

Freitag, den 20. April 1984, 16.12 Uhr

(Jane rief mich gestern mit Hilfe von Elisabeth an. Sie ist unsere deutsche Freundin und brachte mir einen Zitronenkuchen und Jane einen Osterkorb mit.

Wie Seth vorgeschlagen hatte, versuchten wir heute das freie Assoziieren. Es klappte ganz gut und fing spontan an, als Jane mich bat, ihr ein Glas Wasser zu geben und ich daraufhin mein Notizbuch auf ihr Bett fallen ließ, um es zu holen. Ich war müde und etwas genervt, was Jane sofort spürte und darauf reagierte. Es setzte eine Reihe von Assoziationen bei ihr frei, über die zu sprechen ihr fast peinlich war. Hier einige meiner Notizen dazu:

Als Jane mich darum bat, das Glas Wasser für sie zu holen und ich daraufhin mein Notizbuch auf ihr Bett fallen ließ, hatte sie sofort das Gefühl, daß sie mich damit noch viel mehr ärgert; aber sie hatte kein Recht dazu, mich zu reizen. Dieses Gefühl erinnert sie sofort an die Zeit als Kind, wo es für sie lebenswichtig war, die Ablehnung anderer Menschen zu vermeiden – ihrer Mutter Marie im besonderen. Auch in der Schule war es das gleiche. Jane hatte Angst davor, daß ihre Mutter krank werden und sterben würde, wenn sie wütend auf Jane wurde. Marie hatte Jane immer wieder gesagt, es sei ihre Schuld, daß die Mutter krank war, daß Janes Großmutter und die Haushälterin gestorben seien. »Wenn ich also nicht aufpaßte, würde ich mir oder anderen Menschen Schaden zufügen«, sagte Jane.

Jane hatte auch das Gefühl, daß die Sitzungen Todesfälle verursachen könnten oder Menschen schaden würden. Sie hatte ganz am Anfang eine wahnsinnige Angst davor gehabt, eine Sitzung für eine Frau aus Louisiana, die an MS litt, abzuhalten. Gleichzeitig fühlte sie sich aber dazu aufgerufen, ihr zu helfen. Grundsätzlich wollte Jane nichts mit kranken Menschen zu tun haben, da sie Angst davor hatte, ihnen mit den Sitzungen zu schaden.

Jane hatte nicht das Gefühl, daß die Sitzungen ihr selbst schaden könnten, obwohl sie oft den Eindruck hatte, daß sie für sich selbst nicht genügend Erkenntnisse bekam. Wir sprachen über ähnliche Situationen, und sie war manchmal den Tränen nahe. Diese Themen haben sie sicherlich sehr bewegt. Es war im Grunde nichts Neues, aber es war gut, sich damit nochmals auseinan-

derzusetzen. Ich sagte ihr, sie brauche mit sich selbst nicht zu verhandeln, wie sie es immer wieder tat; es sei völlig in Ordnung, gleichzeitig gesund und begabt zu sein und seine Fähigkeiten einzusetzen. Die Welt würde sie nicht verdammen, wenn sie sich lieber nicht mit kranken Menschen befassen wolle.

Nach unserem Gespräch sagte sie, sie wolle eine Sitzung abhalten. Ihre Seth-Stimme klang etwas lauter als sonst.)

Guten Tag.

(»Guten Tag, Seth.«)

Ihr habt einen guten und intensiven Anfang mit der freien Assoziation gemacht. Ruburt wird sich einiger seiner Einstellungen wieder bewußt, denen gegenüber er schon fast blind geworden war. Sage ihm, daß seine Fortschritte bereits so weit sind, daß er keinen Rückfall zu befürchten hat. Die vereinbarte Methode wird ihn verhindern.

Nun: Diktat.

Bevor wir auf die Situation des Menschen in bezug auf Gesundheit und Krankheit eingehen, möchte ich auf die sogenannnten Zustände von Gesundheit und Krankheit eingehen, wie sie in den Begriffen eurer Welt dargestellt werden und in allen Spezies wirken. Damit erhalten wir ein umfassenderes Bezugssystem, mit dem wir verstehen können, wie jeder einzelne seinen bestimmten Platz darin einnimmt.

Wartet einen Moment ... Wir beginnen mit dem nächsten Kapitel: »Zustände der Gesundheit und der Krankheit« – alles in Anführungszeichen.

Ich verwende deshalb Anführungszeichen, um auszudrücken, daß diese Überschrift eure eigenen Einstellungen über Gesundheit und Krankheit widerspiegelt. Unabhängig von äußeren Erscheinungen und Mißinterpretationen von natürlichen Ereignissen ist das Konzept von Krankheit, so wie ihr es auslegt, ein chauvinistisches (lauter) – das heißt eher in bezug auf Gesundheit als auf Sexualität.

Grundsätzlich gibt es nur Lebensformen. Durch ihre Zusammenarbeit erhält eure gesamte Welt ihre Realität, ihre Substanz, ihr Leben und ihre Form. Wenn es Krankheiten in eurem Sinne nicht gäbe, gäbe es auch keine Lebensformen. Eure Realität verlangt eine ständige Fluktuation zwischen physischer und nichtphysischer Erfahrung. Viele von euch, liebe Leser, denken, daß ihr sterben würdet, wenn man euch den Schlaf entzöge. Der bewußte Entzug der mentalen Aktivität während des Lebens macht jedoch bewußte Erfahrung erst möglich. Genauso gibt es einen Rhythmus des physischen Todes, damit das normale physische Leben erfahren werden kann. Es versteht sich von selbst, daß ohne Tod und Krankheit – die beide Hand in Hand gehen – körperliche Existenz nicht möglich wäre.

(16.30 Uhr.) Trotz aller Angst der Menschen vor Krankheit hat sie die

Spezies jedoch nicht zerstört; das Leben funktioniert mit einer allgemeinen Stabilität weiterhin, auch wenn es ständig durch Krankheiten belästigt und bedroht wird. Das gleiche gilt im allgemeinen für alle Spezies. Pflanzen und Insekten sind genauso Teil dieses größeren Zusammenhangs wie Fisch und Federvieh.

An anderer Stelle habe ich bereits erwähnt, daß keine Spezies jemals wirklich ausgerottet wird – und in diesem Sinne verschwindet auch nicht jeder Virus, jeder Bazillus oder jede Krankheit komplett von der Erdoberfläche. Viren verändern ihre Form und erscheinen euch manchmal harmlos, ein anderes Mal tödlich. Die sogenannten Zustände von Gesundheit und Krankheit verändern sich auch ständig – und im weitesten Sinne ist eine Krankheit an sich eine Art der Gesundheit, da diese Krankheit Leben und Gesundheit erst möglich macht *(alles sehr eindringlich)*.

Wir werden später darauf eingehen, was dies für den einzelnen bedeutet, aber zunächst möchte ich betonen, daß Krankheit natürlicherweise als Bedrohung, als Gegner oder Feind erlebt wird, obwohl dies nicht der Fall ist.

Das Thema Leiden ist sicherlich eng damit verbunden, aber im Grunde gehören Krankheit und Leiden nicht unbedingt zusammen. Leiden und Sterben gehören auch nicht unbedingt zusammen. Die Gefühle des Leidens und des Schmerzes existieren natürlich. Sie sind zum einen natürliche Reaktionen, zum anderen angelernte Reaktionen auf bestimmte Vorkommnisse. Über glühende Kohlen zu laufen würde bei den meisten von euch, liebe Leser, sofortigen Schmerz auslösen – während in primitiveren Kulturen die gleiche Situation unter bestimmten Umständen Gefühle der Exstase und Freude auslöst.

Wir wollen »Krankheit« jetzt getrennt vom Leiden betrachten. Danach gehen wir auf Schmerz und Leiden sowie deren Implikationen ein. Ich möchte dennoch erwähnen, daß Schmerz und Leiden sehr wohl auch lebensnotwendige Gefühle sind und damit ein Teil des körperlichen Repertoires, Gefühle und sinnliches Erleben auszudrücken. Sie sind auch ein Zeichen von Lebendigkeit und für sich genommen oft ebenso verantwortlich dafür, die Gesundheit des Körpers wiederherzustellen, wenn sie als Lernaufgabe angenommen werden.

(Lange Pause.) Deshalb stimuliert der Schmerz, da er unangenehm ist, den Menschen dazu, sich von ihm zu befreien, und fördert dadurch die Genesung.

Ende des Diktats.

(16.48 Uhr.) Erinnere Ruburt daran, daß er eine geliebte Tochter des Kosmos ist und daß der Ozean und der Himmel genauso seine Eltern sind wie seine physischen. Punkt. Ende der Sitzung. Ich werde eure Situation weiter beobachten und schicke euch meine Unterstützung.

(16.50 Uhr. »Ich bin froh, die Sitzung gehalten zu haben«, sagte Jane, »auch wenn es schon spät ist. Aber sie enthielt Informationen, die du gewollt hast. Es lief ganz gut. Mein Kopf war klar genug, um alles durchgeben zu können.« Sie war zufrieden, und ich sagte ihr, sie habe es gut gemacht. Die Sitzung hatte auch meine Frage über die Bedeutung von Krankheit und Gesundheit in unserer Welt behandelt. Ich war nun müde.

Jane rief mit Carlas Hilfe um 21.40 Uhr an, als ich diese Sitzung abtippte. Carla habe ihr erzählt, daß sie heute, am 20. April, genau vor einem Jahr, auch Nachtdienst gehabt habe, als Jane gerade eingeliefert wurde. Wir konnten uns beide nicht mehr daran erinnern.)

Sonntag, den 22. April 1984, 15.35 Uhr

(Heute, den 21. April, wurde keine Sitzung abgehalten, dafür machten wir mit dem freien Assoziieren weiter; ich gebe hier eine Zusammenfassung wieder, gefolgt von einer Sitzung.

Ich hatte einige Fragen, die sich aus Janes Material von gestern ergaben. Meine Bemerkungen darüber, daß ihre Krankheit uns mindestens ein halbes Dutzend Bücher über die Jahre gekostet habe, entlockte ihr eine Reaktion; sie ging heute darauf ein. Sie sagte, sie würde jeden Tag nur immer ein bißchen machen. Sie hatte diese Idee der Disziplin von mir übernommen, aber meiner Meinung nach paßte sie überhaupt nicht zu ihrer spontanen Art. Wir überlegten, warum ihre Psyche so reagierte. Sie stimmte zu, daß ihr Leben im Krankenhaus sehr geschützt sei. Sie glaubte auch, daß sie persönlich der anspruchsvollen Qualität des Seth-Materials nicht gewachsen sei – ihre eigene »mentale Arbeit«, wie sie es ausdrückte. Ihre Symptome halfen ihr dabei, über die vielen Jahre am Schreibtisch zu bleiben und nicht abgelenkt zu werden oder überhaupt nichts zu tun.

Die Symptome – und jetzt das Krankenhaus – schützten sie vor der Kritik anderer, verhinderten das Reisen zu Autorenlesungen und viele andere Dinge. Jane hatte damals Angst vor Sumari gehabt, genauso wie vor den Sitzungen, die im Jahre 1963 anfingen, sie war aber gleichzeitig auch sehr neugierig gewesen. Sie hatte Angst vor den Tests in den Sitzungen und den Séancen, Angst davor, im Unrecht zu sein. Sie befürchtete, als hysterisch und exhibitionistisch abgestempelt zu werden. Im Unrecht zu sein war weitaus belastender als im Recht zu sein. Sehr gut. Jane hatte an einigen Stellen des Gesprächs heute geweint.

Ich sprach über Janes allererste Sitzung – den persönlichen Teil der Sitzung 208 vom 15. November 1965 –, obwohl sie meinte, die ganze Geschichte habe eigentlich erst im Juni 1966 begonnen, einen Tag vor der Feier für Der Weg zu Seth. *Unsere Freunde wollten das Erscheinen von Janes erstem »medialen«*

Buch feiern, ihre erste Begegnung mit Seth, aber anstatt über ihr Buch zu sprechen, las Jane nur Gedichte an dem Abend vor – sie war zu verlegen. Eine seltsame, verhaltene Reaktion.

Um 16.40 Uhr war sie den Tränen nahe, als ich sie danach fragte, warum ihre Psyche sie nicht davor gewarnt habe, daß sie große Schwierigkeiten mit den Symptomen haben werde. Sie entgegnete, daß ihre Psyche sie sehr wohl beschützt habe, *sonst wäre sie jetzt nicht mehr am Leben. Sie erinnerte an verschiedene gute Phasen: ihre Arbeit an der unvollendeten und unveröffentlichten Biographie* From This Rich Bed, *ihr veröffentlichter Roman* Überseele Sieben *usw. Aber nach jeder Veröffentlichung eines neuen Buches ging es ihr schlechter. Unter Tränen sagte sie, es müsse ihr bei der nächsten Veröffentlichung nicht schlechter gehen. Sie war auch meiner Meinung, daß sie ja nun den Schutz des Krankenhauses hatte.*

»Ich hoffe schwer, daß das hier etwas nützt«, sagte sie. »Es macht wirklich keinen Spaß, diese ganzen Gefühle wieder hochzuholen, also soll es sich zumindest lohnen.«

Am 22. April hielt sie eine Sitzung ab. Es war Ostersonntag, ein feuchtkalter, grauer Tag. Jane hatte sich ihr gestriges Material vom freien Assoziieren durchgelesen. Es ging einigermaßen, aber sie mußte sich anstrengen. Nachdem wir darüber gesprochen hatten, kündigte sie eine Sitzung an.)

Nun: Guten Tag.

(»Guten Tag, Seth.«)

Das folgende Material ist für Ruburt und kann auch zum freien Assoziieren verwendet werden. Wartet einen Augenblick.

(Lange Pause.) Ruburt hatte immer das Gefühl, daß seine schriftstellerischen Fähigkeiten seine Existenzberechtigung waren – das heißt, sein schriftstellerisches Talent sollte alle anderen Unzulänglichkeiten aufwiegen. Seine Mutter hat seine Gefühle des Ungeliebtseins verstärkt, aber seine Begabung war seine Rettung und mußte um jeden Preis gefördert und geschützt werden.

Es ist sehr nützlich, wenn ihr eine Liste all seiner guten Eigenschaften und hervorragenden Begabungen erstellt, wie ihr es schon einmal getan habt.

Nehmt diese kurze Sitzung als Ausgangspunkt für weiteres freies Assoziieren. Ich komme zurück oder auch nicht und aktiviere jene Koordinaten, die Erkenntnis, Erfüllung und Wohlbefinden unterstützen.

(»Nun gut«, sagte Jane.

15.43 Uhr. Ich las ihr die Sitzung vor.

Wir versuchten anschließend das freie Assoziieren. Sie erzählte, wie sie versucht habe, anderen Leuten ihre Gedichte vorzulesen und welche Angst sie früher davor gehabt habe, daß die anderen sie und ihr Talent als sonderbar betrachten würden. Sie hatte auch Angst vor der Meinung meiner Mutter, obwohl ich ihr klarzumachen versuchte, daß Stella ihre Meinung über sie geändert und Jane in späteren Jahren sehr gern gehabt hatte. Jane stimmte zu. Ich meinte, es sei einfach, die Vergangenheit zu beurteilen, aber man solle erst einmal von ihr lernen und versuchen, sie zu verstehen, und dann weitermachen. Anscheinend hatten wir heute einen toten Punkt in unserem Verständnis erreicht.

Jane hatte auch als junges Mädchen Angst vor anderen Menschen gehabt, auch vor ihren Mitschülern, daß sie sie nicht anerkennen würden; ich entgegnete, daß es auch umgekehrt hätte sein können, daß die anderen Angst vor Janes Mißachtung hätten empfinden können, da ihre Fähigkeiten schließlich die der anderen überstiegen. Warum sollte sie sich herabsetzen? Jane war bisher nie auf diesen Gedanken gekommen. Ich finde es traurig, daß die Jugend nicht das Verständnis für die eigenen Begabungen aufbringt, unabhängig davon, was andere denken. Aber diese Einstellung kommt wohl normalerweise erst im Alter.

Sogar die Teilnehmer der Schriftsteller-Konferenz 1957 in Milford, Pennsylvania, sagten ihr, daß sie ihren Drang zum Schreiben verlieren und doch ein Kind bekommen würde. Jane befürchtete, daß ihr Körper sie verraten könnte, indem sie schwanger werden würde. Sie meinte sogar, daß ich so dachte. Es ist richtig, daß ich mich nicht zum Vater berufen fühlte, aber ich verstand es nicht als Verrat oder als ein schlechtes Geschäft. Jane dachte, eine Schwangerschaft würde meiner Karriere schaden, weil ich dann ganztägig arbeiten müßte. Ich bin jedoch sicher, ich hätte eine bessere Lösung gefunden.

Das wichtigste an unserem ganzen Gespräch heute war wohl die Tatsache, daß Jane negative Glaubensmuster und Reaktionen beschrieb – eine ausgezeichnete Erkenntnis. Es ist zwar nichts Neues, aber es scheint, daß wir alles, was wir bisher erreicht haben, trotz einer Flut von negativen Gedanken, Gefühlen und Überzeugungen geschafft haben.

Jane gab schließlich doch zu, daß sie das Problem mit meiner Mutter gelöst hatte, aber nicht das mit meinem Vater. Und was ihre eigene Mutter angeht, sagte ich ihr, sei es völlig in Ordnung zuzugeben, daß sie in der Beziehung zu ihr keinen Erfolg gehabt oder sich zurückgezogen hatte. Jane hatte immer gedacht, ihre Mutter hasse sie; sie glaubt es auch heute noch. Der Haß der Mutter führte dazu, daß Jane Schutz suchte – völlig normal, meinte ich. Als ihr Vater betrunken war, sagte er Jane, Marie sei ihre Feindin. Sie glaubte es offensichtlich.

Ich las Jane Teile der Sitzung vom 18. April vor, in der Seth erwähnte, daß sie sehr viel Angst hatte. Es war eine hervorragende Sitzung. »Aber das war's dann auch«, sagte Jane traurig. »Ich befürchte, ich bin so tief gerutscht, daß ich da nicht mehr herauskomme.« Eine gute, allerneueste Angst, die zur Sprache gekommen ist. Ich habe die gleiche Angst oft selbst gehabt. »Aber ich habe mich entschieden, daß es jetzt reicht«, sagte Jane, nachdem ich nochmal darüber spekulierte, warum ihre Psyche sie wohl nicht früher davor gewarnt habe. Die Sitzung war heute erfolgreich, da sie einiges an Emotionen auslöste.)

Mittwoch, den 25. April 1984, 15.10 Uhr

(Heute fand keine Sitzung statt. Hier ist eine Zusammenfassung der Ergebnisse aus dem freien Assoziieren von gestern, dem 24. April:

Jane war heute morgen deprimiert und fühlte sich unwohl. »Ist das eine Art zu leben?« fragte sie. Sie dachte ans Sterben, wollte es mir jedoch nicht antun. Sie suchte nach einem Anzeichen der Besserung, um ihre Stimmung aufzuhellen. Sie fühlte sich besser, nachdem ich ihr die Sitzung vom 19. März und ein sehr schönes Sumari-Gedicht vorgelesen hatte, welches ich immer als Abschluß für die Essays in Träume *verwendete.*

Jane hatte sogar daran gedacht, daß sie Debbie Harris abends Stoff für ein weiteres Kinderbuch diktieren wollte. Vielleicht auch eine Autobiographie. Die Krankenschwestern und Helfer hatten heute morgen wieder andauernd ihre Witze gerissen und herumgealbert. Normalerweise heiterte das Jane auf, obwohl sie nervös dabei wurde, wenn sie sich nicht auf ihre Arbeit konzentrierten, beispielsweise wenn sie Jane hochheben mußten.

Wir tauschten unsere gegensätzlichen Meinungen über Prentice-Hall aus. Diese Meinungsverschiedenheiten waren zu erwarten, erschienen jedoch angesichts unserer derzeitigen Situation trivial.

Jane ist überzeugt davon, daß ihre Arbeit, ihre Gedichte, gut sind. Bevor Seth Gespräche mit Seth *diktierte, hatte Jane Bedenken, ob er überhaupt ein Buch schreiben könne. Ich machte mir darüber keine Sorgen. Jane hatte den Eindruck, daß ich über die Aufmachung ihres Romans* The Rebellers (Die Rebellen) *enttäuscht gewesen war, was stimmte. Wir hatten uns beide über die schlechte und billig aussehende Aufmachung des Buches aufgeregt.*

Ich versuchte immer wieder, Jane zu motivieren, über bestimmte Ereignisse und ihre Symptome zu sprechen. »Ich kann nicht einmal für eine Stunde nach Hause gehen, ohne daß es gleich 200 Dollar kostet«, sagte Jane unter Tränen. »Aber ich bin noch nicht bereit, mich mit meiner Lage zu versöhnen.« Sie sagte, sie sei oft vorsichtig, worüber sie mit mir spreche, da sie ihre Probleme nicht einfach bei mir abladen wolle, wenn ich sie im Krankenhaus besuchte. Aber wenn nicht bei mir, bei wem dann? Außerdem kenne ich ihre Stimmungen besser, als sie vermutet. Sie überraschte mich, als sie sagte: »Ich stelle fest, daß ich Frauen wirklich nicht gemocht habe.« Es gab noch mehr dazu zu sagen.)

Guten Tag.

(»Guten Tag, Seth.«)

Wir nehmen das Diktat wieder auf.

Sogar in einer Wirt-Parasit-Beziehung findet eine Kooperation statt.

Beispielsweise helfen Flöhe, den Kreislauf zu erhöhen, und kämmen ständig das Fell der Tiere. Sie helfen auch, körperliche Ablagerungen oder noch kleinere Tiere als sie selbst zu beseitigen. Sie mobilisieren das Immunsystem und erhöhen seine Anpassungsfähigkeit.

Viele Erkrankungen sind tatsächlich gesundheitsfördernde Prozesse. Windpocken, Masern und ähnliche Krankheiten während der Kindheit impfen den Körper auf natürliche Weise, so daß er mit anderen Elementen, die auch Teil des Körpers und seiner Umwelt sind, besser umgehen kann.

Wenn Kinder in unserer Zivilisation vom Arzt gegen solche Krankheiten geimpft werden, reagieren sie normalerweise nicht mit den gleichen Symptomen; die natürlichen schützenden Prozesse des Körpers werden erheblich verhindert. Solche Kinder erkranken dann nicht an etwas, wogegen sie geimpft wurden, sondern werden später im Leben »Opfer« einer ganz anderen Krankheit, die sonst nicht aufgetaucht wäre.

Ich spreche hier im allgemeinen, denn es sind eure individuellen Glaubensüberzeugungen, Gedanken und Empfindungen, die eure Realität schaffen; deshalb stirbt kein Mensch vor seiner Zeit. Der einzelne wählt den Zeitpunkt seines Todes selbst. Es ist jedoch wahr, daß viele Krebs- oder Aidserkrankungen entstehen können, weil das Immunsystem dermaßen manipuliert wird, daß der Körper keine Chance hat, sein eigenes Gleichgewicht von allein wiederzufinden.

Noch einmal: Kein Mensch stirbt an Krebs oder Aids oder etwas anderem, wenn er nicht selbst den Zeitpunkt dafür festsetzt.

Es müssen noch viele andere Umstände berücksichtigt werden, da solche Krankheiten starke soziale Auswirkungen haben. Sie treten in sozialen Spezies auf. Das bedeutet nicht, daß diese Krankheiten ansteckend sind, aber sie beruhen doch sehr auf einer Beziehung des Gebens und Nehmens zwischen den Menschen und ihrem natürlichen und kollektiven Umfeld.

(15.27 Uhr.) Eine Stadt erlebt beispielsweise eine Rattenplage. Das hätte eine große Unruhe in der Bevölkerung zur Folge, eine erhebliche Unzufriedenheit mit gesellschaftlichen Umständen und Gefühle der Frustration; alles zusammen würde die Situation eskalieren lassen. Rattengift würde zusätzlich neue Gefahren aufwerfen, da es kleine Vögel oder Nagetiere töten oder Nahrungsmittel für Tiere vergiften könnte. Auch Insekten würden unter solchen Zuständen leiden *(lange Pause.)* Alle Lebensformen würden unter solchen Bedingungen versuchen, ein Gleichgewicht der Zustände wiederherzustellen.

Ihr wundert euch möglicherweise darüber, warum so viele Lebensformen in einem scheinbar selbstzerstörerischen Verhalten, das oft mit dem

Tod endet, involviert sind – aber vergeßt nicht, daß das Bewußtsein den Tod nicht als Ende oder Katastrophe erlebt, sondern vielmehr als eine Möglichkeit, die körperliche und außerkörperliche Existenz weiterzuführen.

Ich komme heute nachmittag zurück oder auch nicht, aber ich aktiviere auf jeden Fall jene Koordinaten, die die Selbstheilung, das Vertrauen und Wohlbefinden unterstützen.

(»Danke.«

15.35 Uhr. Jane wurde einmal von einer Krankenschwester unterbrochen. »Ich weiß nicht genau, wann es war, aber ich wußte schon viel früher, was das Thema heute sein würde«, sagte Jane. »Seth geht auch mehr auf deine Fragen ein. Ich weiß, daß er mindestens zwei weitere Themen in diesem Kapitel behandeln wird: In einer bestimmten Epoche starben die Menschen in ihren Dreißigern, in einer anderen wiederum wurden sie sehr alt. Da wir uns zunehmend von unseren Gefühlen über das Sterben abgeschnitten haben, empfinden wir auch solche Angst vor dem Tod. Seth wird den Menschen nicht empfehlen, sich nicht mehr impfen zu lassen, da sie dies völlig verwirren würde.«

Ich fand die Sitzung sehr interessant. Seths Bemerkungen über die Flöhe ließ mich an das Floh-Vernichtungsmittel denken, welches Frank Longwell mir vor wenigen Tagen besorgt hatte. Es vernichtet angeblich jeden Floh im Hause. Und der Tierarzt hatte mir Flohpulver für die Katzen gegeben. Würde es die Katzen tatsächlich um eine wichtige symbiotische Beziehung bringen? Ich überlegte, welchen Kompromiß ich für den Sommer finden könnte, da die Teppiche im Haus jetzt auch alle gereinigt waren.

Seths Material über Kinderimpfungen, die spätere Krankheiten auslösen können, kann eventuell statistisch nachgewiesen werden. Es gibt sicherlich genügend Erhebungen, die derartige Zusammenhänge aufdecken könnten – wenn man sie über einen längeren Zeitraum genau analysierte. Diese neue Erkenntnis könnte zu einer veränderten medizinischen Versorgung führen, wobei ich nicht weiß, wie oder womit. Ich mußte auch an Joe Bumbalo denken: Er hat viele Operationen in seinem Leben gehabt und etliche Medikamente eingenommen. Könnte die wiederholte Einnahme solcher Mittel etwas mit seiner Krebserkrankung zu tun haben? Auch jetzt muß sich Joe schwerer Chemotherapie unterziehen. Ich nehme an, daß er schon Haarausfall hat.

Jane erzählte heute, sie habe mit Debbie Harris gesprochen, die an drei Abenden vorbeikommen wird, um Janes spontanes Diktieren aufzunehmen. Sie einigten sich auf 50 Cents pro Seite. Jane war sich jedoch unsicher darüber, ob sie ein emotional geladenes Thema wie eine Autobiographie jemand anderem diktieren könne. Ich sagte ihr, es werde sich von allein regeln.

Jane und ich waren sehr erfreut über die Spendeneinnahmen von mehr als 900 Dollar, die wir gestern von Maude Cardwell erhielten. Ich hatte sie heute mittag auf das Spendenkonto eingezahlt.

Ich bin wieder nicht dazu gekommen, an Träume *weiterzuarbeiten. Es ist schon eine Woche her, daß ich zuletzt daran gearbeitet habe.)*

Freitag, den 27. April 1984, 16.20 Uhr

(Es war heute sehr sonnig und warm – fast 27 Grad, als ich mich auf den Weg zu Jane machte. Ihr Zimmer war angenehm kühl. Später schaltete ich den Ventilator an. Sie zeigte mir, wie der Schorf an ihrem rechten Knie, an der Stelle, wo sich der gebrochene Knochen infiziert hatte, während der Hydro teilweise abgelöst hatte. Die Stelle war jetzt halb so groß. Man konnte das frische, rosafarbene Gewebe sehen, das sich neu gebildet hatte. An der Drainage war immer noch ein großes Loch im Bein. Wir waren über die Besserung beide sehr froh.

Bevor ich heute bei Jane ankam, reichte ich dem Krankenhaus einen Scheck über gut 18.000 Dollar ein, den ich vorgestern vom Blue Cross erhalten hatte. Ein paar Wochen zuvor hatte ich einen Scheck über 3700 Dollar erhalten; beide zusammen beglichen eine Krankenhausrechnung. Als ich den Brief mit dem Scheck über 18.000 Dollar öffnete, spürte ich überraschenderweise keinerlei Gefühlsregung. Ich wunderte mich über meine Gefühlskälte. Ich führte sie auf das lange Warten zurück, auf meine Entscheidung, mir keine Sorgen zu machen und ein paar andere Faktoren, über die ich mir noch keine Gedanken gemacht habe. Wut spielte sicherlich auch eine Rolle. Ich empfand auch nichts, als der Scheck über 3700 Dollar kam. Ich muß gestehen, das Ausbleiben irgendwelcher Gefühle in dieser Angelegenheit gab mir doch zu denken.

Es scheint, als ob die Rechnungen zu 100 Prozent, anstatt nur 80, übernommen werden – aber auch hier warte ich erst einmal ab, wie in einem Kokon aus Regungslosigkeit oder Nicht-Reaktion eingeschlossen . . .

Die Fenster waren weit geöffnet, und eine kühle Brise wehte herein, als Jane in Trance ging. Der Ventilator war auch an.)

Guten Tag.

(»Guten Tag, Seth.«)

Die offensichtliche Heilung der Wunde an Ruburts Knie ist ein gutes Beispiel für die Selbstheilungsfähigkeit des Körpers.

Sie hätte nicht durch das denkende Bewußtsein erreicht werden können – obwohl es den Prozeß mit seinem Willen geschehen lassen kann. *(Ein sehr wichtiger Punkt.)* Das Knie wird weiter heilen, auch der Finger *(an der linken Hand)*.

Ich rate meinen Lesern nicht, ihre Kinder nicht mehr impfen zu lassen, da Impfungen aufgrund ihrer gesellschaftlichen Bedeutung in Betracht gezogen werden müssen. Es ist jedoch durchaus möglich, daß die Wissenschaft bald die ungünstigen Nebenwirkungen entdecken wird und das ganze Thema überdenken muß.

Es ist eine Tatsache, daß es Ureinwohner – besonders in der Vergangenheit – gegeben hat, die viele Kinderkrankheiten nicht kannten, die für die westliche Medizin eine natürliche Erscheinung waren. Es ist eine andere Tatsache, daß aufgrund dieser Erkrankungen viele Naturvölker dezimiert wurden. Diese Situation entstand jedoch dadurch, daß die westliche Medizin plötzlich eingeführt wurde.

Ich will die westliche Medizin nicht per se verurteilen, nur auf ihre schwachen Punkte hindeuten. Die Wissenschaft der Medizin befindet sich in einem Zustand der Veränderung, und deshalb ist es besonders wichtig, daß sie ihre Konzepte und Techniken überdenkt.

Die Idee, Tiere als Versuchsobjekte zu benutzen, hat weitaus mehr Nachteile als Vorteile; eine Art des Bewußtseins nutzt eine andere Art des Bewußtseins aus und handelt damit gegen die Veranlagung der Natur zur Kooperation.

Alte Kulturen in der Vergangenheit verwendeten Tiere auf diese Art und Weise, aber mit einem ganz anderen Hintergrund. Ärzte oder Priester baten die Tiere um ihre Unterstützung bei bestimmten Problemen, indem sie darüber sprachen und sie in einem Tanzritual darstellten. Somit wurden die Tiere nicht geopfert oder ausgenutzt. Im Gegenteil: Mensch und Tier arbeiteten zusammen, in dem Wissen, daß kein Bewußtsein jemals wirklich stirbt, sondern nur seine Form verändert.

Tiere sind bei verschiedenen Heilungsprozessen für den Menschen oft sehr hilfreich gewesen, aber die Basis dafür ist jedesmal die Zusammenarbeit.

(16.36 Uhr.) Ich möchte an dieser Stelle die grausamen Methoden erwähnen, mit denen Tiere für die Verwertung durch den Menschen abgeschlachtet werden. Diese Lebewesen werden so behandelt, als ob sie keine Empfindungen oder kein eigenes Bewußtsein hätten; eine solche Einstellung spiegelt eine sehr unglückliche Interpretation natürlicher Ereignisse wider. Ein direktes Ergebnis davon ist, daß durch solche Methoden genauso viele Krankheiten entstehen, wie sie bei den einfachsten Naturvölkern vorherrschen, die unter schlechten hygienischen Bedingungen leiden. Punkt.

In einem solchen Rahmen würde sich jedoch ein Gleichgewicht wieder einstellen, weil das Grundverständnis zwischen den Lebewesen weiterhin existierte. Glaubenseinstellungen kommen durch Taten zum Ausdruck; es gäbe keine Tierquälerei in Schlachthäusern, wenn es einerseits die verzerrte Überzeugung vom Überleben des Stärkeren nicht gäbe und andererseits die egoistische Annahme, daß Gott Tiere geschaffen hat, damit der Mensch frei darüber verfügen kann.

Ende des Diktats. *(16.43 Uhr.)* Nehmt euch zu Herzen, was ich über Ruburts Knie gesagt habe, damit er erkennt, daß die Heilungsprozesse in ihm tatsächlich die ganze Zeit über wirken. Diese Erkenntnis wird dazu beitragen, die Umstände soweit zu verändern, daß ihr eher nach Hause gehen könnt, als ihr vermutet. Ich aktiviere wieder jene Koordinaten, die Zufriedenheit, Lebenskraft und Gesundheit fördern – und ich wünsche euch einen schönen guten Tag.

(16.45 Uhr. »Schönen Tag, Seth.«)

Montag, den 30. April 1984, 16.11 Uhr

(Hier ist eine Zusammenfassung des frei assoziierten Materials von Jane, das wir am Sonntag nachmittag, den 29. April, durchsprachen.

Jane hatte an ihren Tod gedacht, als sie vor einem Jahr ins Krankenhaus eingeliefert wurde. Sie nahm Morphium und hatte Halluzinationen. Der Vater von Frank Longwell war gerade gestorben, und sie befürchtete, sie würde den gleichen Weg einschlagen. Sie konnte Frauen tatsächlich nicht leiden, als sie jünger war. Sie hatte Angst vor ihrem Körper und der Sexualität. Sie empfand es als Kompliment, wenn man ihr sagte, sie habe den Verstand eines Mannes. Sie dachte auch, daß Frauen sie nicht mochten, weil sie Angst davor hatten, Jane könne ihnen ihre Männer ausspannen, und noch ähnliche Geschichten.

Wir sprachen über ihr Zuhause und wie 1965 der junge Psychologe auf dem Hypnosesymposium von Dr. Instream ihre Ängste wieder wachgerufen hatte, und meine auch. Jane erinnerte sich daran, daß sie von einem Studienkollegen und von meiner Mutter als Schwindlerin bezeichnet wurde. Wir sprachen über die Religion. Diese Themen riefen Gefühle in ihr hoch, aber keine Tränen. Ich versuchte immer wieder auf die Zeit vor ihren Symptomen, vor ihrem Erfolg usw. einzugehen. Ich erinnerte mich daran, daß Seth einmal gesagt hatte, daß ihre Symptome »erstaunlich hartnäckig« waren. Vieles sprach dafür, daß Jane eine große Angst vor Spontaneität hatte, was sich immer wieder nach den Sitzungen und auch durch die Symptome bestätigte.

Jane fing an zu weinen, als sie sich an die Zeit zu Hause vor einigen Jahren erinnerte: Sie konnte nicht mehr richtig aufstehen und laufen und fühlte sich sehr hilflos. Ich bin damals wütend geworden, habe sie angeschrien und gesagt, daß ich sie einfach dort sitzen lassen würde, wenn sie nicht aufstünde. Es war meine eigene Verzweiflung über den traurigen Zustand, den wir erreicht hatten. Sie erinnerte sich auch an meine gelegentlichen Tränen. Ich sagte ihr, daß ich auch oft unbeobachtet geweint hatte.

Den Nachmittag des 30. April verbrachten wir weiterhin mit freiem Assoziieren:

»In den 60er Jahren«, erzählte Jane, »hatte ich das Gefühl, daß ich dich viel mehr liebte als du mich und daß du ganz gut ohne mich auskommen würdest.« Ich entgegnete, daß das eine völlig falsche Annahme war und ich nie an so etwas

gedacht hatte. Mich störten in der Tat einige Dinge – das Arbeiten, mein Leben als Künstler oder der Versuch, einer zu sein usw. – aber das hatte nichts mit ihr zu tun. Ich hatte sogar nicht so viel Angst davor, Vater zu werden, wie sie, schwanger zu werden. Dennoch wollte ich nicht unbedingt Vater werden.

Wir sprachen viel über die Anfangszeit unserer Beziehung, über unsere Arbeit, Prestige, Geld und über die Meinungen anderer. Die Dinge, über die wir sprachen, gehörten eigentlich zu den Auseinandersetzungen des täglichen Lebens, nur mit dem Unterschied, daß wir die negativen statt der positiven Aspekte sahen. Unsere damaligen Probleme erscheinen jetzt im Rückblick ziemlich unwichtig. Alle Menschen sind so verschieden voneinander, daß man überhaupt keine Urteile über den anderen fällen kann; am besten ist es, wenn jeder sein eigenes Ding macht und sich um sich selbst kümmert. Wer kann schon beurteilen, was richtig oder falsch ist, solange jemand seinen Mitmenschen keinen Schaden zufügt oder sie beraubt usw.

Jane dachte, wenn ich hätte wählen müssen zwischen einem Gemälde und ihr, hätte ich mich für das Gemälde entschieden. Das stimmte nun nicht – schließlich hatte ich vier Jahre im kommerziellen Kunstgewerbe gearbeitet. Sie gab zu, daß sie sehr viel Anerkennung brauchte, etwas, was mir damals, als wir heirateten, nicht bewußt war. Ich war immer stolz auf sie gewesen und betrachtete mich als Glückspilz, sie zur Frau zu haben. Nicht ein einziges Mal hatte ich ihre Liebe oder Loyalität in Frage gestellt, und ich dachte, daß sie genauso fühlte. Heute stellte ich fest, daß ich mich eventuell auch darüber getäuscht haben könnte – seltsam.

Jane hatte sogar gedacht, mir hätte die Art und Weise, wie sie sich kleidete, nicht gefallen. Doch wenn ich mich recht entsinne, haben mir ihre Kleider und auch ihre Frisur immer gut gefallen. Sie sagte, sie habe viel nachgegrübelt.

Um 16.03 Uhr sagte sie, unser Gespräch würde sie aufwühlen. Ich schlug ihr vor, eine Sitzung abzuhalten, angesichts der Bemerkung von Seth, daß ihre Symptome »erstaunlich hartnäckig« waren. Sie entschied sich für eine Zigarette und überlegte, ob sie in Trance gehen könne. Ich hatte immer den Eindruck, daß die Sitzungen wie eine Art Selbsthypnose waren. Wir hatten darüber gesprochen, daß die Selbsthypnose heute einen Durchbruch schaffen könnte.

Als Jane für Seth sprach, war ihre Stimme sehr gedämpft, da sie noch von der gestrigen Kehlkopfentzündung, oder was auch immer es war, heiser war. Jane dachte, daß ihre leise Stimme auf das freie Assoziieren zurückzuführen war. Heute nachmittag hatte sich auch ein sehr starker Wind entwickelt, so daß ich Mühe hatte, alles zu verstehen. Ihre Augen waren oft geschlossen, und sie legte viele lange Pausen ein. Draußen war es mal sonnig und hell, mal bewölkt und dunkel.)

Guten Tag.

(»Guten Tag, Seth.«)

Dies ist kein Diktat.

Ruburt darf sich vor allem nicht darauf konzentrieren, was falsch ist. Wenn ihr meine Worte wirklich versteht, gibt es nichts, was falsch ist. Ihr habt statt dessen ein Konglomerat an sich widersprechenden Glaubenssätzen, die eine klare Handlungsrichtung verhindern.

(Ich habe Seths Aussage so verstanden, daß es im Grunde nichts Falsches gibt. Mit dieser Einstellung habe ich in den vergangenen Jahren oft versucht, die Dinge zu betrachten.)

Ihr müßt Klarheit schaffen. Das freie Assoziieren ist sehr wertvoll, da es die widersprüchlichen Gefühle und Überzeugungen aufdeckt, ins Bewußtsein und ins Jetzt holt, wo sie mit dem neuerworbenen Wissen betrachtet und verändert werden können.

Mit dem Ausdruck von Emotionen an sich wird bereits eine Handlung, eine Bewegung, ausgedrückt. Sich zu bewegen setzt zunächst den Ausdruck der Gefühle voraus, und der Ausdruck eines Gefühls schafft Raum, um noch mehr auszudrücken und in Fluß zu bringen. Selbsthypnose ist von unschätzbar hohem Wert, um den Körper zu heilen und zu mobilisieren. Ausdruck der Gefühle anstatt ihrer Verdrängung ist lebenswichtig.

Ruburt hat sich oft von seinen Gefühlen abgetrennt, hat eher versucht, sie zu intellektualisieren. Er muß erkennen, daß es völlig in Ordnung ist, sich auszudrücken und daß dieser Selbstausdruck nicht dazu führen wird, verlassen zu werden.

(16.24 Uhr. Jane hatte heute erwähnt, daß sie das Gefühl habe, sie müsse vorsichtig mit mir umgehen, damit ich nicht wütend werde und sie verlassen würde. Diese Gefühle hatten sich zwar über die Jahre langsam aufgelöst, sie haben aber sicherlich eine Rolle bei der Entwicklung der Symptome gespielt.)

Menschen, die gegen die katholische Kirche Bücher verfaßt haben, wurden exkommuniziert. Ruburt hat diese Angst zum größten Teil auf die Gesellschaft übertragen. Es kam sogar schon zu einem Konflikt mit der Kirche, als es nur um ein kreatives Werk wie ein Gedicht ging. Er sollte offen dafür sein, daß er die notwendigen Einsichten erhält, und darauf vertrauen, daß die richtigen Verbindungen, ob bewußt oder unbewußt, hergestellt werden. Auf jeden Fall geht es darum, daß es sicher ist, sich auszudrücken, und daß es Sinn und Zweck seines Lebens ist, die Fähigkeiten, die seine individuelle Realität ausmachen, zum Ausdruck zu bringen.

(Sehr lange Pause.) Er sollte auch erkennen, daß Freude eine Tugend ist. Teilt euch eure Empfindungen gegenseitig immer mit, sobald sie spontan auftauchen. Ruburt wurde als Kind nicht beigebracht, sich selbst zu lieben; er dachte, daß seine Begabungen seine Existenz rechtfertigen – eine etwas fragwürdige Existenz, da seine Mutter ihn oft beschuldigte, für ihre schlechte Gesundheit verantwortlich zu sein.

Diese Themen sind alle miteinander verwoben, sie können jedoch aufgelöst werden, so daß eine Versöhnung stattfinden kann. Der Körper ist mehr als einverstanden und fähig, eine außergewöhnliche Genesung geschehen zu lassen.

(Hast du gehört, Jane?)

Ich aktiviere wieder jene Koordinaten für euch beide, die Einsicht, Weisheit, Seelenfrieden und Heilung bringen. Erinnere Ruburt wieder an die ständige Besserung seines Knies und an die Fähigkeiten seines Körpers.

Einen schönen guten Tag.

(»Schönen Tag. Danke.«

16.33 Uhr. »Es lief ganz gut«, sagte Jane, als ich ihr eine Zigarette anzündete. »Ich war mir nicht ganz sicher, ob ich es durchhalten würde. Zeitweise wäre ich fast aus der Trance gekommen.« Diese Momente waren mir aufgefallen. Ich las ihr die Sitzung vor. Ihr kamen einige Gedanken dazu. Erstens: Sie verband Exkommunikation mit dem Verlust von Freundschaft und befürchtete, daß keiner mehr etwas mit ihr zu tun haben wolle. Zweitens: Sie versuchte, mehr wie ich zu sein – gelassener, weniger emotional, kontrollierter. Das war ein gravierender Fehler, der aus ihrem Bedürfnis nach Geborgenheit und Liebe entstanden war.

»Nun siehst du, wie alles zusammenpaßt«, sagte ich ihr. Als wir darüber sprachen, spürte sie nochmal Seths Gegenwart. Eigentlich wollte sie keine weitere Sitzung abhalten, da es schon spät war. Ich sagte ihr, daß sie sich darum nicht zu kümmern brauchte.

16.45 Uhr.) Mit anderen Worten, Ruburt brachte ausgeprägte kreative Fähigkeiten mit, denen er auch Ausdruck verleihen wollte – aber gleichzeitig wurde ihm als Kind vermittelt, daß es sehr gefährlich war, die seiner Kreativität innewohnende Einmaligkeit auszudrücken. Das ist Teil des eigentlichen Problems.

Er muß erkennen, wenn irgendein Sinn in seinem Leben besteht, dann der, diese Fähigkeiten *(alles sehr nachdrücklich)* auszuleben, da sie seine natürliche Veranlagung sind und damit auch ihren eigenen Schutzmechanismus haben. Es muß ihm bewußt werden, daß er die Freiheit hat, seine poetische und psychische Natur auszudrücken und ihr zu folgen, wo immer sie ihn hinführen mag, da sie sein Weg in die Existenz ist und seine engste Verbindung mit dem Universum, mit Alles-das-was-ist, darstellt.

Mit dieser Sitzung werden alle Themen gut miteinander verbunden – sie kann deshalb weiterhin zum freien Assoziieren benutzt werden.

Ende der Sitzung.

(»Danke.«

16.50 Uhr. Jane wurde während ihrer zweiten Durchgabe einmal unterbro-

chen. »Das war sehr gut«, sagte ich ihr. »Sie enthält hervorragende Empfehlungen.« Ich hatte mir schon vorgenommen, ihr die Sitzung eine Zeitlang jeden Tag vorzulesen. Sie kann gut als Basis für die Selbsthypnose dienen, aber auch hier werde ich meiner Frau helfen, und wir werden sehen, was wir an den Nachmittagen erreichen können.

Ich hatte kaum Gelegenheit, es mit ihr zu besprechen, aber ich glaube, daß die Sitzung ein sehr wertvoller Durchbruch ist. Sie offenbarte mir, daß sogar Janes Schriftstellerei von ihren Ängsten unterwandert war, obwohl ich immer den Eindruck hatte, daß wenigstens dieser Bereich nicht von ihren Zweifeln und Sorgen verseucht war. Jahrelang hatte ich gedacht, daß Jane weniger oder überhaupt keine Probleme gehabt hätte, wenn sie sich nur der Schriftstellerei gewidmet hätte.)

Mittwoch, den 2. Mai 1984, 16.29 Uhr

(»Die Berge haben ihr Lot im Meer, und ich bin immer noch ich«, schrieb Jane in einem Gedicht, als sie noch sehr jung war.

»Ich wurde eine Priesterin Gottes, um lernen zu können, was Sünde ist«, schrieb sie weiterhin. Die Priester, die sie kennenlernte, als sie noch bei ihrer Mutter lebte, fanden keinen Gefallen an ihren Gedichten und klagten sie dafür an. Jane rebellierte. Sie akzeptierte die Dispensation durch die Kirche nicht, damit sie weiterhin bestimmte Werke lesen konnte. Sie erzählte mir nochmals von der Bücherverbrennung in ihrem Garten, die ein Priester veranstaltet hatte, als sie noch ein Teenager war. Dies ist ein Teil des frei assoziierten Materials, das wir am 1. Mai besprochen hatten.

Jane hatte die Sitzung vom 30. April noch in Erinnerung, die Selbsthypnose aber noch nicht ausprobiert. Einer von uns mußte dafür sorgen, daß sie die Sitzung jeden Tag entweder hört oder liest. Ich wollte gleich damit anfangen und sie hypnotisieren, überlegte es mir dann aber anders. Es war wohl besser, ihr noch Zeit zu lassen, um über die Sitzung nachzudenken und dann mit der Hypnose zu beginnen. Ich empfinde die Sitzung an sich schon wie eine Art Hypnose, und zwar eine sehr gute.

Als ich heute morgen zu Jane kam, entdeckte ich, daß die Lampe des Klingelzeichens nicht richtig funktionierte. Jetzt hing sie sogar halb aus der Fassung. Andauernd ging irgend jemand rein oder raus. Einmal standen sogar vier Krankenschwestern im Zimmer, lachten und machten ihre Witze. Ich versuchte, die Sitzung vom 30. April vorzulesen, aber alle paar Zeilen wurden wir unterbrochen. Hinzu kam noch, daß eine Krankenschwester die Medikamente für Jane heute morgen verwechselt hatte.

Jane wurde schließlich ziemlich wütend und schimpfte plötzlich über den Mangel an Respekt vor ihrer Privatsphäre. Das war Teil des frei assoziierten

Materials vom heutigen Tag. Sie drückte ihre Gefühle vehement unter Tränen aus und meinte, daß das Krankenhaus sicherlich nicht der richtige Ort wäre, um ungestört zu sein. Ihre Privatsphäre war ihr immer wichtig gewesen. »Es ist wie verhext, aber hier werde ich sie sicher nicht bekommen«, rief sie aus. Ich hatte das Gefühl, daß sie sich ein wenig Klarheit geschaffen hatte, wie Seth es in der letzten Sitzung vorgeschlagen hatte.

Jane wiederholte, daß sie ihrem weiblichen Körper nicht vertraute und daß sie jetzt wohl dafür zahlen mußte, keine Kinder zur Welt gebracht zu haben. Schließlich hatte man ihr ja beigebracht, daß dies die Aufgabe der Frau wäre. Ihrer Meinung nach waren die kirchlichen Lehren über die Rolle der Mutterschaft sehr vieldeutig. Ein Sonett von Shakespeare, das sie in der Schule gelesen hatte, hatte ihr auch die Vorstellung vermittelt, daß der einzige Sinn und Zweck ihres Lebens als Frau im Gebären von Kindern lag. Sie mochte das Sonett überhaupt nicht und hoffte, es würde sich auflösen. Sie dachte, die Kirche sähe in der Frau entweder die Nonne oder die Mutter.

Ein Handwerker kam endlich, um die Klingellampe zu reparieren. Jane mußte zugedeckt werden, während er im Zimmer war. Das störte sie sehr. Sie hatte angefangen, die Sitzung zu lesen, kam aber nicht weit, so daß ich sie ihr bis 16.25 Uhr zu Ende vorlas. Wir wurden oft unterbrochen. »Ich bin heute ganz schön genervt, und ich liege auch nicht bequem, aber wenn ich mich mit einer Zigarette beruhigt habe, mache ich eine kurze Sitzung. Ich spüre Seths Gegenwart und daß er einige Bemerkungen loswerden will, also werde ich sie durchgeben«, sagte Jane.

Sie hatte wirklich sehr unbequem den ganzen Nachmittag auf ihrem Rücken gelegen. Gestern auch. Ich fand es aber sehr gut, daß sie ihren Unmut deutlich äußerte. Weder ihre Seth-Stimme noch ihre »normale« Stimme waren so klar wie sonst, aber auf jeden Fall besser als gestern. Ihre Durchgabe ging heute schneller, aber mit leiser Stimme. Draußen war es ziemlich sonnig, so daß ich die schweren blauen Gardinen zugezogen hatte. Die Sitzung lief dieses Mal ohne Unterbrechungen.)

Guten Tag.

(»Guten Tag, Seth.«)

Die Gefühlsausbrüche sind ausgezeichnet, besonders wenn es um Ärger oder Frustration geht.

Das heißt nicht, daß man sich auf sie fixieren, sondern sie vielmehr anerkennen und ausdrücken sollte. Das schafft Platz für neue Gefühle – und somit entsteht Bewegung auf <u>allen</u> Ebenen.

Einiges von diesem Material mag anfangs für Ruburt schwierig sein, aber es lohnt sich, es zu versuchen und die Ausbrüche zuzulassen. Diese Erfahrung sollte jedoch Unterstützung finden, sowohl von deiner Seite als auch von Ruburts, indem er sich immer wieder daran erinnert, daß sein Erleben und sein Sein die universelle Geborgenheit und Liebe genießen.

Das freie Assoziieren bewirkt genau das, was es sollte, und der Ausdruck der Gefühle wird die emotionalen und geistigen Kanäle klären, so daß Ruburts natürliches, angeborenes Temperament wieder aufleben kann. Ihr geht beide gut mit den Situationen um.

Ich aktiviere wieder jene Koordinaten, die euer Verständnis vertiefen und die natürlichen Heilungsprozesse in Gang setzen, damit das Gefühl der Erfüllung und der Freude sich ausbreiten kann.

(»Okay, ich bin's«, sagte Jane.

16.35 Uhr. »Ich war mir wirklich nicht sicher, ob ich die Sitzung schaffen würde«, sagte sie. Ihre Stimme war etwas heiser und gedämpft geworden. Ich las ihr die Sitzung vor. Sie hatte sich vor der Sitzung sehr aufgeregt. Ich beruhigte sie und meinte, sie solle die Sitzung wirken lassen. »Du kannst ja ein eigenes Buch über diese ganze Sache schreiben, wie bei God of Jane*«, sagte ich.*

»Wenn ich jemals mein Temperament ausleben wollte, wüßte ich gar nicht wie.«

»Aber du könntest es wenigstens genießen – nachdem du es analysiert hast«, scherzte ich.)

Sonntag, den 6. Mai 1984, 16.23 Uhr

(Jane rief gestern abend an. Ihre Matratze fühle sich wieder besser an, sagte sie. Sie hatte in den letzten Tagen Schwierigkeiten damit gehabt, konnte nicht mehr richtig auf dem Rücken liegen und war deprimiert.

Ich kam gestern nicht dazu, an Träume *weiterzuarbeiten, weil ich den Rasenmäher abholen mußte. Heute hatte ich nur anderthalb Stunden Zeit dafür, da ich noch Briefe schreiben mußte. Vor einigen Tagen hatte ich 49 Briefe von Prentice-Hall erhalten.*

Dr. Wilson besuchte Jane heute morgen und schlug vor, die Wunde an ihrem rechten Knie, die offen und feucht war, zu säubern. Es war ein großes Loch, obwohl die Heilung zum Teil sichtbar war. Der Arzt meinte, auch wenn Jane sich operieren ließe, wäre er nicht sicher, ob sie ihr Bein danach strecken könne. Sie sprachen über eine Art Stuhl, in dem sie aufrecht sitzen könnte. Er erwähnte eine Art Rollstuhl-Sessel, der Janes Bedürfnissen möglicherweise angepaßt werden könne.

»Diese furchtbaren Anfälle von Frustration, die ich in den letzten paar Tagen hatte, sind weg«, sagte sie. »Sie sind einfach verschwunden.« Ich hätte es mir denken können, daß diese Gefühle zu ihrer allgemeinen Mißstimmung beigetragen hatten; ich war mir sicher, daß sie sich viele ihrer Probleme selbst durch ihre Reaktionen schaffte. Auch heute war es ihr auf dem Rücken wieder sehr unbequem. Als ich sie zum Abendessen aufrichten wollte, fiel sie so stark auf eine Seite, daß ich um Hilfe rufen mußte, um sie wieder aufzurichten.

Ich konnte meine eigene Verzweiflung kaum immer verbergen, es schien, als ob alles, was ich oder jemand anders unternahm, nutzlos war – meine Frau wollte einfach nicht eine bequeme Haltung finden. Ihr rechtes Bein, das ständig angewinkelt ist, läßt sie immer wieder nach links kippen.

Nachdem sie gegessen hatte und ich gehen wollte, sagte sie mir: »Ich habe wirklich ein schlechtes Gewissen, weil ich dir das Leben so schwermache.« Sie sagte noch einiges dazu. Ich glaube, es ist das erste Mal – zumindest soweit ich mich erinnern kann –, daß sie diese Bemerkung auf so einfache, direkte Art geäußert hat. Ich dachte sofort an Stoff für das freie Assoziieren, auf den wir näher eingehen sollten. Ich antwortete ihr jedoch, sie solle nicht daran denken und sich auf die Zukunft konzentrieren – obwohl diese Schuldgefühle eine wichtige Rolle in ihrem täglichen Leben spielen könnten und wir diesen nachgehen sollten.

Meine eigenen Pendelsitzungen haben mir in letzter Zeit vermittelt, weil ich selbst Schuldgefühle ihr gegenüber habe, daß ich sie in der Vergangenheit nicht genug unterstützt habe. Heute morgen hat mir mein Pendel[1] zum ersten Mal mitgeteilt, daß ich keine Schuldgefühle mehr empfand. Das ist eine Leistung für mich, der ich weiter nachgehen muß. Ich befrage das Pendel jeden Morgen nach dem Frühstück und abends vor dem Schlafengehen. Es funktioniert ganz gut. Ich habe es Jane gegenüber noch nicht erwähnt. Vielleicht ist jetzt der richtige Zeitpunkt.

Die Fenster waren in Janes Zimmer weit geöffnet, als sie die Sitzung abhielt. Gelegentlich störte der Verkehrslärm. Es war etwas kalt im Zimmer geworden, und Jane bat mich, den Ventilator abzustellen.)

Guten Tag.

(»Guten Tag, Seth.«)

Diktat. Erinnert euch, daß jede Form des Lebens von Werterfüllung getrieben wird, von dem Versuch, all ihre Fähigkeiten und ihr Potential bestmöglich auszudrücken und zu verwirklichen, in einem Prozeß, der kooperativ ist – Berichtigung: in einem Prozeß, in dem jede andere Lebensform in ihren Bedürfnissen respektiert wird.

Die bloße Existenz von bestimmten Viren bietet Sicherheit gegen viele andere Krankheiten, ob diese Viren nun virulent sind oder nicht.

---

1 1974 schrieb ich in Janes/Seths Buch *Die Natur der persönlichen Realität* folgendes: »Das Pendeln ist eine sehr alte Methode. Ich wende sie mit bestem Erfolg an, um an idiomotorische – ›unterbewußte‹ – Reaktionen, das heißt an ein Wissen heranzukommen, das gerade außerhalb der Reichweite meines ›normalen‹ Bewußtseins liegt. Ich halte einen Faden, an dem ein kleiner, schwerer Gegenstand aufgehängt ist, so in der Hand, daß dieser frei schwingen kann. Indem ich nun innerlich Fragen stelle, erhalte ich Ja- oder Nein-Antworten, je nachdem ob das Pendel von unten nach oben oder von links nach rechts schwingt.« (Aus: Jane Roberts: *Die Natur der persönlichen Realität.* Ariston, Genf, 1985, S. 86)

Es ist natürlich klar, daß das allgemeine Gleichgewicht der Erde erst möglich ist durch die wiederkehrenden Stürme, die »natürlichen Katastrophen« und andere ähnliche Verwüstungen. Solche Ereignisse fördern die Nahrungsversorgung der Erde und bewirken eine Umverteilung ihrer natürlichen Ressourcen. Punkt.

In gleicher Weise sorgen auch Krankheiten dafür, daß Gesundheit und Wohlbefinden in allen Aspekten des Lebens geschaffen werden. Werterfüllung wirkt sowohl in Mikroben als auch in Nationen, in jedem Lebewesen und in allen Spezies, und es vereinigt alle Lebensformen, so daß Lebewesen mit ihrer Umwelt ein kooperatives Unternehmen eingehen – ein Unterfangen, in dem jedes Wesen danach strebt, seine eigene Kreativität, sein Wachstum und seinen Ausdruck zu übertreffen. Im kleineren Rahmen wird jeder Mann und jede Frau auch von dieser Werterfüllung angetrieben. Punkt.

Ihr werdet gleich sehen, wie manche Krankheiten überhaupt erst durch die Mißachtung der Werterfüllung entstehen können, indem Ängsten, Zweifeln oder Mißverständnissen Raum gegeben wird – und wie andere Krankheiten tatsächlich zu einer mißverstandenen Werterfüllung führen können.

Ich möchte betonen, daß alle Aspekte des Lebens nicht nur Sinneseindrücke, sondern tatsächlich auch Gefühle haben. Deshalb gibt es einen innewohnenden Mut, der in allen Lebensformen wirkt – ein Mut, der euren Respekt und eure Achtung verdient. Ihr solltet eure Körperzellen und eure Gedanken *(Pause)* respektieren und versuchen zu verstehen, daß sogar das kleinste Wesen die emotionale Erfahrung von Erfolg und Schmerz, die das Leben bereitet, mit euch teilt.

Ich wünsche euch nun einen schönen guten Tag.

Ende des Diktats – und ich aktiviere wieder jene Koordinaten, die eure Energie, Kraft und Fähigkeiten unterstützen.

(»Gut.« 16.45 Uhr.)

Mittwoch, den 9. Mai 1984, 16.29 Uhr

(Hier ist eine Zusammenfassung der Themen, die das freie Assoziieren am Montag nachmittag, dem 7. Mai, ergeben hat:

Ich erzählte Jane, daß ich in letzter Zeit mit dem Pendel gearbeitet hatte, um herauszufinden, warum ich Schuldgefühle wegen ihrer Symptome und dem Verlust ihrer Zähne hatte. Wir gelangten bei diesem Thema sehr ins Detail. Mein Zahnfleisch im vorderen Bereich tat mir zu dem Zeitpunkt sehr weh, außerdem hatte ich sowieso gerade viele Zahnprobleme. Ich sprach über meine Schuldgefühle Jane gegenüber, weil sie selbst in solchen Schwierigkeiten steckte.

Es kamen Gefühle hoch. Jane war sicher, daß mein Zahnfleisch und meine Zähne wieder gesund werden würden.

Wir sprachen über ihr damaliges Verhalten in ihrem religiösen familiären Umfeld, besonders über die Priester. Sie gab zu, daß sie sich zwanghaft verhalten hatte, sowohl in der Fixierung auf die Religion und später dann auf mich. Das lag möglicherweise daran, daß sie ohne Vater aufgewachsen war, aber ich hatte den Eindruck, daß sie sowieso einen starken Drang zur Unabhängigkeit hatte, was ihr Verhalten beeinflußte. Natürlich sind alle Extreme nicht zulässig, wie beispielsweise ein Leben als Verbrecher. Die Priester hatten keinen neutralisierenden Einfluß auf Jane. Sie fühlte sich sogar von ihnen »betrogen«, als Pfarrer Darren ihr als Teenager Avancen machte. Die Bücherverbrennung hatte auch nicht geholfen. Die religiösen Überzeugungen hatten sicherlich ihre Spuren hinterlassen, und wir verstehen immer noch nicht völlig warum.

Eine wichtige Bemerkung: Nach unserem Gespräch stellte ich plötzlich fest, daß mir meine Zähne nicht mehr weh taten. Ich hatte gar nicht mehr an sie gedacht. Die Botschaft ist eindeutig: Ein Erlebnis mit jemandem zu teilen, der auch eine Rolle darin spielt, ist eine unerläßliche Hilfe. Die andere Person kann die negativen Aspekte einer Situation verringern, indem sie die positiven hervorhebt. Habe ich Jane auch in dieser Weise geholfen oder ihr eher dadurch geschadet, daß ich mich auf unsere negativen Glaubenssätze konzentriert habe? Jedenfalls konnte ich aufgrund unseres Gesprächs direkt erleben, wie einfache Kommunikation doch von großem therapeutischen Nutzen sein kann. Es erinnerte mich an die klassische Couch des Psychoanalytikers. Ich werde noch weiter darüber mit Jane sprechen.)

(Hier folgt eine Zusammenfassung des frei assoziierten Materials vom Dienstag, den 8. Mai 1984 – Janes 55. Geburtstag:

Jane versuchte sich an meinem Pendel, das ich immer in meiner Brieftasche herumtrage. Das war ihre Reaktion auf unser letztes Gespräch darüber. Da sich in letzter Zeit mit Hilfe des Pendels die Schmerzen in meinen Zähnen erheblich verbesserten, war bei ihr das Interesse geweckt worden. Sie fühlte sich etwas eingeschüchtert, da sie der Meinung war, ich würde bessere Resultate erzielen als sie. Ich glaube vielmehr, daß es ihre eigene Einstellung ist, die sie blockiert, außerdem hinkt der Vergleich. Heute war es nicht gerade ruhig, da das Personal immer wieder hereinkam, um ihr zu gratulieren, ihr etwas vorzusingen usw. Man brachte ihr Geburtstagskarten und kleine Geschenke. Ich gab Jane eine Karte, etwas Süßes und einen Blumenstrauß Forsythien, der sie zu Tränen rührte. Der gelbe Strauch wächst im Garten unseres Hügelhauses.

Wegen der vielen Unterbrechungen versuchte sich Jane nicht sehr lange mit dem Pendel. Außerdem dachte sie, sie könne das Pendel nicht so offen zeigen, da man sonst dächte, sie sei verrückt. Ich entgegnete, daß keiner wirklich Notiz von dem Pendel auf ihrem Bauch nahm, noch wußte irgend jemand genau, was sie damit tat. Sie müsse sich selbst treu bleiben, nur so könne sie ihre Probleme lösen; wenn sie das Pendel benutzen wolle, dann solle sie es auch tun.

Jane hatte einige Antworten erhalten, sie konnte das Pendel auch besser in ihrer linken Hand halten als vermutet. Sie erhielt zunächst keine Antwort auf ihre Frage, ob sie klar genug war, um ihre Fähigkeiten anzuerkennen. Dann kam »Nein« als Antwort. Es würde ihr aber helfen, sich wieder freier zu bewegen, laut Pendel. Während sie das Pendel benutzte, spürte sie das Gewicht und die Bewegung, was ein gutes Zeichen war. Sie entschied sich dennoch, mehr zu sprechen, als das Pendel zu benutzen.

Ihr Geburtstag erinnerte sie an Muttertag und ihre eigene Mutter Marie. Jane berichtete ausführlich über problembeladene Ereignisse mit ihrer Mutter. Als Kind hatte sie ihre Mutter sehr geliebt und wollte ihr immer alles recht machen, auch wenn Marie sie zurückwies, indem sie Jane ein Nachthemd in der »falschen« Farbe schenkte.

Wir sprachen über ihre Großeltern und den Tod ihrer Großmutter, die Gerichtsverhandlung gegen die Stadt – von der ich vorher noch nie etwas gehört hatte –, soziale Fürsorge, Janes Großvater, Joseph Burdo und ihre Gefühle ihm gegenüber usw. Sie erzählte, daß das Ergebnis der Klage, die Marie gegen die Stadt wegen des Todes der Großmutter gewonnen hatte, in einer neuen Verkehrsampel an der Kreuzung Lake Street und Nelson Avenue gipfelte. Jane war zu dem Zeitpunkt fünf oder sechs Jahre alt gewesen und erinnerte sich nicht an die Details der Klage, wie lange das Verfahren gedauert hatte, wieviel Geld es gekostet hatte. Jane war mit extremen Verhaltensweisen ihrer Familie konfrontiert worden. Es hatte anscheinend keinen Mittelweg gegeben. Sie sprach über den Tod ihres Großvaters im Alter von 68 Jahren, als sie gerade 20 war. Es überraschte mich, als sie mir sagte, sie habe ihm nie ihre Gedichte vorgelesen.)

(9. Mai: Jane las das Material von den letzten beiden Tagen durch, und es lief ganz gut. Teile davon konnte sie schnell lesen. Als wir darüber sprachen, bemerkte sie, daß sie immer noch gelegentlich Gefühle der Isolation empfinde. Ich meinte, es sei normal und daß jeder letztendlich isoliert sei, oder zumindest allein, da jeder nur sein eigenes Leben leben könne und nicht das eines anderen. Ich verstand aber, worauf sie hinauswollte: Sie braucht immer wieder Bestätigung vom Rest der Welt.

Im Fernsehprogramm In Search Of *wurde ein Experiment von Cleve Backster gezeigt, in dem er die Reaktionen von Pflanzen auf menschliche Emotionen nachwies. Sehr interessant.*

Nach dem Mittagessen und dem Durchlesen des Materials meinte Jane, sie wisse eigentlich gar nicht, was sie mit sich anfangen solle. Ich arbeitete mich durch die Fanpost, die sich wieder stapelte. Um 15.45 Uhr sagte Jane, sie spüre ein »größeres Du« – womit sie mich meinte – um sie herum. Es war schwer, es zu beschreiben, aber es hatte etwas mit meiner Wesenheit, oder einem Teil davon, zu tun. Sie spürte sehr viel Liebe von dieser Wesenheit. Wenn sie es überhaupt in Worte fassen könne, wäre diese Wesenheit etwas »Kreisförmiges«, obwohl sie in diesem Sinne keine Form habe.

Die Nachwirkungen dieser »Form« waren immer noch spürbar, als wir darüber sprachen und ich diese Notizen machte. Jane hatte nicht bewußt über paranormale Dinge nachgedacht. Vorhin hatte ich ihr nochmal den Vers der Geburtstagskarte vorgelesen, und sie konnte ihn genauso genießen wie gestern, als ich ihr die Karte zum ersten Mal vorlas. Wir waren beide dadurch sehr berührt. Vielleicht hatte diese Situation ihre Gefühle ausgelöst. Auf jeden Fall waren unsere Gefühlsregungen beim Lesen der Karte an sich schon eine wertvolle Erfahrung.

Es war schon spät geworden, als Jane Seths Gegenwart spürte. Gleich nachdem sie in Trance war, wurden wir unterbrochen: Ein junges Mädchen brachte eine Vase mit Blumen von Steve und Tracy Blumenthal. Jane lag ruhig in ihrer Trance, während ich die Blumen entgegennahm und sie auf den Tisch neben meinem Stuhl stellte.)

Guten Tag.

(»Guten Tag, Seth.«)

Dies ist kein Buchdiktat.

(Pause.) Ruburts Erlebnis heute nachmittag war eine Reaktion auf deine Notizen über die Bedeutung der Kommunikation.

(Siehe meine Notizen vom 9. Mai über das frei assoziierte Material, ganz zu Beginn dieser Sitzung.)

Die Notizen ermöglichten es Ruburt zu erkennen, welche umfassende und doch intime Art der Verständigung euch beide und das ganze Leben miteinander verbindet.

Das Fernsehprogramm über die Kommunikation bei Pflanzen stimulierte Ruburt auch zu der Erkenntnis, daß in der »inneren Welt« ein ständiger Fluß an Liebe und Zusammenarbeit herrscht, der allem Leben zugrunde liegt. Ruburt hatte über seine Gefühle der Isolation gesprochen, und diese Erfahrung wollte ihm zeigen, daß Einsamkeit an sich eine Illusion ist.

(Lange Pause.) Solche Art der Kommunikation besteht auf allen Ebenen, aber aus ihren eigenen Gründen, und bedingt durch eure besondere Art der Beziehung, hat sich Ruburt eingestimmt auf deine größere Persönlichkeit mit ihren Eigenschaften der Liebe, des tiefen Verständnisses und des Respekts, die oftmals nur sehr schwer angemessen ausgedrückt werden können.

Ich beschleunige wieder jene Koordinaten, die Heilung, Erfüllung und Wohlbefinden aktivieren – und die mit der Lebensquelle verbunden sind.

(»Danke.«

16.35 Uhr. »So lebhaft war es gar nicht«, sagte Jane über ihr Erlebnis, nachdem ich ihr die Sitzung vorgelesen hatte. »Aber es war spürbar genug, um beachtet zu werden – weißt du, was ich meine?« Ich erwiderte, daß sie mit der Sitzung ihre eigenen Fragen zu dem Erlebnis beantwortet hatte, und meinte, daß sie es nochmals erleben kann, wenn sie allein ist – nachts zum Beispiel.)

Samstag, den 12. Mai 1984, 15.37 Uhr

(Heute war es Jane wieder sehr unbequem, als sie auf dem Rücken lag. Und dies schon seit einigen Tagen. »Wie kommt es, daß du dich jetzt so unwohl fühlst, wo du nicht mehr so wundgelegen bist?« fragte ich. Sie wußte es nicht. Ich schlußfolgerte daraus, daß es dabei um mehr ging und mit ihren Glaubenssätzen und Einstellungen zu tun hatte.

Janes Appetit ist immer schlechter geworden, und sie hat auch beim freien Assoziieren und bei den Sitzungen nachgelassen. Ich wollte das Personal um etwas Darvoset[1] bitten, oder etwas Ähnliches, aber ich unterließ es, da ich vermutete, meine Frau würde es ablehnen. Gestern versprach sie, heute eine Sitzung abzuhalten, nachdem ich gesagt hatte, daß es ihr helfen würde.

Es war heute warm – um die 16 Grad – und zeitweise regnerisch. Die Fenster waren weit geöffnet, so daß der Straßenlärm hereindrang. Irgendwo im Gang schrie ab und zu eine Frau; nach ein paar Stunden merkte ich, wie enervierend es war. Eine der Krankenschwestern sagte, sie würde »einem unheimlich auf den Geist gehen«, fügte aber lachend hinzu, daß die Frau unter Hämorrhoiden litt. Mir erschien ihr Schreien jedoch vielmehr als nur ein physischer Schmerz.)

Nun: Euch einen guten und schönen Tag.

(»Guten Tag, Seth.«)

Dies ist kein Buchdiktat.

Der Grund, warum sich Ruburt in letzter Zeit unbehaglich fühlt, liegt unter anderem daran, daß er Angst hat, sein Körper könne sich nicht vollständig selbst heilen, auch wenn er alle Ursachen für sein Dilemma aufdecken würde.

Diese Ängste waren schon die ganze Zeit vorhanden, nur sind sie durch eure Bemühungen jetzt in den Vordergrund gerückt, ins Licht.

1 Darvoset ist ein sehr starkes Schmerzmittel aus den USA, das verschreibungspflichtig ist. (Anm. d. Ü.)

Dem kann Ruburt entgegenwirken, wenn er das Bewußtsein dafür entwickelt, daß er geborgen ist und daß seine Existenz automatisch und spontan geschützt wird. Dieses Wissen um die Sicherheit und Unterstützung wirkt der Angst entgegen und öffnet die Kanäle für das freie Assoziieren.

Diese Sitzung wird helfen, das Unbehagen, das oft während deines Besuches offensichtlich ist, aufzulösen – genau dann, wenn er sein Bestes geben will. Mit anderen Worten, er versucht zu sehr. Alle seine Handlungen fließen normalerweise einfach ineinander über, und er sollte nicht vergessen, daß seine innere Intelligenz von allein immer versucht, in seinem Sinne zu handeln und sein Bestes zu erreichen.

Wenn er möchte, kann er sich diese innere Intelligenz als einen geliebten Elternteil vorstellen. Das führt auch zur Entschärfung des alten Zorns, den er gegenüber seinen Eltern immer noch hegt.

Ich komme vielleicht kurz zurück; ich aktiviere in jedem Fall jene Koordinaten, die Gefühle der Selbstannahme, der Erfüllung und des Wohlbefindens fördern.

(15.45 Uhr. Ich las Jane die Sitzung zweimal vor. Ich arbeitete an der Post und freute mich über die 650 Dollar, die wir als Spenden durch die Bemühungen von Maude Cardwell erhalten hatten. Uns war natürlich aufgefallen, daß Seth Janes Unbehagen nur zum Teil auf ihre Ängste, sie könne sich nicht selbst heilen, zurückführte. Was lagen denn noch für Gründe vor? Jane meinte, Seth würde zurückkommen. Wiederaufnahme um 16.16 Uhr.)

Die anderen Gründe für sein Unbehagen haben mit seinem Geburtstag zu tun, der im Zusammenhang mit dem morgigen Muttertag steht.

Die Vorstellung vom Muttertag ließen sowohl Gefühle der Ablehnung als auch der Trauer über die schlechte Beziehung zu seiner Mutter entstehen *(lange Pause)*, und er hatte eine Verbesserung bis zu seinem Geburtstag erhofft.

Er glaubt sehr wohl, daß sein Körper sich zunehmend bessern wird; diese Suggestion ist auch sehr nützlich, da sie einen ständigen Input andeutet, ohne jedoch in Extreme zu verfallen.

(16.20 Uhr. Ich las ihr die Sitzung vor. Sie spürte Seths Gegenwart immer noch. 16.23 Uhr.)

Seinem Körper »fehlt« nicht irgend etwas Neues. Solche Ängste spiegeln das Mißtrauen gegenüber seinem Körper wider, das bis zu einem gewissen Grad immer noch präsent ist; er sollte deshalb wieder an die Verbindung zwischen Weiblichkeit, seinem Körper und seiner Gesundheit denken.

Ich möchte noch erwähnen, daß die Nachfrage nach unseren Büchern definitiv zugenommen hat und auch weiter zunehmen wird.

Ich wünsche euch wieder einen schönen guten Tag.

(»Einen schönen Tag, Seth.«

16.26 Uhr. Ich las Jane den Rest vor. »Ich habe den Eindruck, daß noch mehr hinter der gesteigerten Nachfrage nach unseren Büchern steckt«, sagte Jane anschließend. Der Stapel an Post hatte wieder zugenommen, und momentan kam ich nicht ganz nach.

Ich war nach der heutigen Sitzung frustriert, da Jane sich anscheinend immer noch nicht von ihren Ängsten und ihrem Mißtrauen ihrem Körper gegenüber getrennt hatte, nach all dieser Zeit. Das Geburtstag-Muttertag-Syndrom war für mich nur eine der letzten ungelösten Aufgaben in einem 20jährigen Zyklus aus Gründen für Janes Symptome. Die Frage war nicht die, warum sie sich in den letzten Tagen so unwohl fühlte, sondern warum der Körper und die Psyche diese Symptome über die vielen Jahre weiterhin produzierten.)

7. Kapitel

Die Kindheit in Beziehung zur Gesundheit und Hinweise für Eltern

Sonntag, den 13. Mai 1984, 15.10 Uhr

(Jane rief gestern mit Carlas Hilfe an. Es war wieder warm heute – etwa 17 Grad –, als ich zu Jane fuhr. Es regnete auch sehr stark am Nachmittag. An Träume *konnte ich heute nicht arbeiten und werde morgen wohl auch nicht dazu kommen. Wenn das Wetter einigermaßen gut ist, werde ich den Rasen mähen müssen. Ich würde auch gerne etwas malen, aber das scheint zur Zeit unmöglich zu sein.*

Jane las die gestrige Sitzung selber durch, und ich half ihr dabei; sie gab keinen Kommentar über meine Notizen ab. Sie aß sehr wenig zum Mittag und zum Abendbrot. Und heute morgen fragte sie tatsächlich nach Darvoset, um sich Erleichterung zu verschaffen. Sie lag bereits auf dem Rücken, als ich heute zu ihr kam. Georgia hatte sie aufgerichtet und ihr die Haare gewaschen. Sie sahen gut aus.)

Guten Tag.

(»Guten Tag, Seth.«)

Diktat.

Wir fangen mit dem nächsten Kapitel an: »Die Kindheit in Beziehung zur Gesundheit und Hinweise für Eltern«.

(Lange Pause.) Für Erwachsene sind Vorstellungen von Gesundheit oder Krankheit eng verbunden mit philosophischen, religiösen und gesellschaftlichen Werten. Sie hängen auch stark mit wissenschaftlichen Konzepten zusammen, mit der wissenschaftlichen Sichtweise vom Leben. Kinder haben jedoch eine viel unschuldigere Herangehensweise, und auch wenn sie Ideen von ihren Eltern übernehmen, haben sie dennoch einen offenen und neugierigen Geist. Ihnen ist eine erstaunliche Unverwüstlichkeit und Lebendigkeit gegeben.

Sie besitzen eine angeborene Liebe gegenüber ihrem Körper und allen seinen Teilen. Sie haben ein großes Verlangen danach, ihre eigenen physischen Fähigkeiten und Empfindungen zu entdecken.

Gleichzeitig besitzen gerade kleine Kinder ein starkes Gefühl des Einsseins mit dem Universum und dem ganzen Leben, auch wenn sie bereits beginnen, sich auf bestimmten Ebenen davon zu trennen. Während sie sich als getrennt von anderen Menschen erleben, haben sie trotzdem noch dieses innere Verständnis der Ganzheit und die Erinnerung daran.

(15.21 Uhr.) Auf dieser Ebene werden sogar Krankheiten einfach als ein Teil des Lebens betrachtet, unabhängig davon, wie unangenehm sie sein mögen. Sehr früh fangen Kinder an, mit Freude alle möglichen Empfindungen auszuleben – Schmerz und Fröhlichkeit, Frustration und Zufriedenheit, während ihr Bewußtsein von Neugier, Staunen und Heiterkeit angetrieben wird.

Die ersten Einstellungen zu Krankheit und Gesundheit werden ihnen von Eltern, von Ärzten und durch die Reaktion der Menschen auf ihr eigenes Unbehagen vermittelt. Bevor sie richtig sehen können, erkennen Kinder, welche Gesundheits- und Krankheitsmuster ihre Eltern von ihnen erwarten, so daß bestimmte Verhaltensweisen bereits festgelegt werden, die sie später als Erwachsene prägen.

Ihr könnt eine Pause machen. Ich komme zurück oder auch nicht, aber ich aktiviere jene Koordinaten, die den Heilungsprozeß fördern.

(15.26 Uhr. Ich schrieb einige Dankesbriefe an Leute, die uns Spenden geschickt hatten. Carla nahm Janes Temperatur – 36,8 Grad. Ich las meiner Frau den letzten Satz vor. Wiederaufnahme um 15.44 Uhr.)

Zunächst werden wir über Kinder sprechen, die gesund sind und die üblichen Kinderkrankheiten gehabt haben. Danach werden wir auf Kinder eingehen, die gravierende gesundheitliche Probleme haben.

Viele Kinder gewöhnen sich eine schlechte Gesundheit durch gutgemeinte Fehler ihrer Eltern an. Dies geschieht dadurch, daß Eltern ihr Kind tatsächlich belohnen, wenn es krank ist. Das Kind wird mehr als sonst verwöhnt, genießt besondere Aufmerksamkeit und erhält leckere Süßigkeiten wie Eiskrem, muß keine lästigen Pflichten erfüllen und bekommt generell den Eindruck, daß das Kranksein ihm besondere Zuwendung und Belohnung beschert.

Ich will damit nicht sagen, daß kranke Kinder keine Zuwendung und Fürsorge erhalten sollten – aber sie sollten für eine Besserung belohnt werden, und der routinemäßige Tagesablauf des Kindes sollte so normal wie möglich gehalten werden. Kinder wissen manchmal sehr genau, warum sie gerade irgendeine Erkrankung haben, da sie von ihren Eltern gelernt haben, daß es so etwas wie einen Krankheitsgewinn gibt.

Eltern wollen sich ein solches Verhalten oftmals nicht eingestehen. Sie schließen die Augen vor den Beweggründen für eine bestimmte Erkrankung, und diese Reaktion ist schon so zur Gewohnheit geworden, daß sie sich ihrer eigentlichen Motivation nicht mehr bewußt sind.

Kinder wissen jedoch sehr wohl, daß sie willentlich krank geworden sind, um entweder die Schule oder eine unangenehme Prüfung schwänzen zu können oder um sich vor einem befürchteten Familienereignis zu drücken. Sie lernen bald, daß ein solches Verhalten jedoch nicht akzeptiert wird, so daß sie anfangen, Ignoranz zu entwickeln und sich selbst suggerieren, daß sie sich einen Virus oder eine Erkältung anscheinend ohne triftigen Grund eingefangen haben.

Eltern unterstützen solches Verhalten oft. Einige nehmen sich einfach nicht die Zeit, um das Kind nach dem Grund seiner Erkrankung zu fragen. Es ist viel leichter, dem Kind eine Aspirin zu geben und es mit einem Ginger Ale und einem Malbuch ins Bett zu schicken.

Solches Verhalten beraubt die Kinder leider der Möglichkeit, ein eigenes Wissen und Verständnis zu entwickeln. Sie beginnen, sich als Opfer dieser oder jener Umstände zu fühlen. Da sie überhaupt nicht ahnen, daß sie selbst das Problem hervorgerufen haben, kommen sie natürlich auch nicht auf die Idee, daß sie die Macht dazu haben, aus der Situation wieder herauszukommen. Wenn sie gleichzeitig auch noch für ihren Zustand belohnt werden, wird der Druck, daran etwas zu ändern, auch viel geringer, so daß Erkrankungen einen Weg darstellen, um Anerkennung und Aufmerksamkeit zu erhalten.

Eltern, die sich dieser Tatsachen bewußt sind, können schon früh damit anfangen, ihre Kinder nach den Gründen für ihre Erkrankungen zu fragen. Eine Mutter könnte sagen: »Du brauchst kein Fieber zu bekommen, nur um nicht in die Schule gehen zu müssen oder um meine liebevolle Zuwendung zu erhalten, weil ich dich sowieso liebe. Und wenn es ein Problem in der Schule gibt, können wir gemeinsam eine Lösung dafür finden, ohne daß du deshalb krank werden mußt.« Die Gründe für dieses Verhalten sind dem Kind oftmals ziemlich klar. Wenn Eltern früh anfangen, dem Kind diese Fragen zu stellen und ihm Geborgenheit vermitteln, lernt es, daß es bessere und gesündere Methoden gibt, um den gewünschten Effekt herbeizuführen.

Manche Eltern benutzen leider Suggestionen in einer sehr unerfreulichen Art; dem Kind wird immer wieder gesagt, es sei kränklich, schwach oder zu empfindlich und nicht so robust wie andere Kinder. Wenn solche Bemerkungen ständig vorkommen, glaubt das Kind sie auch selbst und verhält sich entsprechend, bis sie zu seiner täglichen Realität werden.

Ende des Diktats.

Ende der Sitzung. Ich wünsche euch einen schönen guten Tag.

(»Einen schönen Tag, Seth.«

16.13 Uhr. Aus irgendeinem Grund las ich die Sitzung Jane nicht vor. Ihr war es immer noch unbequem, also drehte ich sie in Seitenlage. Sie rief um 21.25 Uhr mit Carlas Hilfe an und sagte, sie fühle sich besser.)

MONTAG, DEN 14. MAI 1984, 15.32 UHR

(Es war heute kühl und regnerisch. Jane lag wieder auf ihrem Rücken, als ich ankam. Der Ventilator war wegen der hohen Luftfeuchtigkeit angeschaltet. Jane fühlte sich etwas wohler, jetzt wo ihr Geburtstag und der Muttertag vorüber waren – Dinge, die laut Seth zu ihrer Mißstimmung beigetragen hatten.)

Nun: Guten Tag.

(»Guten Tag, Seth.«)

Wir machen mit dem Diktat weiter.

(Sehr lange Pause.) Gute Gesundheit hängt natürlich mit den Glaubenssätzen der Familie über den Körper eng zusammen. Wenn Eltern den Körper als ein minderwertiges Gefäß für die Seele betrachten oder wenn der Körper für sie als unzuverlässig, schwach und anfällig gilt, fangen Kinder sehr früh an zu glauben, daß Gesundheit eine Seltenheit sei und Frustration, Mißstimmung sowie körperliche Schmerzen ein natürlicher, normaler Zustand im Leben seien.

Wenn hingegen für Eltern der Körper ein gesundes, zuverlässiges Gefäß des Ausdrucks ist, werden Kinder ihren Körper auch entsprechend erleben. Es ist sehr wichtig, daß Mutter und Vater liebevoll miteinander umgehen und ihren Kindern die gleiche Zuwendung geben. Dadurch erhalten Kinder das Gefühl, daß ihre Eltern sie lieben, und brauchen sich nicht in eine Krankheit zu flüchten, um die ersehnte Aufmerksamkeit zu erhalten und die elterliche Liebe auf die Probe zu stellen.

Es gibt keinen natürlichen Grund für Kinder, sich ihres Körpers in irgendeiner Form zu schämen. Es sollten keine Geheimnisse aus dem Körper und seinen speziellen Funktionen gemacht werden. Man sollte dem Kind vermitteln, daß sein Körper wertvolles Eigentum ist, damit das Kind ein gesundes Gefühl für seinen eigenen Körper aufbauen kann, ohne Scham- oder Schuldgefühle zu haben.

Es ist selbstverständlich, daß Eltern die Körper ihrer Jungen und Mädchen ohne Unterschied behandeln sollten, damit sich keiner dem anderen unterlegen fühlt. Jedes Kind sollte von den Eltern so früh wie möglich über die natürlichen Ressourcen und Heilfähigkeiten des Körpers aufgeklärt werden.

(Lange Pause.) Eltern, die sehr besorgt über die Anfälligkeit ihrer Kinder gegenüber Krankheiten sind, neigen zu Extremen, indem sie ihren Kindern alle möglichen Sportarten zumuten wollen; Kinder spüren aber die unausgesprochene Angst ihrer Eltern und versuchen, sie zu beruhigen, indem sie sich hohe sportliche Ziele setzen oder gute Leistungen im Sport erbringen wollen.

Es gibt keinen Bereich oder keine Glaubensüberzeugung, die nicht in irgendeiner Form mit Gesundheit in Verbindung stehen. Wir werden in diesem Buch deshalb auf viele Vorstellungen eingehen, die anscheinend zunächst nichts mit dem Thema zu tun haben.

Ende des Diktats.

(15.51 Uhr.) Es ist gut, wenn sich Ruburt wieder daran erinnert, daß ein Zusammenhang besteht zwischen seinen Vorstellungen von seinem Körper und seiner Beziehung zu seiner Sexualität und Gesundheit. Das wird ihm dabei helfen, die Gründe für sein Mißtrauen gegenüber seinem Körper aufzudecken, so daß er die Zuverlässigkeit, die Kraft und die Heilfähigkeit seines Körpers wieder neu erleben kann.

Ich komme heute nachmittag zurück oder auch nicht, und ich aktiviere die Heilfähigkeit und beschleunige jene Koordinaten, die das Wohlbefinden fördern.

(»Danke.«

15.55 Uhr. Ich las Jane die Sitzung vor. Sie war zweimal vom Personal unterbrochen worden. Ich möchte noch hinzufügen, daß sie vor der heutigen Sitzung die Sitzung von gestern sehr gut durchlesen konnte – zügig und leicht.)

Dienstag, den 15. Mai 1984, 16.32 Uhr

(Jane lag heute ein wenig bequemer auf dem Rücken. Sie hatte nur wenig zu Mittag und zu Abend gegessen. Aber das Lesen einiger Sitzungen ging sehr gut. Ich überlegte, ob ich mit dem Beantworten der Fanpost aufhören sollte, da sie in letzter Zeit sehr zugenommen hat. Ich kam immer seltener dazu, mich auf meine Arbeit an Träume *zu konzentrieren.*

Die Wunde an Janes rechtem Knie war deutlich zurückgegangen und heilte von innen heraus – mehr als die Wunde an ihrem linken Fingerknöchel.

Der Ventilator war an, und die Fenster waren weit geöffnet, obwohl es gar nicht so heiß draußen war. Janes Seth-Stimme war kräftiger als sonst. Ich möchte erwähnen, daß ich mein Augenproblem wieder während der Sitzung bekam – jene grellen, zackigen Muster, die meine Sicht beeinträchtigten. In Janes Buch Das Seth-Phänomen *hatte ich diesen Effekt beschrieben und auch eine Zeichnung davon angefertigt. Ich hatte es lange nicht mehr gehabt, es war wohl streßbedingt und verschwand nach kurzer Zeit wieder. Ich kam nicht dazu, das Pendel nach diesem Problem zu befragen.)*

Nun: Guten Tag.

(»Guten Tag, Seth.«)

Dieses ist kein Diktat.

Es wird von großer Hilfe sein, wenn Ruburt im Rahmen eurer Beziehung seine Gefühle und sein Mißtrauen gegenüber seinem Körper ausdrücken kann.

Die Gefühle sollten nicht zurückgewiesen werden; gerade weil Ruburt sie ablehnt, neigt er dazu, sie zu unterdrücken. Wenn sie jedoch ausgedrückt werden, können sie bei ihm – und vielleicht auch bei dir – Tränen auslösen.

Ruburt sollte diese Gefühle sanft ansprechen und beschreiben, wo sie herkommen. Dadurch können sie klarer aufgelöst werden. Er kann diese Gefühle des Mißtrauens als einen verängstigten Teil seines Selbst betrachten und ihm liebevoll begegnen, indem er ihm sagt, daß er keine Angst mehr haben muß; Ruburt sollte verbal und emotional ausdrücken, daß der verängstigte Teil seines Selbst sich nicht mehr verstecken muß und sich frei und spontan äußern darf.

Wenn ihr diese Vorschläge ausführt, können sie viel bewirken. Sag Ruburt, daß ich das Buchdiktat in der nächsten Sitzung wiederaufnehmen werde, inklusive des Materials über »bessere und bessere Pillen«.

Ich wünsche euch beiden einen schönen guten Tag und beschleunige eure Heilfähigkeiten, euer Wohlbefinden und euren Seelenfrieden. Meine Vorschläge sind ziemlich wirkungsvoll.

(»Danke.

16.40 Uhr. »Nun, ich bin froh, die Sitzung gehalten zu haben«, meinte Jane. »Ich werde eine rauchen, während du sie mir vorliest.« Sie war direkt nach Beginn von einer Krankenschwester unterbrochen worden, die ihr Vitamin C brachte. Als ich die Sitzung nochmal durchlas, überraschte es mich doch, wie der verängstigte Teil von Janes Selbst einen solchen Einfluß auf den Rest ihrer geistigen und physischen Persönlichkeit haben konnte. Andererseits dachte ich auch, daß es mich gar nicht überraschte – solche Zustände sind für Psychotherapeuten bestimmter Richtungen sicherlich alte Kamellen. Ich war mal wieder frustriert.

Jane spürte das und wußte, daß ich etwas zu kritisieren hatte. Ich meinte, es sei nutzlos, ihre Symptome einfach wegzuwünschen. Sie erwiderte, sie könne jetzt schon die Gefühle spüren, die Seth in der heutigen Sitzung angesprochen hat. Ich dachte, wir könnten morgen darauf eingehen, aber dann fiel mir ein, daß Jim Baker, unser Optiker, nach 14 Uhr kommen wollte, um zwei neue Brillen für Jane zu bringen. Diese Zeit war eigentlich für das freie Assoziieren gedacht, aber Janes Brillen waren auch wichtig.

Ich hatte Jane gerade auf ihre Seite gedreht, als unser Nachbar, Joe Bumbalo, der sehr an Krebs leidet, anrief, um mich zu einem chinesischen Essen und Rhabarberkuchen einzuladen. Ich kam erst nach 19.30 Uhr bei Joe und seiner Frau Margaret an, da ich Jane noch geholfen hatte, sich bequemer hinzulegen. Das Essen war vorzüglich, bis zwei Hühnerknochen in meiner Kehle stecken blieben, während ich sprach. Joe, der auf seiner Couch lag, sah meine verzwei-

felten Schluckversuche und rief Margaret aus der Küche. Als ehemalige Krankenschwester an einer Schule wendete sie sofort den Heimlich-Handgriff an: Sie umfaßte meinen Bauch mit ihren starken Armen von hinten und drückte ganz fest. Beim dritten Mal spukte ich einen Teil des Hühnerknochens aus. Der andere Teil fing langsam an, meine Speiseröhre hinunterzuwandern. Ganz zum Erstaunen der beiden konnte ich mit dem Essen fortfahren. Ich war sofort einverstanden gewesen, daß Margaret mich so stark wie möglich drückte, auch auf die Gefahr hin, ein oder zwei gebrochene Rippen davonzutragen. Und abends im Bett überlegte ich, was wohl aus Jane geworden wäre, hätte ich es nicht überlebt . . .)

Freitag, den 18. Mai 1984, 15.48 Uhr

(Als ich gestern nach Hause kam, bemerkte ich, daß der junge Mann, den ich durch Frank Longwell kannte, den Rasen gemäht hatte; er sah phantastisch aus. Der junge Mann sollte heute nachmittag zurückkommen, um zu harken.

Jane lag wieder auf dem Rücken, als ich kam. Es schien ihr ein wenig besser zu gehen. Nach einem mäßigen Essen las sie die beiden letzten Sitzungen mit ihrer neuen Brille durch; sie las wie im Fluge. Ich meinte, sie könne jetzt wohl schneller als ich vorlesen.

Die Post, die wir von Prentice-Hall erhielten, nahm erstaunlich schnell zu, unabhängig davon, ob es mit Seths Aussage über eine Verkaufssteigerung der Bücher übereinstimmte oder nicht. Stapel von Fanpost waren in den letzten drei Tagen eingegangen. Ich war jetzt schon gnadenlos im Verzug und glaubte, ich werde es nie schaffen, sie zu beantworten. Heute hatte ich zum ersten Mal bei Jane keine Post beantwortet. Es gab mir ein seltsames Gefühl der Freiheit; der Nachmittag war irgendwie länger. Ich war wohl an einem Punkt gelangt, wo ich die meiste Fanpost nicht mehr beantworten wollte. Vielleicht könnte ich einen Standard-Leserbrief formulieren und diesen zusammen mit Seths an die Leser schicken. Einen, den ich einfach nur zu unterschreiben bräuchte.

Im folgenden habe ich das frei assoziierte Material von Jane aufgeführt, so wie Seth es in der Sitzung vom 15. Mai vorgeschlagen hatte. Wir sollten das Mißtrauen, daß sie gegenüber ihrem Körper fühlt, und ähnliche Themen behandeln. Gestern hatten wir schon damit angefangen, nur kam uns Jim Baker mit der neuen Brille dazwischen. Ich gebe hier eine gekürzte Fassung wieder, da ich nicht jedes Wort mitschreiben konnte. Wir wollten die Gefühle aufdecken, die sich hinter den Worten verbargen.

Viele der Themen haben wir bereits durchgesprochen. Jane erzählte, wie ihre Mutter Marie ihr in ihrer Pubertät gesagt hatte, sie habe das Blut ihres Vaters [Delmer] in sich, der an Syphilis litt. Jane hatte Angst vor ihrer Periode und sprach mit einer Nonne darüber –, die wahrscheinlich ihre eigenen Probleme damit hatte; Jane ging nicht darauf ein oder erinnerte sich auch nicht daran.

Jane durfte wegen ihrer Periode auch den Sportunterricht ausfallen lassen. Marie erzählte ihr, daß Del wegen Syphilis schlechte Augen hatte und nicht lesen konnte. Jane sagte, sie erinnere sich an all diese Gefühle, könne sie aber nicht spüren. Sie hatte große Angst davor, schwanger zu werden und hielt sich fern von Affären. Nach unserer Heirat hatte sie Angst vor einer Schwangerschaft, da sie befürchtete, sie würde unsere Karrieren zunichte machen. Ich erinnerte sie daran, daß ich nicht sehr aufgebracht war, als sie dann doch mal schwanger wurde; ich hatte es akzeptiert. Sie fühlte sich damals als Frau auf der Science-Fiction-Konferenz vor 27 Jahren von den Männern nicht ernst genommen. Das gleiche galt für ihre medialen Fähigkeiten: eine hysterische Frau. Sie dachte, Männer seien Frauen überlegen.

Schon sehr früh identifizierte sich Jane mit ihrem Gedichteschreiben. »Ich glaubte an das, was ich schrieb, aber die Leute meinten, ich würde da herauswachsen und Kinder bekommen, was ich aber überhaupt nicht wollte.« Es war schwierig, ihre Gedichte mit den meisten ihrer männlichen Freunde zu teilen; es war klüger, die Dumme zu spielen. Marie hatte ihre Gedichte immer unterstützt, und die beiden Frauen hatten sich auch einige Jahre lang darüber ausgetauscht. Jane schrieb Gedichte, um Maries Gunst wiederzuerlangen: »Gleichzeitig hatte ich das Gefühl, daß ich mich selbst dabei betrüge. Ich erinnere mich noch gut daran.« Ich erinnerte mich nicht daran, dies jemals von Jane gehört zu haben.

Jane war einige Male völlig außer sich gewesen vor Angst, daß sie von mir schwanger war. Sie hatte nie den Drang nach einem Kind gehabt – außer einem einzigen Mal in einem leidenschaftlichen Augenblick. »Aber ich spürte deutlich, ich konnte meinem weiblichen Anteil nicht vertrauen«, sagte sie. Sie wurde zunehmend nervös, als wir weiter darüber sprachen, und wollte eine Zigarette rauchen. Wir näherten uns wohl tiefsitzenden Gefühlen.

Ich fragte sie nach Seth, einem Mann, der durch eine Frau spricht. Sie erklärte, sie vermutete, daß sie als Frau mehr Autorität hätte, wenn ein Mann durch sie spräche. Sie hatte am Anfang der Sitzungen »ein Gefühl der Zweiheit«. Daran erinnerte ich mich nicht. Sie wurde wieder nervös, ihre Stimme geriet ins Stocken. Sie erinnerte sich daran, was Seth einmal angedeutet hatte: Wenn er als Frau durchgekommen wäre, hätte sie sich nicht zur Verfügung gestellt. Diese männerbesetzten Themen stehen im Zusammenhang mit den Pfarrern, die sie während ihrer Kindheit erlebt hatte.

Zu den Tests mit den Briefumschlägen: Seth mußte wohl fast omnipotent gewesen sein, da Jane ihm die Autorität der Kirche übertragen hatte. Ein wichtiger und neuer Punkt. Wieder war Jane sehr nervös und den Tränen nahe. Ich meinte, daß die Kirche Seth nicht anerkennen würde. Es käme die Idee auf, daß Jane eine häretische Kirche mit einem falschen Gott, nämlich

Seth, aufbauen wollte. Der katholische Glaube an die Buße spielte hier eine Rolle. Meiner Meinung nach war es klar, daß sie ihre Fähigkeiten benutzen wollte, anstatt sie zu verleugnen, wie es die Kirche gerne gesehen hätte, und deshalb geistigen Widerstand leistete, den sie körperlich durch ihre Symptome büßen mußte. Der kreative Teil ihrer Gedichte wollte immer eine andere Welt als die der Kirche vermitteln. Ein schöner Teufelskreis, ohne Ausweg, meinte ich. Jane sagte, sie hätte Lust, Nägel zu kauen. Sie fühlte sich sehr unwohl, es flossen aber keine Tränen.

Wir sprachen viel über die Pfarrer in ihrem Leben, über die Konflikte, die zwischen ihrer Arbeit und den kirchlichen Lehren entstanden, über das gute und schlechte Verhalten der Pfarrer. Janes Mutter zeigte keinerlei Reaktion, als die Kirche ihre Gedichte mißbilligte oder als Pfarrer Rakin ihre Bücher verbrannte. Ich fand das etwas seltsam.

15.35 Uhr. Jane war wieder nervös und rauchte noch eine Zigarette. Sie sagte, sie wolle eine Sitzung abhalten, um mehr Klarheit zu bekommen. Sie ging nochmals auf die Besuche von Pfarrer Trenton ein. Sie erzählte, wie einer der Pfarrer, der sie zu Bett brachte, als sie erst drei oder vier Jahre alt war, mit ihr »sexuell gespielt« habe und daß Marie schließlich dahintergekommen sei. Dieser Pfarrer hatte Jane mal angerufen, als wir zusammenlebten. Er war alt geworden und lebte in einem Altersheim südlich von Pennsylvania. Jane erzählte, wie Pfarrer Trenton mit dem Rücken zur Mutter saß, wenn er wütend auf sie war, und wie Pfarrer Rakin ihr Avancen machte. Jane wuchs in einer von Männern dominierten Welt auf. Als sie zum ersten Mal Pfarrer Rakin mit 13 Jahren traf, sagte er zu ihr: »Du bist einfach deiner Zeit voraus.« Eine schöne Bemerkung, eine, an die sich Jane noch gut erinnerte. Außerdem erkannte sie heute während unseres Gesprächs, daß ihr Großvater auch nichts für Frauen übrig hatte. Und Marie hatte zu ihr gesagt: »Du warst ein nettes Kind bis etwa 16, dann bist du eine richtige Ziege geworden.« In Florida dachte sie öfter, ich würde sie verlassen. Ich tat es aber nicht.

Jane hatte Angst, als ihre Mutter aus den Karten oder den Teeblättern las. Sie machte Voraussagen, die tatsächlich eintrafen. Aber ich fragte Jane danach, wie viele sie gemacht habe, die überhaupt nicht zutrafen? Wahrscheinlich Hunderte.

Dieses Material ist das Ergebnis von Janes freiem Assoziieren am 17. Mai. Nun folgt die Sitzung vom 18. Mai:)

Nun: Guten Tag.

(»Guten Tag, Seth.«)

Dies ist ein Buchdiktat.

Ich habe bereits erwähnt, daß Spiel unerläßlich für Wachstum und Entwicklung ist. Kinder lernen durch schauspielern. Sie spielen alle möglichen Situationen durch. Sie stellen sich Gefahrensitutionen vor und entwickeln ihre eigenen Fluchtmöglichkeiten. Sie probieren die

Rollen anderer Familienmitglieder aus, stellen sich vor, reich oder arm zu sein, jung oder alt, Mann oder Frau.

Es vermittelt den Kindern ein Gefühl der Freiheit, der Unabhängigkeit und der Macht, wenn sie alle möglichen Situationen selbst durchspielen. Es ist selbstverständlich, daß das physische Spielen automatisch den Körper und seine Fähigkeiten schult.

Für ein Kind sind Spiel und Arbeit oft das gleiche, und Eltern können phantasievolle Spiele benutzen, um Vorstellungen von Gesundheit und Lebenskraft zu fördern. Wenn ein Kind schlecht gelaunt ist, quengelt oder Kopfschmerzen hat oder sonst irgendein kleineres Problem hat, können Eltern folgendes versuchen: Das Kind soll sich vorstellen, wie es von den Eltern eine Pille bekommt, mit der alles »besser und besser« wird. Das Kind soll seinen Mund öffnen, während die imaginäre Pille auf seine Zunge gelegt wird, oder es steckt die Pille selber in seinen Mund. Gebt ihm dann ein Glas Wasser zum Herunterspülen, oder laßt es selbst ein Glas Wasser holen. Laßt das Kind dann etwa dreimal aufsagen: »Ich nehme diese Pille, mit der es mir besser und besser gehen wird, und ich werde mich gleich besser und besser fühlen.«

Je früher ihr mit diesem Spiel anfangt, um so besser; wenn das Kind älter wird, könnt ihr ihm erklären, daß eine imaginäre Pille manchmal ganz gut wirken kann – wenn nicht sogar besser – als eine wirkliche Pille.

Ich will damit nicht sagen, daß Eltern Medikamente gegen Placebos austauschen sollten, obwohl ich betonen möchte, daß letztere fast genauso wirkungsvoll sein können. In eurer Gesellschaft wäre es jedoch fast undenkbar, ohne die Medizin oder die Forschung auszukommen.

Ich möchte euch daran erinnern, daß der Körper eine <u>angeborene</u> und natürliche Heilfähigkeit besitzt, sicherlich auch um momentane Kopfschmerzen zu beseitigen. In eurem derzeitigen Zustand müßtet ihr ein vollkommen neues Lernkonzept entwickeln, damit der Körper sein wahres Potential und seine Heilfähigkeiten beweisen kann.

(16.05 Uhr.) In anderen Krankheitsfällen laßt das Kind ein <u>Heilspiel</u> machen, wobei es sich vorstellt, daß es wieder völlig gesund und munter ist und draußen spielt; oder das Kind beschreibt einem Freund oder einer Freundin, daß seine Krankheit bereits längst vorbei ist. Spiele können sogar in Altersheimen eingesetzt werden, da sie Spontaneität fördern und den Verstand von seinen Sorgen zeitweise befreien.

Viele Naturvölker der Vorzeit verwendeten das Spiel – und auch das Drama – zur Heilung, und die Effekte waren fast genauso therapeutisch wie die der Medizin. Wenn euer Kind einen bestimmten Virus hat, dann schlagt ihm ein Spiel vor, in dem es sich vorstellt, wie es den kleinen Virus erfolgreich mit einem Besen davonjagt oder vor die Tür kehrt. Hat das Kind erst einmal das Spiel verstanden, wird es sein eigenes erfinden, was sich als durchaus vorteilhaft auswirken kann.

Anstatt diese Methoden anzuwenden, wird Kindern oft der Glaube vermittelt, daß sich jede Situation oder Krankheit verschlimmert und daß die Lösung eher im geringeren Übel als in einem bestmöglichen Ergebnis zu finden ist. Bei diesen geistigen Spielen, die mit der bestmöglichen Lösung arbeiten, können Kinder sehr früh lernen, ihre Phantasie und ihren Verstand sehr konstruktiv einzusetzen.

Macht eine kurze Pause, und dann machen wir weiter.

(16.16 Uhr. Jane rauchte eine Zigarette. Wiederaufnahme um 16.23 Uhr.)

Eine der katastrophalsten Vorstellungen ist die, daß Krankheit als Strafe Gottes angesehen wird.

Leider verbreiten viele Religionen diesen Glauben. Kinder, die gehorsam sein wollen, entwickeln unglücklicherweise eine schwache Gesundheit, da sie somit das Gefühl haben, die Aufmerksamkeit Gottes zu bekommen. Von Gott bestraft zu werden ist besser, als von Gott ignoriert zu werden. Kinder, deren Eltern solche Einstellungen pflegen, leben ein Leben in Verwirrung und Frustration.

In allen Krankheitsfällen sollten Spiele, wo immer möglich, in allen Formen gefördert werden. Viele orthodoxe Religionen verbieten ihrer Gemeinde jegliches Spiel und verachten es als etwas Sündiges. Kartenspiele und Familienspiele wie Monopoly sind hervorragende Spiele, um Spontaneität, Heilkraft und Seelenfrieden zu unterstützen.

Ende des Diktats.

(16.29 Uhr.) Es würde Ruburt sehr gut tun, mehr spielerisches Verhalten zu entwickeln – am besten wäre es, wenn ihr beide irgendein Spiel findet, auch wenn es nur ein geistiges ist –, Spiele ohne bestimmtes Ziel, einfach nur zum Spaß.

Beispielsweise ein Spiel zwischen euch mit dem Französisch-Buch.

Ich aktiviere wieder jene Koordinaten, die Gesundheit und Heilung fördern und die Stimmung heben. Ich wünsche euch einen schönen guten Tag.

(»Schönen Tag, Seth.«

16.32 Uhr. Es wurde draußen langsam kühl, windig und wolkig. »Um die Wahrheit zu sagen, war es mir dermaßen unbequem, daß ich dachte, ich müßte die Sitzung abbrechen«, sagte Jane. Sie rauchte eine Zigarette, bevor ich sie umdrehte. Wir überlegten uns Spiele mit dem Französisch-Buch und dachten sogar an Kreuzworträtsel. In der Eberesche neben Janes Fenster, die gerade Blätter trieb, beobachtete ich einen kleinen gelben Vogel, der zwischen den Ästen hin- und herflog. Ich sagte es Jane, aber sie konnte kaum etwas sehen, außer dem gelegentlichen Aufblitzen der Farbe. Ich glaube, ich hatte denselben Vogel schon gestern gesehen.

Das Buch, das hier erwähnt wurde, ist ein Französisch-Englisches Lesebuch aus der Zeit von Janes Schultagen in Saratoga Springs, New York. Vor ein paar Jahren hatte Jane damit angefangen, ihre Französisch-Kenntnisse aufzufrischen, und ich hatte sie gebeten, mir ein wenig über diese Sprache beizubringen. Es hatte Spaß gemacht, aber wir blieben beide nicht dran.)

8. Kapitel

Spiele der Kinder, Reinkarnation und Gesundheit

Dienstag, den 22. Mai 1984, 16.24 Uhr

(Hier folgt eine kurze Zusammenfassung des frei assoziierten Materials vom 20. Mai, 16.20 Uhr:

Jane sprach über einen positiven, energiegeladenen Traum von letzter Nacht. Es ging um das Feiern ihrer körperlichen Fähigkeiten, die Feststellung, wie hervorragend ihr Körper funktioniert. »Ich bat ihn, mir zu vergeben. Ich gab ihm die Freiheit, sich zu bewegen – und hier liege ich nun den ganzen Nachmittag äußerst unbequem.«

Könnte ihr Unwohlsein eine Antwort ihres Körpers sein? Sie dachte bisher immer: »Wenn ich meinen Körper ganz auslaste, wird er nicht mehr funktionieren – das ist aber schizophren, weil ich mich jetzt ja kaum noch bewege.« Sie weiß nicht, ob ihr Körper wieder völlig gesunden wird, aber sie glaubt fest daran, daß sie ihr gebrochenes Bein irgendwann wieder strecken kann. Ich schlug ihr vor, doch eher anzuerkennen, daß sie ihr heiles linkes Bein jetzt ausstrecken könne. Daran hatte sie nicht gedacht. Sie ist mittlerweile davon überzeugt, daß es sicher für sie ist, wieder gesund zu werden.

Jane wurde etwas emotional – sie wollte nicht darüber nachdenken – als sie daran dachte, daß sie erst jetzt im Alter angefangen hat, sich mit ihrer Wesenheit auseinanderzusetzen. Dies war ihre Reaktion auf meine Frage. Sie denkt, daß es möglich ist.

Bestrafung – auf dieses Konzept müssen wir noch näher eingehen. Jane arbeitet mit Suggestionen – sie hat ihre Mutter darum gebeten, ihr zu verzeihen und umgekehrt, und sie vergibt sich selbst. Ich glaube, das Ganze hat sehr viel mit Bestrafung zu tun. Jane wurde wieder sehr nervös, als wir darüber sprachen, ein Zeichen dafür, daß mehr dahintersteckt.)

~

(Jane erwähnte mehrere Male heute nachmittag, daß sie Seths Titelvorschlag für das nächste Kapitel bereits wußte. Sie sagte, sie wolle gerne wieder anfangen, Voraussagen zu machen.)

Nun: Guten Tag.

(»Guten Tag, Seth.«)

Wir fangen mit einem neuen Kapitel an mit der Überschrift: »Spiele der Kinder, Reinkarnation und Gesundheit«.

Wartet einen Moment ... Wenn Kinder spielen, erscheinen die gespielten Situationen oft genauso real oder sogar realer als die normalen Ereignisse, die sich außerhalb des Spiels befinden. Wenn Kinder Cowboy und Indianer, Polizei und Räuber spielen, können sie bei der Verfolgungsjagd genauso viel Angst bekommen, als wenn sie tatsächlich diese Situation erlebten.

Kinder setzen ihre Phantasie sehr stark ein, sie benutzen all ihre Sinne, um die Bilder, die ihre Phantasie produziert, lebendig darzustellen. Es gibt viele Realitäten, viele Versionen, und es dauert eine Weile, bis der Mensch gelernt hat, sich auf einen bestimmten Ausschnitt der Realität zu konzentrieren.

Dabei wird er dann seine Vorstellungskraft in strukturierter Weise einsetzen, um den vorherrschenden Realitätsausschnitt zu verstärken. Kleine Kinder jedoch verfügen eine gewisse Zeitlang über eine erstaunlich phantasievolle Freiheit, die ihnen das Erleben von »alternativen« Ereignissen ermöglicht, und zwar genauso intensiv, kräftig und konzentriert, wie sie das normale Leben erfahren. Ein starker Tagtraum kann viel realer erscheinen als die täglichen Ereignisse. Wenn ein Kind spielt, spürt es seine Gefühle des Zorns, der Freude oder der Gefahr sehr stark. Sein Körper wird diese Zustände und Reflexe widerspiegeln, genauso als ob sie durch reale – und nicht »gespielte« – Ereignisse hervorgerufen wären.

Euer Erleben passiert meistens genau dort, wo eure Sinne, eure Vorstellungskraft, eure Bewegungen und eure physische Wirklichkeit aufeinandertreffen. In Träumen jedoch meint ihr an einem ganz anderen Ort zu sein, und all eure Sinne drehen sich nur noch um diesen Ort. Euer Erleben ist von eurem normalen Lebensbereich abgetrennt. Ihr träumt vielleicht, daß ihr fliegt, lauft oder rennt, aber diese Aktivitäten sind nicht mit dem Bereich, wo sich Vorstellungskraft, Bewegung und physische Wirklichkeit treffen, verbunden. Deshalb bleibt euer Körper bewegungslos, während ihr euch woanders frei bewegt.

(16.40 Uhr.) Man kann die Reinkarnation zum Teil mit der gleichen Analogie erklären. Ihr habt viele Existenzen gleichzeitig, aber jede hat ihren eigenen Lebensbereich, auf den sich der Teil von euch konzentriert. Dieser Teil hat seinen eigenen Namen und sein eigenes Selbst und ist sozusagen Herrscher in seinem eigenen Reich.

Jedes Selbst hat seinen unangetasteten Punkt, an dem sich Vorstellungskraft, Bewegung und physische Wirklichkeit überschneiden. Wie beim Rollenspiel der Kinder finden jedoch Ereignisse in Ereignissen statt, die alle sehr real und lebendig sind, bestimmte Reaktionen und Aktionen hervorrufen und alle ihre privaten Lebensbereiche haben *(nachdrücklich)*.

Ende des Diktats.

(16.44 Uhr.) Ich wollte das Kapitel anfangen. Ich aktiviere wieder jene Koordinaten, die eure Heilfähigkeit, euren Seelenfrieden und euren Erkenntnisdrang unterstützen – und ich wünsche euch einen schönen guten Tag.

(»Danke.«

16.45 Uhr. Jane war es heute wieder sehr unbequem, besonders auf dem Rücken. Sie hatte Darvoset sowohl heute morgen als auch heute nachmittag eingenommen.)

Mittwoch, den 23. Mai 1984, 16.31 Uhr

(Heute morgen war ich mit dem tragbaren Leseständer für Jane, den sie im Bett benutzen konnte, fertig geworden. Er war zwar nicht ganz so gut, wie ich gehofft hatte, aber sie wird ihn irgendwie benutzen können. Sie fühlt sich immer noch sehr unwohl und nimmt mittlerweile alle vier Stunden Darvoset.)

Nun: Guten Tag.

(»Guten Tag, Seth.«)

Wir machen mit dem Diktat weiter.

Ein kleines Kind fährt Karussell. Dasselbe Kind reitet zu einer anderen Gelegenheit auf einem Spielzeugpferd und stellt sich dabei vor, daß dieses Pferd Teil des Karussells ist. Das Kind sieht dann im Fernsehen ein Karussell, oder jemand erzählt ihm von einem anderen Kind, das auf dem Spielplatz Karussell gefahren ist.

Das Kind wird völlig eingenommen sein von der Karussellfahrt, die es direkt erlebt hat. Es wird aber genauso fasziniert – oder noch mehr – von dem imaginären Ritt auf dem Schaukelpferd sein. Das Kind wird sich sehr von den Bildern im Fernsehen über das Karussell beeindrucken lassen, sicherlich mehr als von der Geschichte über ein anderes Kind, das auf einem Spielplatz Karussell fuhr.

In ähnlicher Weise spiegeln sich Ereignisse in reinkarnationsbedingten Existenzen wider. Alle Leben geschehen gleichzeitig, genauso wie die hypothetischen Karussell-Erlebnisse des Kindes alle an einem Tag stattfanden.

Im reinkarnationsbedingten Sinne können die Karussell-Erlebnisse direkt in irgendeiner Existenz erlebt worden sein oder in einem Traum in einer anderen Existenz oder nur als Bild in einer weiteren Existenz oder in einer Situation, in der lebendige Pferde, anstatt Schaukelpferden, dabei waren. Mit anderen Worten, Ereignisse einer Existenz spiegeln sich in einer anderen Existenz gewissermaßen wider.

(16.42 Uhr.) Ich will nicht sagen, daß die Ereignisse in einem Leben die Ereignisse in einem anderen verursachen, aber es gibt ein allgemeines Muster – eine Reihe von möglichen Ereignissen –, und jeder Mensch wählt in jedem Leben die Ereignisse, die seinem ganz persönlichen Sinn und Zweck entsprechen. Aber diese Leben sind alle verbunden. Ein Mensch leidet beispielsweise an einer ernsten Krankheit in einem Leben. In einer anderen Existenz taucht dieses Ereignis vielleicht als unangenehmer Alptraum auf. In einer weiteren Existenz hat dieser Mensch möglicherweise einen engen Freund, der an der gleichen Krankheit leidet. In der nächsten Existenz ist dieser Mensch vielleicht Arzt geworden, um nach der Ursache und einer Heilung genau dieser Krankheit zu suchen.

Es ist jedoch nicht das Schicksal des Menschen, in einem Leben für die Missetaten aus einem anderen Leben zu leiden. Der Grund und der Sinn für die eigene Existenz kann direkt im Leben selbst gefunden werden.

(Lange Pause. Der letzte Satz gibt das wieder, was ich in einem der Essays für Träume *geschrieben habe.)*

Ende des Diktats.

(16.48 Uhr.) Ich wünsche euch einen schönen guten Tag. Ich hätte gerne mit dem Diktat weitergemacht, da die Sitzung kurz ist. Ich aktiviere wieder jene Koordinaten, die euer Heilpotential stärken und Wohlbefinden und Seelenfrieden fördern.

(16.49 Uhr. »Ich glaube, das war's wohl«, sagte Jane. Sie rauchte eine Zigarette, bevor ich sie auf ihre linke Seite drehte. Sie fühlte sich nicht wohl.)

Samstag, den 26. Mai 1984, 16.03 Uhr

(Gestern erhielt ich per Post einen Artikel von Sam Menahem, einem Psychologen in Fort Lee, New Jersey, den er für die Sommerausgabe von Reality Change *geschrieben hatte. Ich nahm den Artikel mit zu Jane. Dr. Menahem verglich das Seth-Material auf positive Weise mit verschiedenen psychologischen Schulen; ich hoffte, daß Jane dadurch den allgemein zunehmenden Wert ihrer Arbeit erkennen würde. Ihr gefiel der Artikel, und sie gab zu, daß ihre Arbeit immer mehr an Einfluß bekäme.*

Als ich die Post durchlas, teilte mir Jane mit, sie habe in letzter Zeit keine Sitzungen abhalten wollen, da sie spürte, daß ich die Zeit brauchte, um andere Dinge zu erledigen. Stimmt. Aber heute war ich für eine Sitzung bereit.)

Guten Tag –

(»Guten Tag, Seth.«)

– und wir machen mit dem Diktat weiter.

Viele Anhänger der Reinkarnationslehre sind fest davon überzeugt, daß Krankheit im gegenwärtigen Leben oftmals seine Wurzeln in einer vergangenen Existenz hat und daß eine Rückführung notwendig ist, um die Gründe für gegenwärtige Erkrankungen oder Dilemmas aufzudecken.

Es gibt auch eine konventionelle, stereotype Version des Karma-Gedankens, dem solche Glaubensüberzeugungen zugrunde liegen. Demnach werdet ihr in diesem Leben für Fehler in einem vergangenen Leben bestraft, oder ihr macht jetzt einen Fehler wieder gut, den ihr vor Tausenden von Jahren begangen habt. Alle reinkarnationsbedingten Existenzen eines Menschen sind miteinander verbunden – aber die Ereignisse in einem Leben sind nicht die Ursache für bestimmte Ereignisse im nächsten Leben.

Ich will euch nochmals daran erinnern, daß die Zeit gleichzeitig abläuft, so daß der verworrene Glaube daran, daß man im Jetzt für eine vergangene Tat als Vergeltung bestraft wird, eigentlich bedeutungslos ist, da angesichts der Gleichzeitigkeit alle Handlungen auch gleichzeitig geschehen.

(Lange Pause.) Ihr habt vielleicht irgendwelche Gründe für eine bestimmte Erkrankung, die nichts mit Schuld und Sühne zu tun haben, sondern vielmehr mit einer außerordentlichen Neugier oder einem Wunsch nach einer etwas unkonventionellen Erfahrung, die manchmal exotisch oder fast schon grotesk sein kann.

Jedes Leben, unabhängig von seiner Natur, besitzt seinen unverwechselbaren Ausgangspunkt; der einzelne mag manchmal eine seltsame oder langwierige Krankheit annehmen, nur um etwas zu erfahren, was andere sicherlich meiden würden. Der Betreffende hat sich vielleicht diesen Ausgangspunkt ausgesucht, um die Welt mit anderen Augen betrachten zu können und Fragen zu stellen, auf die er von einem anderen Blickwinkel aus nicht gekommen wäre.

(16.16 Uhr.) In einem anderem Leben geht es vielleicht um Gesundheit und Lebenskraft, in einem weiteren um die Kunst der Heilung – aber insgesamt werden gesundheitliche Probleme an sich selten als reinkarnationsbedingte Themen gewählt, auch wenn das der Fall zu sein scheint, wenn jemand in eine große Gemeinschaft von armen, unterprivilegierten Menschen hineingeboren wird.

Wenn ihr gesundheitliche Probleme habt, ist es weitaus besser, die Gründe dafür in eurem unmittelbaren Leben zu suchen, anstatt sie an irgendeinem Ereignis in ferner Vergangenheit festmachen zu wollen. Die Gründe für Erkrankungen sind fast immer im gegenwärtigen Leben zu suchen *(lange Pause)* – auch wenn vergangene Ereignisse aus der Kindheit ursprünglich ein ungesundes Verhalten hervorgerufen haben, sind es doch die gegenwärtigen Glaubensüberzeugungen, die alte Verhaltensmuster beeinflussen.

Laßt uns einen Augenblick Pause machen, danach machen wir weiter.

(16.22 Uhr. Jane trank einen Schluck Kaffee und rauchte eine Zigarette. Wiederaufnahme um 16.28 Uhr.)

Wenn ihr irgendwelche Probleme habt – ob geistige, emotionale oder physische – solltet ihr gewisse Dinge dabei bedenken. Ich bin an anderer Stelle bereits darauf eingegangen, aber hier in diesem Zusammenhang sind sie besonders wichtig.

Neuer Absatz. Ihr müßt erkennen, daß ihr eure eigene Wirklichkeit durch eure Glaubenssätze selbst gestaltet. Deshalb müßt ihr verstehen, daß eine bestimmte Erkrankung nicht ein Ereignis ist, das euch aufgezwungen wird. Erkennt, daß euer Dilemma oder eure Krankheit gewissermaßen von euch gewählt wurde und daß diese Wahl in kleinen, äußerlich nicht zusammenhängenden Schritten vollzogen wurde. Eure Wahl hat zu eurem jetzigen Dilemma, welcher Natur auch immer, geführt.

Wenn ihr erkennt, daß eure Überzeugungen eure Erfahrungen beeinflussen, dann habt ihr eine hervorragende Gelegenheit, diese zu verändern und damit auch eure Erfahrungen.

Die Gründe für die Wahl eurer Schwierigkeiten oder Erkrankungen könnt ihr dadurch aufdecken, daß ihr absolut ehrlich mit euch selbst seid. Es gibt keinen Grund, sich schuldig zu fühlen, da ihr nach bestem Gewissen gehandelt habt – nur basierten die Entscheidungen auf Glaubensüberzeugungen und nicht auf Tatsachen.

Wir machen mit dem Diktat in der nächsten Sitzung weiter. Ich aktiviere für euch beide wieder jene Koordinaten, die eure Inspiration, eure Einsichten und Selbstheilungsprozesse unterstützen.

(»Danke.«

16.44 Uhr. Jane wurde seit der letzten Pause zweimal innerhalb von drei Minuten unterbrochen. »Mensch, ich hatte es schon geahnt, daß er viel Material auf Lager hat«, sagte sie. »Und er hat noch mehr, aber es wird mittlerweile spät, und das Abendessen kommt gleich, und du mußt mich noch wenden usw. . . .« Ich wußte, daß sie noch hätte weitermachen können. »Ich glaube, er hat auch einige von den Dingen beantwortet, die der Psychologe in seinem Brief angesprochen hat«, sagte sie. Ich hatte den gleichen Eindruck.

Sie fühlte sich heute etwas besser, weshalb sie wohl auch eine längere Sitzung abhalten konnte. Seit heute morgen hat sie kein Darvoset mehr genommen. Jeff Karder hat ihr eine andere Vitaminzusammensetzung verordnet – eine farblose Flüssigkeit mit einem scharfen Geruch, wie Orangenschalen. Diese nimmt sie seit dem Bluttest vor einigen Tagen. Jane kann den Geschmack überhaupt nicht ertragen.)

Montag, den 28. Mai 1984, 16.08 Uhr

Nun: Einen wundershönen guten Tag euch.

(»Guten Tag, Seth.«)

Wir machen mit dem Diktat weiter.

Wenn ihr irgendwelche ernsthaften Probleme habt, mag es zunächst völlig unverständlich, unglaublich oder fast skandalös erscheinen, daß eure Glaubenssätze daran Schuld sein sollen.

Das Gegenteil ist vielleicht wahr. Ihr habt beispielsweise ein paar Arbeitsstellen verloren, und es scheint völlig klar zu sein, daß euch dabei keine Schuld trifft. Oder ihr habt eine ernsthafte Krankheit, die aus dem Nichts aufgetaucht ist; es erscheint euch höchst unwahrscheinlich, daß eure eigenen Glaubensüberzeugungen irgend etwas mit dieser schrecklichen Krankheit zu tun haben.

Ihr befindet euch vielleicht gerade in einer oder mehreren äußerst unbefriedigenden Beziehungen, an denen ihr keinerlei Schuld habt; im Gegenteil, ihr fühlt euch eher wie ein unfreiwilliges Opfer.

Ihr habt möglicherweise ein großes Drogen- oder Alkoholproblem, oder ihr seid mit jemandem verheiratet, der ein solches Problem hat. In beiden Fällen haben eure Glaubenssätze zu dieser Situation beigetragen, auch wenn dies zunächst unwahrscheinlich erscheint. Für dieses spezielle Kapitel werden wir auf Erkrankungen oder Umstände eingehen, die seit der Kindheit entstanden sind, und nicht auf Geburtsfehler, lebensbedrohende Unfälle in der frühen Kindheit oder schwierige Kindheitserlebnisse. Diese Themen werden separat besprochen.

(Lange Pause um 16.19 Uhr.) In den meisten Fällen entspringen die schlimmsten Krankheiten oder kompliziertesten Lebensumstände und Beziehungen, die unüberwindlich erscheinen, dem tiefen Bedürfnis nach Wachstum und Reife.

Der einzelne strebt meistens nach einem Ziel, das blockiert erscheint, so daß er alle Energie und Kraft aufwendet, um dieses Hindernis zu umgehen. Aber dieses Hindernis ist normalerweise eine Glaubensüberzeugung, die verstanden und beseitigt anstatt umgangen werden will.

In diesem Buch werden wir auf das Wesen von Glaubenssätzen eingehen und auf verschiedene Methoden, mit denen ihr jene Glaubenssätze entwickeln könnt, die euch ein zufriedeneres Leben ermöglichen.

Auch wenn dieses Buch den Titel *The Way Toward Health* trägt, ist hier nicht nur die körperliche Gesundheit gemeint; es geht auch um die geistige, spirituelle und emotionale Gesundheit. Ihr seid beispielsweise nicht wirklich gesund, auch bei guter physischer Kondition, wenn eure Beziehungen ungesund, unbefriedigend und frustrierend sind. Wie auch immer eure Situation ist, es wäre gut, euch selbst zu fragen, was ihr tun würdet, wenn ihr dieses Problem nicht hättet. Die Frau eines Alkoholikers wünscht sich vielleicht sehnlichst, daß ihr Mann aufhört zu trinken; aber wenn sie sich selbst fragt, was sie dann tun würde, steigt in ihr vielleicht - erstaunlicherweise - ein Gefühl der Panik hoch. Wenn sie ihre Gedanken und ihre Geisteshaltung näher untersucht, stellt sie möglicherweise fest, daß sie dermaßen Angst davor hat, ihr eigenen Ziele nicht erreichen zu können, daß sie eigentlich den Alkoholismus ihres Mannes unterstützt, um nicht mit ihrer eigenen »Niederlage« konfrontiert zu werden.

Diese hypothetische Situation soll nur ein kurzes Beispiel dafür sein, was ich meine, ohne die unzähligen anderen Glaubensüberzeugungen und Halbwahrheiten zu berücksichtigen, die eine Beziehung zwischen Mann und Frau ausmachen.

Ende des Diktats.

(16.36 Uhr.) Ich beschleunige wieder jene Koordinaten, die eure Heilfähigkeiten, Inspirationen und Einsichten fördern.

Ich unterstütze euch beide, und ich wünsche euch jetzt einen schönen guten Tag.

(»Einen schönen Tag, Seth.«

16.37 Uhr. »Du kannst dich ausruhen an den Tagen, an denen ich keine Lust auf eine Sitzung habe«, meinte Jane zu mir, »aber wenn mir danach ist, sollte ich sie schon abhalten – «

»Du meinst, wenn du sie abhalten solltest oder wenn du sie abhalten willst?« fragte ich.

»Tja, eigentlich beides«, erwiderte sie. »Es gehört zusammen. Ich will sie machen, wenn ich sie machen will«, meinte sie lachend. Sie rauchte eine Zigarette, während ich ihr die Sitzung vorlas. Ich finde sie hervorragend, vieles trifft genau auf unsere Situation zu, da bin ich mir sicher.)

9. Kapitel

Du, Du, Du und Du. Aneinander vorbeileben

Dienstag, den 29. Mai 1984, 16.00 Uhr

Guten Tag.

(»Guten Tag, Seth.«)

Das nächste Kapitel heißt: »Du, Du, Du und Du. Aneinander vorbeileben.«

(Lange Pause.) Jeder Mensch ist so einzigartig, daß es einfach unmöglich für mich ist, die unzähligen und komplexen Glaubensvorstellungen, die die menschliche Erfahrung ausmachen, zu erörtern. Dennoch hoffe ich hier, auf genügend »spezifische Verallgemeinerungen« eingehen zu können, damit ihr als Leser euch in möglichst vielen Darstellungen wiederfinden könnt.

Ihr entdeckt vielleicht nicht nur ein Du, sondern verschiedene Dus, die alle ein bestimmtes Ziel verfolgen; ihr entdeckt weiterhin, daß einige Ziele andere ausschließen, während andere sich wiederum diametral entgegenstehen. Dieses aneinander Vorbeizielen kann zu mentalen, spirituellen, körperlichen und emotionalen Schwierigkeiten führen.

Viele Menschen glauben, daß es gefährlich ist, sich hervorzutun, seine Ideen und Begabungen zu zeigen. Diese Menschen sind andererseits hochmotiviert, Meister in einer Kunst, einem Beruf oder einem anderen Bereich zu werden. In solchen Fällen sind zwei konträre Motivationen am Werk – der Wunsch sich auszudrücken und gleichzeitig die Angst davor.

Wenn beide Geisteshaltungen gleich dominant und lebenswichtig sind, wird die Situation ernst. Solche Menschen versuchen einerseits, einen »Vorsprung« in der Gesellschaft, in der Arbeit, in der Wissenschaft zu bekommen, müssen aber feststellen, daß sie bei jedem Schritt vorwärts unweigerlich zwei zurückgehen. Mit anderen Worten, sie treffen auf Hindernisse, die selbsterzeugt sind. Wenn ein solcher Mensch Erfolg hat, wird er sofort daran erinnert, daß es genauso wichtig ist, keinen Erfolg zu haben; denn er ist ja überzeugt davon, daß Selbstentfaltung notwendig und wünschenswert ist, aber gleichzeitig auch äußerst gefährlich und deshalb besser vermieden werden sollte.

(16.14 Uhr.) Krisen entstehen auf vielfache Art und Weise. Jemand macht einen finanziellen Gewinn, verkalkuliert sich aber in einem Geschäft und verliert dadurch seinen Gewinn. Jemand anderes drückt das gleiche Dilemma im Körper selbst aus, so daß der »Vorsprung« gleichgesetzt wird mit physischer Mobilität; aber gleichzeitig ist die erwünschte physische Mobilität auch sehr gefährlich.

Diese Argumentation ist für viele recht sonderbar, aber ein Mensch mit einer Krankheit, wie Arthritis oder einem anderen die Bewegungsfreiheit einschränkenden Leiden, fragt sich möglicherweise: »Was würde ich denn tun, wenn ich nicht in dieser Situation wäre?«

Genauso wie die früher erwähnte Frau des Alkoholikers empfindet dieser Mensch möglicherweise Panik anstatt Erleichterung und entdeckt zum ersten Mal die Angst vor Bewegung, die dem Problem zugrunde liegt.

Aber warum sollte man Angst vor Bewegung haben? Weil viele Menschen gelernt haben, daß Kraft oder Energie nicht gut ist, daß sie destruktiv oder sündig ist und deshalb bestraft werden muß.

Aufsässigen und lauten Kindern wird oft gesagt, sie sollten nicht so angeben und ihren üblichen Überschwang zurückhalten. Religionen betonen die Bedeutung der Disziplin, der Nüchternheit und der Buße. Diese Einstellungen können sehr schädlich sein und sind, zusammen mit anderen Glaubenssätzen, für etliche spirituelle, physische, mentale und emotionale Schwierigkeiten verantwortlich.

Es gibt unglücklicherweise auch Lehren, die auf Geschlechterdiskriminierung basieren. Jungen wird immer noch beigebracht, »cool« zu sein, unemotional, aggressiv und entschlossen – im Gegensatz zu gefühlsbetont, kooperativ, sozial und ohne falsches Draufgängertum. Abhängig in irgendeiner Form zu sein gilt als unmännlich. Als Jugendlicher ist es ihnen grundsätzlich sehr peinlich, von ihren Müttern geküßt zu werden, obwohl es sehr natürlich ist, sowohl abhängig als auch unabhängig, sowohl kooperativ als auch wettbewerbsorientiert zu sein.

Solche jungen Männer wachsen heran mit dem Wunsch nach Unabhängigkeit, während sie aber gleichzeitig die natürliche Neigung verspüren, sich kooperativ und abhängig zu verhalten. Viele bestrafen sich für ein Verhalten, das als unmännlich und abhängig gilt. Sie haben oft Angst davor, Liebe auszudrücken oder emotionale Nahrung mit Würde anzunehmen.

Diese Menschen neigen in der Folge zu ernsthaften Magengeschwüren; der Magen entzündet sich bei der Aufnahme von physischer Nahrung.

Ich komme zurück oder auch nicht, aber ich beschleunige jene Koordinaten, die die Heilung von Seele und Körper unterstützen.

(»Danke.«

16.33 Uhr. Jane fiel auf, daß uns keiner unterbrochen hatte. Ich sagte ihr, die Sitzung sei wieder sehr gut gewesen, so wie die von gestern; es war offensichtlich, daß vieles auf unsere Situation zutraf. Eine Krankenschwester kam mit den Medikamenten herein. Nachdem Jane eine Aspirin und Darvoset genommen hatte, rauchte sie eine Zigarette, bevor ich sie wieder wenden mußte.

Joe Bumbalo kam heute zu seiner vierten Chemotherapiebehandlung ins Krankenhaus. Ich besuchte ihn, nachdem ich mich um 19.00 Uhr von Jane verabschiedet hatte. Er sah besser aus. Er drückte seine Sorge darüber aus, wie lange er wohl mit dem Krebs noch leben könne. Er beschrieb mir seinen Traum, den er in den letzten drei Monaten immer wieder geträumt, aber Margaret nicht erzählt hatte. Für mich symbolisierte der Traum Joes Angst vor dem Tod und seine Unfähigkeit, sich ihm hinzugeben. Er stimmte mit meiner Deutung überein, die ich ihm ziemlich diplomatisch vermitteln konnte. Ich war mir aber gar nicht sicher, ob ich recht hatte.)

Mittwoch, den 30. Mai 1984, 16.15 Uhr

(Während ich gestern abend Joe in seinem Krankenzimmer 522 besuchte, ging Margaret herunter, um Jane zu begrüßen. Joe sollte am Donnerstag wieder entlassen werden.

Gestern abend fühlte sich Jane wieder äußerst unwohl auf ihrem Rücken; die wundgelegenen Stellen an ihrer linken Hüfte schmerzten sie sehr. Sie nahm Darvoset und Aspirin, die aber nicht halfen. Als ich heute zu ihr kam, ging es ihr viel besser, obwohl sie nicht entspannt war. Ich erzählte ihr, daß John Bumbalo mich angerufen hatte, um mir zu sagen, daß sein Vater doch nicht nach Hause kommen würde, da der Arzt eine Infektion in der Lunge diagnostiziert hatte. Davon wußte gestern keiner etwas.)

Nun: Guten Tag –

(»Guten Tag, Seth.«)

– und wir machen mit dem Diktat weiter.

(Lange Pause.) Epilepsie bekommen Menschen, die starke, sich widersprechende Glaubensvorstellungen über Macht oder Energie haben, verbunden mit einer manchmal sehr außergewöhnlich intensiven mentalen und körperlichen Energie, die ausgelebt werden will.

Oft sind diese Menschen sehr intellektuell und besitzen eindeutig Talente, die nicht völlig ausgeschöpft werden. Sie haben dermaßen Angst vor ihrer persönlichen Macht und Energie, daß sie ihr Nervensystem blockieren und sich damit die Fähigkeit zu einer zielgerichteten Handlung nehmen, zumindest zeitweise.

Da diese Menschen über große Begabungen verfügen, suchen sie eher durch eine Krankheit als durch ihre Fähigkeiten, Aufmerksamkeit auf sich zu ziehen. Sie werden vielleicht zu professionellen Patienten, zum Liebling aller Ärzte, weil sie trotz ihres Leidens sehr viel Esprit und Witz haben. Aber diese Menschen leben in einem großen Widerspruch. Sie sind entschlossen, sich auszudrücken und sich gleichzeitig nicht auszudrücken. Wie viele andere glauben sie, daß Selbstentfaltung gefährlich ist, böse und nur im Leiden endet – ob selbstauferlegt oder nicht.

Diese Gruppe von Menschen ist normalerweise durch ein großes Potential an Zorn gekennzeichnet: Sie empfinden sich selbst gegenüber sehr viel Wut, weil sie ihre Kraft und Energie nicht zur Schau stellen können und statt dessen zu einem Verhalten »gezwungen« werden, das manchmal angsterregend und erniedrigend ist.

(Lange Pause um 16.28 Uhr.) Menschen, die an Epilepsie leiden, sind oft Perfektionisten; sie versuchen alles, um perfekt zu sein, fallen dabei aber in einen unausgeglichenen, zappeligen körperlichen Zustand.

Stottern ist gewissermaßen ein mildes Beispiel des gleichen Zustands. Auf der einen Seite fühlen sich Epileptiker aufgrund ihrer besonderen Talente dem Durchschnitt der Menschheit überlegen, auf der anderen Seite bewegen sie sich viel ungeschickter als normale Menschen. Andere glauben wiederum, daß sie wegen ihrer speziellen Fähigkeiten von anderen Menschen ausgestoßen und verfolgt werden. Punkt.

Das führt uns zu einem Konglomerat von Glaubenssätzen, die leider mit romantischen Vorstellungen verknüpft sind.

Macht eine kurze Pause, dann machen wir weiter.

(16.34 Uhr. Jane trank etwas Kaffee und rauchte eine Zigarette. »Manchmal spüre ich eine Riesenmenge an Material, und an anderen Tagen spüre ich gar nichts«, sagte sie. Wiederaufnahme um 16.41 Uhr.)

Diese Glaubenssätze findet man bei Künstlern, Schriftstellern, Musikern, Schauspielern und denjenigen, die besondere Talente in anderen Bereichen, in denen es um Selbstausdruck geht, haben. Die Überzeugungen führen zu Lebensdramen, in denen die talentierte Person in irgendeiner Weise für ihre Fähigkeiten bezahlen muß – durch eine Katastrophe, ein schweres Schicksal oder den Tod.

Ende des Diktats.

(16.44 Uhr.) Ruburts unangenehmer Abend war das Resultat seiner Ängste um den Körper – im Zusammenhang mit Joes eigenen Ängsten, von denen sich Ruburt sehr hat beeinflussen lassen.

Sowohl Margarets Besuch als auch dein Besuch bei Joe hatten etwas damit zu tun.

Es wäre gut, wenn auch unangenehm, wenn Ruburt weiterhin über seine Ängste im Zusammenhang mit seinem Körper frei assoziiert; diese

Ängste sollten aber nicht mit Ungeduld behandelt werden. Er sollte sich mit ihnen auseinandersetzen, auch wenn das bedeutet, wieder auf alte, widersprüchliche Glaubensvorstellungen einzugehen.

In der nächsten Sitzung werde ich euch weitere Hinweise dazu geben. Ich wünsche euch nun einen schönen guten Tag und einen angenehmen, gemütlichen Abend.

(»Danke.«

16.49 Uhr. Gestern abend, als ich bei ihm war, erzählte mir Joe von seinen Ängsten. Ich hatte erst heute nachmittag Gelegenheit, Jane davon zu erzählen. Sie hatte wohl seine Ängste vorher schon gespürt, oder Margaret hatte ihr etwas erzählt, als sie gestern bei ihr war.

Anmerkung: Margaret hatte ihr nichts erzählt, im Gegenteil, sie hatte ihr berichtet, daß sich Joe gut fühlte und daß die Famile ihn bereits Mittwoch abend abholen wollte und nicht erst am Donnerstag.)

Donnerstag, den 31. Mai 1984, 16.15 Uhr

(Am 28. Mai hatte eine Krankenschwester in der Hydro eine Pfanne versehentlich auf Janes linken Spann fallen lassen, so daß eine kleine Wunde entstanden war. Es habe weh getan, sagte Jane. Die Stelle war immer noch wund, heilte aber ab. Heute morgen stießen Georgia und eine Helferin Janes Schienbein gegen den Metallrahmen der Bahre, als sie sie darauflegen wollten. Jane schrie vor Schmerz, und Georgia weinte. Jane sagte sich sofort, daß alles in Ordnung sei, und das schien auch zu funktionieren. Auch wenn sie etwas Schmerzen im Bein und im Fuß hatte und die Gegend sehr druckempfindlich war, gab es keine Wunden oder Verfärbungen. Mir waren auch keine Schwellungen aufgefallen, als ich heute mittag bei ihr ankam.

Jane nahm sich heute beim Mittagessen nicht so viel Zeit, da ich um 13.45 Uhr zum Zahnarzt mußte. Als ich zurückkam, schlug ich ihr vor, das freie Assoziieren zu probieren oder eine Sitzung zu halten. Sie meinte, sie wisse nicht, ob sie wirklich Lust auf das freie Assoziieren hatte – »obwohl ich das versuchen will, was Seth vorgeschlagen hat.« Die letzte Nacht hatte sie besser geschlafen, aber sie fühlte sich auf ihrem Rücken immer noch recht unwohl. Sie nahm wieder Aspirin und Darvoset.

Ich rief Margaret auf Zimmer 522 an, um nach Joe zu fragen. Er bekam gerade eine Computertomografie. Margaret erzählte, er sei erheblich schwächer geworden, seit er eingeliefert worden ist. Aber die Prognose sei okay.)

Einen guten und schönen Tag euch.

(»Guten Tag, Seth.«)

Wir machen mit dem Diktat weiter.

Diese Überzeugungen haben viele Geschwister, so daß wir es mit einer ganzen Familie von Glaubenssätzen zu tun haben, die alle miteinander verknüpft sind.

Die verzerrten Vorstellungen über Kreativität und Selbstentfaltung hängen zuallererst mit der Überzeugung zusammen, daß Wissen an sich gefährlich und böse ist und unweigerlich zu einer Katastrophe führt. Hier wird Unschuld gleichgesetzt mit Ignoranz. Was eigentlich hinter dieser Überzeugung steckt, ist die Angst vor dem freien Willen und dem Treffen von Entscheidungen.

Je größer das Wissen, desto mehr ist man sich der möglichen Konsequenzen und der vielen Wahlmöglichkeiten bewußt. Es gibt Menschen, die einen großen Wissensdurst haben und glauben, daß Wissen gut und nützlich ist, andererseits aber genauso überzeugt davon sind, daß Wissen verboten und gefährlich ist.

Das alles führt natürlich zu ernsthaften Krisen, in denen die Person zwischen zwei verschiedenen Richtungen hin- und hergerissen ist. Daraus entstehen spirituelle, emotionale und körperliche Probleme.

Es sollte hier auch erwähnt werden, daß Wissen noch mehr verurteilt wird, wenn Frauen darüber verfügen, denn nach der Legende hat man irrtümlich den Eindruck, daß es doppelt so schlimm ist, wenn Frauen Wissen haben. Dieser Aspekt sollte immer berücksichtigt werden, wenn es um Glaubenssätze geht, die geschlechtsspezifisch sind.

Es ist offensichtlich, daß alle diese Glaubensvorstellungen im Grunde das Mißtrauen gegenüber der Natur, dem Menschen und dem Leben selbst widerspiegeln.

(16.28 Uhr.) Wir müssen jedoch daran denken, daß Glaubenssätze auch Werkzeuge sind und daß negative Glaubenssätze manchmal den Weg freimachen können für konstruktivere. In dieser ganzen Diskussion um negative Glaubensvorstellungen ist es angebracht, diese nicht als böse oder schlecht an sich abzustempeln. Sie sind auf ihre Weise nicht schlechter als beispielsweise Viren. Wenn ihr Glaubenssätze mit dieser Einstellung betrachtet, werdet ihr nicht von einer scheinbar endlosen Flut von negativen Gedanken und Überzeugungen, die nur in Zerstörung enden, heimgesucht. Negative Glaubenssätze sind wie Stürme, die über das Land fegen: Sie haben ihren Sinn, und dieser besteht darin, das Leben zu unterstützen.

Denkt immer wieder daran, daß jede Situation zum Besseren verwandelt werden kann. Erinnert euch daran, daß die beste Lösung eines Problems mindestens genauso wahrscheinlich ist wie die ungünstigste »Lösung«. Erinnert euch auch daran, daß trotz all eurer Sorgen der Lebensgeist immer in eurem Dasein ruht und euren physischen Körper ausfüllt.

(Lange Pause.) Mit dieser Sitzung beschleunige ich wieder jene Koor-

dinaten, die Wohlbefinden und Seelenfrieden schaffen. Weise Ruburt besonders auf die letzten paar Sätze hin.

(»Schönen Tag, Seth.«

16.38 Uhr. Wir wurden auch in dieser Sitzung kein einziges Mal unterbrochen. Janes Durchgaben waren gut. Sie rauchte eine Zigarette, während ich ihr die Sitzung vorlas.)

Freitag, den 1. Juni 1984, 16.12 Uhr

Nun: Guten Tag –

(»Guten Tag, Seth.«)

– und wir machen mit dem Diktat weiter.

(Lange Pause.) Ein Großteil der Bevölkerung lebt ein unzufriedenes Leben. Weil Menschen widersprüchliche Überzeugungen hegen, die alle beachtet werden wollen, verfolgen viele geradezu unerreichbare Ziele. Sie leben nicht in Harmonie mit sich selbst.

Das führt nicht nur im privaten Bereich zu Krisen, Krankheiten und anscheinend aussichtslosen Beziehungen, sondern auch auf internationalem Parkett zu Mißverständnissen zwischen Staaten, zu Verwicklungen und weltweiten Unruhen. Aber es gibt Wege, diese Konflikte zu lösen; Verständnis, Frieden und Wohlbefinden sind jedem Menschen zugänglich, wie unglücklich die ganze Lage auch erscheinen mag.

Es ist deshalb möglich, eure Gesundheit und die Qualität eurer Lebenserfahrung zu verbessern.

So wie ihr euer Erdenleben versteht, wäre es übertrieben optimistisch, sich vorzustellen, daß allmählich alle Krankheiten verschwinden würden, alle Beziehungen zwangsläufig erfüllend wären und alle Menschen auf dieser Erde respektiert und gleichberechtigt wären. Krankheit, im größeren Rahmen gesehen, ist Teil der allgemeinen Lebensaktivität. Krankheitszustände sind für das physische Leben genauso notwendig wie die Gesundheit; wir sprechen also nicht von einem Nirvana auf Erden – aber wir wollen betonen, daß es für jeden Leser dieses Buches möglich ist, seine persönlichen Erkenntnisse zu vertiefen und die Qualität seines normalen Bewußtseins auszuweiten, so daß jeder, im Gegensatz zur gegenwärtigen Lage, das Leben fast als »Himmel auf Erden« empfinden könnte.

(Lange Pause um 16.28 Uhr.) Dies erfordert eine grundlegende Umerziehung. Die bisher erwähnten widersprüchlichen Glaubenssätze sind das Endergebnis von dem, was ich als »offizielle Ausrichtung des Bewußtseins« bezeichnet habe. Sicherlich erleben Menschen Krankheiten, lange bevor diese widersprüchlichen Überzeugungen angefangen haben

– aber eben deshalb, weil Krankheiten eine besondere Rolle in der allgemeinen Einstellung zur Gesundheit des einzelnen und der Welt spielen.

Wir müssen also wieder von vorne anfangen. Das ist durchaus möglich, da ihr mit Material arbeiten werdet, das euch sehr vertraut ist: euren Gedanken, euren Gefühlen und euren Glaubensmustern.

Ihr müßt natürlich von eurer gegenwärtigen Situation ausgehen. Es gibt keinen Menschen, der seine Situation nicht bis zu einem gewissen Grad verbessern kann, wenn er die hier vorgeschlagene neue Hypothese konsequent verfolgt. Diese Konzepte sind zum Teil schon bekannt, aber sie dominieren noch nicht das weltliche Erleben.

Macht eine kurze Pause, und dann fahren wir fort.

(16.35 Uhr. Linda brachte Aspirin und Darvoset für Jane; meine Frau fühlte sich immer noch sehr unwohl auf dem Rücken. Draußen auf der Straße war großer Lärm: Drei Feuerwehrautos und ein anderer Wagen fuhren mit Sirenen an unserem Fenster vorbei, wohl alle zum Eingang der Notfallaufnahme. Kurz darauf wurde ein Notruf nach »Doctor Blue« durch die Lautsprecher im Krankenhaus durchgegeben. Wiederaufnahme um 16.44 Uhr.)

Diese andere Art und Weise zu denken ist biologisch relevant, da es mittlerweile offensichtlich geworden ist, daß gewisse Glaubenssätze und Konzepte Gesundheit und Lebenskraft fördern, während andere diese verhindern.

Diese Konzepte sind Übersetzungen von emotionalen Einstellungen aller Aspekte der Natur und des Lebens. Sie sind besser als jede Medizin und unterstützen das Prinzip der Werterfüllung allen Lebens, welcher Form auch immer.

Ende des Diktats.

(16.47 Uhr.) Eine Anmerkung: Dies ist das letzte Kapitel von Teil Eins, der »Dilemmas« genannt werden soll. Das nächste Kapitel wird das erste von Teil Zwei sein, mit der Überschrift: »Von vorne anfangen«.

Ich möchte euch daran erinnern, daß das, worüber ich spreche, tatsächlich möglich ist, eher möglich als unmöglich. Punkt.

Ruburt kann in seiner jetzigen Situation anfangen, genauso wie jeder Mensch dort anfangen kann, wo er gerade steht. Der Kraftpunkt liegt in der Gegenwart.

Ich wünsche euch nun einen schönen guten Tag.

(»Schönen Tag, Seth. Danke.« 16.50 Uhr.)

Zweiter Teil

Von vorne anfangen

Seths letzte Botschaft

Eine Fotogalerie

Als mein Vater Robert Sr. Jane und mich an unserem Hochzeitstag, dem 27. Dezember 1954, fotografierte und dann nochmal 1957, wußte keiner, daß seine Bilder fast ein halbes Jahrhundert später veröffentlicht werden würden.

Ja, ich glaube, daß jeder von uns sich auf seine Weise entscheidet, diese wahrscheinliche Realität aus den vielen möglichen auszuwählen.

Gemäß Seths Konzept von der Gleichzeitigkeit der Zeit sind diese wertvollen Bilder schöne Beispiele dafür, wie die »Vergangenheit« sowohl in der »Gegenwart« als auch in der »Zukunft« lebt.

Janes Mutter Marie, 1972 gestorben.

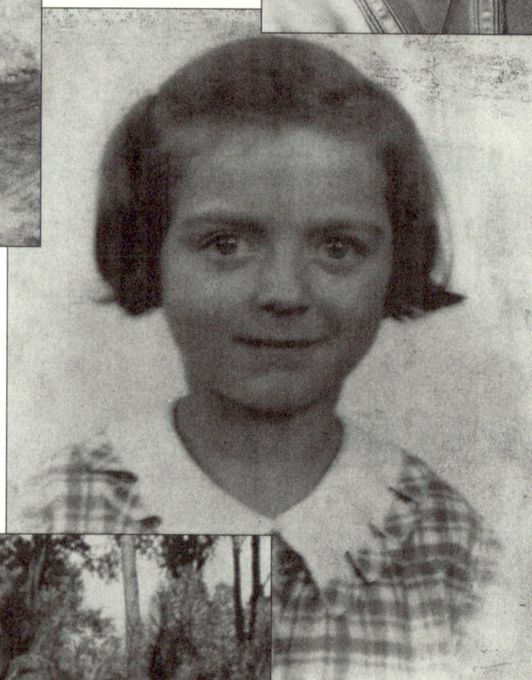

Jane mit weniger als zwei Jahren; dann mit sieben und mit zwölf Jahren im Jahr 1941 – alle in Saratoga Springs, New York. Sie hatte eine schwierige Kindheit.

Janes Eltern ließen sich scheiden, als sie drei Jahre alt war. Sie und ihre frustrierte, bettlägerige Mutter lebten von Sozialhilfe. Jane verbrachte ein Jahr in einem Waisenhaus, als ihre Mutter ins Krankenhaus mußte.

Janes Vater Del fotografierte sie 1951, mit 22 Jahren. Ich traf sie drei Jahre später.

Jane und ich waren bereits drei Monate verheiratet, als mein Vater sie im März 1955 fotografierte.

Mit viel Humor machte Jane als Seth eine Bemerkung während einer Sitzung 1966. Sie war 40 Jahre alt. Fotografiert von Rich Conz.

Mein Freund Laurel Lee Davies fotografierte mich 1986, zwei Jahre nach Janes Tod.

Meine Eltern Robert Sr. und Estelle unterstützten die Entscheidungen ihrer drei Kinder; sie nahmen Jane herzlich in ihre Familie auf. Jane lernte sie über die Jahre sehr zu lieben. Sie starben Anfang der 70er Jahre.

Jane fühlte sich psychisch verbunden mit ihrem »kleinen Pappi« – Joseph Burdo, ihrem Großvater mütterlicherseits. Sie war 20, als er 1949 im Alter von 68 starb.

Delmer und Marie Roberts heirateten im März 1928, beide im Alter von 23 Jahren. Jane kam am 8. Mai 1929 zur Welt.

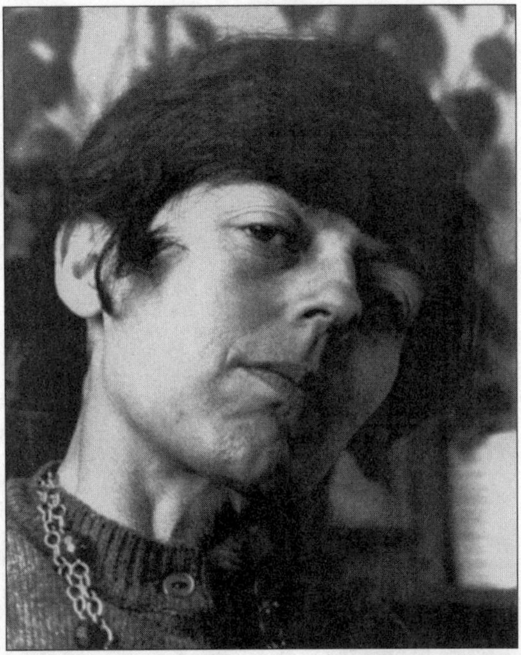

Jane gefiel diese Aufnahme: Während einer Pause in einer ausgelassenen Sitzung 1969 betrachtet Seth Rich Conz, einen Fotografen von der *Elmira Star-Gazette*. Rich hatte viele Fragen an Seth.

Ich unterstützte Jane über die Jahre, während ich ihre Kreativität bewunderte und versuchte, ihre Motive zu verstehen. Warum hielt sie diese Sitzungen ab? Sie waren ihr Beitrag zu einem größeren Verständnis von uns selbst und gewährten einen Einblick in das große Mysterium von Alles-das-was-ist.

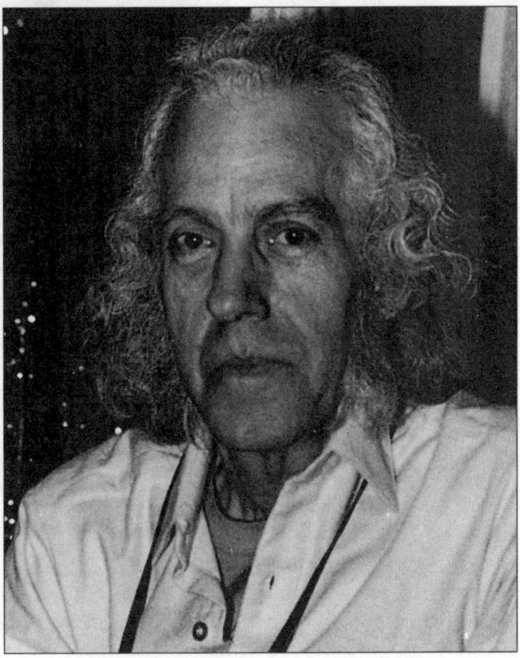

Robert F. Butts (1919 –): *Jane Roberts*. 1987. Öl auf Leinwand, 33 x 43 cm.

Im gleichen Jahr wie mein Selbstportrait malte ich auch Jane, wie ich sie in einem Traum am 10. März 1987 erlebt hatte. Sie war 1984 gestorben. Im Traum versicherte mir Jane, daß sie immer noch lebte.

Robert F. Butts (1919 –): Selbstportrait. 1987. Öl auf Leinwand, 41 x 36 cm.

Ich malte mich selbst im Alter von 68 Jahren. Es war eine ganz schön paranormale, psychologische und physische Erfahrung, sich über drei Monate lang selbst im Spiegel zu betrachten!

Robert F. Butts (1919 –):
Seth 1968. Öl auf Leinwand,
69 x 53 cm.

Ich malte Seth, diesen zeitlosen »Energiepersönlichkeitskern«, von dem ich eine Vision hatte, fünf Jahre nachdem Jane im Jahre 1963 angefangen hatte, für ihn zu sprechen. Ihre schöpferische Beziehung währte 21 Jahre.

Öl auf Leinwand, 61 x 76 cm.

Öl auf Leinwand, 91 x 66 cm.

1965, im Alter von 36 Jahren, stand Jane Modell für diese beiden Portraits.

10. Kapitel

Ein neuer Anfang. Anweisungen, Vorschläge und Lösungen – und wann sie ignoriert werden können

Sonntag, den 3. Juni 1984, 15.11 Uhr

(Eine Krankenschwester und eine Helferin kamen mir entgegen, als ich Janes Zimmer betrat, und sagten mir, sie hätten eine halbe Stunde versucht, Jane bequem hinzulegen. Sie lag jetzt auf dem Rücken. Sie nahm immer noch Aspirin und Darvoset; ihr Gehör hatte sich durch die Tabletten verschlechtert. Das war mir seit etwa einer Woche aufgefallen, da ich lauter sprechen, den Fernseher lauter stellen mußte usw.

Jane hatte jedoch guten Appetit zum Mittagessen und las anschließend die letzten vier Sitzungen durch, während ich mich durch die Post arbeitete. Ich erzählte ihr, daß Frank Longwell mich heute morgen besucht hatte. Wir einigten uns darauf, wo der rote Ahornbaum »Crimson King« eingepflanzt werden sollte; Frank wollte es morgen nachmittag erledigen und den jungen Mann mitbringen, der den Rasen mähen sollte. Das Gras war inzwischen 15 Zentimeter hoch. Es hatte gestern nacht und heute morgen wieder geregnet.)

Nun: Einen guten und schönen Tag euch!

(»Guten Tag, Seth.«)

Zuerst einen Hinweis für Ruburt: Sage ihm, er soll das freie Assoziieren über seine Angst vor den Reaktionen seines Körpers nicht hinauszögern, sondern so offen wie möglich mit dir darüber reden.

Dadurch kannst du ihn trösten und gleichzeitig deinem Gefühl Genüge tun, daß du ihm mehr helfen möchtest. Ihr solltet eure Gefühle auf jeden Fall äußern – und euch dann nicht mehr darauf fixieren.

Wir fangen jetzt mit Teil Zwei des Buches an: »Von vorne anfangen«. Das nächste Kapitel heißt: »Ein neuer Anfang. Anweisungen, Vorschläge und Lösungen – und wann sie ignoriert werden können«.

Die Gedanken und Glaubensmuster, die wir wiederbeleben möchten, sind diejenigen, die in der Kindheit vorgeherrscht haben, wie bereits erwähnt. Es sind spirituelle, mentale, emotionale und biologische Glaubenssätze, die jedem Lebewesen angeboren sind. Kinder glauben nicht nur daran, daß es ein Morgen beziehungsweise viele Morgen geben wird, sondern auch, daß jeder Morgen erfüllend und voller neuer Entdeckungen sein wird.

Sie fühlen sich geborgen und sicher, auch wenn sie sich in einer unangenehmen Situation oder Umgebung befinden. Sie fühlen sich zu anderen Menschen und Lebewesen hingezogen, und wenn sie allein sind, vertrauen sie auf ihre Kontaktfähigkeit. Sie besitzen ein Gefühl der Selbstzufriedenheit und der Selbstannahme und spüren instinktiv, daß es natürlich und förderlich für sie ist, ihre Fähigkeiten zu entdecken und zu entwickeln.

Nehmt eure Pause.

(15.23 Uhr. Jane hatte um eine Pause gebeten, da ich andauernd husten und mich schneuzen mußte. Ich hatte irgend etwas im Hals. Ich wußte aber nicht weshalb und wodurch.)

Sie erwarten, daß Beziehungen zufriedenstellend und beständig sind und denken, daß jedes Ereignis den bestmöglichen Ausgang haben wird. Sie lieben es, zu kommunizieren, Wissen anzusammeln und ihre Neugier zu befriedigen.

Diese Einstellungen erzeugen Kraft und geistige Gesundheit, die sich wiederum sehr positiv auf ihre physische Entwicklung auswirken. Wie simpel sich diese Gedanken für einen Erwachsenen auch anhören mögen, sie enthalten dennoch die unerläßliche treibende Kraft, die allem Leben zugrunde liegt. Später im Leben können gegensätzliche Glaubensüberzeugungen diese frühen Einstellungen ersticken; sie werden im Erwachsenenalter von gegenteiligen Hypothesen abgelöst. Es wird dann angenommen, daß sich jede schwierige Situation nur verschlimmern kann, daß Verständigung mit anderen riskant ist, daß Selbstentfaltung nur Neid und Rachegefühle bei anderen weckt und daß alle Menschen in einer unsicheren Gesellschaft leben, in einer Welt, die an sich grausam und unbarmherzig ist und sich nur um ihr eigenes Wohlergehen kümmert.

Macht eine Pause, danach machen wir weiter.

(15.33 Uhr. Robert kam herein, um Janes Blutdruck zu messen. Es war kalt und bewölkt. Wiederaufnahme um 15.42 Uhr.)

Euer Körper ernährt sich von freudigen Erwartungen.

Der Fötus wird angetrieben durch seine Erwartung von zukünftiger Entwicklung und Wachstum. Es ist schlimm genug zu erwarten, daß ungünstige Situationen sich verschlechtern werden, aber es ist vermessen zu glauben, daß die Menschheit sich selbst zerstören oder atomare Vernichtung unvermeidbar sein wird.

Viele Menschen glauben nicht länger an ein Leben nach dem Tod, so daß ihnen ein Wertesystem für eine spirituelle <u>oder</u> physische Zukunft fehlt.

Körper und Geist vermissen dadurch einen Sinn und Lebensimpulse, die notwendig sind, um Ziele mit Freude zu verfolgen. Jedes menschliche Bestreben scheint nutzlos zu sein. Es gibt jedoch Möglichkeiten, auf nukleare Gefahren konstruktiv und positiv zu reagieren; diese werden wir später noch erörtern.

An dieser Stelle möchte ich einfach vorschlagen, daß all diese Glaubenssätze erkannt und dann so bald wie möglich abgelegt werden sollten. Wir möchten zeigen, wie natürliche, die Gesundheit fördernde Glaubenssätze auf alle mentalen, physischen oder emotionalen Probleme und Erkrankungen angewendet werden können. Ich versichere euch, daß ihr unabhängig von euren Umständen, eurem Alter oder Geschlecht tatsächlich von vorne anfangen könnt und diese frühen, unschuldigeren Erwartungen, Empfindungen und Vorstellungen wieder in euch beleben könnt. Und zwar am besten auf spielerische Art und Weise, wie es Kinder tun, und nicht mit dem bitteren Ernst eines Erwachsenen.

Wir werden versuchen, euch eine spielerische Haltung beizubringen, auch wenn es um ernsthafte Probleme geht, da eine spielerische Herangehensweise Phantasie und Kreativität stimuliert.

Dieser Neuanfang –

(15.56 Uhr. Leanne kam herein und brachte eine Mischung aus Aspirin und Darvoset, die Jane in letzter Zeit zu sich nahm. Sie hatte einen bitteren Nachgeschmack. Ich las Jane die Sitzung vor und mußte dabei wieder lauter sprechen, damit sie mich verstand. Wiederaufnahme um 16.10 Uhr.)

Aufgrund der Gleichzeitigkeit allen Geschehens können Glaubensannahmen im gegenwärtigen Augenblick verändert werden.

Es besteht keine Notwendigkeit dafür, endlos in der Vergangenheit dieses Lebens oder eines anderen nach den »ursprünglichen« Gründen für irgendwelche Glaubenssätze zu suchen. Eine Veränderung in der Gegenwart wird automatisch alle anderen Glaubenssätze »pauschal« auch verändern. Es ist dabei aber wichtig, Ergebnisse nicht erzwingen zu wollen, sondern sich ein wenig Spielraum zu lassen. Ihr reagiert auf eure Überzeugungen aus alter Gewohnheit, oft ohne darüber nachzudenken, und mit den üblichen Vorstellungen und dem Erleben von Zeit. Aber ihr müßt euch »etwas Zeit« geben, um diese Gewohnheit aufzulösen.

Ihr werdet entdecken, daß ihr auf die gewünschten Überzeugungen genauso einfach und automatisch reagiert wie damals auf die unerwünschten. Denkt jedoch an den spielerischen Umgang damit. Dadurch erhält die ganze Angelegenheit mehr Spannung.

Das Kind spielt den Erwachsenen, lange bevor es selbst einer ist; auch ihr könnt mit positiven Glaubenssätzen spielen und dabei langsam in diesen erwünschten Zustand hineinwachsen.

Ende des Diktats.

Ich aktiviere wieder jene Koordinaten, die Körper und Geist harmonisieren und die Heilungsprozesse anregen. Ich wünsche euch einen schönen guten Tag.

(»Schönen Tag, Seth.« 16.19 Uhr.)

Montag, den 4. Juni 1984, 15.19 Uhr

Nun: Ich wünsche euch einen guten Nachmittag!

(»Guten Tag, Seth.«)

Wir nehmen das Diktat wieder auf.

Ich möchte ausführlich auf das Thema Spontaneität in bezug auf Gesundheit und Krankheit eingehen.

Eure physische Existenz hängt vom reibungslosen Funktionieren vieler spontaner Prozesse ab. Euer Denken, eure Atmung und eure Bewegungen werden alle von Aktivitäten gesteuert, die größenteils unbewußt sind – zumindest von eurem bewußten Denken aus gesehen.

Euer Körper erneuert sich ständig, und euer Verstand denkt – und das normalerweise alles ohne euer bewußtes Dazutun. Das gleiche gilt für alle inneren Prozesse, die das Leben möglich machen. Eure Gedanken sind euch zwar bewußt, aber nicht der Prozeß als solcher. Spontaneität ist besonders bei den natürlichen rhythmischen Bewegungen von Kindern wichtig. Gefühle scheinen ebenfalls in einer spontanen Art zu kommen und zu gehen.

Es ist so, als ob ein innerer spontaner Teil der Persönlichkeit über ein viel fundierteres Wissen verfügt als der bewußte Teil in uns, auf den wir zu Recht sehr stolz sind.

Viele Menschen haben jedoch Angst vor der Spontaneität; sie ruft extravagantes Verhalten hervor, Exzesse und riskante Freiheiten. Andere Menschen, die nicht absolut *gegen* spontanes Verhalten sind, meinen dennoch, daß es verdächtig, unpassend oder sogar erniedrigend wirken kann. Die Spontaneität repräsentiert jedoch den Geist des Lebens und ist die Basis des Lebenswillens und der Impulse, die uns handeln und entdecken lassen.

Euer Leben wird durch diese spontanen Prozesse versorgt. Wie ich in vorangehenden Büchern erläutert habe, gab es einen Zeitpunkt, zu dem die menschliche Persönlichkeit »mehr eins mit sich selbst war«. Sie konnte unbewußtes und bewußtes Erleben harmonisch miteinander vereinbaren. Der Mensch war sich seiner Träume und seiner sogenannten unbewußten Handlungen sehr wohl bewußt.

Dadurch, daß beim modernen Menschen eine bestimmte Denkungsart sehr ausgeprägt ist, hat man Angst vor den unbewußten, spontanen Teilen des Selbst. Allein die Angst führt bei ihnen dazu, mehr und mehr unbewußtes Wissen zu unterdrücken. Da der spontane Teil des Selbst sehr eng mit körperlicher Aktivität zusammenhängt, trägt er auch mit zu guter Gesundheit bei; wenn Menschen sich von ihrem spontanen Selbst getrennt fühlen, fühlen sie sich im gleichen Maße von ihrem Körper getrennt.

(15.43 Uhr.) Solche Personen haben Angst vor Freiheit, vor Möglichkeiten und Änderungen. Sie versuchen verzweifelt, sich und ihre Umwelt gegen das zu schützen, was als eine aufgewühlte, spontane Ansammlung primitiver Impulse aus ihrem Inneren empfunden wird, und gegen eine sinnlose, chaotische und längst überholte Naturgewalt. In der körperlich-materiellen Welt führt dies zu einem zwanghaften Verhalten – stereotypen geistigen Einstellungen, starren körperlichen Bewegungen und anderen repressiven Verhaltensformen. Hier ist fast jede Selbstentfaltung ein Tabu. Das denkende Bewußtsein muß die Kontrolle so weit wie möglich behalten, da nur rigide, logische Gedankengänge die Kraft haben, diese anderen starken impulsiven Energien in Schach zu halten.

(Lange Pause.) Diese Einstellungen spiegeln sich in einem recht einfachen Zwangsverhalten wider: die Frau, die andauernd ihre Wohnung putzt, ob nötig oder nicht; der Mann, der immer nur ganz bestimmte Wege zur Arbeit fährt; sich die Hände öfter als nötig zu waschen; die Knöpfe des Pullovers ständig auf- und zuzuknöpfen. Stereotype Verhaltensweisen wie diese ergeben sich aus dem verzweifelten Bedürfnis, sich und seine Umwelt unter Kontrolle zu behalten.

Macht eine Pause.

(15.52 Uhr. Jane trank Kaffee und rauchte eine Zigarette. Ich sagte ihr, ich hoffte, daß Frank Longwell jetzt dabei sei, den Ahornbaum einzupflanzen, während der junge Mann unseren Rasen mähte. Wiederaufnahme um 16.00 Uhr.)

Jedes exzessive Verhalten kann dazu führen, zuviel zu rauchen, zuviel zu essen und zuviel zu trinken.

Es wird manchen Menschen schwerfallen, der Spontaneität zu trauen, weil sie vielleicht nur destruktive oder gewaltsame Impulse spüren. Unter solchen Umständen ist die Vorstellung, seine Impulse spontan auszudrücken, natürlich angstbesetzt.

Eigentlich unterdrücken diese Menschen nicht gewaltsame, sondern natürliche und liebevolle Impulse. Sie befürchten, daß ihnen der Ausdruck von Liebe oder das Bedürfnis nach Abhängigkeit nur Verachtung und Strafe einbringt. Sie verstecken also ihre Sehnsüchte, und die destruktiven Impulse schützen sie davor, ihre Liebe auszudrücken, vor der sie mittlerweile Angst entwickelt haben.

Die Wissenschaft setzt, trotz ihrer Genauigkeit in manchen Bereichen, instinktives, impulsives –

(16.06 Uhr. Leanne kam herein, um Jane ihre Medikamente zu geben. Sie erzählte uns, daß sie das Krankenhaus verläßt, um eine Stelle als Leiterin in »Painted Post« anzunehmen, einer kleinen Gemeinde, etwa 27 Kilometer westlich von Elmira gelegen. Wir wünschten ihr alles Gute. Ich las Jane den letzten Satz um 16.14 Uhr vor.)

– chaotisches und destruktives Verhalten miteinander gleich.

Die Natur und die innere Natur des Menschen werden als schonungslose, destruktive Mächte angesehen, gegen die sich die Zivilisation und der denkende Verstand schützen müssen.

Die Wissenschaften legen oft ein zwanghaftes und ritualisiertes Verhalten an den Tag; sie programmieren ihre eigenen Argumentationslinien dergestalt, daß sie sich auf sicherem Boden bewegen, und ignorieren standhaft, daß es die großen inneren Kräfte der Spontaneität sind, die das wissenschaftliche Denken – oder jede andere Disziplin – erst möglich macht. Wie ich bereits erwähnt habe, hat die Spontaneität ihre eigene Ordnung. Nichts ist besser organisiert als der physische Körper, dessen Wachstum er spontan vollbringt.

(Alles sehr nachdrücklich:) Genauso wie euer Leben durch die spontanen Prozesse versorgt wird, ist auch das Leben des Universums versorgt. Ihr beobachtet die Sterne, deren Entfernung ihr mit euren Instrumenten berechnen könnt, aber die inneren Prozesse, die das Universum haben entstehen lassen, sind die gleichen Prozesse, die euer Denken antreiben. Es ist deshalb ein Irrtum zu meinen, Spontaneität und Disziplin seien Gegensätze. Im Gegenteil, wahre Disziplin ist das Ergebnis von wahrer Spontaneität.

(16.24 Uhr.) Die Werterfüllung jedes einzelnen Elementes im Leben wird von diesen spontanen Prozessen geleitet, die auf bejahender Liebe und Selbstannahme, dem Universum und dem Leben basieren.

Ende des Diktats.

Ich aktiviere wieder jene Koordinaten, die euren Seelenfrieden und eure Selbstheilungsprozesse unterstützen – die, denkt daran, spontan sind.

(»Danke.«

16.26 Uhr. Ich sagte Jane, daß sie gut gewesen war. Es ging ihr heute etwas besser, sie hatte auch besseren Appetit. Als ich die Einfahrt zum Hügelhaus hinauffuhr, hielt ich den Atem an – dann sah ich, daß der Rasen gemäht war. Er sah großartig aus. Frank hatte auch den Baum gepflanzt, und nicht nur das, er hatte sogar das Blumenbeet nochmals umgegraben, um die Blumensamen aussäen zu können.)

Dientag, den 5. Juni 1984, 15.05 Uhr

Nun: Einen besonders guten Tag euch!

(»Guten Tag, Seth.«)

Wir machen mit dem Diktat weiter.

(Lange Pause.) Seit grauer Vorzeit hat die Religion versucht, dem Menschen in seinem Verständnis über das Wesen seiner eigenen Realität zu helfen - aber die Religion hat auch ihre dunklen Seiten, womit die Angst vor der Spontaneität gefördert wurde.

Anstatt auf den inneren Wert der Menschen hinzuweisen, hat die Religion das Mißtrauen gegenüber dem inneren Selbst und seinen Manifestationen geschürt. Die meisten Kirchen predigen ein Dogma, das die Idee des sündigen Selbst unterstützt und den Menschen als Wesen betrachtet, das schon vor der Geburt durch die Sünde verunreinigt ist.

Dieses verzerrte Bild spiegelt eine Spezies der Sünder wider, die von Geburt an von bösen, manchmal dämonischen Kräften getrieben wird. Nach diesem Dogma muß sich der Mensch für seine Geburt entschuldigen, und seine Lebensumstände gelten als eine Bestrafung von Gott, die er seinen fehlgeleiteten Wesen zukommen läßt. Solche Konzepte gibt es unglücklicherweise auch in der Psychologie, besonders in der Freudianischen - bei der ein Versprecher, die Freudsche Fehlleistung, die verdeckten, wahren Wünsche des Selbst verrät.

Das Unbewußte wird als Abfalleimer unerwünschter Triebe verstanden, der von der Zivilisation vor langer Zeit entsorgt wurde; viele religiöse Lehren verbreiten das Bild des verborgenen Selbst, das durch gute Werke, Gebete und Buße im Zaum gehalten werden muß.

Bei dieser Ansammlung von negativen Annahmen erscheint das Konzept von einem wohlgesinnten und unschuldigen inneren Selbst als beinahe skandalös. Die Entfaltung dieses Selbst zu fördern erscheint tollkühn, da es nur allzu offensichtlich ist, daß alle möglichen Dämonen und zornigen Impulse herausquellen würden, wenn man den Deckel zum Unbewußten öffnete.

(Lange Pause um 15.20 Uhr.) Menschen mit dieser Ansicht vom inneren Selbst projizieren die gleichen Ideen auf die Natur im allgemeinen, womit diese dann genauso mysteriös und bedrohlich wirkt.

Politisch gesehen unterstützen diese Menschen autoritäre Gruppen und Regierungen, stellen Recht und Ordnung über Gerechtigkeit und Gleichheit und betrachten die ärmeren, unterprivilegierten Mitglieder der Gesellschaft als triebgesteuert, gefährlich und immer bereit zur Revolution. Menschen mit diesem Glaubenssystem disziplinieren ihren Körper sehr stark, wählen den Beruf des Polizeibeamten oder versuchen, Positionen einzunehmen, in denen sie andere Menschen kontrollieren können.

Ich sage damit nicht, daß alle Polizisten oder Angehörige des Militärs oder ähnliches in diese Kategorie fallen. Solche Menschen neigen jedoch zu einem sehr disziplinierten Leben. Ihre gesundheitlichen Probleme werden sich in Eruptionen äußern – inneren Geschwüren, Hautausschlägen oder auch geistigen und emotionalen Ausbrüchen bis hin zu Gewaltausbrüchen, die um so mehr auffallen, als der normale Lebensstil doch sehr diszipliniert ist.

Macht eine Pause.

(Wiederaufnahme um 15.30 Uhr.)

In solchen Fällen fehlt eine normale Art und Weise, Gefühle auszudrücken. Solche Menschen haben extreme Schwierigkeiten damit, beispielsweise Liebe, Freude oder Dankbarkeit auszudrücken; dieser Mangel an Ausdrucksfähigkeit wird als selbstverständlich von anderen hingenommen, die die wahre Ursache nicht erkennen und denken, daß derjenige einfach reserviert ist.

Auch für Zweitpersönlichkeiten und schizophrene Persönlichkeiten ist es charakteristisch, daß widersprüchliche Glaubenssätze unterdrückt oder aufgestaut werden und das Verhalten plötzlich explosiv werden kann. Wenn daran geglaubt wird, daß das innere Selbst nur aus chaotischen Impulsen besteht, wird sich der einzelne immer weniger im Rahmen des Normalen ausdrücken können. Er fühlt sich dann lethargisch und weder mit seiner Arbeit noch mit seiner Familie verbunden.

Selbstausdruck ist jedoch eine Lebensnotwendigkeit. Jeder Mensch verspürt diesen Drang. Wenn ein Glaubenssatz eine bestimmte Handlung für sinnlos erklärt, meldet sich ein anderer, tief vergrabener Glaubenssatz, der genau den notwendigen Impetus liefert, wobei dann aber eine Zweitpersönlichkeit entsteht, die die entgegengesetzten Eigenschaften der Hauptpersönlichkeit verkörpert.

Wir werden noch weiter auf diese Themen eingehen, aber zunächst möchte ich die Spontaneität beziehungsweise ihr Fehlen in bezug auf Sexualität und Gesundheit besprechen.

Alle bisher erwähnten negativen Denkmuster haben in irgendeiner Weise mit Sexualität zu tun. Die zuletzt angesprochenen Glaubenssätze betrachten Sexualität als etwas Animalisches, Böses und sogar Erniedrigendes.

Diese Einstellungen sind beim weiblichen Geschlecht noch stärker ausgeprägt. Ihr habt natürlich einen starken Sexualtrieb, und wenn ihr gleichzeitig versucht, ihn zu vermeiden, dann befindet ihr euch in einer sehr antagonistischen Situation. Frauen können sich da schnell hineinsteigern und erleben dann möglicherweise eine operative Entfernung der Gebärmutter, die zufällig von männlichen Ärzten, die die gleichen Glaubensüberzeugungen haben, durchgeführt wird.

Viele Männer freuen sich darauf, wenn ihre Kinder Söhne werden, und ihnen ist eine Heirat wichtig, damit sie ein anerkanntes Familienleben führen können; andererseits empfinden sie Heirat als Erniedrigung, und der Sexualakt dient nur der Sicherstellung eines Erben.

Dieser Mann wird seinen Trieb bei Prostituierten befriedigen oder bei Frauen, die er verachten kann. Er wird es eventuell auch als falsch empfinden, die Sexualität mit seiner Frau zu leben, da er daran glaubt, daß der sexuelle Akt beide erniedrigt. Oftmals werden diese Männer großartige Sportler und verfolgen der Konvention entsprechende männliche Ziele; die Kunst oder ein anderes Gebiet, das auch nur im entferntesten als feminin gilt, wird er geringschätzen.

Ende des Diktats.

(16.33 Uhr.) Ich beschleunige wieder jene Koordinaten, die das Wohlergehen von Körper und Geist intensivieren, und sensibilisiere euch für eure intuitiven Fähigkeiten.

Einen schönen guten Tag wünsche ich euch.

(»Danke.«

16.34 Uhr. Janes relativ langsame Durchgabe wurde dreimal vom Personal unterbrochen. Ich sagte ihr, die Sitzung sei sehr gut gewesen, wie überhaupt alle in der letzten Zeit. Sie war zufrieden.

Es war heute sehr heiß, über 26 Grad, und zum ersten Mal fühlte es sich nach Sommer an. Jane ging es heute besser. Sie hatte gut zu Mittag und zu Abend gegessen und ließ sich leicht wenden. Sie nahm immer noch die Darvoset-Aspirin Mischung, zusammen mit Calcium und anderen Vitaminen – wir wissen nicht welche. Peggy Gallagher kam um 18.40 Uhr vorbei, also ging ich nach Hause, ohne daß wir zusammen das Gebet gelesen hatten.)

Mittwoch, den 6. Juni 1984, 16.09 Uhr

(Ich brachte Jane wieder ein Hühnchen-Sandwich mit, das dritte mittlerweile, welches ich von einem Grillhähnchen aus dem Supermarkt zubereitet hatte. Es schmeckte ihr sehr gut. Ihr war immer noch unbequem, auch wenn sie sich etwas besser fühlte. Ich sagte ihr, daß ich heute früher gehen müßte, weil ich einen Termin beim Zahnarzt hatte. Gestern abend war mir ein Teil des Zahns ausgebrochen, und ich hatte Angst, ihn ganz zu verlieren.

Ich schlug ihr vor, sie könne eine Sitzung abhalten, bevor ich ging. Sie spürte zunächst nichts, so daß ich die Post durchsah, während ich wartete. Schließlich merkte sie Seths Gegenwart und begann mit der Durchgabe, die etwas langsam war.)

Nun: Einen schönen und guten Tag euch!

(»Guten Tag, Seth.«)

Wir machen mit dem Diktat weiter.

Viele Religionen und sogenannte esoterische Kreise sind der Überzeugung, daß sich Sexualität und Spiritualität diametral entgegenstehen.

Bei Sportlern wird auch oft die Idee verbreitet, daß sexuelle Aktivität dem Mann Energie nimmt und seine Konstitution schwächt. Priester müssen das Gelübde der sexuellen Abstinenz ablegen. Tatsache ist aber, daß gelebte Sexualität ein wichtiges Element in der gesamten menschlichen Erfahrung ist, die geistige und körperliche Gesundheit und Lebenskraft fördert.

Der Sexualtrieb ist bei jedem Menschen anders ausgeprägt, entweder stärker oder schwächer; er beeinflußt jedoch den natürlichen Rhythmus eines jeden sehr stark. Wird der Sexualtrieb unterdrückt, sucht er sich dennoch ein Ventil; bei Männern, die normalerweise »sexuell diszipliniert« sind, kann er sich plötzlich durch Promiskuität oder Gewalt äußern.

Die Philosophie von der geistigen und physischen Disziplin, verbunden mit dem Glauben an das sündige Selbst, ruft manchmal die größten menschlichen Dramen hervor. Diesen Einstellungen zugrunde liegt oft auch die Vorstellung, daß Kraft zwar wünschenswert, aber gefährlich ist. Sexuell zurückhaltend zu sein bedeutet dann, seine Kraft aufzustauen. Menschen mit diesen Glaubenssätzen leiden ernsthaft unter Verstopfung oder zeigen Symptome wie Harnverhaltung oder das Zurückhalten von Salzen im Körper oder ähnliches.

(16.21 Uhr.) Sie neigen ebenfalls zu Magenproblemen, da manche von ihnen gerne scharfe Speisen zu sich nehmen. Andere haben einen ungewöhnlichen Heißhunger, dem man mit Diät zu begegnen versucht, deren Erfolg dann aber durch Überessen wieder zunichte gemacht wird.

Es gibt noch viele andere Aspekte der menschlichen Natur zu berücksichtigen. Ich möchte hier keinen Schuldigen nennen, aber Gesellschaften, in der die Geschlechtertrennung im Vordergrund steht und das Männliche dominiert, fördern bekanntermaßen ein derartiges Verhalten. Der einzelne ist zwar nicht so sehr davon betroffen, aber es gibt gewisse geschlossene Gesellschaftsformen, in denen Fanatismus oder stereotypes Verhalten einen Nährboden findet. Auch hier wird Disziplin über den freien Willen gestellt, so daß es kaum Wahlmöglichkeiten gibt. Je offener eine Gesellschaft, desto gesünder seine Mitglieder.

Ende der Sitzung.

(»Danke.« 16.30 Uhr.)

Donnerstag, den 7. Juni 1984, 15.21 Uhr

(Es war heute sehr warm – über 32 Grad – als ich mich auf den Weg zu Jane machte. Es ging Jane heute besser, und in ihrem Zimmer lief die Klimaanlage, der Ventilator, und alle Fenster waren geöffnet. Ich hatte mir meine Shorts mitgebracht, die ich gleich anzog; meine Sandalen hatte ich schon vorher dort deponiert. Bei diesem Wetter machte sich ein laues und wonniges Gefühl breit, als ob sich die Erde endlich von einem Gegner in eine nährende, umsorgende Mutter gewandelt hätte. Ich arbeitete die Post durch, nachdem ich Jane beim Mittagessen geholfen hatte, bis sie für eine Sitzung bereit war. Ich erzählte ihr, daß ich tatsächlich den Zahn verloren hatte.)

Nun: Einen schönen und guten Tag euch!

(»Guten Tag, Seth.«)

Wir nehmen das Diktat wieder auf.

Was ich gesagt habe, trifft in geringerem Maße auch auf Organisationen zu, die weiblich dominiert sind.

In beiden Fällen besteht keine wahre Kommunikation zwischen den Geschlechtern; ein sehr künstlicher Bezugsrahmen wird aufrechterhalten, in dem sich die Geschlechter zunehmend fremd werden. Das führt zu hysterischen Reaktionen, und es treten häufiger »ansteckende Krankheiten« auf als in der normalen Bevölkerung.

Diese Zustände findet man ebenfalls in verschiedenen religiösen Kulten wieder, ob diese einer strikten Geschlechtertrennung folgen oder nicht. Wenn menschliche Beziehungen überwacht und kontrolliert oder wenn Familienmitglieder dazu aufgefordert werden, ihren Verwandten oder Freunden nachzuspionieren, läuft dies auch auf eine Beschneidung des natürlichen Ausdrucks und der Kommunikation hinaus.

Menschen in solchen Gesellschaften leiden oft unter Fehlernährung, häufigen Prügeln, dem übermäßigen Gebrauch des Klistiers und körperlicher Bestrafung. Kinder werden streng erzogen, und der Mangel an Spontaneität bildet eher die Regel als die Ausnahme. Diese Menschen leiden unter Krankheiten, bei denen die Nahrung nicht richtig verwertet wird. Sie haben einen Eßtick, aber weil sie Angst vor der Spontaneität haben, ziehen sie Krankheiten an, die die unbewußten Prozesse des Körpers widerspiegeln.

(Lange Pause um 15.34 Uhr.) Es gibt auch einzelne Familien, die wie ein Kult funktionieren, oder ganze Staaten, die der Unterdrückung anheimfallen mit den entsprechenden Konsequenzen.

Eure Einstellungen spielen eine große Rolle dabei, wie der Körper die Nahrung verwertet und wie er mit Gesundheit und Vitalität umgeht. Wenn der Körper für euch etwas Böses darstellt, bestraft ihr ihn möglicherweise dadurch, daß ihr fast verhungert, auch wenn eure Ernährung allgemein als normal gilt. Der Körper kann auf eure Einstellungen in der Form reagieren, daß bestimmte chemische Reaktionen ausgelöst werden, die ihn daran hindern, die Nahrung aufzunehmen. Auch die reinste Vollwertkost wird wenig Wirkung haben bei einer negativen Einstellung, während eine gesunde Einstellung und Respekt vor dem eigenen Körper dazu führen können, daß ihr gesund und wohlgenährt seid, auch wenn ihr nur »Fernseh-Nahrung« und Fast Food zu euch nehmt.

Wenn wir über Gesundheit sprechen, müssen wir uns mit euren Glaubensmustern auseinandersetzen. Ihr habt die effizientesten und schönsten physischen Organe, die elegantesten Gliedmaßen, kraftvollsten Lungen und hervorragendsten Sinne. Es liegt an euch, mit euren Glaubenssätzen einen Körper zu formen, der diesem physischen Bild entspricht. Ihr werdet von euren Überzeugungen genährt; diese bewirken, daß euer tägliches Brot euch entweder Lebenskraft schenkt oder Sorgen und Streß beschert.

Macht eine Pause.

(15.45 Uhr. Leanne kam herein, um Janes Werte zu überprüfen; sie waren alle normal. Sie bekam wieder Darvoset. Eine neue Helferin fragte nach der Menükarte für morgen. Ich hatte sie wie immer draußen auf das Tablett gelegt. Wiederaufnahme um 16.04 Uhr.)

Negative Glaubenssätze bei älteren Menschen wiegen schwerer, da sie einfach länger ungehindert ihre Wirkung getan haben.

Diese Glaubenssätze setzen sich in jungen Jahren fest, so daß die Einstellung entsteht, daß das ganze Leben in der Jugend zur Blüte kommt, aber nach diesem Höhepunkt immer schneller abfällt und sich dem Ende zuneigt.

Diese Geisteshaltungen haben nicht nur auf ältere Menschen ernsthafte Auswirkungen, sondern auch auf junge Menschen, die direkt oder indirekt suizidgefährdet sind. Solche Jugendlichen denken, daß sie kurz vor dem Höhepunkt ihres Lebens stehen, dieser nur kurz dauert und das Ende unweigerlich nach sich zieht. Unangemessener Druck wird auf die jugendliche Schönheit und Leistung ausgeübt, so daß im Gegensatz dazu die nachfolgenden Errungenschaften im Leben keine Bedeutung haben.

Das Aneignen von Wissen durch Erfahrung wird nicht als praktikable Lernmethode angesehen, so daß Fähigkeiten und Erkenntnisse, die mit dem Alter einhergehen, oft unberücksichtigt bleiben.

Bis zu einem gewissen Grad fördern Religion und Wissenschaft, besonders die Medizin, sehr negative Glaubensannahmen über die menschliche Natur. Es wird als selbstverständlich erachtet, daß die geistige, physische, spirituelle und emotionale Zufriedenheit mit dem

Alter abnimmt. Es wird als normal angesehen, daß das Gedächtnis nachläßt, der Körper schwächer wird, die Sinne nachlassen und die emotionale Aufnahmebereitschaft verebbt. Sogar die Vorstellung von sexueller Aktivität im Alter von 40 oder 50 Jahren wird als etwas Empörendes empfunden.

Konfrontiert mit einer solchen Projektion auf die Zukunft verwundert es nicht, daß manch ein Jugendlicher sich vielleicht lieber vorher umbringt, bevor sich die ersten Anzeichen des Verfalls einschleichen – die erste Falte oder das erste graue Haar. Welche Katastrophen-Vorläufer diese natürlichen Anzeichen wohl sind (Ausrufezeichen)! Auf der anderen Seite behandeln erwachsene Kinder ihre Eltern im Alter so, als ob diese auf groteske Weise eine zweite Kindheit durchleben. Viele Leute reden automatisch lauter mit älteren Menschen, ob diese nun schwerhörig sind oder nicht.

Eure ganze Welt der Werbung und der Wirtschaft, der Konkurrenz und des Business unterstützt solche Einstellungen. Ganz zu schweigen von der Unterhaltungsindustrie, die das Bild der ewigen Jugend glorifiziert und damit die Angst vor dem Altern ausdrückt.

Es gibt eindeutige, hervorragende Nebeneffekte des Älterwerdens, die wir später noch besprechen werden; zunächst möchte ich dem Leser versichern, daß Alter allein noch keine Krankheit hervorruft *(nachdrücklich)*.

Der Körper wird deshalb schwächer, weil er immer weniger gebraucht wird – und das hängt damit zusammen, daß die tatsächlichen Fähigkeiten eines gesunden Körpers im Alter nicht hinreichend untersucht worden sind. Diese Lebensphase enthält bestimmte Rhythmen, mit denen Heilungsprozesse sehr beschleunigt werden; die Lebenskraft eines Körpers läßt nicht einfach nach. Sie kann sich eventuell nicht ungehindert äußern, aber die einzigartige Energie jedes Menschen versiegt nicht nur durch das Alter.

Wir werden noch mehr auf ältere Menschen und ihre Lebensweisen eingehen sowie auf die vielen Glaubenssätze und Geisteshaltungen, die ihnen direkt helfen können. Das Thema Selbstmord wird in einem anderen Kontext behandelt. Wenn ich euch Leser auffordere, von Grund auf neu anzufangen, will ich damit sagen, daß ihr unabhängig von eurem Alter oder euren Lebensumständen sofort anfangen könnt.

Ende des Diktats.

Ich aktiviere wieder jene Koordinaten, die euren Seelenfrieden und eure Heilungsprozesse unterstützen.

(»Danke.«

16.35 Uhr. Es war spät geworden, so daß ich Jane die Sitzung nicht mehr vorlas.)

11. Kapitel

Von Grund auf neu anfangen. Der Wille zu leben

Freitag, den 8. Juni 1984, 15.14 Uhr

(Es war heute wieder sehr heiß – mindestens 32 Grad –, aber im Zimmer 330 war es angenehm kühl. Im dritten Stock war eine schöne Brise zu spüren. Nach dem Mittagessen lasen Jane und ich das Gebet zusammen. Ich arbeitete ein wenig an der Post, bis sie bereit für eine Sitzung war. Es ging ihr heute etwas besser als in den letzten Tagen. Ihre Durchgabe war langsam, aber kontinuierlich.)

Nun: Guten Tag –

(»Guten Tag, Seth.«)

– und wir machen mit dem Diktat weiter.

Von vorne anzufangen und seine Glaubenssätze zu ändern ist ein gewagtes Unterfangen. Es ist durchaus möglich, daß ihr auf dem Weg den Mut verliert oder gar eure Illusionen.

In solchen Phasen ist es gut, wenn ihr euch Zeit zur Entspannung nehmt. Konzentriert euch auf etwas völlig anderes und sagt euch geistig: »Zum Teufel mit dem Ganzen.« Es geht in diesem Prozeß darum, gleichzeitig zu versuchen und nicht zu versuchen, euch nicht um Ergebnisse zu bemühen, sondern euren subjektiven Gefühlen nachzugeben, wieder Zugang zu jenen spirituellen und biologisch begründeten Glaubenssätzen aus der Kindheit zu finden und sie mit der höchsten Weisheit zu verbinden, die ihr in eurem Leben bis zum heutigen Tag angesammelt habt.

Solltet ihr dennoch entmutigt werden, wird eine spielerische Ablenkung euch sicherlich wieder erheitern. Ein Kinofilm oder ein Roman über eine Phantasiewelt oder der Kauf eines kleinen, überflüssigen Gegenstandes kann euren Verstand beruhigen. Wir versuchen schließlich, unser Leben zu verändern, indem wir unsere Sichtweise des Selbst und der Welt verändern in der Hoffnung, ein neues Gleichgewicht zwischen unserem Körper, unserem Verstand, unseren Mitmenschen und der Umwelt zu finden.

Es gibt in der Tat kein aufregenderes Abenteuer, und es wird mehr Überraschungen und Entdeckungen bereithalten als jede Expedition zu fremden Welten. Eure Glaubenssätze sind auf ihre Art und Weise lebendig. Anstatt sie einfach hinzunehmen, werdet ihr ihre Einzigartigkeit und ihre Vielfalt bald erkennen.

(15.28 Uhr.) Wenn wir davon sprechen, neu anzufangen, müssen wir im Grunde am tiefsten Punkt anfangen und uns langsam nach oben arbeiten. Dadurch lernt ihr die Glaubenssätze von ihrer dunkelsten Seite kennen und entdeckt nach und nach, wie sich Energie, Lebenskraft und neue Impulse entfalten.

Ende des Kapitels.

Das nächste Kapitel heißt: »Von Grund auf neu anfangen. Der Wille zu leben«.

Wenn es um schlechte Gesundheit, ungünstige Lebensbedingungen oder psychischen und physischen Streß geht, ist das zugrundeliegende Problem meist eines der Verleugnung, der Angst oder der Unterdrückung.

Dies ist am deutlichsten erkennbar im Falle des Selbstmordes, besonders bei jungen Menschen. An anderer Stelle werden wir auf reinkarnationsbedingte Einflüsse bei Selbstmord eingehen, aber zunächst geht es um die zunehmende Selbstmordrate bei Jugendlichen.

Jeder denkt irgendwann einmal an die Möglichkeit seines eigenen Todes. Das ist eine natürliche Reaktion auf den Lebenszusammenhang. Manche Menschen werden jedoch von der Idee des Todes besessen, da sie meinen, somit vor den Problemen des Lebens flüchten zu können. Diese Vorstellung kann sie geradezu reizen.

Die treibende Kraft aller Existenz ist der Wunsch zu sein – der Impuls als Triebkraft zum Ausdruck, zur Entwicklung und zur Erfüllung. Manche Menschen, die an Selbstmord denken, glauben an ein Leben nach dem Tod, andere wiederum nicht – und im Grunde genommen sind alle Tode gewissermaßen Selbstmorde. Das physische Leben muß zu Ende gehen, wenn es überleben will. Es gibt bestimmte Umstände, die ein Suizidverhalten unterstützen. Dem eigenen Leben ein Ende zu setzen wird jedoch von vielen Religionen und Gesellschaften verachtet.

Jedes Individuum verfügt über den angeborenen Wunsch, mit seinen Mitmenschen zusammenzuarbeiten. Es möchte anderen Menschen helfen und zum gemeinsamen Wohl beitragen. Diejenigen, die Selbstmord begehen, haben das Gefühl, daß sie nicht mehr gebraucht werden oder daß ihre Existenz sogar dem Glück anderer Menschen im Wege steht. Selbstmorde von jungen Menschen sind nicht unbedingt auf die ärmsten Schichten der Gesellschaft beschränkt. Im Gegenteil, Armut schafft oft einen starken Antrieb, sich das tägliche Leben erkämpfen zu müssen.

Der Tag eines solchen Menschen ist dermaßen mit der verzweifelten

Suche nach Möglichkeiten des Überlebens ausgefüllt, daß er keine Zeit hat, auch nur an Selbstmord zu denken.

Der Wunsch nach Werterfüllung, Wachstum und Lebenssinn ist so stark ausgeprägt, daß das Leben an Wert verliert oder zu verlieren scheint, wenn diese nicht gegeben sind. In vielen Fällen ist es der Sohn oder die Tochter aus der oberen Mittelklasse oder der wohlhabenden Familie, der oder die sich in solchen lebensbedrohenden Krisen befindet. Es gibt Jugendliche, die von ihren Familien mit allem versorgt werden, so daß diese Kinder glauben, es gäbe nichts Erstrebenswertes mehr in ihrem Leben.

(Lange Pause um 16.00 Uhr. Jane wurde während ihrer Trance einmal unterbrochen.) Wenn Eltern ihre Kinder sehr verwöhnen, fühlen sich diese als Anhängsel ihrer Eltern oder als deren Besitz. Auf der anderen Seite wird Wettbewerb von einigen Familien der oberen Mittelklasse dermaßen betont, daß sich Kinder nur wegen ihrer Leistung anerkannt und geliebt fühlen und nicht um ihrer selbst willen.

Für viele sind diese Situationen nicht sehr außergewöhnlich, es gibt sicherlich schwerere Fälle von menschlicher Desillusionierung in dieser Welt. Viele dieser jungen Menschen sehen jedoch keine Zukunft für sich als Erwachsene.

Sie sehen sich nicht als zukünftige Eltern oder in einem bestimmten Beruf. Ihr Leben scheint bis an den Rand des Erwachsenenlebens gekommen zu sein, und darüber hinaus ist nichts für sie erkennbar. Ob sich die Eltern dessen bewußt sind oder nicht, solchen Kindern erscheint das Leben sinnlos. Sie haben sehr oft große Talente, meinen jedoch, daß ihre Wünsche niemals in Erfüllung gehen werden.

Diese Jugendlichen halten sich sehr bedeckt, auch wenn sie sich ihren Eltern und Freunden gegenüber recht lebendig und gesellig zeigen.

Macht jetzt eine Pause, danach machen wir weiter.

(16.11 Uhr. Ich las Jane die Sitzung vor. Ich hatte dabei Schwierigkeiten, weil ich durch den verlorenen Zahn nicht richtig artikulieren konnte. Wiederaufnahme um 16.34 Uhr.)

Diese Menschen können sich jedoch selbst helfen oder Hilfe von anderen erhalten.

Ich möchte hier klarstellen, daß keiner »verdammt« wird, wenn er Selbstmord begeht. Es gibt dafür keine »Strafen«.

Suizidgefährdete erwähnen, trotz ihrer Geheimnistuerei, das Thema normalerweise gegenüber ihren engsten Freunden, Verwandten oder Familienmitgliedern. Das Thema sollte nicht ignoriert oder verdammt, sondern ernsthaft untersucht werden. Das Geheimnisvolle am Impuls zum Selbstmord hat einen gewissen Reiz, so daß allein der Ausdruck dieses Gefühls positiv ist und zu einer besseren Kommunikation führt.

Das Dilemma eines Suizidgefährdeten ist sicherlich auch bedingt durch mangelnde Verständigung mit anderen Menschen, durch falsch verstandene Motive von Freunden oder Familienmitgliedern und durch die Schwierigkeit, seine eigenen Bedürfnisse und Empfindungen richtig auszudrücken.

Ende des Diktats.

Ich aktiviere wieder jene Koordinaten, die Körper und Geist ins Gleichgewicht bringen, und intensiviere die körperlichen Prozesse. Einen schönen guten Abend.

(»Danke, Seth.« 16.42 Uhr.)

Samstag, den 9. Juni 1984, 15.38 Uhr

Nun: Guten Tag –

(»Guten Tag, Seth.«)

– wir machen mit dem Buch-Diktat weiter.

(Lange Pause.) Wenn ihr jemand seid, der öfter an Selbstmord denkt, dann solltet ihr eine Person eures Vertrauens aufsuchen. Das Mitteilen wird euch etwas mehr Klarheit verschaffen.

Ein Mensch, der an Selbstmord denkt, hat es mit einem irreversiblen Schritt zu tun, der sicherlich nicht auf die leichte Schulter zu nehmen ist. Seine Stimmung ist sehr depressiv, er hat sich den Gründen für das Leben bereits verschlossen und denkt immer wieder nur an die Möglichkeit des Todes.

Andere Menschen können durch eine kleine, harmlose Bemerkung dem Betroffenen plötzlich ganz neue Chancen vor Augen führen. Da alle geistigen, physischen, emotionalen und spirituellen Teile des Selbst immer nach weiterem Wachstum und mehr Zufriedenheit streben, ist es durchaus möglich, daß der Verstand auch nur den kleinsten Hinweis aufgreift, der den Betroffenen spontan von seiner Depression oder Verzweiflung, zumindest kurzzeitig, befreit.

Wenn ihr in einer solchen Situation seid, erinnert euch daran, daß es viel natürlicher und wahrscheinlicher für jedes Problem ist, gelöst zu werden, und daß es für jedes Problem eine Lösung gibt. Der Tod ist keine Lösung. Er ist ein Ende auf sehr elementare Art.

Egal wie frustriert ihr euch fühlt, ihr wollt sicherlich leben, sonst wäret ihr jetzt schon tot – also gibt es einen Teil in euch, der das Leben und die Vitalität sucht; dieser Teil verdient die Möglichkeit seines Ausdrucks. Es ist eine gute Idee, euch erst einmal nicht zu entscheiden. Wenn ihr euch dann doch umbringen wollt, dann könnt ihr es tun. Aber danach sind eure Chancen in diesem Leben vorbei.

Nehmt euch vor, die Entscheidung bis zu eurem Geburtstag oder bis nach den Ferien aufzuschieben, oder wartet damit einen Monat oder eine Woche, was immer euch am besten erscheint.

Jeder Therapeut benutzt solche Vorschläge und gewinnt dadurch die Kooperation des Patienten, daß er ihn wählen läßt, zu welchem Zeitpunkt er eine Entscheidung trifft.

(15.54 Uhr.) Es ist nutzlos, einem solchen Menschen zu sagen, er könne oder dürfe sich nicht umbringen; das könnte gefährlich werden, weil derjenige sich auf seinen Entschluß erst recht versteift. Die Vorstellung von der eigenen Entscheidung sollte betont werden: Sich für oder gegen das Leben zu entscheiden ist jedermanns eigene Sache.

Einige Menschen sagen: »Ich habe das Recht zu sterben«, wenn sie für den Selbstmord argumentieren. Das ist zwar wahr, aber es ist genauso wahr, daß die Menschen auf eurem Planeten jede erdenkliche Hilfe und Ermutigung von anderen Menschen brauchen. Im gewissen Sinne trägt die Energie jedes Individuums dazu bei, die Welt am Leben zu erhalten; sich umzubringen bedeutet, sich einem grundlegenden, gemeinsamen Unterfangen zu verweigern.

Menschen, die bei guter Gesundheit sind und oft an Selbstmord denken, haben sich bereits zu einem erheblichen Maße der Welt verschlossen. Sogar ihre Sinne sind trüb geworden – so weit, daß sie immer stärkere Stimulierung benötigen. Bei geistigen oder körperlichen Krankheiten oder unglücklichen Lebensumständen herrschen diese gleichen Einstellungen in geringerem Maße vor. Wenn ihr solch ein Individuum seid, gibt es auch noch andere Lösungsmöglichkeiten. Stellt euch eine zufriedenstellende Zukunft vor. Erinnert euch daran, daß es tatsächlich eine Zukunft gibt, wenn ihr es wollt, und daß ihr in diese Zukunft genauso hereinwachsen könnt, wie ihr von der Vergangenheit in die Gegenwart gewachsen seid.

Viele depressive Menschen konzentrieren sich fast hingebungsvoll auf das Leid in der Welt und die möglichen Katastrophen, die ihren Untergang bewirken können. Sie brauchen nur an die Überbevölkerung zu denken und die schlimmsten Tragödien, ob von Menschen oder der Natur verursacht, in die Zukunft zu projizieren.

Solche Gedanken können nur in die Depression führen. Außerdem spiegeln sie ein äußerst einseitiges Bild der Realität wider, in der die Errungenschaften des Menschen, seine Nächstenliebe, sein Staunen, sein Mitgefühl und die ausgleichenden Kräfte der Natur keinen Platz einnehmen. Diese Menschen müssen ihren Fokus ändern.

Die kreativen, positiven, dynamischen Eigenschaften des Lebens sind immer vorhanden, und allein die Gedanken an diese Kräfte können Aufmunterung und Entspannung bewirken.

Macht eine Pause.

(16.11 Uhr. Jane rauchte eine Zigarette. Es war ein schöner heißer Tag. Die neuen frischen Blätter der Eberesche vor dem Fenster raschelten in der kräftigen Brise. Wiederaufnahme um 16.23 Uhr.)

Es geht darum, daß alle Probleme der Welt auch große Herausforderungen bieten. Besonders junge Menschen werden gebraucht, um für Frieden und atomare Abrüstung zu kämpfen, um an der Umverteilung der Nahrungsmittel mitzuwirken und um andere Staaten dazu aufzurufen, an dieser kreativen Aufgabe teilzunehmen. Das sind lohnende und bewegende Ziele, genauso wertvoll wie die der vergangenen Generationen. Die Welt benötigt jede Hilfe und schreit nach Liebe und Fürsorge. Es ist lobenswert, sich für solche Aufgaben einzusetzen, anstatt die globalen Schwierigkeiten ständig zu beklagen und über die Lage zu jammern.

Wenn ihr zur Lethargie neigt, versucht, einen kleinen Schritt zu machen, egal wie klein, um aktiv zu werden. Das Leben bedeutet Aktivität und Bewegung; sogar die Bewegung eines traurigen Gedankens fließt in rhythmischen Schüben.

Die hier aufgeführten Ratschläge helfen auch in weniger dramatischen Situationen, wenn es um Sorgen, Streß oder schlechte Gesundheit geht. Auch diejenigen, die unter einer schweren Krankheit leiden, können immer auf Besserung hoffen; wenn ein Mensch aufgrund einer ernsthaften Erkrankung Selbstmord begehen will, sollte die Situation genau untersucht werden.

Ein körperlicher Zustand, der absolut ausweglos erscheint, kann sich radikal zum Besseren wandeln, so daß man davon ausgehen kann, daß jeder Morgen eine neue Möglichkeit bietet. Aber jedes Individuum muß seine eigene Entscheidung treffen und sich nicht zusätzlich noch Sorgen darüber machen, ob die Seele für die getroffene Entscheidung verurteilt wird oder nicht.

Die Natur kennt keine Verurteilung, da sie keine Bedeutung hat im unermeßlichen Reich der Liebe, in die alle Existenz eingebettet ist.

Ich aktiviere wieder jene Koordinaten, die euer Wohlbefinden von Körper und Geist unterstützen und die Heilungsprozesse anregen – und ich wünsche euch einen schönen guten Tag.

(»Einen schönen Tag, Seth.«

16.40 Uhr. Ich las Jane die Sitzung vor, bevor ich sie wendete. Sie war um 16.28 Uhr von einer Krankenschwester, die Medikamente brachte, unterbrochen worden.)

Sonntag, den 10. Juni 1984, 15.02 Uhr

(Jane ging es ein wenig besser; ich arbeitete an der Post, bis sie eine Sitzung ankündigte. In letzter Zeit hatte sie immer früher angefangen.)

Nun: Guten Tag.

(»Guten Tag, Seth.«)

Wir machen mit dem Diktat weiter.

Wenn es keinen körperlichen Schmerz gibt, sollten Medikamente vermieden werden – besonders bei depressiven Menschen.

(Lange Pause.) Nach Aufputschmitteln müssen wieder Beruhigungsmittel genommen werden, um die Stimmung auszugleichen; dies erzeugt Verwirrung und Benommenheit im Gehirn. Diese Mittel bei alten Menschen in Altersheimen anzuwenden, die als senil oder gar verrückt gelten, ist sehr gefährlich. Sogar hyperaktive Kinder erhalten derartige Medikamente, wobei die Reaktionen darauf nicht vorherzusehen sind, und die erzeugten Stimmungen bei diesen jungen Menschen Selbstmordtendenzen verstärken können.

Menschen, die Medikamente als Gesellschaftsdroge einnehmen, spielen eine Art psychologisches russisches Roulett. Sie empfinden möglicherweise folgendes: »Wenn ich leben soll, können mir diese Drogen nicht schaden, und wenn ich sterben soll, dann ist es doch egal woran.« Sie setzen ihr eigenes Leben aufs Spiel – und der Preis kann sehr hoch sein.

Es gibt Geistesströmungen, die den Einsatz von Drogen als bewußtseinserweiternde Mittel regelrecht glorifizieren. Es gab alte Kulturen, in denen Drogen tatsächlich dafür verwendet wurden, aber man wußte mit ihnen umzugehen, und ihre Anwendung war gesellschaftlich anerkannt – ein ganz wichtiger Aspekt. Diese Gesellschaften waren jedoch sehr zeremoniell ausgerichtet und in ihrer Art so stereotyp, wie euch eure Kultur ebenfalls erscheint.

(Sehr lange Pause um 15.14 Uhr.) Ärzte sollten sehr vorsichtig in der Verschreibung von bewußtseinsverändernden Medikamenten sein und sie besonders solchen Patienten nicht verordnen, die an Depressionen leiden. Unter dem Einfluß von Drogen werden Entscheidungsmöglichkeiten eingeschränkt; Menschen haben sich gewiß unter dem Einfluß von bestimmten Mitteln umgebracht – was sie vielleicht sonst nicht getan hätten. Ich will damit nicht sagen, daß Drogen allein einen Selbstmord verursachen, sondern vielmehr, daß die Psychologie hinter der Droge eine Geisteshaltung erkennen läßt, die diese »Russisch-Roulett-Mentalität« fördert; und das kann das Problem nur verschlimmern.

Menschen nehmen auch Drogen, um »loslassen« zu können. Es

scheint, als ob mit Hilfe bestimmter Drogen Ängste und Hemmungen wegfallen, wodurch man die täglichen Probleme des Lebens emotional transzendieren kann. Tatsache ist jedoch, daß diese Menschen Drogen als »chemische Decke« benutzen, unter der sie aber eher ersticken als gut zugedeckt zu sein.

»Loslassen« bedeutet, der Spontaneität eures Wesens zu vertrauen, eurer Energie und Kraft und euch der Energie eures eigenen Lebens hinzugeben. Das Wort »hingeben« mag euch übertrieben vorkommen, aber jedes Element der Natur gibt sich dem Leben hin. So auch jedes Atom eures Körpers. Euch der Kraft eures Lebens hinzugeben bedeutet, den großen Lebensenergien innerhalb und außerhalb der Natur zu vertrauen, die das Universum und euch Menschen haben entstehen lassen.

Der erste Schritt zur geistigen, physischen, emotionalen und spirituellen Gesundheit besteht genau in dieser Hingabe, in diesem Annehmen und in dieser Bejahung.

(Lange Pause um 15.26 Uhr.) Der Lebenswille liegt jedem Element der Natur zugrunde, und das Vertrauen in eure Spontaneität setzt den Lebenswillen frei, der dann in all eure Aktivitäten hineinfließt. Er kann einfach Depressionen und Selbstmordgedanken wegwischen.

Macht eine Pause.

(15.28 – 15.36 Uhr.)

Diese Gefühle lassen das Bewußtsein zum Ausdruck kommen und erlauben der Intuition hochzusteigen, die sonst unter Ängsten und Spannungen begraben bleiben würde.

Der biologische Effekt solcher Erkenntnisse liegt darin, daß die heilenden Fähigkeiten des Körpers stimuliert werden und der Geist auf »höhere« Ordnungen ausgerichtet wird, in denen alle Unzulänglichkeiten des Lebens erlöst werden.

Diese Hingabe an die Kraft und Energie des eigenen Lebens führt nicht zu einem Gefühl des Getrenntseins, sondern vermittelt dem Selbst die Erkenntnis über seine Rolle im kreativen Schauspiel des Universums. Dieses Verständnis kann eigentlich nicht in Worte gefaßt werden. Es wird durch plötzliches Wissen oder unerwartete Einsichten erfahren.

Die natürliche Welt ist selbst ein Tor zu anderen Realitäten. Ihr braucht die materielle Welt oder euer normales Bewußtsein nicht auszublenden, um Zugang zu dem Wissen zu erhalten, das Gesundheit oder gute Erfahrung ermöglicht. Die natürliche Welt ist an sich schon ein Teil der anderen Realitäten, und der Ursprung aller Realitäten ist genauso gegenwärtig in eurer Existenz wie in allen anderen.

Je mehr ihr lernt, das Leben in seiner Fülle zu leben, desto mehr werden euch die angeblichen »Geheimnisse des Universums« begegnen. Sie enthüllen sich nicht unbedingt mit großem Getöse, sondern eher durch ein völlig harmloses, unschuldiges Vogelgezwitscher oder durch das Beobachten eines Blattes; diese Erscheinungen lassen plötzlich ein tiefes Wissen entstehen. Es ist im Grunde eine Ironie, daß Menschen, die den »verborgenen« Geheimnissen der Natur auf die Spur kommen wollen, die Natur selbst ignorieren oder den physischen Körper als etwas Primitives empfinden oder als etwas, das niedrige Schwingungen hat.

Der Selbstmord spiegelt diese gegensätzlichen Einstellungen auf extreme Art und Weise wider. Die Betroffenen lehnen ihr eigenes Leben und die allgemeinen Lebensbedingungen ab. Viele behaupten, daß sie erst gar nicht auf die Welt kommen wollten; sie fühlen sich deshalb so, weil sie ihren Lebenswillen vollkommen unterdrückt haben. Sie fühlen sich von Eltern, Freunden, der Familie oder ihren Mitmenschen sehr entfremdet. Über die Zeit haben sie das kooperative, spielerische Verhalten in der Kindheit vergessen und große Schwierigkeiten, das Gefühl der Liebe auszudrücken.

Die Vorschläge in diesem Kapitel können dabei helfen, mit diesen alten übernommenen Gedankenmustern zu brechen. Wenn der Betroffene eine Therapie macht, wäre es sehr förderlich, die ganze Familie daran teilnehmen zu lassen.

Oft ist das finanziell nicht möglich, aber die Idee, diesen Menschen an einer Gruppensituation teilnehmen zu lassen, ist ausgezeichnet. Der Austausch zwischen verschiedenen Menschen, die alle mit dem Gedanken an Selbstmord gespielt haben, kann sehr unterstützend sein, besonders unter Anleitung eines Therapeuten, der zielgerichtet eingreifen kann. Nicht alle Möchtegern-Selbstmörder bringen sich um, und viele verbringen ein langes und konstruktives Leben; auch wenn negative Gedanken in ernsthafter Form bei ihnen wieder auftauchen, gibt es dennoch die Hoffnung auf Überwindung und Erfolg.

Die gleichen unglücklichen Glaubensmuster, Gefühle und Geisteshaltungen spielen auch eine Rolle bei lebensbedrohlichen Krankheiten, wenn auch in geringerem Umfang. Sie sind möglicherweise nicht so offensichtlich und werden von den Betroffenen auch oft verleugnet. Sie kommen irgendwann an die Oberfläche, wenn eine traumatische Situation im Leben eintritt – der Tod des Partners oder eines Elternteils, eine große Enttäuschung oder ein besonders schockierendes und erschütterndes Erlebnis.

Diese Glaubensüberzeugungen treten bei manchen Krebskrankheiten auf, bei ernsthaften Herzproblemen und anderen lebensbedrohlichen Erkrankungen.

Es ist dann hilfreich, ein Verständnis für seine eigenen Glaubenssätze zu entwickeln und sich neue, biologisch lebenswichtige Einstellungen anzueignen; sie werden sicherlich zu einer Verbesserung der Situation führen.

(16.16 Uhr. Dies war das Ende der Sitzung, wie sich nach einer Weile herausstellte. Jane hatte aufgehört zu sprechen, als wir eine Krankenschwester mit dem Medikamentenwagen vor unserer Tür hörten. Ein wenig später konnten wir hören, wie sie eine Vitamin-C-Tablette im Beutel zerbröselte. »Ich hätte nicht gedacht, daß man Vitamin C auch hören kann«, sagte Jane. Ich drehte sie auf die Seite um 16.45 Uhr.)

MONTAG, DEN 11. JUNI 1984, 16.08 UHR

(Ich erzählte Jane, daß ich gegen 4.00 Uhr morgens aufgewacht war und mir Gedanken über all die Dinge, die diese Woche auf mich warteten, gemacht hatte. Ich wollte eine weitere Sitzung für Kapitel Sieben für Träume *schreiben, stellte aber fest, daß ich das wohl vergessen konnte. Ich mußte Schecks und Zahlungsanweisungen von der Bank besorgen, um Steuern und Rechnungen zu bezahlen, und mich um die neue Sprinkelanlage für den Rasen kümmern. Am Mittwoch morgen hatte ich einen Rechtsanwaltstermin wegen der Steuern, Janes Sozialversicherung usw. Irgendwann diesen Monat mußte ich mich auch um meine eigene Sozialversicherung kümmern. Es gab noch andere Dinge zu erledigen.*

Ich kam heute also nicht dazu, weiter an Träume *zu arbeiten; vielleicht klappt es morgen. Ich komme mir vor, als ob ich bis zu den Knien im Treibsand stecke bei dem Versuch, dieses Buch zu Ende zu bringen. Ich verliere meine Konzentrationsfähigkeit, meine kreativen Eingebungen, die ich eigentlich jeden Tag bräuchte, und ich versuche ständig, diesen Zustand wiederherzustellen. Jane schlug vor, ich solle mir einen Tagesplan erstellen. Aber ich brauche viel mehr als das. Ich streiche, soviel ich kann, zusammen; auch Geschäftskontakte oder neue Projekte, in die wir einsteigen könnten, fallen unter den Tisch. Gewisse Leserbriefe oder Briefe von potentiellen Auftraggebern bleiben unbeantwortet.*

Eines habe ich gelernt: Ich werde nie wieder eine solche Situation schaffen, in der es Jahre dauert, bevor ein Buch für die Veröffentlichung fertiggestellt ist. Irgend etwas muß sich ändern. Ich würde auch gerne wieder anfangen zu malen, wenigstens ein bißchen jeden Tag. Das kann für mein Wohlbefinden sehr wichtig, sogar lebensnotwendig sein; ich muß jedoch aufpassen, daß ich keine negative Gedankenkette daraus mache.

Es war heute wieder sehr heiß.)

Nun: Einen schönen und guten Tag euch!

(»Guten Tag, Seth.«)

Wir machen mit dem Diktat weiter.

Das Problem der Möchtegern-Selbstmörder liegt weniger in unterdrückter Wut als vielmehr in dem Gefühl, daß es keine persönliche Entwicklung, Selbstentfaltung oder keinen Durchbruch im Leben mehr gibt, oder daß diese Dinge keine Bedeutung mehr haben.

Der Lebenswille wird von den vorher erwähnten Glaubenssätzen und Geisteshaltungen untergraben.

Menschen mit lebensbedrohenden Krankheiten haben an einem bestimmten Punkt in ihrem Leben das Gefühl, daß sie sich nur sehr schwer oder gar nicht mehr weiterentwickeln und wachsen können. Oft stecken auch komplizierte Familienbeziehungen dahinter, mit denen die betroffene Person nicht umgehen kann. Einige können diese Krisen überwinden. Sie finden einen Weg, die unangenehmen Situationen zu umgehen, oder die Umstände verändern sich, weil andere Personen plötzlich auftreten – und wie durch Magie verschwindet die Krankheit.

Alledem zugrunde liegt das Bedürfnis nach Werterfüllung, Selbstentfaltung und Kreativität, die im Leben unerläßlich sind; besteht die Gefahr, diese nicht ausleben zu können, wird das Leben, zumindest für einen gewissen Zeitraum, geschwächt. Unbewußt ahnt jeder Mensch, daß es ein Leben nach dem Tod gibt, und manchmal erkennt er, daß er auf die nächsthöhere Stufe der Realität weitergehen und sterben muß, um dann wieder in einer anderen, vollkommen neuen Welt, anzufangen.

Ernsthaft kranke Menschen sind sich dieser Gefühle ganz klar bewußt, ihnen ist jedoch beigebracht worden, nicht darüber zu sprechen. Der Wunsch zu sterben wird von manchen Religionen als feige oder sogar als böse angesehen; und doch steckt hinter diesem Wunsch der vitale Lebenswille, der neue Wege sucht, um seinen Ausdruck und seinen Wert zu erfahren.

(16.20 Uhr.) Es gibt Menschen, die unter einer ernsthaften Krankheit leiden, beispielsweise Herzproblemen, und durch eine Herztransplantation oder eine andere medizinische Methode geheilt werden, nur um dann Opfer einer anderen, scheinbar zusammenhanglosen Krankheit zu werden, zum Beispiel Krebs. Es wäre sicherlich eine Erleichterung für Familie und Freunde, wenn sie erkennen würden, daß der Betroffene nicht einfach »Opfer« der Krankheit geworden ist.

Dies bedeutet nicht, daß sich jemand für eine bestimmte Krankheit entscheidet; aber manche Menschen wissen instinktiv, daß ihre persönliche Entwicklung und Entfaltung jetzt doch einen anderen Rahmen der Existenz erfordert.

Menschen, die wissen, daß sie sterben werden, fühlen sich sehr einsam, weil sie sich mit den ihnen nahestehenden Personen nicht austauschen, aus Angst, deren Gefühle zu verletzen. Andere Menschen wiederum leben ein langes, ausgefülltes Leben, obwohl sie körperlich sehr behindert sind. Sie spüren, daß sie noch gebraucht werden und gewisse Dinge erledigen müssen, so daß sich ihre Seelenenergie noch nicht aus der materiellen Welt zurückgezogen hat.

Der Lebenssinn eines jeden Menschen ist so einzigartig und individuell, daß man im Grunde keine Urteile in dieser Angelegenheit fällen kann. Man muß auch den größeren Zusammenhang sehen, denn jedes Familienmitglied spielt eine bestimmte Rolle im Leben des anderen.

Nehmen wir an, ein Mann stirbt, kurz nachdem seine Frau gestorben ist. Unabhängig von den Umständen kann man einen solchen Fall nicht beurteilen, denn die Kraft, die Absicht und der Sinn seines Lebens wollten sich nicht länger in der physischen Realität manifestieren, egal, wie er gestorben ist.

Ende des Diktats.

Ich aktiviere wieder jene Koordinaten, die Harmonie zwischen Körper und Geist schaffen und die Heilungsprozesse beschleunigen.

(»Danke.« 16.33 Uhr.)

Dienstag, den 12. Juni 1984, 14.58 Uhr

Nun: Guten Tag.

(»Guten Tag, Seth.«)

Wir machen mit dem Diktat weiter.

Viele Krebspatienten verhalten sich wie Märtyrer, indem sie unangenehme Situationen über Jahre hinweg tolerieren.

Sie fühlen sich machtlos, unfähig, etwas zu ändern, aber gleichzeitig wollen sie auch nicht in der Situation verharren. Das wichtigste bei diesen Menschen ist es, den Glauben an ihre eigene Kraft zu stärken. Symbolisch zucken sie oft mit den Schultern und sagen: »Was passieren soll, wird eben passieren«, und sie bemühen sich nicht darum, ihre Situation zu verändern.

Wichtig ist auch, daß diese Patienten nicht übermäßig medizinisch behandelt werden, da die Nebenwirkungen von krebsbekämpfenden Mitteln an sich schon problematisch genug sind. Etwas Aussicht auf Erfolg gab es bisher bei Patienten, die sich den Krebs als einen gehaßten Feind oder ein Ungeheuer vorgestellt haben, das sie im Geiste immer wieder bekämpft haben. Diese Methode hat ihre Vorteile, gleichzeitig führt sie aber dazu, daß ein Teil des Selbst sich mit dem anderen Teil vergleicht. Es wäre besser, sich vorzustellen, wie ein imaginärer Zauberstab alle Krebszellen neutralisiert. Punkt.

Ärzte können vorschlagen, daß der Patient sich entspannt und nach inneren Bildern fragt, die den Heilungsprozeß am besten fördern. Normalerweise tauchen sofort Bilder auf; wenn nicht, sollte der Patient es nochmals versuchen; meistens entstehen irgendwelche Bilder.

Hinter dem ganzen Problem verbirgt sich im Grunde die Angst davor, die eigene Kraft und Energie zu leben. Krebspatienten sind innerlich ungeduldig, weil sie ihren Drang nach Entfaltung und Wachstum spüren, diesen aber unterdrücken.

Die Angst, die die Energie blockiert, kann durch neue Glaubenssätze, die die alten ersetzen, aufgelöst werden. Da wären wir wieder bei jenen emotionalen Einstellungen und Geisteshaltungen, die Gesundheit und Heilung automatisch entstehen lassen können. Jedes Individuum ist ein guter Mensch, ein personifizierter Teil der universellen Energie als solche. Jedes Individuum ist dafür geschaffen, seine Fähigkeiten und Begabungen auszudrücken. Leben bedeutet Energie, Kraft und Entfaltung.

(Lange Pause um 15.13 Uhr.) Wenn diese Glaubenssätze frühzeitig gelehrt würden, hätte man die effektivste Präventivmedizin geschaffen.

Wir können nicht zu sehr verallgemeinern, aber viele Menschen sind sich gar nicht sicher, ob sie leben oder sterben möchten. Das Überhandnehmen der Krebszellen im Körper verdeutlicht das Bedürfnis, sich auszudrücken und zu entfalten – auf der einzigen Arena, die scheinbar dafür übrig geblieben ist.

Ein Krebskranker muß auch mit den negativ behafteten Vorstellungen, die in der Gesellschaft über diese Krankheit existieren, fertigwerden, was viele Betroffene in die Isolation treibt. Wie bei fast allen Krankheiten würde eine »Gedankentransplantation« helfen, die Krankheit aufzulösen.

Auch die schwierigsten Situationen können manche Patienten über Nacht überwinden, wenn sie plötzlich verliebt sind oder sich etwas in ihrer familiären Umgebung verändert; die Krankheit ist damit auch verschwunden.

Heilung kann durch Hilfe von verschiedenen Ebenen geschehen. So von der Welt der normalen Kommunikation, die ich Bezugssystem 1 nenne, und von der inneren Welt, Bezugssystem 2, in dem Zeit simultan abläuft. Handlungen, die in der normalen Zeit Jahre dauern würden, geschehen in Bezugssystem 2 in einem einzigen Augenblick.

Macht eine Pause.

(15.22 – 15.36 Uhr.)

Kurz gesagt, Bezugssystem 1 beinhaltet alle Ereignisse, die euch bewußt sind.

In Bezugssystem 2 wirken jene spontanen Prozesse, die sich unterschwellig, also nicht im bewußten Verstand, abspielen. In eurer Kindheit sind eure Glaubensannahmen klar, das heißt, eure bewußten und unbewußten Erwartungen und Bedürfnisse sind im Gleichgewicht. Während ihr erwachsen werdet und negative Überzeugungen anhäuft, können eure bewußten und unbewußten Glaubensannahmen auseinanderklaffen.

Bewußt wollt ihr möglicherweise gewisse Begabungen ausdrücken, aber unbewußt habt ihr Angst davor. Die unbewußten Glaubenssätze sind jedoch nicht wirklich unbewußt. Ihr erkennt sie einfach nicht so, wie ihr die bewußten erkennt. Negative Glaubenssätze können den Fluß zwischen Bezugssystem 1 und Bezugssystem 2 blockieren. Wenn ihr irgendwelche Schwierigkeiten habt, möchte ich euch die folgende einfache, sehr gute Übung vorschlagen:

Entspannt euch soweit wie möglich, indem ihr es euch in einem Sessel oder auf dem Bett bequem macht. Sagt euch innerlich, daß ihr ein wunderbares Individuum seid und daß ihr euch umprogrammieren wollt, um die Gedanken, die diesem Satz widersprechen, zu vertreiben.

Erinnert euch jetzt nochmals sanft an den Satz: »Ich bin ein wunderbares Individuum«, und fügt hinzu: »Es ist gut und richtig für mich, meine Begabungen auszudrücken, denn dadurch drücke ich die Energie des Universums selbst aus.«

Euch kommen vielleicht andere Sätze mit derselben Bedeutung in den Sinn; ersetzt sie durch die, die ich gerade mitgeteilt habe. Es gibt viele solcher guten Übungen, hier werde ich aber nur auf die wirkungsvollsten eingehen.

Entspannt euch dann wieder für eine weitere Übung. Wenn ihr eine Krankheit habt, stellt sie euch als Staubkörnchen vor. Sagt euch, daß ihr in euren Körper hineinschauen könnt. Ihr seht möglicherweise Straßen oder Alleen anstatt Knochen und Muskeln; folgt einfach den Bildern, die hochsteigen. Ihr nehmt vielleicht Straßen wahr, die mit Müll oder Dreck gefüllt sind. Stellt euch vor, wie ihr den Dreck wegfegt. Bestellt einen Müllwagen, der den Abfall zur Müllhalde fährt, wo ihr beobachten könnt, wie er brennt und sich in Rauch auflöst.

(Lange Pause um 15.49 Uhr) Anstatt des Dramas, das ich gerade dargestellt habe, seht ihr eventuell einfallende Armeen, die die heimischen Truppen überfallen. In diesem Fall stellt euch vor, wie ihr die Eindringlinge vertreibt. Die Bilder, die in euch hochsteigen, sind Ausdruck eurer einzigartigen Eigenschaften und Bedürfnisse.

Die unbewußten Ebenen des Selbst sind nur von eurem Blickpunkt aus unbewußt. Sie sind im Grunde sehr bewußt, und da sie die spontanen Prozesse des Körpers regulieren, sind sie auch sehr vertraut mit eurem Gesundheitszustand.

Ihr könnt mit diesen Anteilen Kontakt aufnehmen. Entspannt euch wieder soweit wie möglich. Setzt euch in einen Sessel, oder legt euch auf ein Bett. Ein Sessel ist vermutlich vorzuziehen, da man im Bett leichter einschläft. Ihr könnt diese Anteile eures Selbst entweder als Helfer oder als Lehrer bezeichnen, oder ihr wählt einen beliebigen anderen Titel.

Stellt eine direkte Frage und bittet um ein Bild, das vor eurem geistigen Auge erscheinen soll und das Einblick in die Teile eurer inneren Realität gewährt.

Wundert euch nicht über die Bilder, die entstehen – es können entweder eine Person, ein Tier, ein Insekt oder eine Landschaft sein. Vertraut dem Bild, das sich zeigt. Wenn eine Person, ein Engel oder ein Tier erscheint, dann fragt ihn, wie ihr euch am besten von eurer Krankheit oder eurem Problem befreien könnt.

Wenn das Bild einer Landschaft erscheint, dann bittet um weitere Bilder, die einen Weg zur Genesung oder zur Lösung eines bestimmten Problems darstellen. Befolgt dann die Botschaft, die ihr erhaltet.

In all diesen Fällen öffnet ihr eure Kommunikationskanäle für Bezugssystem 2. Da euer physischer Körper von genau derselben Energie genährt wird, die das Universum antreibt, gibt es nichts an euch, was dieser Energie nicht bekannt wäre. Wenn ihr mit diesen Gedanken immer wieder spielt, werdet ihr euch entspannter fühlen und den Heilungsprozeß beschleunigen.

Vielleicht kommt ihr durch diese Übungen auf eigene Ideen. Setzt sie dann um. Auf jeden Fall wird die eine oder andere hier beschriebene Übung für den Leser nützlich sein.

Ende des Diktats.

Ich wünsche euch einen schönen guten Abend und aktiviere wieder jene Koordinaten, die euren Seelenfrieden stärken und den Heilungsprozeß intensivieren.

(»Danke.«

16.25 Uhr. Janes Durchgaben waren im Verlauf der Sitzung immer schneller geworden. Ich sagte ihr, sie habe es gut gemacht.)

Mittwoch, den 13. Juni 1984, 15.13 Uhr

(Es war heute ein sehr heißer und arbeitsreicher Tag. Ich arbeitete eine halbe Stunde an Träume *heute morgen, bevor ich um 10.00 Uhr zum Rechtsanwalt ging. Als ich das Haus verließ, grüßte mich Frank Longwell, der nur nachsehen wollte, ob ich den Garten und den neuen Baum bewässert hatte, so wie er es mir erklärt hatte.*

Frank ging gleich wieder, aber ich kam trotzdem zu spät zum Rechtsanwalt. Wir besprachen viele Dinge; er wollte sich wieder bei mir melden, um mir über

Janes Versicherung, die Zahlungen für ihre Behinderung, Krankengeld usw. Bescheid zu geben. Er hatte auch meine Geburtsurkunde aus Harrisburg, Pennsylvania, bestellt, um überprüfen zu können, ob ich Anspruch auf irgendwelche Zahlungen von der Versicherung hatte.

Auf dem Weg nach Hause kaufte ich ein gegrilltes Hähnchen, um Jane ein Sandwich für das Mittagessen zu machen. Es war fast noch warm, als sie es aß. Ich bearbeitete die Post, bis sie bereit war, eine Sitzung abzuhalten.)

Nun: Guten Tag.

(»Guten Tag, Seth.«)

Wir machen mit dem Diktat weiter.

Ich betone noch einmal, wie wichtig es ist, in jede Situation des täglichen Lebens Humor miteinfließen zu lassen.

Der Patient kann anfangen, Witze oder lustige Comics aus Zeitschriften zu sammeln. Komödien im Fernsehen sind auch gut, eigentlich alles, was eine erheiternde Ablenkung darstellt.

Kreuzworträtsel oder andere Wortspiele, wenn auch nur mental durchgespielt, können ebenfalls eine Hilfe sein. Oder der Patient eignet sich völlig neues Wissen an, beispielsweise eine Sprache oder ein neues Sachgebiet, das ihn sehr interessiert.

Je umfassender und intensiver die Ablenkung, desto besser; auch Spiele, die nur im Kopf geschehen, können sehr nützlich sein und dem bewußten Verstand eine Ruhepause verschaffen.

Der Patient sollte bei der medizinischen Behandlung in jeder Form unterstützt werden. Er sollte durch Gespräche mit dem Arzt genügend Aufklärung erfahren, um selbst Entscheidungen über die Behandlungsmethode treffen zu können. Es gibt aber auch Patienten, die die Entscheidung lieber dem Arzt überlassen, und das sollte respektiert werden. Der Arzt kann gelegentlich beim Patienten nachfragen, ob seine Entscheidung noch gilt und nicht nur aus einer Laune heraus getroffen wurde.

Es ist viel besser für den Patienten, zu Hause sein zu können als ständig im Krankenhaus, wenn es die Behandlung erlaubt. Geht dies nicht, sollten die Familienmitglieder so offen und ehrlich wie möglich mit der Situation umgehen. Sie könnten sich einer Gruppe von Menschen anschließen, die genauso betroffen sind, um Zweifel und Unsicherheiten mit ihnen teilen zu können.

Die Familienmitglieder werden möglicherweise überrascht sein über die unzähligen Reaktionen. Sie können wütend auf den Patienten werden, daß er krank geworden ist, um dann Schuldgefühle für ihre anfängliche Reaktion zu bekommen. Sie haben vielleicht das Gefühl, daß ihr Leben ohne ihr eigenes Dazutun durcheinandergeraten ist, schämen sich aber, solche Empfindungen auszudrücken.

Ein Therapeut oder eine Gruppe von Menschen mit den gleichen Problemen kann sehr hilfreich sein. Der Patient fühlt sich möglicherweise von Gott oder der universellen Kraft verlassen und empfindet seine Krankheit als eine Ungerechtigkeit, womit wieder eine neue Welle von Wut ausgelöst wird; wichtig dabei ist, daß diese Wut ausgedrückt und nicht unterdrückt wird.

(Im Laufe des Nachmittags – der mit über 32 Grad sehr heiß war – braute sich ein Gewitter zusammen. Die Sonne verschwand langsam hinter dicken schwarzen Wolken, der Regen ließ aber auf sich warten. Ich hoffte auf einen Regenguß für den Garten zu Hause. Ein kräftiger Wind peitschte durch die Eberesche vor Janes Zimmer, welches sich langsam abkühlte.

Der Wind wurde noch kräftiger, und in der Ferne hörte man bereits den Donner. Es fielen ein paar Tropfen Regen. Der Verkehr hörte sich lauter an. Man konnte draußen im Gang Türen knallen hören. Jane blieb die ganze Zeit über in Trance –, und ich gab es auf, mich auf einen richtigen Regenschauer zu freuen.)

Der Patient könnte sich einen Riesenballon vorstellen, der angefüllt ist mit seiner ganzen Wut; mit einer Nadel wird er zum Platzen gebracht, und überall fallen Fetzen herunter – ins Meer oder vom Wind davongetragen oder sonstwie zerstreut, wie es dem Patienten am besten erscheint.

Lebenswichtig für diese Menschen ist es, ihre Liebe auszudrücken und diese auch zu empfangen. Wenn ein Mensch um den Tod des Partners oder eines engen Familienmitgliedes trauert, wäre es sehr hilfreich, ihm ein kleines Haustier zu schenken. Er sollte mit diesem Haustier so oft wie möglich spielen, es pflegen, ernähren und streicheln.

Diese Methode führt dazu, die Liebesfähigkeit wieder zu erwecken und die ganze Situation zu verändern. Wenn sich dazu Veränderungen in anderen Lebensbereichen ergeben, ist der Effekt um so stärker.

Das Erwecken der Liebesfähigkeit kann Bezugssystem 2 soweit aktivieren, daß die heilenden Energien wieder frei fließen und potentielle Handlungen sich in der Lebenswirklichkeit des Betroffenen materialisieren können – das heißt, wenn erst einmal die Känale zu Bezugssystem 2 geöffnet sind, entstehen auch sofort neue Möglichkeiten in allen Lebensbereichen. Und das wirkt sich direkt auf die Gesundheit und den Heilungsprozeß aus.

Macht eine Pause.

(15.42 Uhr. Weiter weg hörte man einen Donnerschlag. Ich stand auf, um mich zu strecken und stellte dabei fest, daß ich mich vorhin getäuscht hatte, als ich dachte, es würde ein wenig regnen. Jetzt erst prasselte der Regen nieder. Ich drehte Jane auf die Seite, damit ich sie füttern konnte, bevor ich um 17.45 Uhr zum Zahnarzt ging. Ich hatte vorsichtshalber einen Teller Essen vom Mittages-

sen aufgehoben, falls das Abendessen nicht rechtzeitig kam. Es kam aber doch pünktlich, als ob wir darum gebeten hätten; somit konnte Jane fast alles aufessen, bevor ich mich verabschieden mußte.)

Donnerstag, den 14. Juni 1984, 15.20 Uhr

(Heute war es kühler. Wenigstens hatte es gestern abend geregnet. Jane fühlte sich heute etwas wohler.)

Nun: Ich wünsche euch einen besonders guten Tag!

(»Guten Tag, Seth.«)

Wir machen mit dem Diktat weiter.

In den beschriebenen und in allen anderen Situationen versucht der Körper immer, sich selbst zu heilen; auch bei den kompliziertesten Beziehungen wird versucht, wieder Klarheit zu schaffen.

(Bei diesem Satz wurde ich plötzlich sehr traurig.)

Bei allen Mißgeschicken des Lebens haben Wachstum, Erfüllung und Erfolg ein größeres Gewicht als Tod, Krankheit und andere Katastrophen. Jeder kann, gleich in welcher Situation, wieder von vorne anfangen; irgendein positives Resultat wird es sicherlich nach sich ziehen, unabhängig von den vorherigen Umständen.

Hinter jeder Erkrankung steckt im Grunde das Bedürfnis nach Entfaltung. Wenn Menschen sich in ihrem Wachstum behindert fühlen, dann versuchen sie, die Hindernisse aus dem Weg zu räumen.

Bevor gesundheitliche Probleme auftauchen, wird fast immer ein Mangel an Selbstrespekt oder Selbstentfaltung erfahren. Dieser Mangel kann sich in äußeren Gegebenheiten zeigen, in veränderten sozialen Bedingungen. Bei der Krankheit, die AIDS genannt wird, geht es um Homosexuelle, die sich zum ersten Mal zu ihrer Neigung bekennen und in Organisationen mitarbeiten, die sich für ihre Probleme einsetzen; sie werden plötzlich mit Mißtrauen und Ablehnung anderer konfrontiert.

Der Kampf um den Ausdruck ihrer einzigartigen Fähigkeiten und Qualitäten treibt sie an, und doch wird dieser Impuls allzu oft durch Ignoranz und Unverständnis aus ihrer Umgebung erstickt. Es besteht eine psychologische Ansteckungsgefahr. In ihrem Kampf gegen die Vorurteile fühlen sich die Betroffenen noch deprimierter. Viele fangen sogar an, sich selbst zu hassen. Trotz ihres Mutes haben sie doch Angst, als unnatürliche Mitglieder der Gattung Mensch zu gelten.

(15.35 Uhr.) Diese Glaubensannahmen schwächen das Immunsystem und rufen die für AIDS typischen Symptome hervor. Die Krankheit ist ein soziales Phänomen, das Unzufriedenheit, Zweifel und Wut eines mit Vorurteilen behafteten Segments der Gesellschaft zum Ausdruck bringt.

Die körperlichen Veränderungen ergeben sich aus dem immer schwächer werdenden Lebenswillen. AIDS ist eine Art des biologischen Protests, als ob die Homosexuellen damit sagen wollen: »Ihr könnt uns ruhig umbringen. So wie ihr uns jetzt behandelt, kann es uns danach ja nur besser gehen.« Oder es ist wie eine Art Selbstmorddrama mit der Botschaft: »Seht, wohin uns eure Behandlung geführt hat!«

Ich will damit nicht sagen, daß AIDS-Opfer direkte Selbstmörder sind, aber ihr Lebenswille ist sehr gering und ihre Mutlosigkeit groß, so daß diese Menschen sich ihrem Tod fügen, da sie für sich kein weiteres Wachstum sehen.

Die Einstellung von Ärzten und Krankenschwestern bei der Behandlung von AIDS-Kranken läßt nicht nur deutlich ihre eigene Angst vor der Krankheit erkennen, sondern auch vor der Homosexualität; diese wird von vielen Religionen als etwas Böses und Verbotenes angesehen. Es handelt sich um ein sehr emotionsgeladenes Thema; AIDS-Kranke werden oft an den Rand der Gesellschaft abgeschoben. Sie werden sogar von ihren Freunden verlassen. AIDS kann jedoch auch jemand bekommen, der nicht homosexuell ist. *(Lange Pause.)* Es ist ein schwerwiegender Fehler, diese Individuen auszuschließen und sie wie eine moderne Leprasiedlung zu behandeln.

Glücklicherweise wird sich diese Krankheit auch wandeln im Zuge der sich verändernden sozialen Bedingungen und durch die Erkenntnis der Betroffenen, wie inhuman Menschen mit Menschen umgehen können.

Macht eine Pause.

(15.47–16.00 Uhr.)

Homosexuelle können von den Ideen in diesem Buch profitieren, besonders wenn sie sich in kleinen Gruppen zusammenfinden, ihre Glaubensüberzeugungen näher beleuchten und ihren Lebenswillen, ihr Recht auf Leben und die Integrität ihres Wesens bekräftigen.

Jeder Zorn oder Ärger sollte ausgedrückt werden, ohne daß man sich jedoch zu sehr darauf fixiert.

Viele andere Krankheiten, die sich durch Viren oder Ansteckung verbreiten, haben eine Verbindung zu gesellschaftlichen Problemen; wenn diese gelöst werden, verschwindet die Krankheit zum größten Teil. Es sind schließlich die Gedanken und Gefühle der Patienten, die über die Wirkung einer medizinischen Behandlung, Methode oder Diagnose entscheiden.

Leider wird ein sehr negatives Bild von Gesundheit und Krankheit gezeichnet; sogar die sogenannte Präventivmedizin weist ernsthafte Nachteile auf, da sie Medikamente oder Methoden empfiehlt, um einem potentiellen gesundheitlichen Problem vorzubeugen, bevor es sich tatsächlich manifestiert hat.

Die Werbung für Gesundheit und Vorsorge in der Öffentlichkeit beschreibt Symptome verschiedenster Krankheiten; dadurch wird regelrecht eine Landkarte von Krankheiten vor dem Patienten ausgebreitet, mit der er sich identifizieren kann. Neben der Schulmedizin gibt es viele andere Methoden wie Akupunktur, Handauflegen oder die Arbeit von Menschen, die sich Heiler nennen. Da man die Heilwirkung dieser Methoden nicht hinreichend überprüfen kann, können ihre Vorteile auch nicht gebührend geschätzt werden.

Die eigenen Heilungsprozesse des Körpers sind immer aktiv, weshalb ich auch sehr darauf hinweise, daß ihr euch darauf verlaßt, zusammen mit anderer medizinischer Behandlung, die angemessen erscheint. Aber das Individuum muß auch als Patient immer die Entscheidungsfreiheit haben und das Recht, eine vorgeschlagene Behandlungsmethode abzulehnen.

(16.14 Uhr.) Das Grundproblem sind aber immer die Glaubenssysteme des einzelnen und wie achtsam er mit seinem Körper und seinem Geist umgeht.

Wir haben hier extreme Krankheiten besprochen, aber das gleiche gilt auch für andere Erkrankungen oder Probleme. Es gibt Menschen, die eine Reihe von höchst unbefriedigenden Partnerschaften durchmachen, während andere verschiedene Krankheiten immer wieder erleben. Dennoch ist die Lebenskraft bei jedem Menschen ständig aktiv und kann jederzeit die tiefgreifendsten Veränderungen hervorbringen. Der Geist sollte so weit wie möglich befreit werden von Glaubensüberzeugungen, die den feinen, gleichmäßigen Fluß der Lebenskraft behindern, und solche Einstellungen kultivieren, die Gesundheit und Wachstum im Heilungsprozeß zulassen.

(16.25 Uhr.) Ende des Diktats.

Ich aktiviere wieder jene Koordinaten, die euren Seelenfrieden und den Heilungsprozeß unterstützen.

Einen schönen guten Abend.

(»Einen schönen Tag, Seth.«

16.26 Uhr. Keiner war hereingekommen, um Janes Werte zu messen; das bedeutete, daß das Personal spät dran war. Es kam auch keiner bis 17.10 Uhr, als ich gehen mußte. Wir sprachen zur Abwechslung kein Gebet. Jane hatte es in letzter Zeit lieber direkt nach dem Mittagessen sprechen wollen. »Ich fühle mich zu traurig dazu, wenn du dich verabschiedest«, sagte sie.

Carla, mit deren Hilfe Jane mich abends anrief, hatte Urlaub. Wir fragten uns, wann sie wohl wieder zurück sein wird. Vielleicht wird sich Jane besser fühlen, wenn sie mich wieder anrufen kann.)

12. Kapitel

Frühe Todes- oder Krankheitsfälle als Auswirkung anderer Leben

Freitag, den 15. Juni 1984, 15.12 Uhr

Nun: Guten Tag.

(»Guten Tag, Seth.«)

Wir machen weiter mit dem Diktat.

Bevor wir auf eher gewöhnliche Variationen von Gesundheit und Krankheit eingehen, möchte ich ein paar außergewöhnliche Situationen thematisieren – körperliche oder geistige Probleme in der frühen Kindheit, die anscheinend keinen Grund oder Sinn haben.

Das Universum hat entweder eine Bedeutung, oder es hat keine. Aber es hat in der Tat eine Bedeutung, und deshalb gibt es auch Gründe und Ursachen für Umstände, die chaotisch, grausam oder grotesk erscheinen. Auch dann kann ein Mensch wieder von vorne anfangen, oder die ihm nahestehenden Personen erkennen einen größeren Lebenszusammenhang, mit dem die gesundheitlichen Probleme ausgeglichen werden.

In vielen Fällen sind es die Eltern, die mehr als ihre Kinder leiden, da anscheinend die Familie zu Unrecht mit irgendeinem Unglück geschlagen ist.

Wir möchten diesen umfassenderen Bezugsrahmen der Existenz näher erläutern, da er alle Aspekte der menschlichen Situation berührt.

Nächstes Kapitel: »Frühe Todes- oder Krankheitsfälle als Auswirkung anderer Leben«.

(15.23 Uhr.) Wie bereits erwähnt, liegen die Gründe für die meisten physischen, geistigen, spirituellen und emotionalen Probleme in diesem Leben. Aufgrund der Gleichzeitigkeit der Zeit können neue Glaubenssätze in der Gegenwart auch die der Vergangenheit beeinflussen.

Grundsätzlich ist es möglich, daß gegenwärtige Glaubenssätze die Glaubenssätze aus einem Leben, das scheinbar vergangen ist, verändern können. Ich betone nochmals, daß alle Leben gleichzeitig gelebt werden – jedoch mit unterschiedlichen Schwerpunkten. Eure konventionelle Vorstellung der Zeit macht es leichter, davon zu sprechen, daß ein Leben nach dem anderen abläuft.

Keiner wird für ein Verbrechen im vergangenen Leben bestraft; ihr seid in jedem Leben einzigartig. Eure innere Intelligenz, die euch das Leben ermöglicht, liefert auch die Bedingungen für jedes Leben. Viele von euch denken vielleicht, daß die meisten Menschen gesund, in besten Umständen und von liebevollen Eltern mit einem ausgezeichneten Erbgut geboren werden möchten, das heißt, gesund, reich und voller Weisheit aufwachsen wollen.

Das Leben verlangt großen emotionalen Einsatz und Aktivität, da es äußerst tiefgründig und vielschichtig ist und im Grunde nie annähernd durch irgendwelche Umstände, egal wie vorteilhaft sie sein mögen, erschöpft werden kann.

(15.34 Uhr.) Es ist die Eigenschaft der Gattung Mensch, Neugier und Staunen zu empfinden und das Bedürfnis nach Entdeckung zu befriedigen. Wenn jemand in mehreren Leben ein König war, wird ihn diese Rolle langweilen, und er wird sich eine andere oder gegenteilige Erfahrung suchen wollen. In einigen Leben werdet ihr in glückliche Umstände hineingeboren, in anderen vielleicht in Umstände der Armut und Entbehrung. Oder ihr werdet in einem Leben mit hervorragender Gesundheit und hoher Intelligenz geboren, und in einem anderen Leben kommt ihr krank, körperlich oder geistig behindert auf die Welt.

Jeder Fötus hat den natürlichen Wunsch zu wachsen und die Gebärmutter als gesundes Wesen zu verlassen, um Kindheit und Erwachsenenalter zu erleben. Es gibt jedoch genauso viele Föten, die sich nur als Fötus erfahren wollen, ohne die anderen Phasen kennenzulernen. Sie haben nicht die Absicht, die ganze menschliche Entwicklung durchzumachen. Es gibt viele Föten, die dieses Element der Existenz unzählige Male erfahren, bevor sie sich dazu entscheiden, weiter zu wachsen und die Gebärmutter auf normalem Wege zu verlassen.

Die Föten, die sich nicht weiterentwickeln, lassen den Körper dennoch an der Erfahrung teilhaben; und sie fühlen sich erfolgreich in ihrer Existenz. Mit dem Verständnis dieser Dinge können Fragen nach Totgeburten, frühen Krankheiten oder spontanen Aborten leichter beantwortet werden.

Macht eine Pause.

(15.45 – 15.52 Uhr.)

Diese Themen sind alle Teil der unterschwelligen Strömung des Lebens; dieselben Themen treffen auch auf viele andere Spezies zu, die ihre Nachkommen sehr früh verlieren.

Hier ist nicht ein liebloses Universum oder eine lieblose Natur am Werk, sondern ein Teil des Bewußtseins, das sich für eine bestimmte Erfahrung entschieden und eine Erfüllung erreicht hat, die sich möglicherweise nie im wirklichen Leben manifestiert hätte.

Im Falle der menschlichen Spezies steigen sicherlich viele Fragen an die Oberfläche. Ich möchte nicht verallgemeinern, da jede Lebenssituation einzigartig ist. Ich möchte jedoch erwähnen, daß es Föten gibt, die sich nicht unbedingt zu normalen Säuglingen entwickeln wollen; wenn dann mit Hilfe der modernen Medizin eine Geburt eingeleitet wird, kann es passieren, daß das Bewußtsein des Kindes sich mit seiner physischen Existenz nicht richtig verbunden fühlt.

Das Kind erlebt eine Krankheit nach der anderen oder hat eine ungewöhnliche Abneigung dem Leben gegenüber – es fehlt ihm der Enthusiasmus, so daß es in manchen Fällen tatsächlich sehr früh stirbt. Ein anderes Individuum, unter den gleichen Umständen, ändert eventuell seine Meinung und geht durch die Erfahrung des Lebens durch.

Manchen Menschen erscheint es unnatürlich, wenn ein Muttertier seinen Nachwuchs abstößt oder sogar angreift – aber die Mutter spürt instinktiv, worum es geht, und versucht, ihren Nachwuchs vor zukünftigem Leiden zu retten.

Ich schlage nicht vor, behinderte Kinder zu töten, aber ich möchte doch betonen, daß in ernsthaften Fällen eine tiefere Bedeutung dahintersteckt, wobei sich das Bewußtsein für eine andere Art der Erfahrung entschieden hat.

Es gibt auch Kinder, die vollkommen gesund sind und sich schon vor ihrer Zeit dazu entschieden haben, nur bis zur Schwelle des Erwachsenendaseins zu leben, glücklich und voller Träume und einzulösender Versprechen, ohne ihre Illusionen zu verlieren oder Reue und Traurigkeit zu empfinden. Diese jungen Menschen sterben an einer Krankheit oder bei einem Unfall, aber mit einer Einstellung, als ob sie gerade einen phantastischen Tag erlebt hätten. Sie wählen meistens einen schnellen Tod.

Diese Kinder versuchen möglicherweise, ihre Empfindungen Menschen mitzuteilen, die ihnen am nächsten stehen, um mit dem Schock besser umgehen zu können. Sie sind aber im herkömmlichen Sinne keine Selbstmörder – auch wenn sie es sein könnten.

(16.12 Uhr.) Die größten Unterschiede im menschlichen Verhalten drücken sich in den geistigen Einstellungen aus; Eltern, deren Kinder allgemein als geistig behindert gelten, fühlen sich besonders niedergeschlagen und entmutigt. Es ist zunächst ein Urteil, das von anderen Menschen gefällt wird; ein Mensch fühlt sich mit seiner Sicht der Realität möglicherweise sehr wohl, und erst durch die Konfrontation mit der Meinung der anderen wird er sich des Unterschiedes bewußt. Viele dieser Menschen sind eher friedlich als aggressiv, und ihr emotionales Erleben läßt Nuancen und Tiefen zu, die dem normalen Menschen nicht zugänglich sind.

Viele nehmen die Realität aus einem anderen Blickwinkel wahr; sie fühlen sich eher durch ein Problem, als es zu durchdenken.

(16.17 Uhr. Jane machte eine Pause, da wir jemanden im Gang mit dem Medikamentenwagen auf unser Zimmer zukommen hörten. Alles wurde dann still. Als ich nachschaute, war kein Wagen in Sicht, auch keine Helferin. Es schien, als ob wir auf der Etage ganz allein waren.

Ich schlug Jane dennoch vor, die Sitzung zu beenden, da ich sie heute abend sowieso nicht mehr hätte abtippen können. Ich mußte ja noch einkaufen gehen.)

Ich wünsche euch einen schönen guten Abend und aktiviere jene Koordinaten, die euren Seelenfrieden und den Heilungsprozeß unterstützen.

(»Danke.«

16.20 Uhr. Es war immer noch sehr ruhig. Keiner hatte Janes Werte gemessen. Auch gestern nicht, sagte Jane. Eine neue Strategie? Eine Krankenschwester hatte Jane lediglich ihre Aspirin und Darvoset gebracht, mehr nicht.)

Samstag, den 16. Juni 1984, 15.23 Uhr

Nun: Guten Tag.

(»Guten Tag, Seth.«)

Wir machen mit dem Diktat weiter.

Die scheinbar schwankenden genetischen Abweichungen, die im Verlauf der menschlichen Entwicklung auftauchen, sind für die Wandelbarkeit des gesamten genetischen Systems lebensnotwendig.

Es wäre beispielsweise nicht vorteilhaft, ungünstige, abweichende genetische Eigenschaften »herauszüchten« zu wollen. Das biologische System des Körpers würde zu rigide werden und seine Eigenschaft zur natürlichen Diversifikation verlieren; es würde letztendlich in eine Sackgasse der menschlichen Entwicklung führen.

Diese Gefahr besteht jedoch kaum, da es fast unmöglich ist, einen solchen Prozeß, auch mit der modernsten Medizin, durchzuführen. Allein der Versuch würde sofort eine Reaktion im genetischen System hervorrufen, so daß es immer öfter zu neuen Abweichungen als Kompensation kommen würde.

Manche Individuen entscheiden sich vor ihrer Zeit – in einem anderen Leben – für ein abweichendes Erbgut, um das Leben aus einem völlig anderen Blickwinkel zu erfahren und um bestimmte Fähigkeiten zu fördern, die sonst nie zum Vorschein gekommen wären.

Das menschliche Bewußtsein unterliegt normalerweise sehr ausgedehnten Rhythmen und variierenden Bewußtseinszuständen; seine erstaunliche Flexibilität hängt zum Teil damit zusammen, daß es nicht erstarrt ist, daß es eine spontane Natur hat und die Fähigkeit, Neugier, Verwunderung, Entdeckungsdrang und Gefühl zu entwickeln.

(Lange Pause um 15.35 Uhr.) Es fällt oft gar nicht auf, aber viele sogenannte geistig behinderte Menschen verfügen über besondere Lernfähigkeiten; sie lernen auf andere Art und Weise als die meisten Menschen. Sie haben Begabungen, die kaum erklärt werden können. Sie haben eine andere Körperchemie als normale Menschen. Einige besitzen sogar ein höheres Verständnis der physischen und psychologischen Dimensionen. Ihre emotionale Reife ist auch recht fortgeschritten. Sie können ein großes Talent in Mathematik oder Musik sein, auch wenn diese Begabungen nie Früchte tragen, da sie keiner vermutet.

Viele behinderte Individuen sind auf ihre Weise genauso wichtig für die menschliche Entwicklung wie Genies, da beide die Flexibilität des Bewußtseins bewahren und seine meßbaren Qualifikationen fördern.

Jede Person schafft ihre eigene Wirklichkeit, aber jedes Familienmitglied teilt auch die Wirklichkeit der anderen. Genetische Defizite können Verständnis, Sympathie und Mitgefühl von seiten der Familie hervorrufen – und diese Eigenschaften sind für die menschliche Entwicklung unerläßlich. Die Gründe für diese Umstände sind sehr komplex, deshalb ist es wichtig, das Leben zu unterstützen, auch angesichts einer Behinderung. Wenn das Bewußtsein seine eigenen Gründe hat zu leben, wird es auch aus den schlimmsten Umständen das Beste herausholen. Wenn das Bewußtsein gegen seinen Willen durch medizinische Methoden am Leben erhalten wird, wird es auf die eine oder andere Art seinem physischen Leben ein Ende setzen.

(Lange Pause.) Man mag vielleicht annehmen, daß Kleinkinder keine Glaubensmuster haben und deshalb ihre eigene Realität nicht beeinflussen können. Wie schon gesagt, besitzen aber auch die Zellen des Körpers die biologische Eigenschaft, sich zu entwickeln und gesund zu werden. Selbst wenn das physische Weiterleben sinnlos erscheint, ist es möglich, daß der Organismus seinen Kurs vollkommen ändert.

Kinder, die als geistig behindert oder sogar als Idioten abgestempelt werden, können oft jenseits aller medizinischen Vermutungen wachsen und sich entwickeln – besonders wenn sie von liebenden Eltern unterstützt werden, die für Anregungen sorgen und das Interesse wecken.

Ich will damit nicht sagen, daß diese Kinder alle zu Hause gepflegt werden müssen oder daß Eltern ein schlechtes Gewissen bekommen sollen, weil sie ihre Kinder aufgrund der Umstände in ein Heim geben. Die Intuition der Eltern wird die richtige Entscheidung für jeden individuellen Fall finden. Wenn es bestimmte Gründe für diese Umstände gibt, dann wird diese Erkenntnis allein schon die Last der Eltern erleichtern und ihnen dabei helfen, die richtige Richtung zu wählen.

(Sehr lange Pause mit geschlossenen Augen.) Ende des Diktats.

Ich aktiviere wieder jene Koordinaten, die die Harmonie von Körper und Geist unterstützen und den Heilungsprozeß intensivieren – und wünsche euch einen schönen guten Abend.

(»Schönen Tag, Seth.«

16.16 Uhr. Als ich mich fertig machte, um nach Hause zu gehen, fragte mich Jane, wie ich die Sitzungen gefunden hatte. Ich sagte, sehr gut, und meinte es auch. So wie ich es erwartet hatte. Sie meinte, daß sie und Seth versucht hatten, ziemlich schwieriges Material einigermaßen leicht darzustellen; dabei herausgekommen waren optimistische Interpretationen.

Jane wurde zweimal während ihrer Trance unterbrochen. Jane sagte, daß das Personal ihre Werte nicht mehr regelmäßig messen würde, besonders dann nicht, wenn es sehr beschäftigt war.)

Sonntag, den 17. Juni 1984, 14.41 Uhr

(Es war heute kalt und grau, als ich zum Krankenhaus fuhr. Gestern abend und heute früh hatte es geregnet. Für mich war Zimmer 330 recht kühl, für Jane war es gut.

Carla war wieder aus dem Urlaub zurück; ich dachte, sie würde Jane dabei helfen, mich heute abend anzurufen. Aber als ich mein Nickerchen am Nachmittag in 330 hielt, rief Margaret Bumbalo an und lud mich zu sich zum Abendessen ein.)

Nun: Guten Tag.

(»Guten Tag, Seth.«)

Wir nehmen das Diktat wieder auf.

Jedes Leben beeinflußt jedes andere Leben; ein Teil der Persönlichkeit erinnert sich sowohl an vergangene als auch an zukünftige Leben.

Manche Menschen erinnern sich an vergangene Erlebnisse aus einem früheren Leben, wenn sie sich mit Reinkarnation beschäftigen, aber die gängige Vorstellung von Zeit verhindert das Erinnern an zukünftige Ereignisse.

Das innere Selbst ist sich all eurer Existenzen bewußt. Es erkennt, wo und wie eure vielen Leben zusammenhängen. Nur weil ihr seit der Geburt sehr nach außen hin orientiert seid, erscheint dieses innere Selbst manchmal fremd, distanziert und ohne Bezug zu dem Selbst, das ihr kennt. Es wäre unmöglich, sich aller kleinsten Details, die allein schon in einem Leben vorkommen, bewußt zu sein; euer Bewußtsein wäre dermaßen vollgestopft, daß ihr keine Entscheidungen treffen oder euren freien Willen benutzen könntet.

Es wäre noch schwieriger, das Wissen aus vielen Leben auf einmal zu verdauen. Mit euren Worten, »es« braucht Zeit, um nachzudenken, so daß ihr so beschäftigt mit dem Nachdenken wäret, daß ihr überhaupt nicht mehr agieren würdet. Das innere Wissen von euren Leben geschieht auf gleicher Ebene wie jene automatischen Prozesse, die eurer Existenz zugrunde liegen.

Das Wissen, das ihr über eure anderen Leben habt, ist das gleiche wie das Wissen darüber, wie ihr zu atmen oder zu verdauen habt. Es handelt sich um eine andere Art des Wissens.

Das bedeutet nicht, daß ihr keinen bewußten Zugang zu euren vergangenen Leben haben könnt; mit Hilfe von verschiedenen Übungen könnt ihr einige Dinge darüber erfahren. Das Wissen über all eure Existenzen ist euch angeboren, und das angeeignete Wissen aus einem Leben wird automatisch in ein anderes transferiert, unabhängig davon, ob es ein gegenwärtiges, vergangenes oder zukünftiges Leben ist.

(14.54 Uhr.) Ihr probiert deshalb verschiedene Existenzen aus: Manchmal habt ihr besondere Talente und Stärken und setzt hauptsächlich euren Körper und seine Kräfte ein, während ihr gleichzeitig in einem anderen Leben ungewöhnliche geistige Fähigkeiten entwickelt, die Erfolge dieser Schöpferkraft genießt, aber die Kraft und Beweglichkeit eures Körpers fast völlig ignoriert.

Das sind keine entgegengesetzten Verhaltensweisen; es gibt einfach unendlich viele, einzigartige Möglichkeiten, wie sich das Bewußtsein durch physische Wahrnehmung ausdrückt und alle potentiellen Ebenen der emotionalen, spirituellen, biologischen und geistigen Existenz erforscht.

Ich möchte betonen, daß jedes Leben auf dem freien Willen basiert, sobald die Bedingungen für dieses Leben festgelegt sind.

Macht eine Pause, danach machen wir weiter.

(14.59 Uhr. Jane rauchte eine Zigarette, während ich die Post durchsah. Es nieselte draußen. Wiederaufnahme um 15.36 Uhr.)

Das heißt, wenn ihr in eine armselige oder deprimierende Umgebung hineingeboren werdet, wird der freie Wille diese Lebensumstände nicht verändern.

Er kann euch dabei helfen, später im Leben durch die Entscheidungen, die ihr trefft, zu Reichtum zu gelangen. Im Grunde ist es hilfreich und sicherlich auch etwas beruhigend zu erkennen, daß sogar schwierige Umstände, in die ihr hineingeboren wurdet, euch nicht von einer äußeren Instanz auferlegt, sondern von einer inneren Ebene eurer eigenen Realität gewählt wurden.

Das gleiche gilt für andere Situationen. Wenn es allgemein um das Leiden geht, gibt es religiöse Glaubenssätze, die besagen, daß Leiden eine Strafe Gottes für vergangene oder gegenwärtige Sünden oder gar

Unterlassungssünden ist; andere Glaubensrichtungen hingegen betrachten das Leiden als von Gott gesandt und als Beweis seiner Liebe für den Betreffenden: »Gott muß dich sehr lieben, weil er dir so viel Leid schickt.« *(Dies wurde Jane von einigen Krankenschwestern gesagt.)*

Diese Bemerkung und ähnliche bekommen kranke Menschen zu hören. Die zugrundeliegende Idee ist die, daß Leiden gut für die Seele ist, daß es ein Weg ist, um für seine Sünden zu büßen, und daß das Leiden in diesem Leben im Himmel mehr als kompensiert wird.

Diese Vorstellung fördert das Opferdenken der Menschen, die meinen, keinen Einfluß auf ihre Lebensumstände zu haben.

(Ich empfinde es als eine Ironie und Enttäuschung zugleich: Die Krankenschwestern, die Jane solche Dinge sagten, waren offensichtlich gesünder als sie. Mit ihrer Bemerkung implizierten sie, daß Gott Jane mehr liebt als sie selbst und daß sich dies im Himmel zeigen würde. Auf was für einen Himmel dürfen sich folglich gesündere Menschen freuen? Sicherlich einen weniger guten. Das sollte die Menschen zögern lassen . . .)

Im Gegenteil, es sollte erkannt werden, daß das Leiden, so schwer es auch sein mag, doch eine gewisse Bedeutung im Kontext eurer Existenz hat – und daß es euch nicht von einer ungerechten oder rücksichtslosen äußeren Kraft aufgezwungen wurde.

Diese Erkenntnis kann das Leiden an sich etwas erleichtern. Es geht mir nicht um eine fatalistische Einstellung, die etwa so klingt: »Ich habe mich für diese oder jene unglücklichen Umstände auf einer Ebene entschieden, die ich nicht verstehe, und deshalb liegt es nicht in meiner Hand, irgend etwas dagegen tun zu können.«

Ich wiederhole, daß fast alle Situationen, auch die extremsten, zum Besseren verändert werden können. Schon allein der Versuch gibt der Person das Gefühl, ihre Umstände doch beeinflussen zu können. Widrige Situationen können vielleicht nicht über Nacht verändert werden (obwohl dies idealerweise möglich wäre), aber das Gefühl, die Kontrolle über das eigene Leben zu haben, unterstützt die geistigen und körperlichen Heilfähigkeiten.

(15.52 Uhr.) Von vorne anzufangen in einer solchen Situation bedeutet hauptsächlich, nicht zu viel sofort zu erwarten und anzuerkennen, daß spontane Heilungen Wahrscheinlichkeiten sind.

Gedankenspiele, Humor und Zerstreuung sind außerordentlich wichtig dafür, daß ihr euch nicht zu sehr anstrengt. Manche Menschen versuchen zu verkrampft, spontan zu sein, während andere Angst vor der Spontaneität haben. Das Wissen von vergangenen Leben ist ein spontanes Wissen, das euch tiefe Erkenntnisse liefern kann. Dies geschieht, wenn ihr nicht danach sucht, aber darum wißt, daß das Wissen zugänglich ist.

Ich komme zurück oder auch nicht und aktiviere jene Koordinaten, die euren Seelenfrieden unterstützen und den Heilungsprozeß beschleunigen.

(»Schönen Tag, Seth.«

15.58 Uhr. Jane rief heute abend an – gegen 22.00 Uhr, als ich gerade angefangen hatte, diese Sitzung abzutippen. Ich war länger als geplant bei den Bumbalos geblieben. Das Abendessen war köstlich; John und ich hatten anschließend anregende Geprächе über verschiedene Themen geführt. Er hatte Janes letztes Buch Überseele Sieben *gelesen und fand es sehr gut.)*

Montag, den 18. Juni 1984, 16.02 Uhr

(In der Nacht und heute morgen hatte es heftig geregnet.)

Nun: Guten Tag.

(»Guten Tag, Seth.«)

Wir machen mit dem Diktat weiter.

Das reinkarnationsbedingte Erbe ist reich und kann unter bestimmten Umständen zutage treten.

Ich meine hier nicht gewöhnliche, sondern relativ ungewöhnliche Ereignisse, wenn Erinnerungen aus einem vergangenen Leben im gegenwärtigen auftauchen. Ich betone nochmals, daß es hier nicht um eine gewöhnliche Erfahrung geht. Es passiert selten. Manchmal, beispielsweise bei schlechter Gesundheit oder Senilität, können solche Momente auftreten. Sie passieren eher in der Jugend, und wir sprechen hier wiederum von außergewöhnlichen Fällen.

Alte Menschen fangen oft an, ihr Bewußtsein in einer ganz anderen Weise als bisher zu benutzen. Sie haben möglicherweise weniger Ablenkungen, um ihre Gedanken zu kanalisieren. Sie fühlen sich einsam und fangen an, andere Arten der Erfahrungen zu suchen – Erfahrungen, die unter ihren gegenwärtigen Umständen in der physischen Welt durchaus schwer zu erleben sind.

Da sie oft Angst vor der Zukunft haben, halten sie sich gedanklich gerne in der Vergangenheit, in ihrer frühen Kindheit auf, und graben nach den frühesten Erinnerungen. Sie versuchen, Trost in damaligen vertrauten Stimmen zu finden, und erleben andere geistige Bilder als erwartet oder hören andere Stimmen als die, die sie in ihrem Gedächtnis haben.

Bruchteile von Episoden aus anderen Leben können tatsächlich plötzlich in ihr Bewußtsein dringen, worauf sie natürlich nicht vorbereitet sind. Auf der anderen Seite sind diese Erlebnisse sehr beruhigend, weil dadurch innerlich bestätigt wird, daß das Leben bereits viele Male gelebt wurde.

Danach kehrt die betroffene Person wieder zum normalen Bewußtseinszustand zurück. Wenn sie während dieses Erlebnisses mit sich selbst gesprochen hat, denkt jeder, daß sie sich im Delirium befand. Es sollten in dem Fall keine Medikamente verabreicht werden, außer wenn der Patient sehr ruhelos und verwirrt ist und danach fragt. In der Regel hat dieser Zustand keine unangenehmen Nebenwirkungen.

Das gleiche Ereignis kann in Phasen schlechter Gesundheit oder in Situationen, in denen man zu viele Medikamente nimmt, vorkommen. Unter dem Einfluß von Medikamenten ist dieser Zustand nicht leicht zu bewältigen, da sich das Bewußtsein nicht auf seine volle Reaktionsfähigkeit in dieser Streßphase verlassen kann – ungewöhnlicher Streß. Das gleiche kann sich auch in der Adoleszenz ereignen, was dann schnell als ein schizophrener Zustand mißinterpretiert wird.

Dieser kommt häufiger als die anderen beschriebenen Fälle vor, aber normalerweise werden solche Erlebnisse nur einmal erlebt. Sie bleiben eine Erinnerung, haben aber das Bewußtsein der Person für höhere Ebenen des Lebens geöffnet, die in der Intensität noch nicht erlebt wurden.

Ende des Diktats.

Ich aktiviere wieder jene Koordinaten, die euren Seelenfrieden unterstützen und damit den Heilungsprozeß fördern.

(»Danke.« 16.32 Uhr.

Jane mußte zweimal wegen des Personals unterbrechen. Ihre Werte wurden endlich gemessen. Temperatur lag bei 38,5 Grad. Jane war sauer. Shannon meinte, die erhöhte Temperatur hänge mit dem heißen, schwülen Tag zusammen.

Es fing leicht an zu regnen, als ich Jane verließ, ergoß sich dann aber heftig, als ich unterwegs nach Hause war. Der Regenguß war zeitweise so stark, daß ich die Straße nicht mehr erkennen konnte. Es war jedoch sehr erfrischend.)

Dienstag, den 19. Juni 1984, 14.41 Uhr

(Das Krankenhaus war alles andere als ein ruhiger Ort. Krankenwagen und Polizeiautos mit ihren Sirenen fuhren an unserem Fenster vorbei, draußen im Gang wurden Wagen hin- und hergeschoben, die sich nach klappernden alten Töpfen und Pfannen anhörten. Und all dies, als Jane gerade bereit war, die Sitzung zu beginnen. Was würde hier nur ein Patient machen, der tatsächlich Ruhe braucht?)

Nun: Guten Tag –

(»Guten Tag, Seth.«)

– und wir machen mit dem Diktat weiter.

Wir haben bisher von widersprüchlichen Glaubenssätzen gesprochen, und die meisten können im Kontext dieses Lebens behandelt werden.

Diese Glaubenssätze haben möglicherweise geistige oder körperliche Auswirkungen; es ist selten, daß sie gleichzeitig vorkommen. Wir haben einige der physischen Probleme, die entstehen können, angesprochen. Es können auch geistige oder emotionale Probleme entstehen. Ein Teil der Persönlichkeit will vielleicht aus ganzem Herzen seine persönliche Kraft und Energie konstruktiv ausdrücken. Wohingegen der andere Teil der Persönlichkeit genauso viel Angst vor dieser Kraft haben kann.

Anstatt körperliche Probleme zu entwickeln, agiert ein Teil der Persönlichkeit mit Zuversicht, Kraft und Energie, während der andere gleichwertige Teil sich weigert, Energie oder Kraft in irgendeiner Form einzusetzen. Die Einstellungen sind dermaßen konträr, daß die bewußte Persönlichkeit sich dieser Anteile kaum gleichzeitig bewußt ist –

(14.50 Uhr. Georgia, Mary Jean und Jan kamen herein, um ein wenig herumzuflachsen; sie aßen Schokoladenkekse und machten Andeutungen über eine Geburtstagsfeier, die sie morgen für mich organisieren wollten. Ich tat so, als ob ich nichts ahnte – hoffte ich zumindest. Sie fragten mich nach meinem Lieblingskuchen, während sie mir ihren nannten. Ich sagte, es sei ein Schokoladenkuchen mit Schokoladenguß.

Ich las Jane den letzten Satz der Sitzung vor. 14.58 Uhr.)

Während sich der eine Teil der Persönlichkeit in solchen Fällen in gewohnt bewußter Weise ausdrückt, verharrt der andere Teil in einem latenten Zustand, unausgedrückt und angepaßt.

Die Person handelt vielleicht eine Zeitlang bewußt mit Kraft, Elan und Energie. Manchmal übernimmt dann plötzlich der verängstigte, inaktive Teil der Persönlichkeit die normalen Fähigkeiten des Bewußtseins und reagiert mit Depressionen, Schweigsamkeit und Zurückgezogenheit.

Ein Teil der Persönlichkeit wird die bewußten Handlungen ausführen – zur Arbeit oder einkaufen gehen usw. –, während der andere Teil sich daran überhaupt nicht erinnert.

Nehmen wir folgende Situation an: Wir nennen den bestimmenden Teil der Persönlichkeit Norma A, den passiven Teil Norma B. Norma A geht zum Tanzen in eine Bar und überläßt dann alles Weitere Norma B. Diese befindet sich dann an einem lauten Ort, von Menschen umgeben, die sie nicht einmal kennt und hat nicht die leiseste Ahnung, wie sie überhaupt dort hingekommen ist.

Sie wird sich daran erinnern, wann sie das letzte Mal die Verantwortung für das Bewußtsein hatte, und sie wird oder darf nichts wissen von der Existenz von Norma A. Norma A liebt Bewegung, Sport, Tanzen und andere körperliche Aktivitäten, während Norma B lieber Bücher liest, Bilder malt oder spazieren geht.

Solche Persönlichkeiten haben sogar einen anderen Freundeskreis – Norma A hat andere Freunde als Norma B. Obwohl sehr gegensätzlich, sind diese Persönlichkeiten doch miteinander verbunden und führen auch eine recht bizarre Art der Verständigung. Sie schreiben sich geheimnisvolle Notizen und lassen sie dort liegen, wo sie garantiert auffallen; sie verwenden spezielle Codewörter oder Symbole oder auch Drogen, denn eine zu klare Kommunikation würde die ganze Beziehung zerstören.

Es gibt Menschen, die dieses Dasein über Jahre hinweg führen, bis zu dem Punkt, wo ein Ereignis das Mißverhältnis aufdeckt: Ein Freund von Norma A trifft beispielsweise einen Freund von Norma B, oder die Gedächtnislücken werden immer größer und zeigen, daß irgend etwas nicht in Ordnung ist.

Norma A und B repräsentieren recht einfache Fälle von Schizophrenie; ich habe absichtlich ein leichtes Beispiel gewählt, um es zu verdeutlichen. Norma A kann sich zu einer zunehmend bestimmenden und kämpferischen Persönlichkeit entwickeln, zuweilen mit gewalttätigen Neigungen, während Norma B eher schüchtern, depressiv und einsam wird.

Auf einer anderen Ebene ist sich jedoch jeder Teil des anderen bewußt, und auf diesen Ebenen reagieren sie gegenseitig auf ihre Aktivitäten. Das bedeutet, daß die Amnesie, egal wie vollständig sie ist, nur oberflächlich ist. Als Beispiel habe ich Glaubensmuster über die persönliche Kraft gewählt, aber man kann jeden Glaubenssatz nehmen, der einen entsprechend gleichwertigen Gegensatz hat.

(15.20 Uhr.) Ein Persönlichkeitsteil empfindet die Sexualität als etwas Natürliches und Gutes, der andere Teil glaubt vehement daran, daß sie etwas Böses und Verwerfliches ist. Wir nehmen als Beispiel einen Mann. Joe A mag ein hervorragender Ehemann, Geldverdiener, Vater und Kirchengänger sein, der an die Schönheit und Kraft der Sexualität glaubt. Joe B ist ganz anderer Ansicht: Sexualität ist zumindest etwas Böses, vielleicht vom Teufel gesandt und unter der Würde eines aufrichtigen Mannes.

Joe A geht regelmäßig in die Kirche, ist liebevoll zu seiner Familie und kommt jeden Abend nach der Arbeit zum Abendessen nach Hause. Eine Zeitlang führt er ein zufriedenes Leben.

Dann will er plötzlich, ohne Vorwarnung, keine Liebe mehr mit seiner Frau machen, ist gereizt gegenüber seinen Kindern, geht nach der Arbeit direkt in die Kneipe, sucht eine Prostituierte auf oder geht sogar eine Affäre ein – oft mit einer Frau, die er verachtet.

Joe A ist dann vielleicht entsetzt über die Whiskyflaschen, die er in seinen Schubladen findet, wo er doch kaum Alkohol trinkt. Oder Joe B bemerkt plötzlich, daß er in einem fremden Bett mit einer Frau liegt, die er zweifelsohne noch nie in seinem Leben gesehen hat.

Auf der anderen Seite findet sich Joe B bei einem Familienpicknick wieder oder bei einer ähnlichen Versammlung, die ihn langweilt und ärgert, oder, noch schlimmer, er kann sich an seine Familie nicht mehr erinnern. Je komplizierter solche Krisen werden, desto schwieriger fällt deren Geheimhaltung. Es sind die Komplikationen, die das Risiko der Aufdeckung erhöhen. Es gibt auch hier wieder verschiedene Fälle.

Joe B wird plötzlich, während er trinkt, zu Joe A zurückgeschickt. Die Art der Kommunikation zwischen den beiden kann einzigartig und verwirrend sein: von Zahlencodes bis hin zu Nonsens-Versen oder dem Hören von eingebildeten Stimmen, die einen Teil des Selbst daran erinnern wollen, daß es noch eine andere, scheinbar fremde Persönlichkeit in seinem Leben gibt.

Macht eine Pause.

(15.35 Uhr. Drei Krankenschwestern nahmen Janes Werte. Ihre Temperatur war wieder gestiegen – 37,4 –, und keiner wußte warum. Es drang viel Autolärm von der Straße durch das Fenster herein. Wiederaufnahme um 16.07 Uhr.)

In vielen Fällen spielen Verfolgungswahn und Paranoia mit herein, aber darauf werde ich im nächsten Kapitel eingehen.

Bei dem soeben besprochenen schizophrenen Verhalten wird oft Hypnose als Therapieform gewählt. Dadurch sollen nicht nur die beiden Persönlichkeitsteile einander vorgestellt, sondern auch der Zeitpunkt aufgedeckt werden, an dem die Spaltung ursprünglich stattgefunden hat.

Hypnose kann eine wertvolle Hilfe sein, wenn sie von einem professionellen Hypnotiseur durchgeführt wird, sie hat aber als Therapie ernst zu nehmende Schwächen. Die Hypnose kann zu einer größeren Segmentierung der Persönlichkeit führen.

In der Hypnosetherapie können neue, kleinere Persönlichkeitsfragmente zum Vorschein kommen, höchstwahrscheinlich auch durch die Therapie an sich. Der Hypnotiseur möchte seinen Patienten heilen, und alle Formen der Schizophrenie sind eine intellektuelle Herausforderung. Große Aufmerksamkeit wird den verschiedenen Fragmenten der Persönlichkeit gewidmet, was dazu führen kann, daß diese sich auf den Hypnotiseur stürzen und ihn versuchen zu blenden, gleichzeitig aber auch die Heilung sabotieren.

Es ist weit besser, den Teil der Persönlichkeit, der während der Therapie im Vordergrund steht, vom Interesse und der Anteilnahme des Therapeuten zu überzeugen, ihn aber auch wissen zu lassen, daß auf anderen Ebenen noch weitere Fragmente seiner Persönlichkeit existieren.

Menschen mit schizophrenen Neigungen benutzen gerne Wortspiele und Rätsel, die sie auch zur Verwirrung des Therapeuten einsetzen. Die Tatsache, daß sich eine Person zu dieser Art Therapie bereiterklärt hat, läßt darauf schließen, daß sie die große Herausforderung annehmen will. Es ist für jedes Segment der Persönlichkeit eine Herausforderung, sich der anderen Fragmente bewußt zu werden. Ihr könnt es mit der Situation vergleichen, in der jemand von seinem Bruder oder seiner Schwester jahrelang getrennt war, die Trennung wohlgemerkt aber eine psychologische und keine physische war.

(Lange Pause um 16.21 Uhr.) Diese Zustände sind alle Abwandlungen von anderen Zuständen. Anstatt solche Fragmentpersönlichkeiten zu bilden, zieht eine Person es vielleicht vor, ihre Macht einzusetzen; da sie aber gleichzeitig Angst davor hat, bekommt sie statt eines schizophrenen einen epileptischen Anfall.

Bevor wir wieder auf andere körperliche Probleme zu sprechen kommen, werden wir noch einige ungewöhnliche psychologische Situationen in Verbindung mit bestimmten widersprüchlichen Glaubenssätzen erörtern.

Ende des Diktats.

Ich aktiviere wieder jene Koordinaten, die den Heilungsprozeß und euren Seelenfrieden unterstützen.

(»Danke.

16.26 Uhr. Diese Sitzung war Janes längste, seit sie im Krankenhaus war. »Länger, als du wahrscheinlich gewollt hast«, sagte sie und meinte, ich bräuchte heute abend mehr Zeit, um sie abzutippen. Es ging darum, wieviel ich schaffen konnte, ohne in Verzug zu geraten.

»Ich habe vergessen, dir zu sagen, daß ich die Überschrift für das nächste Kapitel bereits weiß: ›Botschaften‹ von Göttern, Dämonen, Helden und anderen Prominenten, oder: Noch mehr widersprüchliche Glaubenssätze.«)

13. Kapitel

»Botschaften« von Göttern, Dämonen, Helden und anderen Prominenten oder: noch mehr widersprüchliche Glaubenssätze

Mittwoch, den 20. Juni 1984, 15.50 Uhr

(Heute bin ich 65 geworden, fühle mich aber gar nicht so. Dieses Alter soll angeblich ein Meilenstein im Leben sein, zumindest bei Männern. Ich plane aber nicht, mich zur Ruhe zu setzen oder mit meiner kreativen Arbeit aufzuhören. Mir geht es besser als je zuvor.

Die Crew im Krankenhaus hatte tatsächlich eine Geburtstagsfeier für mich organisiert; obwohl ich es wußte, war es dennoch eine schöne Überraschung, und ich genoß die Glückwünsche, die Karten, das gute Essen – mehr als Jane und ich überhaupt essen konnten. Mary, die Oberschwester, hatte einen Schokoladenkuchen mit Schokoladenguß gebacken. Ich zeigte ihnen mein witzig gemustertes Unterhemd und erhielt die entsprechenden Ohs und Ahs. Sogar einige Besucher auf dem Gang vor Zimmer 330 bekamen es mit und mußten lachen. Ich blies etwa 25 Kerzen auf dem Kuchen in einem Atemzug aus, was das Personal wohl beeindruckte.

Gegen 14.30 Uhr merkte ich, daß ich eindeutig satt wurde, und es war immer noch Essen übrig. Ich hatte die ganze Zeit über genascht und merkte nun, daß ich aufhören mußte. Verschiedene Leute waren hereingekommen, um mir zu gratulieren.

Margaret Bumbalo rief an, bevor ich mich von Jane verabschiedet hatte, und lud mich zum Abendessen ein; ich war aber mehr als satt. Also ging ich bei ihnen vorbei, um mir die Spaghetti für mein morgiges Abendessen abzuholen. Joe war fast kahl von der Chemotherapie und auch sehr schwach, wie sein Sohn John meinte. Sie hatten ein Paket Bücher für mich. John bot mir einen Scotch mit Soda an, wie ich ihn auch das letzte Mal hatte. Ich merkte die Wirkung sofort. Ich war ganz schön angesäuselt, so daß ich erst um 21.50 Uhr anfing, die Sitzung abzutippen.)

Guten Tag –

(»Guten Tag, Seth.«)

– wir machen mit dem Diktat weiter.

Bevor wir anfangen, möchte ich den Leser darauf hinweisen, daß er mitten in den beschriebenen oder in anderen Problemen in eine Phase der Depression rutschen oder das Gefühl bekommen kann, daß es doch keine Lösung für die eigenen Probleme <u>gibt</u>.

Sollte dies geschehen, könnt ihr die Übungen, die ich beschrieben habe, anwenden. Hört sofort auf, euch Sorgen über die Zukunft oder die Vergangenheit zu machen. Sagt euch, daß ihr diese Probleme später immer noch wälzen könnt – aber für den Augenblick werdet ihr euch keine Gedanken über die Vergangenheit oder die Zukunft machen.

Denkt daran, daß es trotz allem, was ihr gelesen und gehört habt, sicherlich nicht unvermeidlich ist, daß unglückliche Situationen noch auswegloser werden und daß das Gegenteil eher zutrifft; sonst wäre die Welt schon längst an Katastrophen und Schicksalsschlägen zerbrochen.

Konzentriert euch auf den gegenwärtigen Augenblick, und mehr noch: konzentriert euch auf den schönsten Aspekt des Augenblicks. Wenn der Moment unangenehme und schwierige Seiten hat, denkt bewußt an die erheiternden und schönen Seiten. Diese können sehr simpel sein: der Geruch von Lilien, das Geräusch von frischem Schnee unter den Schuhsohlen oder der Anblick eines Sees oder des Meeres. Diese Visualisierungen helfen dabei, Geist und Körper zu beruhigen und eure Kräfte zu mobilisieren.

(16.00 Uhr.) Die Methode ist hervorragend, da sie überall eingesetzt werden kann. Zweifel und Ängste können zumindest für den Augenblick etwas aufgelöst werden, um dann zu einem späteren Zeitpunkt das Problem mit mehr Zuversicht wieder anzugehen.

Ende des Kapitels. Nehmt eure Pause.

(16.02 Uhr. Wir hörten den Medikamentenwagen draußen im Gang. Eine junge Krankenschwester brachte Jane Darvoset und Aspirin. Es war zur Zeit sehr ruhig und friedlich im Krankenhaus. Wiederaufnahme um 16.13 Uhr.)

Wir fangen mit dem nächsten Kapitel an. Die Überschrift wurde bereits erwähnt.

Sich widersprechende Glaubenssätze über die Natur der Realität können Krisen jeglicher Art auslösen, da das Individuum immer versucht, seine Umgebung zu verstehen und die Welt als kohärentes Ganzes zu betrachten.

Die geistigen und emotionalen Versuche, widersprüchliche Glaubensüberzeugungen zu vereinigen, sind oft sehr schwierig. Je mehr die Welt für das Individuum auseinanderfällt, desto mehr versucht es, sie wieder zusammenzusetzen.

Manche Menschen haben sehr gegensätzliche Glaubenssysteme, die einen heftigen emotionalen oder geistigen Seiltanz auslösen. Ihr Problem erscheint ihnen überdimensional groß zu sein, so daß nur die Einwirkung einer äußeren Kraft ausreicht, um ihnen wieder ein Gefühl von Ganzheit und geistiger Gesundheit zu vermitteln. Sie haben dermaßen Angst davor, ihre eigene Entscheidungskraft einzusetzen, daß sie sich einen imaginären Übermenschen schaffen – eine sublime Persönlichkeit, die dem Betreffenden Befehle erteilt.

(Lange Pause um 16.25 Uhr.) Spielen wir wieder ein Beispiel durch, dieses Mal mit einem Mann namens Donald.

Donald empfindet Panik davor, Entscheidungen zu treffen; er ist so unentschlossen, daß er sich einen Übermenschen schafft, der ihm sagt, was er zu tun hat. Wenn es um die Entscheidung bei der Arbeit geht, befiehlt er Donald, die eine oder die andere Richtung einzuschlagen. Donald hat seine eigene Entscheidungsfähigkeit aufgegeben. Diese imaginäre Persönlichkeit mag vielleicht Gott sein, ein berühmtes Idol aus der Gegenwart oder Vergangenheit, Jesus Christus oder Mohammed; dies glaubt der Betroffene auch.

Donald hört möglicherweise die Stimme des eingebildeten Gottes oder des Idols. Sie kann so penetrant sein, daß sie sehr stark ablenkt oder aber sich nur bei übermäßigem Streß bemerkbar macht.

Das ist hier nur ein einfaches Beispiel. Unser Freund Donald kann darüber hinaus auch überzeugt sein, daß er selbst böse, wertlos oder sogar verdorben ist und zu den niedrigsten Menschen gehört. In solchen Fällen schafft sich die Person einen imaginären Teufel oder Dämon, der sie ständig schikaniert und sogar destruktive Taten fordert.

Die Person hat die Verantwortung für ihre eigenen Handlungen abgegeben und fühlt sich deshalb auch nicht für irgendwelche destruktiven Aktivitäten verantwortlich.

(Lange Pause um 16.37 Uhr.) Die hier beschriebenen Persönlichkeiten fühlen sich möglicherweise verfolgt oder belästigt von einer Fahndungsbehörde, wie beispielsweise dem FBI, dem CIA, dem Russischen Geheimdienst oder dem Ku-Klux-Klan oder von jeder anderen umstrittenen Institution, die Gewalt anwendet. Manchmal können diese Phasen sehr lange anhalten, manchmal sind sie nach ein paar Tagen vorbei, haben sich spontan aufgelöst und kommen vielleicht erst nach Jahren wieder zurück.

Ende des Diktats.

Ich aktiviere wieder jene Koordinaten, die euren Seelenfrieden fördern und den Heilungsprozeß intensivieren.

(»Danke.«

16.41 Uhr. Jane meinte: »Wenn Seth solche Übungen durchgibt, habe ich das Gefühl, daß er es genau dann macht, wenn ich sie gerade brauche, und der Leser auch. Einige von Seths Empfehlungen gelingen mir sehr gut, andere überhaupt nicht.«

Sehr wahr, dachte ich. Ich hatte oft den Eindruck, daß Seths Material Janes eigene Situation widerspiegelt. Und besonders in diesem Buch. Große Teile davon hätten Material für sie ganz allein sein können.)

Donnerstag, den 21. Juni 1984, 16.03 Uhr

(Ich hatte gerade einen Stapel Post durchgesehen, als ein weiterer, etwas kleinerer Stapel ankam; beide waren von Prentice-Hall.

Es hatte sich gelohnt, die Post zu öffnen, denn es waren einige Schecks dabei – zusammen über 375 Dollar. Wir waren beide sehr dankbar und gerührt. Beim nächsten Stapel Post werde ich sofort nachsehen, ob wieder Schecks dabei sind. Sonst liegen die Briefe normalerweise ungeöffnet herum, bis ich dazu komme, sie zu beantworten. Ein Mann aus Kalifornien rief Maude Cardwell in Texas an, um ihr mitzuteilen, daß er die Genehmigung erhalten hatte, die Audiokassetten von Janes ASW-Seminaren, die 1975 zu Ende gingen, zu vermarkten. Wir hatten bisher keine solche Erlaubnis erteilt; ich mußte der Sache mal nachgehen.)

Nun: Guten Tag.

(»Guten Tag, Seth.«)

Wir machen mit dem Diktat weiter.

Manche Menschen scheinen im zwischenmenschlichen Austausch ganz normal zu sein, bis gewisse Themen angesprochen werden oder sie einen bestimmten Stimulus aus der Umgebung erhalten.

Beispielsweise hört jemand während einer ganz normalen Konversation die Sirenen eines Polizeiwagens in der Ferne. Er springt sofort auf in der Überzeugung, daß das FBI oder eine andere Fahndungsbehörde ihm auf der Spur ist.

Die Sirenen verklingen in der Entfernung, aber das aufgeregte Verhalten der Person läßt erkennen, daß hier etwas nicht in Ordnung ist. In ihrer Verwirrung beginnt sie sofort, die unzähligen vergangenen Situationen aufzuzählen, in denen sie von Stadt zu Stadt verfolgt wurde. Oder, noch schlimmer, sie behauptet beharrlich, daß das Telefon abgehört wird, Briefe geöffnet werden und die Privatsphäre ständig überwacht wird.

Das können erste Anzeichen dafür sein, daß diese Person ernsthafte Probleme hat. In leichteren Fällen ist der oder die Betreffende einfach konfus im Kopf und fühlt sich verfolgt. Oder die Person gleitet ab in eine allgemeine hitzige Diskussion über Polizeigewalt.

Menschen in diesen Zuständen empfinden große Angst gegenüber dem Einsatz von Macht. Die Vorstellung, andauernd überwacht zu werden, vermittelt ihnen tatsächlich ein Gefühl der Sicherheit.

Macht eine Pause.

(Wiederaufnahme um 16.25 Uhr.)

Diese Menschen suchen auch in der Außenwelt nach Beweisen dafür, daß sie verfolgt werden.

In der gleichen Art versuchen Menschen, durch die Einbildung einer Stimme von Gott oder eines Dämons ihre geistige Gesundheit zu bewahren. Solange sie daran glauben können, daß ein Gott oder Dämon mit im Spiel ist, erleben sie die ganze Angelegenheit als etwas sehr Außergewöhnliches, nicht gleichzusetzen mit normaler Erfahrung. Sie hat jedoch ihre Berechtigung.

Wenn der Therapeut den Patienten zu überzeugen versucht, daß die eingebildete Person nicht existiert, bedroht er damit dessen Vorstellung von geistiger Gesundheit.

Ende des Diktats.

Ich aktiviere wieder jene Koordinaten, die euren Seelenfrieden unterstützen und die Heilungsprozesse anregen.

(»Danke.« 16.30 Uhr.)

Freitag, den 22. Juni 1984, 15.07 Uhr

Nun: Guten Tag –

(»Guten Tag, Seth.«)

– wir machen mit dem Diktat weiter.

Es ist außerordentlich wichtig, daß der Therapeut seinem Patienten klarmacht, daß dieser nicht verrückt ist, nur weil er sich einen imaginären Übermenschen geschaffen hat und/oder fremde Stimmen halluziniert.

Dem Patienten sollte die Erkenntnis vermittelt werden, daß fehlerhafte Einstellungen und Glaubensüberzeugungen zu dem Zustand geführt haben und eine Beseitigung dieser irrtümlichen Glaubensüberzeugungen zu einer Verbesserung der Situation führen kann. Der Therapeut sollte dem Patienten das sichere Gefühl geben, daß er ihm glaubt, wenn er von Stimmen des Teufels berichtet.

Der Therapeut kann die schädlichen Einstellungen und Denkmuster aufdecken und dem Patienten erklären, wie sie sich normalerweise ausdrücken.

Die verschiedenen Vorstellungen müssen erst entwirrt werden, bevor sich das Verhalten ändern kann. Der Therapeut sollte dem Patienten versichern, daß er in anderen Bereichen gute und normale Gedanken und Ansichten hat. Dieses ganze Thema ist so umfassend, daß man leicht ein vollständiges Buch darüber schreiben könnte. Es ist also unmöglich, hier auf alle Aspekte solcher Fälle einzugehen.

Einige Probleme liegen darin, daß Ereignisse in der Außenwelt einfach falsch interpretiert werden. Die Person, die felsenfest davon überzeugt ist, daß sie von einer geheimen Organisation verfolgt wird, hört die Sirenen eines realen Polizeiwagens. Die Mißinterpretation liegt darin, daß die Person dieses Ereignis auf sich bezieht, obwohl die Polizei jemand ganz anderen im Visier hat. Der Therapeut kann dem Patienten zeigen, wie er sein Erleben der Ereignisse relativieren und in Frage stellen kann.

All diese Fälle haben ihre eigenen ungewöhnlichen Komplikationen. Bei Zweitpersönlichkeiten ist der aktive, dominante Anteil möglicherweise männlich, mit allen dazugehörigen männlichen Eigenschaften. Der andere Teil, die Zweitpersönlichkeit, ist scheinbar weiblich und kann sogar eine weibliche Stimme haben. Das Gegenteil ist aber auch möglich.

Der betreffende Mensch kleidet sich eventuell männlich, während die Zweitpersönlichkeit weibliche Kleidung trägt, oder umgekehrt.

(15.25 Uhr.) Worum es aber hauptsächlich geht, sind die charakteristischen Phasen der scheinbaren Amnesie, die meistens willkürlich auftreten, ohne Übergang, außer vielleicht mit etwas Kopfschmerzen.

Hier beziehe ich mich nicht auf Menschen wie Ruburt, die für eine andere Art Persönlichkeit sprechen, Ruhe und Gelassenheit ausstrahlen und über ein hervorragendes Wissen verfügen – das Ergebnis eines ungewöhnlich gesunden Menschenverstandes, der nicht nur ihnen, sondern auch anderen Menschen nützt.

Hinter allem, was wir hier besprochen haben, steht jedoch wieder das Bedürfnis nach Werterfüllung, das durch widersprüchliche Glaubenssätze zum größten Teil blockiert wird.

(Sehr lange Pause um 15.31 Uhr.) Es mag manchen Lesern äußerst unglaubwürdig vorkommen, aber die destruktivsten Handlungen sind auf Mißinterpretationen der Realität, widersprüchliche Glaubenssysteme und die Unfähigkeit, Liebe zu geben und zu empfangen, zurückzuführen. Diese Art von Wut ist das Kennzeichen eines Perfektionisten, der in den Klauen einer Welt gefangen ist, die nicht nur unvollkommen, sondern auch böse ist.

Macht eine Pause.

(15.34 Uhr. Janes Werte wurden gemessen. Ich schrieb einige Briefe, bis sie für die Wiederaufnahme bereit war, und las ihr den letzten Satz vor. 16.10 Uhr.)

Das bringt uns zu einem weiteren, sehr gefährlichen Glaubenssatz: Der Zweck heiligt die Mittel.

Die meisten destruktiven Handlungen basieren auf diesem Glaubenssatz. Er bewirkt eine maßgeregelte, übertriebene Starrheit, die allmählich die menschliche Ausdrucksfähigkeit reduziert.

Ihr seht also, daß die Probleme, die wir hier besprochen haben, damit anfangen, daß die zur Verfügung stehenden Wahlmöglichkeiten und damit auch die Ausdrucksmöglichkeiten eingeschränkt werden. Der einzelne versucht, sich bestmöglich zu entfalten, und konzentriert sich auf die noch übriggebliebenen Wege des Selbstausdrucks. Die in diesem Buch aufgeführten konstruktiven Glaubenssätze sollten auf alle Beispiele dieses Kapitels angewendet werden. Es ist wichtig, daß der einzelne die Sicherheit hat, sich selbst zu entfalten und die Entwicklung anderer Menschen unterstützen zu können. Ende des Diktats.

Ich aktiviere wieder jene Koordinaten, die euren Seelenfrieden und den Heilungsprozeß intensivieren.

(»Danke.« 16.18 Uhr.)

Samstag, den 23. Juni 1984, 15.28 Uhr

(Gestern nach dem Frühstück hatte man Jane Blut abgenommen; die Ergebnisse waren noch offen. Heute mittag traf ich Jeff Karder in der Notaufnahme, gerade als ich an ihn dachte. Er machte sich Sorgen darüber, daß es Jane nicht mehr so gut ging wie bislang. Ich erwiderte, daß die Schmerzen zyklisch auftraten und ich sofort jemandem Bescheid geben würde, sollte sich bei Jane irgend etwas auffällig verändern. Jane stimmte der zyklischen Beschreibung zu.)

Nun: Guten Tag.

(»Guten Tag, Seth.«)

Wir machen mit dem Diktat weiter.

Ein äußerst seltenes und ungewöhnliches Kennzeichen schizophrenen Verhaltens ist die Schaffung eines Übermenschen, der sehr viel Macht hat und andere Menschen von seiner Heiligkeit zu überzeugen vermag.

Geschichtlich betrachtet ging es dabei um Männer, die behaupteten, sie hätten die Gabe der Hellsichtigkeit, der Prophezeiung und der Allmacht. Man dachte folglich von diesem Menschen, daß er für Gott sprach, wenn er Befehle oder Weisungen gab. Wir haben es hier mit »Gottesschaffung« oder »Glaubensschaffung« zu tun – was immer euch lieber ist.

In all diesen Fällen wird den Gläubigen Disziplin durch Angst beigebracht. Kurz gefaßt, besagt das Gebot, daß man Gott lieben muß, sonst wird man von ihm zerstört. Je übertriebener ein solches Gebot ist, desto höher die Wahrscheinlichkeit, daß es sich durchsetzen läßt. Je absurder eine Legende oder eine Lehre erscheint, desto mehr wird sie angenommen. Die Anhänger glauben, daß diese Geschichten wahr sind, weil sie nicht wahr sind. Die Anfänge fast aller Religionen hatten auf die eine oder andere Art mit diesem schizophrenen Verhalten zu tun.

Ein Mensch in einer solchen Situation muß sich anfangs sehr verwirrt fühlen: Empört über soziale, nationale oder religiöse Themen dient er als Anlaufpunkt für viele andere Menschen, die genauso betroffen sind.

(Lange Pause um 15.42 Uhr.) Adolf Hitler gehört in gewisser Weise in diese Kategorie. Ihm fehlte zwar das typische Kennzeichen der Schizophrenie, das Sprechen mit einem Übermenschen, aber das lag daran, daß Hitler glaubte, er sei selbst einer. Das Problem solcher Glaubensüberzeugungen besteht darin, daß Menschen zwar zu mehr Verständnis, zu großen sozialen Taten oder gar Heldentaten inspiriert werden, aber ihre Existenz fußt auf einer drastischen Mißinterpretation der Natur der Realität.

Wenn schon die großen Glaubensrichtungen davon betroffen sind, dann ebenso die vielen kleineren Kulte und Sekten der Geschichte bis hin zur Gegenwart; auch diese haben große psychologische Macht, verbunden mit einem immanenten Hang zur Selbstzerstörung und Rache.

Weniger auffällige Einzelfälle können die gleiche mysteriöse Bedeutung haben.

Es gibt sicherlich keinen Anlaß dazu, die Schizophrenie zu idealisieren, da ihre idealisierten Elemente seit langem in der Gesellschaft negative Assoziationen auslösen; der Verrückte und das Genie stehen in einer unerklärlichen Beziehung zueinander. Diese Glaubenssätze äußern sich in Sprüchen wie: »Wahnsinn ist das andere Extrem des gesunden Menschenverstandes« oder »Genie und Wahnsinn liegen eng beieinander«.

Hinter diesen Einstellungen steckt die Angst vor dem Verstand als solchem, der Glaube, daß seine Fähigkeiten nur bis zu einem gewissen Punkt gut und zuverlässig sind; wenn er aber zu weit geht, kommt er in Schwierigkeiten.

Was heißt es denn, zu weit zu gehen? Normalerweise schließt dies ein, daß Wissen an sich eine Gefahr darstellt. Punkt.

Manchmal kann der eingebildete Übermensch scharfsinnige Bemerkungen zu Politik, Gesellschaft und Religion liefern.

Die meisten dieser imaginären Persönlichkeiten fangen an, das Ende der Welt vorauszusagen, wobei ausgewählte Menschen – wer immer das auch sein mag – davor gerettet werden. Nicht wenige haben bestimmte Zeitpunkte für diesen Weltuntergang vorausgesagt – Zeitpunkte, die folgenlos vorübergingen. Viele Menschen befolgen immer noch irgendwelche Lehren, die sich als falsch erwiesen haben; die imaginäre Persönlichkeit findet immer wieder neue Ausreden oder neue Zeitpunkte, aber alles läuft weiter wie bisher.

Auch in einfacheren Fällen macht diese selbsterschaffene Persönlichkeit oft Voraussagen, die, nebenbei bemerkt, nicht eintreffen, und erteilt Befehle, die ohne Zögern durchgeführt werden sollen.

Die Schizophrenie ist Ausdruck von weitaus mehr komplexen psychologischen Zuständen, die in diesem Buch nicht thematisiert werden können. Wir machen weiter mit widersprüchlichen Glaubenssätzen, die mentale oder physische Probleme verursachen können.

Ende des Diktats.

Ich wünsche euch einen schönen guten Abend und aktiviere jene Koordinaten, die euren Seelenfrieden und den Heilungsprozeß fördern.

(»Danke.« Das Personal unterbrach Jane während ihrer Trance wieder zweimal. 16.25 Uhr.)

14. Kapitel

Nirvana, Recht geht vor Macht; Vorwärts, Christliche Soldaten, und der menschliche Körper als ein Planet, den es zu retten lohnt

Sonntag, den 24. Juni 1984, 15.23 Uhr

(Gestern abend fing ein Lippenbläschen an sich zu entwickeln und störte mich sehr beim Einschlafen. Ich mußte nachts dreimal aufstehen, und heute morgen war die Schwellung und die Empfindlichkeit ganz schlimm. Um es kurz zu machen, ich hatte gestern mein Pendel befragt, und es bestand darauf, daß ich die Entzündung bekommen hatte, weil ich mir Sorgen um die nichtbeantwortete Fanpost machte.

Heute morgen, direkt nach dem Aufstehen, befragte ich das Pendel nochmals und erhielt wieder die gleiche Antwort. Gestern abend hatte es nicht viel geholfen. Jetzt, nachdem ich einige Affirmationen gesprochen hatte, fühlte ich mich plötzlich besser. Ich wußte, daß ich nun auch frühstücken konnte – vielleicht nicht so wie gewohnt, aber wenigstens etwas beißen konnte. Ich spürte, wie die Schwellung zurückging, als ob man einen Ballon mit einer Nadel gepiekt hätte.

Als ich mich dann rasierte, merkte ich, wie es immer besser wurde – wie durch Magie. Ich bedankte mich bei meinem Unterbewußtsein. Ich hatte mich heute morgen so mies gefühlt, daß ich fast zum Notarzt gegangen wäre – was ich sonst nie tun würde. Die Besserung hielt über den Tag an: Das Abendessen ging besser als das Mittagessen und das Frühstück. Ich fühlte mich wieder einmal in meinem Glauben an das Pendel, dieses simple Werkzeug, bestärkt – zumindest funktionierte es für mich.

Jane ging es heute auch etwas besser. Sie hatte in den letzten Tagen einen wunden Gaumen gehabt, der jetzt besser war.)

Nun: Einen schönen und guten Tag euch!

(»Guten Tag, Seth.«)

Wir machen mit dem Diktat weiter. Das neue Kapitel heißt: »Nirvana, Recht geht vor Macht; Vorwärts, Christliche Soldaten, und der menschliche Körper als ein Planet, den es zu retten lohnt«.

Nur wenige Menschen sind persönlich betroffen von derartigen problematischen Situationen, wie sie im letzten Kapitel beschrieben wurden. Die meisten sind in irgendwelche religiösen Glaubensüberzeugungen und Geistesströmungen verstrickt, die sich ungünstig auf ihre Erfahrungen auswirken. Die Mehrheit der Menschen erlebt immer wieder mal Phasen schlechter Gesundheit, von denen sie sich erholt, so daß sie insgesamt einen ausreichenden Mittelweg entlanggeht.

Es ist leider oft wahr – jedoch nicht immer – daß Menschen, die einen sehr starken religiösen Glauben haben, mehr als nötig Erkrankungen und persönliche Krisen erleben. Religionen vermitteln einige der hervorragendsten Ansichten, die die Menschheit hervorgebracht hat, aber sie beharren leider auch auf sehr problematischen Konzepten, die die Menschheit geplagt haben.

Man kann eine Philosophie nicht vom Leben trennen, denn eure Gedanken und Meinungen geben eurem Leben seinen Sinn und seinen Impuls. Manche Menschen glauben, daß das Leben keine Bedeutung oder keinen Sinn hat und daß seine zahlreichen Facetten durch reinen Zufall entstanden sind. Ich beziehe mich hier auf das wissenschaftliche Dogma. Im Grunde ist dies aber weitaus religiöser als wissenschaftlich, da es verlangt, daß man ihm auch ohne Beweise glaubt und vertraut.

(15.37 Uhr.) Diese Einstellungen färben auch auf andere Bereiche ab: Sexualität, Wirtschaft und sicherlich auch Konzepte von Krieg und Frieden.

Jeder Teil der Natur wird von der inneren Vitalität, Energie und Lebenskraft angetrieben. Mit der Geisteshaltung, daß die Werke des Menschen ohne Bedeutung sind, kann sich der physische Körper nicht entfalten. Diese Lebenseinstellung räumt dem Menschen keinen Platz in der Natur oder dem Universum ein.

Vom Leben wird allgemein angenommen, daß es aussterben wird. Die Auffassung von der Seele, vom Leben nach dem Tod oder sogar vom Leben von einer Generation zur nächsten läßt im Grunde sehr zu wünschen übrig, um es milde zu sagen. Diesen Glaubensannahmen zufolge scheint der Mensch im Leben überhaupt keine Macht zu haben.

(15.43 Uhr. Donna kam herein, um Janes Temperatur zu messen: 37,1 Grad. Ich hatte es Jane nicht gesagt, aber ich war tatsächlich streckenweise eingenickt, während Seth sprach – etwas, was mir noch nie passiert war. Das angenehme Gefühl der Entspannung und Sorglosigkeit, das ich heute morgen durch das Befragen des Pendels erhalten hatte, hielt immer noch an. Dennoch fiel es mir schwer, mich auf meine Arbeit an Träume *zu konzentrieren, obwohl ich mehr Energie und Gelassenheit hatte.*

Ich las Jane den letzten Abschnitt vor. Wiederaufnahme um 16.10 Uhr.)

Wie schon erwähnt können solche Einstellungen eine entscheidende Rolle bei Möchtegern-Selbstmördern, besonders in jungen Jahren, spielen, da sie keine Zukunftsaussichten zulassen.

Diese Einstellungen führen in eine Sackgasse und können eine ganz andere Reaktion bewirken. Ein Wissenschaftler, der bislang hartnäckig an solchen Einstellungen festgehalten hat, erlebt plötzlich einen Kurzschluß. Er legt ein schizophrenes Verhalten an den Tag und verteidigt ganz fanatisch dieselben Einstellungen, die er vorher ebenso hartnäckig abgelehnt hat.

Die gleiche »plötzliche Verwandlung« geschieht, wenn ein Mensch, der religiöse Konzepte und Überzeugungen immer abgelehnt hat, plötzlich zu einem fanatischen Christen wird.

Das Ergebnis beider Verhaltensweisen ist die Ausrichtung an einem Glaubenssystem, an dem nicht gezweifelt wird; die Werte des neuen Glaubenssystems werden strikt eingehalten, und das Leben wird entsprechend neu organisiert.

Ende des Diktats.

Ich intensiviere wieder jene Koordinaten, die die Harmonie von Körper und Geist unterstützen und damit die Heilung anregen.

(»Danke.«

16.20 Uhr. »Mir ist aufgefallen, daß ich heute noch gar kein Darvoset bekommen habe«, sagte Jane sofort nach ihrer Trance. Normalerweise kommt immer jemand gegen 16.00 Uhr. Nach ein paar Minuten kam auch eine Krankenschwester mit der Tablette.

Ich hatte heute das Haus extra früher verlassen, damit ich noch bei Joe Bumbalo auf Zimmer 522 vorbeischauen konnte. Er war aber nicht da. Nachdem ich mich von Jane verabschiedet hatte, versuchte ich es nochmals und traf ihn an. Eine halbe Stunde lang führten wir ein schönes Gespräch. Joe lag in seinem Bett mit geschlossenen Augen, verfolgte unsere Konversation aber sehr wachsam. Morgen sollte er mit der Chemotherapie weitermachen. Margaret hatte mir vor ein paar Tagen erzählt, daß er wieder wegen seines Blutzuckers ins Krankenhaus mußte. Heute abend sagte sie mir, die Ärzte würden seine Diabetes mit Insulin behandeln, damit sein Körper die Chemotherapie annähme.

Als ich in meine Einfahrt fuhr, kam John Bumbalo aus seiner Garage mit einem großen Stück Zitronenkuchen. Ich hatte mit Margaret im Krankenhaus über ihren Zitronenkuchen gescherzt. Sie hatte John angerufen, als ich auf dem Weg nach Hause war.)

Dienstag, den 26. Juni 1984, 15.31 Uhr

Nun: Guten Tag.

(»Guten Tag, Seth.«)

Wir machen mit dem Diktat weiter.

Der Ausspruch »Macht geht vor Recht« kann genausogut umgedreht werden.

Jahrhundertelang wurde es als selbstverständlich angesehen, daß Gott auf seiten der reichsten und stärksten Nation war. Man glaubte, daß ein Land deshalb arm und heruntergewirtschaftet war, weil Gott es so wollte.

Solche Überzeugungen hielten die Menschen in Ketten, förderten die Sklaverei und andere unmenschliche Praktiken. Das gleiche trifft leider auch auf das fernöstliche Konzept des Nirvana und die christliche Paradiesvorstellung zu. Beide sind von Machthabern dazu eingesetzt worden, die Massen ruhig zu halten und schäbige und ungenügende Lebensbedingungen mit dem Versprechen zu rechtfertigen, daß in der Welt nach dem Tod die Glückseligkeit auf jeden wartete.

Die Vorstellungen vom Nirvana und vom Paradies sind zwar sehr unterschiedlich, aber beide wurden dazu gebraucht, das Leiden nicht nur zu rechtfertigen, sondern die Menschen sogar aufzufordern, es zu suchen. Dahinter steckte die Idee, daß die Belohnung in einer zukünftigen Existenz um so größer wäre, je mehr ein Mensch verfolgt und schlecht behandelt würde.

Ich möchte es vermeiden, mich hier über esoterische Praktiken auszulassen, obwohl sie im Zusammenhang mit diesem Thema manchmal auftauchen.

Die Vorstellungen von Buße, vom Fasten bis zum Exzeß, vom Mißbrauch des Körpers wie der Selbstgeißelung – all diese Vorstellungen beruhen auf dem Glauben, Leiden als solches sei erstrebenswert. Leiden wird zum Ziel im Leben, und Gefühle der Freude werden vom Schmerz unterwandert.

Einfache Menschen glauben oft, daß Leiden ein Weg zu persönlicher Entwicklung und spirituellem Wissen ist. Wenn es um Gesundheit geht, haben diese Glaubenssätze keine guten Auswirkungen. Sie sind oft verantwortlich dafür, daß irgendwelche Organe bei unvernünftigen Operationen sinnlos entfernt werden.

Manche Menschen machen sich Sorgen darüber, daß es ihnen zu gut geht; für sie bedeutet dies, daß sie nicht hinreichend für ihre Sünden büßen. Wenn sich irgendeine schwierige Situation ergibt, finden sie darin sicherlich wieder eine Möglichkeit, sich selbst zu bestrafen; sie wundern sich dabei, warum sie eine schwache Gesundheit haben oder von bestimmten Krankheiten heimgesucht werden.

Dieses Syndrom kann sowohl einzelne als auch Familien und sogar ganze Nationen erfassen. Es arbeitet direkt gegen die Gesundheit, das Überleben und die Erfüllung des Menschen.

Ständige Ängste vor einer nuklearen Vernichtung oder ähnlichen Katastrophen können auch in diese Kategorie fallen.

Macht eine Pause.

(16.04 Uhr. Jane hatte den Medikamentenwagen im Gang gehört, aber es vergingen einige Minuten, bevor eine Krankenschwester mit Darvoset hereinkam. Jane meinte, sie beende die Sitzung besser.

16.22 Uhr.) Ende des Diktats.

Ich beschleunige wieder jene Koordinaten, die die Harmonie von Körper und Geist unterstützen und den Heilungsprozeß intensivieren.

(»Danke.«

Peggy Gallagher kam während der Sitzung kurz herein, um mir mitzuteilen, daß sie die Kamera, die ich mir kaufen wollte, in einem Geschäft im Angebot gesehen hätte.

Ich sagte Jane, ich hoffte, daß Frank Longwell heute nachmittag seinen jungen Freund wieder zum Rasenmähen bestellt hatte, wie er es mir versprochen hatte. Aber es war nichts geschehen. Als ich die Einfahrt hochfuhr, sah ich sofort, daß das Gras nicht gemäht war. Es sah schrecklich aus, obwohl Frank erzählt hatte, daß hinten im Garten die wilden Blumen zwischen den Gräsern angefangen hatten zu blühen.

Jane rief mich gegen 21.35 Uhr an, als ich gerade diese Sitzung abtippte.)

MITTWOCH, DEN 27. JUNI 1984, 15.02 UHR

(Jane ging es nicht besonders gut – ihr Körper würde etwas im Schilde führen, meinte ich zu ihr. Ihre Füße taten ihr heute besonders weh. Ihre rechte Schulter war geschwollen, und ich hatte den Eindruck, daß auch ihr Gesicht etwas geschwollen war. Ich habe solche Symptome schon einmal gesehen, weiß aber nicht mehr, was sie bedeuten. Ihre Temperatur lag heute bei 37,7 Grad – wieder gestiegen. Es gab viele Schwankungen in den letzten Tagen bei ihr, sie aß auch nur wenig zu Mittag und noch weniger zu Abend. Sie meinte, sie müsse aufpassen, daß ihr das Essen nicht wieder hochkomme. Die Krankenschwestern haben den Ärzten noch nichts darüber berichtet, soweit ich weiß.

Es war heute ziemlich kühl und unterschiedlich bewölkt. Ich dachte, es würde regnen, was zur Folge hätte, daß Frank den Rasen wieder nicht mähen würde. [Und so geschah es auch.]

Ich hätte nicht gedacht, daß Jane Lust auf eine Sitzung hatte, aber sie meinte, doch. Sie fing an mit einer sehr schwachen und zurückhaltenden Stimme. Und mit den üblichen Pausen.)

Guten Tag.

(»Guten Tag, Seth.«)

Wir machen mit dem Diktat weiter.

Die Masse der Menschen war so überzeugt von der möglichen Rache und Vergeltung Gottes, daß sie sich darauf vorbereitete.

Ihr Leben richtete sich darauf aus, Leid zu vermeiden, anstatt nach

Freude und Zufriedenheit zu trachten. Dies trifft sowohl für einzelne als auch für viele sogenannte Überlebensgruppen zu, die sich in bestimmten Teilen des Landes zusammenfinden, Vorräte einsammeln und sich und ihre Familien vor der Zerstörung zu retten versuchen.

Diese Menschen erwarten eine Zeit der Unruhe, in der Gesetze außer Kraft gesetzt werden. Eine andere Variante betrachtet wirtschaftliche Aspekte: Es wird mit dem Zusammenbruch des Wirtschaftslebens gerechnet, mit Anarchie und ähnlichen Zuständen, in denen jeder gegen jeden kämpft.

Solche Menschen glauben natürlich, daß sich jede Situation nur verschlimmern und einen katastrophalen Ausgang haben wird. Entsprechend sind auch ihre Glaubensüberzeugungen und Handlungen negativ gefärbt. Als Beweisführung dienen ihnen entweder religiöse oder wissenschaftliche Dogmen; in jedem Fall werden sie mit Täuschung und Vergeltung konfrontiert.

Geistige und körperliche Gesundheit können unter diesen Umständen kaum gedeihen. Es gibt jedoch viele Gruppen von Menschen in diesem Land und außerhalb, die sich aktiv, auf friedlicher Basis, zusammenschließen, um sich weltweit für atomare Abrüstung und Entsorgung von Atommüll einzusetzen. Sie sind auch für die gleichmäßige Verteilung des Reichtums und der Nahrungsmittel auf dieser Welt.

Das sind möglicherweise »hochtrabende« Ziele, aber sie sind ihrem Wesen nach positiv, wollen etwas bewirken und fordern die Menschen dazu auf, mehr Verständnis und Kooperationsbereitschaft zu zeigen.

Wie gesagt, der Zweck heiligt nicht die Mittel – Krieg wird nie einen sinnvollen Frieden schaffen können.

Solche Einstellungen wirken sich bis auf die mikroskopisch kleinste Ebene des Lebens aus. Pflanzen verstehen eure Ideen natürlich nicht im herkömmlichen Sinne – aber sie sind sich eurer Motive bewußt und tragen auf ihre Art zum Überleben der Welt bei.

Ich will die Welt der Natur aber auch nicht idealisieren oder ihre Ressourcen überschätzen; die Natur hat ihre eigenen Wege und arbeitet unermüdlich an der Erhaltung des Lebens. Sie befreit euch vielleicht nicht aus einer Notlage, aber sie ist immer präsent und trägt mit ihrer Vitalität und Kraft zum allgemeinen Wohl des Planeten bei.

Ich habe schon über die Verbindungen, die zwischen den Phasen der Krankheit und der Gesundheit bestehen, an anderer Stelle gesprochen. Es besteht eine rege Verständigung zwischen Viren und Mikroben, und sie können sich in Sekundenschnelle verändern. Ich betone nochmal, daß positive und optimistische Gedanken die biologisch relevanten sind.

Nehmt eure Pause.

(Wiederaufnahme um 15.52 Uhr. Janes Stimme war etwas kräftiger, ihr Tempo schneller.)

An dieser Stelle möchte ich nochmals auf extreme Eßgewohnheiten eingehen, wie exzessives Fasten oder die Besessenheit, ausschließlich sogenannte Vollwertnahrung zu sich zu nehmen.

Ich spreche hier nicht von einer natürlichen und gesunden Einstellung gegenüber der Reinheit von Nahrungsmitteln, sondern von einer übertriebenen Sorge. Keine Nahrung ist demnach richtig zufriedenstellend. Man konzentriert sich auf die Angst vor der Nahrung anstatt auf ihren Nährwert.

Vielen solcher Ansichten liegt die Wertlosigkeit des Körpers zugrunde; der Appetit des Fleisches soll dadurch reduziert werden, daß man den Körper hungern läßt. Das Ergebnis ist ein Durcheinander verschiedener Diäten.

Manche stützen sich dabei nur auf Proteine, andere nur auf Kohlehydrate, besonders Reis. Auf jeden Fall wird eine breite Palette von Nahrungsmitteln und Nährstoffen ausgeklammert.

Der Körper verharrt somit in einem ständigen Ungleichgewicht. Manche Menschen empfinden Essen als etwas dermaßen Schlechtes, daß sie sich erst aushungern, um sich anschließend zu überessen und dann die Nahrung wieder auszuspeien.

Andere Menschen, die mit den besten Absichten ihr Körpergewicht halten wollen, verzichten völlig auf ihr Frühstück – eine armselige Methode. Es ist viel besser, mehrere kleine und abwechlungsreiche Mahlzeiten zu sich zu nehmen. Es mag sein, daß euer Sittenkodex eure Eßgewohnheiten mitbestimmt – aber vier kleine Mahlzeiten am Tag werden euch mit allem versorgen und dem Körper eine regelmäßige Nahrungszufuhr garantieren.

Eßgewohnheiten sind deshalb wichtig, weil Eltern sie an die Kinder weitergeben; Eltern neigen dazu, das gute Verhalten ihrer Kinder mit Essen zu belohnen und legen somit das Fundament für zukünftiges Übergewicht.

Ende des Diktats.

Ich wünsche euch einen schönen guten Abend und beschleunige jene Kräfte, die die Harmonie von Körper und Geist unterstützen und den Heilungsprozeß anregen.

(»Danke.« Ende um 16.10 Uhr.)

Mittwoch, den 4. Juli 1984, 16.04 Uhr

(Heute morgen erhielt ich einen Anruf von Jeff Karder, der sehr beunruhigt war. Er machte sich Sorgen darüber, daß es Jane zunehmend schlechter ging, schlechter als vor ungefähr zwei Monaten. Er wollte nicht, daß sie leidet. Aber Antibiotika fand er zu diesem Zeitpunkt unangemessen. Seiner Meinung nach würden die Geschwülste an Janes rechtem Knie und ihrer linken Hand nicht von allein heilen, und die neue Schwellung an ihrer rechten Schulter könnte sich auch dazu entwickeln. [Dies geschah nicht.] Er glaubt, daß Jane eine wandernde Infektion hat und hofft, daß sie nicht in den Blutkreislauf gelangt. Ich befürchtete das gleiche. Jeff sagte, eine Operation am Knie sei notwendig, um den Zustand zu verbessern.

Nach dem Anruf tauchten bei mir natürlich Fragen auf. Ich bedauerte Jane und die Situation, in der wir uns beide befanden. Ich war auch verärgert über die Rolle, die sie gewählt hatte, selbst wenn ich sie grundsätzlich verstand. Als Jeff anrief, las ich gerade den letzten Abschnitt der ersten Sitzung vom 18. April 1977 aus Janes Buch Individuum und Massenschicksal, *im Zusammenhang mit einer Anmerkung, die ich für* Träume *schreiben wollte. Der Abschnitt handelte von Tod und Selbstmord – dem natürlichen Tod, und wie wir immer wieder versuchen, die selbstgewählte Todesstunde des Betroffenen medizinisch zu manipulieren. Kaum ein Zufall, dachte ich mir.*

Laut Aussage der Sitzung hätte Jane, wenn es nach ihr gegangen wäre, vor einigen Jahren bereits sterben können, aber das Krankenhauspersonal und ich haben sie aufgehalten. Obwohl sie natürlich wesentlich zu ihrem Weiterleben beigetragen hat, meine ich jedoch, daß ihr gewählter, natürlicher Todeszeitpunkt dadurch untergraben wurde. Sie hat einfach ihre Meinung geändert. Sonst hätte sie nichts am Leben gehalten, auch keine besondere medizinische Behandlung.

Mich hat es auch geärgert, daß Jane eine Zeitlang in den Sitzungen nichts über sich selbst durchgeben wollte. Das bedeutete wohl, daß ihr sündiges Selbst, oder was auch immer, sich verschlossen hatte. Es wollte nicht, daß Jane gesund wurde. Die große Frage war demnach, warum diese Teile des Selbst ihr destruktives Verhalten weiterführen wollten, sogar bis zu ihrem eigenen Tod; denn der Tod wäre das endgültige Ende, der letzte Schritt auf ihrem Weg.

Ich hatte mir auch überlegt, ob es nicht irgendwelche reinkarnationsbedingten Ursachen für Janes Dilemma gäbe – auf die Seth überhaupt nicht eingegangen ist.

Ich nahm das Buch Massenschicksal *mit, als ich Jane besuchte. Es ging ihr ein wenig besser, aber ihr war immer noch unwohl. Sie kam mit einer geringen Dosis von Medikamenten aus und aß wieder sehr wenig. Ich hatte vergessen, ihr das versprochene Corned beef-Sandwich mitzubringen; sie hatte zum*

Abendessen damit gerechnet. Georgia hatte ihr gesagt, daß Jeff mich angerufen hatte. Ihre Version des Gesprächs war sehr pessimistisch. Jane wußte um Jeffs Bedenken.

Jeff hatte vorgeschlagen, daß wir im Moment nichts unternehmen, während er sie weiter beobachtet. Ihre Temperatur unterlag Schwankungen, war aber im Grunde in Ordnung. Gestern nachmittag lag sie bei 37,7 Grad, nach dem Abendessen bei 37. Heute morgen war sie noch etwas niedriger. Ich sagte ihr, daß die Schwellung an ihrer rechten Schulter etwas besser aussah. Aber ihr Gesicht war geschwollen und fleckig. Auch Jeff war es aufgefallen. Später am Nachmittag sahen Gesicht und Schulter besser aus, und Jane ging es auch etwas besser.

Gestern hatte ich Jane gesagt, daß ihr »Körper etwas im Schilde führen würde«. Nur was? Ich hoffte, daß es nicht wieder ein Fall von Besserung war, während es ihr dennoch immer schlechter ging; darüber hatte ich mich in den letzten Jahren aufgeregt. Wir führten ein langes Gespräch. Ich sagte ihr, daß ich gerne wissen würde, ob sie leben oder sterben wollte – oder ob sie ihren natürlichen Tod sterben wollte, ganz im Sinne der ausgezeichneten Aussagen in Massenschicksal. *Ich wollte wissen, was sich ihr sündiges Selbst dabei dachte, was mit ihrem Körper geschieht; machte es sich Sorgen, erkannte es überhaupt, daß es durch seinen Schutzmechanismus seine eigene Existenz gefährdete? Ich meinte, diese Situation käme wohl häufig vor. Ich hatte das Gefühl, daß ich hier etwas angestoßen hatte, wußte aber nicht genau, was. Wahrscheinlich das grundlegende Thema Mensch, ein ewiges Mysterium.*

Ich sagte zu Jane, welche Ironie es sei, wenn die Teile ihres Selbst, die wir für ihre Situation verantwortlich erklärten, es im Grunde am ehrlichsten mit ihr meinen und wenn ihre Rolle, den natürlichen Tod herbeizuführen, durch den Eingriff unseres bewußten Verstandes unterwandert würde. »Wo genau liegt denn die ›Wahrheit‹?« fragte ich.

Der Nachmittag verstrich, ohne daß Jane eine Sitzung abhielt. Sie weinte einige Male, während wir sprachen, größtenteils aus Trauer darüber, daß sie wohl unser Zuhause, den Garten usw. doch nicht mehr sehen würde. Ich hätte fast selbst geweint, weil ich ahnte, daß sie recht hatte. Sie meinte, sie sei zu durcheinander, um eine Sitzung zu halten. Ich sagte, ich wolle etwas über sie hören und nicht Material für das Buch sammeln. Sie meinte, sie habe längere Sitzungen abgehalten, um die Empfehlungen auf sich selbst anwenden zu können; jeden Tag habe sie versucht, diese umzusetzen. Das war mir neu. Ich erwiderte, daß sie möglicherweise zu sehr versucht habe. Bis 16.25 Uhr hatte sie immer noch keine Sitzung abgehalten, und ich rechnete auch nicht mehr damit.

Wir besprachen Janes Ängste, ob sie auch alles versucht habe in diesem Leben und wirklich bereit sei, sich aus dieser physischen Existenz zu verabschieden. Wenn sie wirklich gehen wolle, wäre ich der Letzte, der sie zurückhalten würde, und ich würde sie auch nicht an lebensverlängernde Geräte anschließen lassen, meinte ich. Ich würde es auch nicht für mich selbst wünschen. Während wir sprachen, fragte ich mich immer wieder, warum sie das tat, was sie tat. Ich hatte Seths Aussage vor einigen Monaten auch noch im Kopf, daß wir beide im Grunde nichts falsch gemacht hatten.

Aber wir haben Angst davor und zögern, andere Sichtweisen über den Tod an uns heranzulassen als die, die uns beigebracht wurden; wir würden alles Mögliche tun, um den natürlichen und kreativen Ablauf des Lebens zu verhindern. Wie können wir uns jemals dem widersetzen, was uns seit unserer Geburt eingetrichtert worden ist?

In unserem Gespräch zählte ich alle Dinge auf, die meiner Meinung nach Jane über die Jahre aufgegeben hatte, zugunsten der ständig unzufriedenen Teile ihrer Persönlichkeit, die jetzt das absolute Sagen hatten. Übrig blieb, daß sie im Bett lag, und auch das konnte sie nicht einmal in Frieden tun. Sie hatte auch das Lesen aufgegeben, obwohl sie unbedingt neue Brillen von Jim Baker haben wollte. Der Leseständer, den ich ihr angefertigt hatte, lag im Schrank ihres Krankenzimmers. Jane hatte ihn nur ein einziges Mal verwendet. Sie sagte, sie würde ihn nicht benutzen und auch nicht mehr lesen wegen der längeren Sitzungen.

Als ich mein Nickerchen beendet hatte, fragte ich sie, warum sie nicht mehr lese, schon allein um mit der Welt in Verbindung zu bleiben. Ich erhielt eine heftige Reaktion: Sie wurde wütend und schrie, daß sie mehr lesen würde, wenn ich es so wollte. Ich lachte – zum ersten Mal an dem Tag – und erwiderte, daß sie das nur sagte, weil ich es wollte. Aber nicht aus eigener Motivation heraus. Später bat sie mich, doch etwas zu lesen mitzubringen. Ich sagte ihr, daß Massenschicksal *immer noch ein sagenhaftes Buch sei. »Warum ist es noch nicht zum Bestseller geworden?« Ich erhielt keine Antwort.*

Nach ihrem Ausbruch sagte Jane etwas Wichtiges: Ihr Nichtlesen war ein weiteres Beispiel dafür, was sie alles falsch machte. »Und darum geht es doch gerade, oder? All die Dinge, die ich falsch mache?« Sehr wahr. Als ich ihr versicherte, ich würde sie nicht mehr wegen des Lesens nerven, sagte sie, ich hätte wie ein Märtyrer gesprochen. Wie kann man in einer solchen Situation nur gewinnen, wenn man beide Male zurückgewiesen wird?

Es lohnt sich nicht, eine detaillierte Zusammenfassung der komplizierten Ereignisse seit dem 28. Juni wiederzugeben. Jane war immer noch sehr krank. Ich war überrascht, als sie heute doch eine Sitzung versuchen wollte. Ihre Stimme war manchmal sehr schwach, daß ich sie bitten mußte, den Satz oder Wörter zu wiederholen.

»Ich überspringe die Einleitung«, sagte sie.)

Das Hauptthema ist das Vertrauen gegenüber dem Körper.

Der Zustand an sich ist ein nachteiliger Aspekt der Krankenhausumgebung, aber ihr habt einfach das Schlimmste voreilig angenommen.

Ruburt erlag, in euren Begriffen (doppelt unterstrichen) einer Art Grippe, aber die zusätzliche Angst hat die Situation erschwert.

Ende der Sitzung.

(»Danke.« 16.07 Uhr.)

Dienstag, den 17. Juli 1984, 19.00 Uhr

Diktat: (19.00–19.10 Uhr.)

Spatzen sind
vor meinem Haus,
ein Rotkehlchen
vor meiner Tür,
vielleicht auch eine Krähe
oder ein Hase,
und es ist gut zu wissen,
daß es sie gibt.

Die kleinen Wälder sind
immer noch nebenan,
die Eichhörnchen rennen
frei herum.
Am Abend ist es gut zu wissen,
das noch alles da ist.

Es weht eine Brise
durch die Bäume,
und der süße Duft der Erde
weht durch das Fliegengitter,
es liegen Versprechungen
in der Luft,
die mich an meine
Kindheit erinnern
und die Träume,
die mich damals trieben.

Mittwoch, den 18. Juli 1984, 16.00 Uhr

Diktat: (16.00–16.15 Uhr. Überarbeitet am 19. Juli.)

Ich sehne mich nach dem Herbst,
der nicht mehr weit ist,
ich möchte lebendig werden,
in meinem eigenen Fleisch und Blut
wie noch nie zuvor.
Möge die Windeseile des Herbstes
mein Leben zu neuer Weisheit
und Wissen und Zeit emporheben.
Ich will noch nicht sterben.
Das ist mein klarstes Ziel.
Ich will erwachen und leben mit Leichtigkeit
durch meinen Körper,
mit etwas Mut und Liebe.

Es wehen die Winde in den Sierras –
wo zum Teufel diese auch immer liegen –
aber es ist gut zu wissen,
daß das Universum auch an Plätzen singt,
wo ich noch nie gewesen bin.

Und große Erlebnisse erheben sich,
um den Mond zu umkreisen
und Schatten, die tanzen,
wie wilde Esel
in Welten, die pfeifen und sich entziehen.
Es gibt überall Zauber,
der durch meine Moleküle wirbelt,
mit einem geheimnisvollen Leben, das tanzt
und gegen die steinigen Gedanken
meines Geistes platscht,
es entstehen überall neue Morgen
in meinen körperlichen Teilen.
Laß mich leben, während ich mich wundere
und auf den zahlreichen Pfaden
meines Wesens wandere.

SONNTAG, DEN 22. JULI 1984, 13.35 UHR

Diktat: (13.35 Uhr.)

Der Schrank sagte,
»ich habe viele kleine Kuchen
und Kekse, Herr Bär.
Ich möchte sie gerne teilen
mit dir – nur du und ich.
Wir machen ein kleines Fest
und singen ein Lied.«
Der Bär sagte, »Hoppla, langsam,
Herr Schrank.
Deine Absichten sind sicherlich gute,
aber ich könnte schwören, daß du
manchmal ein gemeiner Kauz sein kannst,
auch als Wesen aus solch wunderschönem Holz.
Du führst hier irgend etwas im Schilde,
also iß deine Kekse allein,
aber Gott segne dein Herz,
liebes Herzchen.«

Diktat: (14.15 Uhr.)

Ich würde lieber
neben einer Katze sitzen,
in der Sonne, wo alle
Geheimnisse offen sind,
und einen Pfad entlang tanzen,
den süßen Duft
von Butterblumen riechen
und den frühen Leuchtkäfern
hinterherjagen,
auf kleinen Bergpfaden
herumtoben,
wo die Luft
hell und frei ist –
und dann ein Fernglas auspacken,
um damit so weit zu sehen
wie ich sehen kann.
Auf die Katzen und die Blumen,

die Regenbögen und die Fliederbüsche!
Ich wünsche euch einen
wunderschönen Morgen,
lacht die Bergluft an,
weil jeder Tag
eigentlich der schönste Tag ist,
den ihr jemals haben werdet.

Diktat: (14.27 Uhr.)

Die Luft erinnert sich
an alle Orte,
an denen sie jemals war,
die kälteste Luft der Arktis
erinnert sich an die Palmen
und die sanften Lüfte,
und die Brise in den Wäldern
von Maine
erinnert sich an die
südlichen Nächte, die vor vielen Jahren
an der Küste von
Südfrankreich glitzerten.

Mittwoch, den 25. Juli 1984, 18.50 Uhr

Diktat: (18.50–19.00 Uhr.)

Die Froschkönigin

Die Froschkönigin
rückte ihre Krone zurecht
und ließ den vornehmsten
Prinzen des Königreiches rufen,
und während sie wartete,
massierte sie sich ihre wunderbar
manikürten Fußnägel.
Sie sagte: »Ich sende dich auf eine Mission,
die äußerst geheimnisvoll ist.
Ich will die schönsten Tage und Nächte
einfangen, um damit die Wände unseres
Königreiches zu schmücken.

Wir werden die atemberaubendste Kunstgalerie haben,
die die Welt je gesehen hat,
in der wir die leuchtenden Tage und Nächte
betrachten und sie
für uns behalten können.«

Der Prinz zwinkerte und sagte,
»Liebe, wunderschöne Königin, dies darfst du nicht tun,
da sich die Welt in den Schlaf weinen würde
und bald eines gebrochenen Herzens sterben würde.
Die Wunder der Natur gehören uns allen.
Keiner kann sie stehlen,
da sie von allein existieren
in der Welt des Geistes,
in die kein Dieb eindringen kann.«

Freitag, den 27. Juli 1984, 14.17 Uhr

Diktat: (14.17–14.20 Uhr.)

Stell dir vor, die Luft dort oben
hätte irgendwo ein Loch,
von dem keiner weiß, wo es ist.
Ich bin sicher, daß es jemand von der
anderen Seite flicken würde,
so daß es für die nächsten
hundert Jahre hält.

Montag, den 30. Juli 1984, 16.04 Uhr

(Nach dem Mittagessen zeigte ich Jane die letzten beiden Gedichte, die sie diktiert hatte – vom 25. und 27. Juli. Nach einer Weile bat sie mich, den Fernseher leiser zu stellen und Papier und Bleistift herauszunehmen. Sie diktierte noch eins.)

In einem Briefkasten
liegt eine Nachricht,
die nur auf mich wartet.
Sie befindet sich vielleicht
in einem Kasten vor einem alten Bauernhof,

im tiefsten Ohio versteckt,
oder vielleicht irgendwo in Timbuktu
am Meer.
Sie liegt dort schon seit Jahrhunderten
und wartet nur auf mich.
Vielleicht ist sie auch ganz in der Nähe
und wartet dort auf mich,
wo mein Leben und die Nachricht
dasselbe Lied singen.

(Als ich Jane fragte, ob ich es ihr vorlesen solle, sagte sie, sie wolle es nicht hören. Ich sagte ihr, daß es mir gefiel; im nachhinein entdeckte ich eine weitaus tiefere Aussage, als ich zunächst angenommen hatte. Es behandelte Janes Überlegungen, ob sie sterben sollte oder nicht.

Anstatt hier noch weiter ins Detail zu gehen, gebe ich die Sitzung wieder, die Jane eine Weile danach abhielt. Ich war überrascht, daß sie es vorschlug: »Ich weiß nicht, ob ich es schaffe, Bob, oder wie weit ich komme, aber ich versuche es . . .«

Ich sollte noch hinzufügen, daß ich ihr nach ihren Gedichten die letzten drei Sitzungen aus The Way Toward Health *vorlas, die vom 24., 26. und 27. Juni. Sie hatte nicht speziell danach gefragt, sondern mir die Wahl überlassen.*

Janes Seth-Stimme war durchschnittlich, ihre Durchgabe gut. Diese kleine Sitzung ist ihr gut gelungen.)

Auf jeden Fall wachsen und gedeihen in jedem Individuum neue Leben, unabhängig vom Alter oder von den Umständen.

Die Vorstellung des Weiterlebens reicht weit über die Existenz dieses Lebens hinaus, und jedem einzelnen stehen neue physische und spirituelle Existenzen allzeit zur Verfügung – so etwas wie Vernichtung gibt es nicht. Ob lebend oder tot im herkömmlichen Sinne, ihr seid euch immer eurer selbst bewußt, und ihr seid Teil des universellen Geschehens, in das ihr immer eingebunden seid, unabhängig von euren Bewußtseinszuständen.

Ihr werdet nie allein gelassen, werdet immer liebevoll gestützt und getragen durch die universelle und doch vertraute Präsenz von Alles-das-was-ist, dessen Liebe durch euren Atem strömt, euer Leben und euren Tod, in denen die unbekannte göttliche Kraft allzeit wirkt.

Sie ist zugleich bekannt und unbekannt, gibt allen Ebenen der Kreativität Form, und ihr seid Teil davon und nehmt einen würdevollen Platz in diesem göttlichen Gefüge von Alles-das-was-ist ein.

(Ende um 16.09 Uhr.

»Weißt du, das könnte das Ende des Buches sein. Oder vielleicht mache ich noch ein bißchen weiter«, sagte Jane. »Was auch immer passiert, Bob, ich

möchte, daß das gesamte Material eines Tages veröffentlicht wird, wenn es irgendwie geht. Ich will dich damit nicht überfordern. Aber vielleicht holst du dir Hilfe, wenn du es nicht allein schaffst.«

»Warum sagst du das alles jetzt?« fragte ich, obwohl ich mir die Antwort denken konnte.

»Die ganze Situation«, sagte Jane. »Ich weiß nicht, ob ich sterben oder leben werde.« Sie sprach recht sachlich. »Was auch immer ich tun werde, ich werde es tun.«

»Ich weiß, daß du dir überlegst, ob du sterben sollst oder nicht. Seitdem du aufgehört hast du essen, seit dem 4. Juli. Das ist mir klar«, erwiderte ich.

Während des Nachmittags war ich immer wieder den Tränen nahe, als ich merkte, daß Jane es wirklich ernst meinte. Sie rauchte eine Zigarette, und wir sprachen noch bis 16.40 Uhr.

Sie erzählte, daß sie jeden Tag unseres Zusammenseins in unserer Ehe geschätzt habe. Ich auch – und in den 30 Jahren waren wir, glaube ich, höchstens vier oder fünf Tage voneinander getrennt gewesen. Ich sagte, ich könne das gesamte Material wahrscheinlich nicht allein veröffentlichen. Ich würde wohl auch nicht wieder heiraten. Jane meinte, ich könnte mit Sue weitermachen – obwohl ich bezweifle, daß Sue Interesse daran hätte.

Ich sagte ihr, daß ich mir gewünscht hätte, Sayre niemals verlassen zu haben. Sie stimmte zu. Vielleicht wäre alles ganz anders geworden. Sie sagte: »Keine Autopsie.« Als ich sie danach fragte, ob sie lieber begraben oder eingeäschert werden würde, zeigte sie keine eindeutige Vorliebe, wählte dann aber die Einäscherung – vielleicht weil ich davon gesprochen hatte, was ich wohl tun würde, wenn ich in ein paar Jahren aus der Stadt ziehen wollte. Daran hatte sie nicht gedacht. Sie meinte, daß ihre Großeltern und ein paar andere in Saratoga begraben lagen, obwohl wir uns bei ihrer Mutter nicht sicher waren. Wir nehmen an, daß ihr Vater Del irgendwo in Florida begraben liegt.

Nachdem ich Jane gewendet hatte, brach ich in Tränen aus, als ich ihr versuchte zu sagen, wie sehr ich sie liebe. Sie weinte auch. Ich konnte es kaum glauben, daß so etwas geschah, nach alledem, was sich über die Jahre angehäuft hatte. Die heutige Sitzung brachte alles zum Vorschein.

Ich lehnte mich zurück, um mein Nickerchen zu halten, konnte aber kaum Ruhe finden. Ich war unendlich traurig. Jane hatte erwähnt, wie sehr sie die Natur liebte und gerne unser Haus und die Katzen nochmal sehen würde. Ich erzählte ihr von den vier Rehen, drei Böcken und einer Ricke, wie sie heute morgen in der Nähe unseres Gartens grasten. Blutroter Mohn blühte auch schon.

Vom Abendessen nippte Jane von allem ein wenig, so wie in den letzten Tagen. Das ist eigentlich ein Fortschritt, da sie seit etwa dem 4. Juli keine feste Nahrung zu sich genommen hat, mit ganz wenigen Ausnahmen – und dann auch nur ein paar Krümel. Über den Monat konnte ich beobachten, wie sie sich aushungerte und sterben würde, wenn sie so weitermachte. Sie hatte sehr viel Gewicht verloren; ihre Arme waren fast nur noch Knochen, ihre Beine auch.

Nach dem Abendessen erfuhr ich einige neue Dinge. Die Krankenschwestern hatten Jane gesagt, sie könne Morphium bekommen, wann immer sie wolle. Man würde es spritzen. Jane hatte seit gestern auch wieder mit dem Schilddrüsenmedikament angefangen, das sie seit dem 4. Juli abgesetzt hatte, jenem Tag der letzten kurzen Sitzung. Sie war seit drei Tagen auch nicht mehr bei der Hydro gewesen. Sie wollte zusätzlichen Schmerz vermeiden. Jetzt wird sie wohl wieder gehen müssen.

Ich las ihr die Sitzung um 18.55 Uhr vor. »Sie ist wirklich sehr gut«, sagte ich.

»Tja, das war's«, sagte sie. »Das ist das Ende.«

»Vom Buch oder vom Seth-Material?«

»Das weiß ich nicht. Wir werden sehen. Vielleicht fange ich mit etwas anderem an und ziehe es direkt durch«, sagte sie. Sie lachte fast. »Aber im Moment versuche ich durch jeden Tag und jede Nacht zu kommen.«

Ich erfuhr, daß ihre Nächte besonders schlimm waren. »Wenn ich doch nur etwas geistigen Frieden finden könnte, wäre es ja schon wunderbar«, sagte sie.

Ich fragte sie, ob sie Lust auf freies Assoziieren hätte. Ich dachte mir, daß sie auch damit aufgehört hatte, aus Angst, daß es nichts bringen würde – obwohl es meiner Meinung nach doch Anzeichen gab, daß es seine Wirkung tat. Ich dachte, sie hätte das freie Assoziieren auch deshalb aufgegeben, weil es mit ihren tiefsitzenden Glaubensüberzeugungen über ihre physische Unbeweglichkeit kollidierte. Ich sagte ihr, daß ich im letzten Monat die Hoffnung aufgegeben hatte, und sie wohl auch, und daß ihr Zustand dies eindeutig widerspiegelte. Sie schien zuzustimmen.

Ich finde, daß dort, wo Leben ist, auch Hoffnung besteht. Wie Seth oft erwähnt hat, stirbt man nicht einfach so, wenn man es nicht will; Jane hatte vor ein paar Tagen gesagt, sie wolle nicht sterben. Ich sagte ihr, ich könne sie nicht auffordern, etwas zu tun, was sie nicht tun wolle. Ich selbst würde unter solchen Umständen nicht leben wollen.

Soweit erstmal. Carla rief für Jane um 21.15 Uhr an, als ich dieses Material abtippte. Jane ließ mir ausrichten, daß sie mich liebe und daß sie heute »eine bessere Nacht« haben werde. Ich sagte Carla, sie solle Jane ausrichten, daß ich sie auch sehr lieb habe. Die ruhige Nacht meiner Frau kann etwas bedeuten, oder auch nicht . . . Ich hatte ihr heute nachmittag gesagt, daß ich jederzeit damit rechnete, einen Anruf vom Krankenhaus zu erhalten mit der Nachricht, daß ich mich schleunigst in Bewegung setzen solle, da es meiner Frau sehr schlecht ginge und das Ende nahe sei. Jane lächelte und meinte, sie sei oft geneigt gewesen, mich rufen zu lassen, besonders nachts.

Ich liebe dich, Jane, und weiß nicht, ob ich heulen oder lachen soll. Mir ist eher zum Heulen. Ich wünsche dir nur das Beste, ob du gehst oder bleibst. Die heutige Sitzung hat es auf den Punkt gebracht, es erwarten dich – und mich – wohl jetzt bessere Dinge, und sollte das der Fall sein, brauchen wir uns keine Sorgen zu machen.

In diesem Sinne möchte ich zum Schluß kommen; in aller Offenheit denke ich aber, daß die, die zurückbleiben, es weitaus schwerer haben, als die, die gehen . . .)

Dienstag, den 31. Juli 1984, 15.54 Uhr

(Jane aß etwas mehr zu Mittag heute – das heißt, ein Vogel wäre davon nicht satt geworden, aber immerhin: ein bißchen Suppe, ein wenig Eigelb, einen Schluck Kaffee, ein Häppchen Pudding, ein Schluck Kakao usw.

Nach dem Mittagessen las ich ihr die gestrige Sitzung vor, nachdem sie trotz ihrer zwei Brillen nichts lesen konnte. Gestern ging es ihren Augen genauso schlecht. Schließlich fragte ich Jane, ob sie frei assoziieren wolle, erhielt aber keine konkrete Antwort.

Sie hatte dermaßen starke Schmerzen, daß ich ihr etwa zehn Minuten lang gute Suggestionen gab. Dadurch fing sie an, sich zu entspannen; ihre Arme und Hände wurden lockerer und ruhiger, und sie lag entspannter im Bett. Sie erwähnte diese angenehme Erfahrung einige Male am Nachmittag. Ich werde es öfter versuchen. Sie war entzückt über die wilden Blumen, die ich vom Garten mitgebracht hatte.

Später erzählte ich Jane von Frank Longwells Bemerkung, die er vor kurzem gemacht hatte, als ich ihm erzählte, wie schlecht sie sich in diesem Monat gefühlt habe: »Nun, das ist ja immer so, wenn sie keine Sitzungen abhält«, hatte Frank gesagt. Das gab Jane zu denken. Wir hatten es beide schon öfter gedacht, aber Franks spontane Äußerung hatte es auf den Punkt gebracht.

Ich fragte Jane, ob die Sitzungen für sie ein Gegengewicht zu den einengenden Überzeugungen ihres sündigen Selbst wären und ob dieses andere Selbst seine Macht und Glaubenssätze dann ausleben würde, wenn sie keine Sitzungen abhielt. Sie wußte es nicht, aber ich fand den Gedanken berechtigt. Ich hatte mich das schon immer gefragt; ich war mir oft nicht sicher, ob ich Jane dazu drängen sollte, die Sitzungen zu halten, oder ob ich mich überhaupt nicht darum kümmern sollte. Ich war immer bedacht gewesen, sie nicht dazu zu drängen, aus Angst, die Sitzungen würden sonst ihr Leben dominieren. Welche Ironie, wenn das Gegenteil der Fall wäre. Es erscheint mir jetzt tatsächlich so, als ob das Auslassen der Sitzungen einen ziemlich negativen Effekt hat.

»Nimm dein Schreibzeug«, sagte Jane, nachdem ich ihr von Franks Bemerkung erzählt hatte und wir ein wenig darüber sprachen. Sie lag aufgerichtet im Bett, ihr Kopf mit Kissen abgestützt. Ihre Seth-Stimme klang sowohl kräftig

als auch gespannt, obwohl Jane keine Schwierigkeiten mit den Worten hatte. Aber ihre Stimme war anders als sonst, auch der Rhythmus; alle paar Worte machte sie eine Pause.)

Die Sitzungen sind ein Geschenk wie das Leben selbst, sie entsteigen der unendlichen, immerwährenden Kreativität der Existenz.

Sie enthalten die Einzigartigkeit unbekannten Wissens und entspringen aus den Tiefen von Ruburts Leben; sie spiegeln die Umgebung und die Welt wider, in der Ruburt aufwuchs, die Kraft und die Vitalität der Menschen, die ihn umgaben, die Genialität und Energie, aus denen die Realität bestand. In den Sitzungen verborgen ist die Vitalität von Pfarrer Trenton, seiner *(Janes)* Mutter, seiner Nachbarn und Lehrer – aber darüber hinaus schaffen die Sitzungen eine Verbindung zu den Annalen der Existenz, so wie er sie erlebt hat; indem er mit meiner Stimme spricht, und somit auch für mich *(zitternd)*, drückt er die Lebenskraft und Bedeutung des Universums aus, genauso wie das liebevolle Universum Ruburts Präsenz und Wesen durch die Sitzungen würdigt. Ihr beide lebt in einem Leben, das sich mit unterschiedlichen Stimmen ausdrückt und das sein Glück, seine Zufriedenheit und Freude in die Welt einfließen läßt, sie immerfort bereichert und erneuert.

Laßt uns weitermachen.

(16.02 Uhr. »Das war's«, sagte Jane. »Ich weiß nicht, was er mit »Laßt uns weitermachen« gemeint hat, aber das war der letzte Satz, den ich bekommen habe. Ich weiß nicht – ich konnte es nicht beurteilen, ob es ein Abschied oder eine Begrüßung war . . .«

Ich las ihr die Sitzung vor. »Tja, da kann man alles Mögliche hineininterpretieren.«

Sie nickte. »Ich fühle mich sehr seltsam, ich weiß überhaupt nicht, was ich machen soll.«

»Vielleicht ist das ein gutes Zeichen – ein Zeichen der Veränderung. Sag mir Bescheid, was du tun willst.«

Jane sagte, sie fühle »Angst und Panik«; das war ein gutes Zeichen. Ich erwiderte, daß es wohl etwas gab, das ans Licht drängte. Bevor ich jedoch so etwas wie freies Assoziieren vorschlagen konnte, sagte Jane, es gäbe noch mehr Material.

16.10 Uhr.) Bis zu einem gewissen Grad spricht Ruburt in den Sitzungen für alle Menschen, für alle miteinander verbundenen Seelen, deren überquellende Gedanken und Gefühle vom Wind aufgegriffen werden; Ruburt verleiht den miteinander verflochtenen und doch individuellen Leben der Männer und Frauen über die Jahrhunderte eine Stimme, so daß viele Menschen, die sich die Sitzungen anhören oder lesen, ihre eigene innere Stimme hören und die Ausmaße ihres Wesens und der universellen Natur spüren.

(»Das war's«, sagte Jane um 16.14 Uhr. Ich nahm Notizen und half ihr, eine Zigarette anzuzünden, bis sie bereit war, um 16.30 Uhr gewendet zu werden.

Ich spürte wieder einen Funken Hoffnung, nach unserem Fortschritt heute nachmittag; ich hoffte, es ginge so weiter. Vielleicht halfen die Sitzungen Jane. Ich erwähnte einige Male, daß ich sie gerne mit nach Hause nehmen wolle. »Aber nicht in das Bett dort«, sagte ich und meinte das Krankenhausbett, das wir zu Hause haben. »Das meine ich ganz und gar nicht. Ich möchte dich wenigstens ein bißchen in Bewegung sehen.«)

Mittwoch, den 1. August 1984, 15.13 Uhr

(Jane sah nach unseren gestrigen Gesprächen heute etwas besser aus. Ich hatte die Sitzungen vom 5. und 6. Februar mitgebracht und las sie ihr nach dem Mittagessen vor. Ich hatte sie wahllos heute morgen herausgegriffen, und dabei genau die erwischt, die ich haben wollte; in ihnen geht es darum, daß Jane überhaupt keine Krankheit hat, wie Seth es die ganze Zeit über betont hatte. Ich sagte Jane, sie habe keine unüberwindbare, lähmende Krankheit mit irgendwelchen Bakterien oder Viren, die als »unheilbar« gelten.

Die Sitzungen gingen auch auf ihre Ängste vor dem Angriff der Welt aufgrund ihrer Fähigkeiten ein. Ich hatte diese Ängste auch mal, aber inzwischen haben sie abgenommen; ich wollte, daß Jane ebenfalls diesen Punkt erreichte. Ich weiß, daß sie es kann und daß es unerläßlich ist, wenn sie weiterleben will. Es gibt schließlich nichts Schlimmeres im Leben, als unter ihren Symptomen zu leiden; was hat sie also zu verlieren?

In der Sitzung vom 5. Februar ging es darum, daß dieselbe Energie, die ihr rechtes Bein geheilt hat, es auch wieder beweglich machen kann. Ich wollte heute gelassener mit Jane umgehen, machte mir aber Sorgen darüber, daß ich zu ungeduldig war. Ich befürchtete, Jane zu verwirren mit meinen vielen Ideen und Vorschlägen, die ich rechts und links verteilte.

Sie sagte, sie wolle eine Sitzung versuchen, obwohl sie nicht in der Stimmung war. Ich wollte sie dazu motivieren, ihre ausgeprägten kreativen Fähigkeiten einzusetzen; früher hatte ich es eher vermieden, da ich das Gefühl bekam, es ginge ihr danach schlechter. Ich glaube, ich habe es jetzt begriffen – und kann es hoffentlich Jane vermitteln –, daß es ausschließlich darum geht, seine Begabungen mit aller Kraft zu leben und daß diese Entschlossenheit alles auflösen kann und einen Durchbruch schafft – körperlich, geistig und künstlerisch.

Sie lehnte sich auf ihre Kissen zurück, manchmal in Tränen, und sprach teilweise mit stockender Stimme und einem anderen Rhythmus – unterbrochen durch lange Pausen nach wenigen Worten, wie gestern.)

Ich wünsche euch einen schönen guten Tag.

(»Danke, Seth, wir dir auch.«

Lange Pause.) Ruburt wird jetzt nicht sterben, so weit ich das beurteilen kann.

Er sammelt immer noch seine Kräfte, empfindet aber sehr viel Angst angesichts seiner allgemeinen Befindlichkeit. Er arbeitet immer noch an seiner Genesung, obwohl seine panischen Gefühle diesen Prozeß erheblich verlangsamt haben. Mit Genesung meine ich einfach nur den Zustand, den er vor dieser letzten Angstattacke hatte.

(Die Durchgabe war oft etwas seltsam, tränenerstickt, mit langen Pausen.)

Das Schilddrüsenmedikament wird seine Wirkung tun, und ich nehme an, daß sein Appetit auch langsam zurückkehren wird.

Laß ihn eine Pause machen, vielleicht machen wir danach kurz weiter.

(15.21 Uhr. Jane weinte wieder ein wenig. Sie hatte wieder Panik, was bedeutete, daß irgend etwas in ihr angesprochen wurde. Ich fragte sie, was es wohl wäre, erhielt aber keine richtige Antwort, mit der wir in das Thema hätten einsteigen können.

»Ich brauche ein bißchen, um wieder hereinzukommen.«

»Okay.« Wort für Wort, sehr vorsichtig:

15.27 Uhr.) Die Sitzung an sich sollte ihn soweit beruhigen, daß die Panik nachläßt und er wenigstens etwas Fassung wiedergewinnt. Du bist bis jetzt eine unschätzbare Stütze gewesen.

(Jane lag da, ganz friedlich, die Augen geschlossen, den Kopf zur Seite geneigt auf dem Kissen, den Mund leicht geöffnet, und ich dachte, sie sei eingeschlafen.)

Vermeidet Was-ist-falsch-Themen. Unbedingt.

(Lange Pause.) Statt dessen soll er sich auf sein inneres Gefühl von richtig und falsch verlassen. Es kann die anderen Elemente auflösen oder besser einordnen.

Ich wünsche euch einen hoffnungsvollen schönen Tag.

(»Danke.«

15.36 Uhr. Jane bat mich, ihr die Sitzung vorzulesen und meine Meinung dazu zu sagen. Ich sagte, sie sei sehr gut – genau so, wie ich sie erwartet und erhofft hatte. Sie vermittelte einen Hoffnungsschimmer, es war noch nicht alles verloren. Jane war sich wegen der Genesung nicht so sicher, aber ich sagte, ich hätte in den letzten Tagen Anzeichen wahrgenommen und sei sicher, daß sie eintreten würde. Ihr Appetit wurde langsam besser. Ihre Arme und Hände waren entspannter, und insgesamt schien sie auch ruhiger zu sein. Ich würde es gerne wieder mit Suggestionen versuchen, wie ich es gestern getan hatte.

Ich wendete Jane auf ihre Seite, schaute nach dem Fernsehprogramm, stellte ihr das Abendessen zurecht usw. Ich verabschiedete mich um 19.15 Uhr. Ihre Werte waren in Ordnung – 36,9 Grad. Wir sprachen kein Gebet. Schlafe gut, Liebste.)

Donnerstag, den 2. August 1984, 15.21 Uhr

(Jane rief gestern abend nicht an. Sie sagte, daß sie, nachdem ich gegangen war und nach dem ereignisreichen Tag, für zweieinhalb Stunden in einen »ohnmächtigen« Schlaf gefallen sei. Danach fühlte sie sich aber nicht besonders wohl. Heute morgen war sie bei der Hydro. Es war schmerzhaft. Später in ihrem Zimmer mußte sie um Hilfe rufen, weil sie den Klingelknopf nicht drücken konnte und eine Krankenschwester sie angebrüllt hatte. Georgia eilte zu Hilfe.

Ich war enttäuscht darüber, daß Jane so wenig zu Mittag aß. Ich war bereits müde, als ich bei Jane heute ankam, also wollte ich nicht auf irgendwelchen Themen herumreiten. Ich dachte, wir bräuchten mal eine Pause, um uns von den Gefühlsblähungen der letzten Tage zu erholen. Ich hatte das Gefühl, daß Janes Schicksal in ihren eigenen Händen lag und sich da keiner einmischen konnte. So ist es bei jedem von uns. Die Genesung war ihre Sache, aber ich wunderte mich, warum sie in solche Extreme geriet, wenn sie eigentlich nicht sterben wollte.

Jane diktierte dieses Gedicht von 15.00–15.06 Uhr:

Jede Frau, jeder Mann und jedes Kind
sind alle gleich anonym,
obwohl jeder einen geheimen Namen trägt,
als Bruder oder Schwester
aus dem Königreich der Natur.
Wir werden vom Wind begrüßt,
von den Sternen gewürdigt,
als Mitglieder einer Familie
in ewiger Gestalt.

Ich las ihr das Gedicht auf ihre Bitte hin vor. Manchmal möchte sie sie nicht hören. Sie erzählte mir von einem lebhaften Traum, den sie gestern nacht hatte; die Interpretation liefere ich am Ende der Sitzung.

Ich las ihr dann den Teil der Sitzung vor, den Seth diktiert hatte, nicht jedoch meine Notizen dazu. Jane sagte, sie fühle sich allgemein ein wenig besser heute, und das merkte man auch. »Ich weiß nicht, ob ich eine Sitzung abhalten werde, halte aber dein Schreibzeug griffbereit«, sagte sie. Sie fing dann sofort mit der Sitzung an. Ihre Worte waren sehr emotionsgeladen, die Durchgabe war heute fließender als gestern, der Ryhthmus jedoch weniger flüssig und recht langsam.

Ich war überrascht, daß sie überhaupt eine Sitzung abhielt, da ich angenommen hatte, sie wollte sich mehr entspannen.)

Ich wünsche euch einen schönen frohen guten Tag.

(»Guten Tag.«)

Erinnere Ruburt daran, daß seine Geburt nicht schuld an der Behinderung seiner Mutter war. Er hat sie durch seine Geburt nicht ihres Lebens beraubt.

(Ganz schnell wurde Janes Seth-Stimme tränenerstickt.)

Er hat keinen Grund *(lange Pause)*, sich schuldig zu fühlen oder sich selbst zu bestrafen für die Situation seiner Mutter. Er hat sie mit seiner Geburt in keinster Weise umgebracht. Er ist weder ein Mörder oder ein Zerstörer, noch ist er verachtenswert. Er ist keinesfalls der Mörder seiner Mutter und auch nicht verantwortlich für die Scheidung seiner Eltern.

Er hat kein Verbrechen bzw. keine Verbrechen zu bereuen und auch keinen Grund, sich selbst zu bestrafen. Er ist demnach keine unnatürliche Tochter von Mutter Erde.

Macht eine Pause.

(15.27 Uhr. Die Tränen flossen über Janes Gesicht, als sie aus der Trance kam, und wurden immer heftiger. Sie hatte die Sätze mit einer Art Grabesstimme vorgetragen. Sie schluchzte mit verzerrtem Mund.

»Geht es also darum?« fragte ich und bezog mich dabei auf die Symptome, die sie über die vielen Jahre gehabt hatte. Sie gab keine Antwort. Ich fand es großartig, daß sie diese tiefsitzenden Gefühle ausdrücken konnte, und war auch sehr überrascht, daß sie scheinbar spontan dieses Thema für die Sitzung ausgewählt hatte . . . Das könne nur gut sein, sagte ich.

»Ich hatte immer versucht, ihr Dinge zu kaufen, um es wiedergutzumachen«, schluchzte Jane, ihr Gesicht völlig verzogen. »Ich weiß nicht, ob sie mich haßte oder nicht. Wahrscheinlich hat sie mich gehaßt.«

»Nun«, sagte ich einige Male, »wo auch immer sie jetzt sein mag, hoffe ich doch sehr, daß deine Mutter weiß, was sie dir angetan hat.« Ich suchte nach Worten, um meine Wut auszudrücken. Meine Frau so unter Tränen zu sehen rief intensive Gefühle in mir hoch. Ich hätte gerne einige Spitzen an Marie verteilt, besonders als ich an die alten Fotos von Jane denken mußte, die ich mir vor kurzem angeschaut hatte. Wie konnte eine Dreijährige, die im Schnee auf der Middle Avenue in Saratoga Springs stand, jemals jemandem ein Leid antun?

Ich versuchte, sie zu beruhigen. »Du hast nie jemandem weh getan, Liebling – «

Und ausgerechnet in diesem Moment kam Carla herein, um Janes Werte zu nehmen. Ich bat Carla darum, daß jemand Janes Ohren säuberte, da sie in letzter Zeit wieder schlechter hören konnte.

Carla war kaum weg, schon kam eine andere Krankenschwester herein, um mitzuteilen, daß sie Janes Ohren etwas später reinigen würde. Ich sagte, in Ordnung.

Jane hatte aufgehört zu weinen, aber man hätte es sicherlich an ihren roten

Augen und ihrem Gesicht merken können. Aber keiner sagte etwas. »Du hast nie jemandem weh getan«, wiederholte ich. »Ich weiß nicht, was ich eigentlich noch sagen soll.« Ich schwieg, anstatt Marie zu beschimpfen, wie ich es vorhatte. »Ich halte lieber den Mund, bevor ich erst richtig anfange.«

15.47 Uhr. Wieder unter Tränen fuhr Jane mit der Sitzung fort. Ich mußte sie bitten, einige Worte zu wiederholen. Sie hatte sich zurückgelehnt und die Augen die meiste Zeit geschlossen.)

Sag Ruburt, daß er in keinster Weise dafür verantwortlich ist, seine Großmutter oder das Dienstmädchen umgebracht zu haben.

Es gibt keinen Grund zur Selbstbestrafung oder Buße *(heulend)*. Er ist in keinster Weise verdammt, weder von Gott noch von der Natur, und er braucht sich auch nicht selbst zu verdammen. Er ist demnach unschuldig, was ich hiermit auch entsprechend betone.

(15.50 Uhr. Eine Helferin brachte Janes Vitamine. Eine andere kam herein, um uns zu begrüßen und über den Platzregen zu reden. »Wenn nochmal eines von diesen Mädchen hereinkommt, fange ich an zu schreien«, sagte Jane, als sie gegangen waren. Aber sie sind alle sehr nett und hilfsbereit, und offensichtlich mögen sie uns.

Ich las Jane die Sitzung bis zur Pause vor. »Noch mehr«, sagte sie um 15.56 Uhr. Ihre Durchgabe war jetzt etwas ruhiger.)

Es gibt auch keinen Grund, seine Mutter zu beschuldigen oder Groll gegen sie zu hegen, da sie überhaupt nicht wußte, was sie tat.

(Lange Pause mit geschlossenen Augen.) Solche Einstellungen und groben Fehlinterpretationen entstehen durch mangelhaftes Verständnis vom Leben, als ob man einen Buchstaben oder eine Silbe zu viel eingefügt hat, die die Bedeutung völlig verändert. Radiert diesen Fehler einfach aus.

(Lange Pause um 16.01 Uhr. »Das war's wohl . . .«

Bald nach der Sitzung fing Jane an, mit ihren Armen kreisende Bewegungen zu machen. Sie bewegte auch ihre Füße und Zehen und den Kopf ein wenig. Diese Bewegungen waren Teil der Übungen, mit denen sie im Oktober 1983 angefangen hatte, die sie dann aber irgendwann aufgegeben hatte.

»Was machst du?« fragte ich. »Willst du angeben?«

Sie gab keine Antwort. Sie stöhnte und grunzte mit geschlossenem Mund, während sie dabei ihren Körper bewegte; mit ihrer Stimme gab sie die körperlichen Bewegungen wieder. Dies war sicherlich ein Zeichen neu gewonnener Freiheit, und ich erinnerte sie daran, daß Seth Anfang des Jahres gesagt hatte, der Körper reagiere sofort, sobald es ihm gestattet werde. Dies war jetzt das Zeichen dafür – ich hatte gar nicht mehr daran gedacht. Die Sitzung und die Bewegungen bewiesen eindeutig eine neue Entwicklung.

Jane erzählte, daß die heutige Sitzung und ihre Bewegungen etwas mit dem Traum von letzter Nacht zu tun hätten. Sie hatte davon geträumt, sobald sich gewisse Dinge oder Ereignisse in Bewegung setzten, bewegten sie sich so lange, bis sie sich bewahrheiteten – und dann würde die Welt untergehen. »Tja«, meinte sie, »wenn ich dann feststelle, daß diese Dinge nicht wahr sind, geht die Welt auch nicht unter.« Ich sagte, der Traum habe eine symbolische Bedeutung dahingehend, daß alte Glaubenssätze sie daran hinderten, sich von gewissen Dingen zu befreien. Aber wenn die Probleme, die zwischen Jane und Marie bestanden, nicht das unausweichliche Ende nach sich ziehen würden, wie in der Sitzung heute angedeutet, dann gäbe es Hoffnung.

Das bedeutete nicht, daß ich nicht mehr wütend auf Marie war. Auch wenn sie nichts verstanden habe, wie Seth meinte, gab dieses Unwissen ihr nicht die Freiheit, jemand anderen zu mißbrauchen. Ich weiß, ein komplexes Thema, von allen Beteiligten so gewollt, aber trotzdem . . .

Nach dem Abendessen übte Jane weiterhin die Bewegungen für ihre Arme und Hände. Andere Teile des Körpers reagierten auch, als ob sie begriffen hatten, daß sie jetzt frei waren und sofort ihre Bewegungsfähigkeit umsetzen wollten. Sehr herzerfrischend, Jane! Mach weiter so. Wunder können geschehen!

Carla rief um 21.30 Uhr für Jane an und erzählte mir, daß Jane wieder diese Bewegungen machte. Meine Frau stürzte sich schon hinein. Fein.)

Freitag, den 3. August 1984, 14.59 Uhr

(Jane sah heute etwas entspannter aus, als ich zu ihr kam. »Ich will so liegen bleiben«, sagte sie, als sie auf dem Rücken lag und sich die Seifenoper The Young and the Restless *im Fernsehen anschaute, wie sie es mittags immer tat. »Ich möchte einfach warten, bis Darvoset wirkt . . .«*

Jane hatte nur ein kärgliches Mittagessen. Um 14.59 Uhr, als wir miteinander sprachen, sagte sie, sie habe wieder Angst und Panikgefühle. Sie fing an, zu weinen und zu stöhnen, und bewegte ihre Arme und Hände, während ich sie stützte. Sie meinte, diese Gefühlszustände hätten mit der gestrigen Sitzung über ihre Mutter und mit dem Traum zu tun. Aber sie konnte ihre panischen Gefühle von heute nicht richtig auf eine bestimmte Ursache festnageln. Sie weinte immer noch. »Lies mir – lies mir die Sitzung von gestern vor. Ich weiß nicht, was in mir vorgeht«, sagte sie unter Tränen, als ich sie fragte, ob sie an Marie denke.

Um 14.48 Uhr las ich ihr die Sitzung vor. Sie weinte und stöhnte. Sie wollte meine Notizen zu der Sitzung nicht hören, auch nicht das Gedicht, das sie gestern diktiert hatte. Ich fand es wichtig, ihr die Notizen vorzulesen, konnte aber nichts anderes tun als warten.

Weinend sagte sie um 14.58 Uhr: »Ich versuche es mal mit einer Sitzung, Rob. Ich versuche es, so gut ich kann . . . ich weiß nicht, ob es mir gelingt . . . also gut, ich mach's.« Unter sehr viel Tränen, mit vielen Pausen, die Augen meistens geöffnet:)

Es erfordert keine ungeheure Anstrengung zu leben.

Er wird nicht sterben, trotz allem, was er über sich denkt. Es ist das Natürlichste der Welt, daß er lebt. Er ist nicht allein und verlassen. Die geheimnisvollen, kreativen heilenden Energien unterstützen ihn. Vergiß die Knie und die scheinbaren Behinderungen.

(Sehr lange Pause.) Die körperlichen Bewegungen machen sich schon bemerkbar. Laß den Körper diese Bewegungen ausdrücken. Unterstütze ihn dabei und spüre ihn. Die Sitzung wird automatisch dazu beitragen, daß sich die Panik auflöst und er sich beruhigt.

Ich komme zurück.

(»Genug für jetzt«, sagte Jane.

15.03 Uhr. Sie war immer noch weinerlich, ihre Stimme tränenerstickt. Sie nahm Darvoset, damit sie sich ein wenig beruhigte. Es half ihr auch, die Sitzung von heute nochmal zu hören. Carla hatte gestern abend am Telefon erzählt, daß Jane immer noch die Übungen machte, die sie gestern angefangen hatte. Jetzt erzählte mir Jane, daß eine Freundin sie vorhin besucht habe. Als sich ihre körperlichen Impulse wieder ankündigten, hatte sie die Freundin gebeten, zu gehen, da ihr die Übungen peinlich waren.

»Jetzt spüre ich die Angst vor dem Tod«, sagte Jane.

»Das ist in Ordnung«, sagte ich. »Das ist nur eine weitere Angst. Verstecke sie nicht. Sie wird wieder weggehen. Es zeigt, wie weit du gegangen bist und daß es jetzt Zeit ist, sich vom Tod abzuwenden.«

Jane rauchte eine Zigarette. Ich sagte ihr, wie wichtig es wäre, ihr meine Notizen von der gestrigen Sitzung vorzulesen, besonders die über ihre Mutter. Sie willigte schließlich ein.

15.14 Uhr. Ich las die Notizen vor. Dann las ich auf ihren Wunsch hin die Sitzung vom 30. Juli vor – die erste aus der Reihe über den Tod, das Ende von diesem Buch usw. Ich versuchte, die Situation sachlich darzustellen: »Du versuchst, dich von den Ängsten gegenüber deiner Mutter zu befreien, hast dadurch Angst vor der Welt und vor deinem Tod entwickelt, weil du dich vor der Welt so sehr schützen wolltest . . .«

15.30 Uhr. »Noch eine kurze Sitzung«, sagte Jane. Ihre Durchgabe war nun viel ruhiger.)

Erinnere Ruburt auch daran *(Pause)*, daß er sein Bestes getan hat, um deiner Mutter Liebe und Verständnis entgegenzubringen *(lange Pause)*; er fühlte, daß du dies deiner Mutter gegenüber manchmal nicht ausdrücken konntest.

Erinnere ihn daran, wie herzlich er mit eurer Nachbarin, Frau Callahan, umging, wie aufmerksam er mit seinen Studenten war und wie er seine Liebe zu dir ausgedrückt hat. Er hat sich nicht böswillig gegenüber seiner Mutter verhalten. Sage ihm immer wieder liebevoll, daß er seine Mutter viele Jahre lang geliebt hat und daß durch seine Existenz sein Großvater eine Liebe erlebte, die für ihn in seinen späten Jahren wie ein Licht war.

Diese Elemente sind alle äußerst lebendig in seinem täglichen Leben; in keinster Weise kann die Beziehung zu seiner Mutter isoliert betrachtet werden, als ob sie vom Rest seines Lebens abgeschnitten wäre. Erinnere Ruburt daran, daß er die Natur liebt und immer geliebt hat. Und die Natur liebt auch Ruburt und hat es immer getan.

Es wäre ebenfalls eine gute Idee, Teile des letzten Materials vorzulesen, wobei ihr den Namen Ruburt durch Jane ersetzen könnt. Für sich selbst ist er Jane, für das Universum und für dich, für seine Freunde und für die Leser.

(»Okay«, sagte Jane um 15.40 Uhr.

Wir sprachen miteinander, als um 15.45 Uhr das Telefon klingelte. Es war John Bumbalo. Sein Vater war um 14.00 Uhr gestorben. Jane sprach mit ihm und bedankte sich dafür, daß er sich um mich sorgte. John meinte, ich sei ein »wunderbarer Mann«. Der Stolz schwoll in mir an, obwohl ich es nur halb glaubte. Jane begann, ein Lied zu summen, daß wir beide kannten, aber nicht wußten, woher – vielleicht aus einer Arie einer spanischen oder italienischen Oper. Jane meinte, sie würde das Lied mit Joe in Verbindung bringen.

Nach einem späten Abendessen besuchte ich die Familie Bumbalo. Margaret und ich umarmten uns. Sie weinte fast. Man sah, daß sie alle geweint hatten; dabei liefen die Olympischen Spiele im Fernsehen, und John bot mir einen Whiskey mit Soda an. Wir erzählten auch Witze und lachten. Margaret fragte mich, ob ich nicht bei Joes Beerdigung ein ehrenamtlicher Sargträger sein wollte, und ich sagte, es sei mir eine Ehre. Sie sagte, ich bräuchte dafür nichts zu tun. Das erste, woran ich dachte, war, daß ich keinen Anzug hatte – ich hatte nur Kordhosen. Aber ich sagte nichts.

Gestern abend tippte ich nichts mehr ab, dafür aber heute morgen, nachdem ich mit unserer Katze Billy den morgendlichen Rundgang durchs Haus gemacht hatte. Um 10.25 Uhr rief Georgia an. Sie gab mir Jane. »Keine Sorge«, sagte meine Frau, »ich habe nur eine schreckliche Nacht gehabt. Würdest du etwas früher kommen und mit mir Mittag essen?«

Georgia sagte, sie würde mir eine kalte Schinkenplatte bestellen, und ich vereinbarte mit Jane, daß ich um 12.00 Uhr käme – früher sei nicht notwendig, sagte sie. Sie würde nicht zur Hydro gehen, statt dessen würde Georgia sie im Bett waschen.

Es war das erste Mal, daß Jane mich bat, zu einer anderen als der gewohnten Zeit zu ihr zu kommen. Ein gutes Zeichen, fand ich, denn ich hatte es ihr immer wieder gesagt. Vielleicht wäre es eine ausgezeichnete Therapie, durch die sich neue Glaubenssätze entwickeln könnten.)

Samstag, den 4. August 1984, 15.00 Uhr

(Ich kam in Zimmer 330 um 12.05 Uhr an, als Jane gerade Darvoset nahm. Ihr ging es nicht sehr gut, was später aber besser wurde. Als das Mittagessen zusammen mit der Schinkenplatte kam, hatte ich gar keinen Hunger. Jane nahm auch sehr wenig zu sich, außer einigen Tassen eisgekühlten Kakaos. Es deprimierte mich wieder, als ich merkte, daß sie einfach nicht richtig essen wollte.

Um 14.30 Uhr bekam Jane wieder Panikattacken. Sie weinte und stöhnte. Sie konnte nicht genau sagen, was die Ursache war, obwohl wir ziemlich sicher waren, daß es um das gleiche Thema ging – hauptsächlich ihre Mutter. Ich putzte ihre Brille und bestand darauf, daß sie sie aufsetzte. Ich sagte ihr dann, sie solle die gestrige Sitzung lesen, während ich die Blätter für sie hielt. Wenn ich nicht darauf bestanden hätte, hätte sie es auch nicht getan. Sie las erst das Seth-Material, dann auf mein Drängen hin die Notizen dazu.

»Wahrscheinlich habe ich jetzt die Angst überhandnehmen lassen«, sagte sie weinend.

Ich war enttäuscht und fast wütend. »Allerdings«, sagte ich, »sie beherrscht mittlerweile alles in deinem Leben, sogar fast jeden Gedanken, da bleibt ja kaum noch etwas übrig, oder?«

Ihre Panik dauerte aber nicht so lange wie gestern. Ich hoffte, daß das wiederholte Erleben dieser Angst sie auflösen würde. Zwischen ihrem Geschniefe sagte sie mehrere Male, sie wolle eine Sitzung versuchen. »Ich versuche mein Bestes.«)

Wir fangen wieder an, langsam.

Sag Ruburt, er soll sich selber sagen, daß er langsam, aber sicher kleine Änderungen in seinem Denken, seinem Fühlen und seinem Glauben vornehmen kann und daß er trotz seiner Panik diese Änderungen in seiner Psyche spürt.

Erinnere ihn daran, daß die Natur seines Wesens <u>für ihn</u> arbeitet und sich langsam Anzeichen schöpferischer Veränderungen und Gefühle bemerkbar machen, wie kleine Triebe.

Er wird nicht allein gelassen. Er ist nicht für die Schwierigkeiten seiner Mutter verantwortlich, und gleichgültig wie stark seine Ängste sind, wird er doch von der universellen Kraft getragen. Auch durch die Sitzungen manifestiert sich diese grenzenlose Anteilnahme, durch die die heilenden Fähigkeiten aktiviert werden und wohltuend wirken können.

Es sind manchmal gar nicht die Worte in den Sitzungen, sondern die Töne, die sich direkt beruhigend auf den Körper auswirken.

Die gesamte Situation ist nicht nur vorübergehend, sie verdeutlicht bereits eine Wende, in der Körper und Geist zu einem erheblichen Teil wiederhergestellt werden.

(15.14 Uhr. Ich las Jane auf ihre Bitte hin die Sitzung vor. Ich hatte aber kaum Lust dazu. Wut war im Verlauf der Sitzung wieder in mir hochgestiegen. Ich fragte mich, was die Sitzung wohl nützen würde. Das lag wahrscheinlich an meiner eigenen Stimmung heute – aber die Sitzung hätte eine der vielen sein können, die Jane in den letzten zehn Jahren abgehalten hatte. Und während jener Zeit ging es ihr so viel besser – und trotzdem hat sich nichts verändert!

Ich war an einem Punkt angelangt, wo ich nur noch dachte, daß sie nichts anderes haben will als das, was sie hat. Schaffen wir nicht schließlich alle unsere eigene Realität? Und was ist meine Rolle dabei? Ohne Zweifel, meine eigene Verbitterung und Mißstimmung stiegen in mir hoch, wahrscheinlich zu meinem eigenen Schutz.

Jane fühlte sich nach der Sitzung viel wohler. Sie machte nochmal die Übungen für Arme, Hände und Füße, bis ich sie um 16.30 Uhr wendete. Ich konnte mich des Gedankens nicht erwehren, daß ich diese Übungen schon so oft miterlebt hatte, ohne je ein fruchtbares Ergebnis zu sehen.

Mit Carlas Hilfe rief mich Jane um 21.05 Uhr an, als ich gerade diese Sitzung zu Ende tippte. Jane klang ganz gut. Wir tauschten einige liebevolle Worte miteinander aus.)

Sonntag, den 5. August 1984, 16.09 Uhr

(Ich saß gerade beim Frühstück um 7.50 Uhr, als das Krankenhaus mich anrief. Ein Anruf um diese Zeit versetzte mich in Schrecken. Die Krankenschwester meinte, Jane ginge es nicht gut. Sie schafften es nicht, sie in eine bequeme Position zu bringen, sie wollte nichts zum Frühstück essen, und sie wollte, daß ich komme. Jan sollte ihr sofort ausrichten, daß ich schon unterwegs sei. Ich verließ mein Frühstück, die Katzen, das Haus, machte das Licht aus und fuhr hin. Ich dachte nicht, daß dies eine Leben-oder-Tod-Krise war, sondern eher die Auswirkung unserer letzten Gespräche, der Sitzungen, der Panikattacken usw. Es regnete heftig, als ich das Haus verließ.

Jane fühlte sich in der Tat sehr unwohl. Sie saß eingekeilt zwischen verschiedenen Stützen, so daß sie sich kaum bewegen konnte. Mit Hilfe von zwei Krankenschwestern entfernte ich diese und rückte Jane in eine viel bequemere Lage. Sie weinte zeitweise, aber nur leicht. Sie hatte Darvoset genommen, bevor ich kam. Ich hatte das Gefühl, ihre Aufregung war wieder ein gutes Zeichen.

Es gelang mir auch, sie zum Frühstücken zu motivieren. Sie nahm einiges zu sich: Kakao, Kaffee, eine Scheibe Toast mit Marmelade, ein bißchen Ei mit Speck. Meine Gegenwart beruhigte sie offensichtlich.

Während des Frühstücks hatte sie wieder ein paar Panikattacken, über die wir ein wenig sprachen. Ich sagte ihr, sie solle diese Gefühle nicht begraben, und ich hatte den Eindruck, daß sie es auch nicht tat. Jane hatte einige hervorragende Einsichten. Eine davon war, daß sie Bestrafung mit körperlicher Bewegung assoziierte; diese Vorstellung stammte aus der Zeit im katholischen Heim, in dem Kinder stundenlang auf den Knien bleiben mußten, als Bestrafung für irgendwelche »Missetaten«. Dies war Jane eingefallen, als wir im Fernsehen einen schönen Sketch in »Sesam-Straße« sahen. Sie hatte da noch niemals zuvor einen Zusammenhang gesehen.

Eine weitere Einsicht war die, daß »der Körper seine eigenen Rechte hat«. Seth und ich haben das schon oft gesagt, aber es hat Jane offensichtlich nicht erreicht.

Während des Frühstücks, als sie ihre Panik hatte, wendete ich wieder Suggestionen an, wie vor ein paar Tagen. Mit guten Ergebnissen. Jane starrte mich ganz aufmerksam an, während ich die Worte sprach.

Ich erzählte ihr von der Todesanzeige, die gestern in der Zeitung stand und daß ich heute abend in die Leichenhalle gehen würde, um Joe und seine Familie zu sehen. Morgen früh würde ich an der Beerdigung teilnehmen.

Eine der neuen Krankenschwestern feierte ihren 20. Geburtstag. Das Personal hatte viele Leckereien besorgt, so daß uns eine Krankenschwester etwas davon zum Essen brachte. Jane aß ganz gut. Sie hatte jedoch wieder Momente der Panik, die mit ihrer Mutter und Familienangelegenheiten zu tun hatten. Wir sprachen darüber.

Mir war gar nicht klar gewesen, daß ihr Großvater, Joseph Burdo – den sie »kleinen Pappi« nannte – einige Jahre im Krankenhaus wegen Tuberkulose verbringen mußte, als Jane etwa zehn Jahre alt war. Ich erfuhr auch, daß Janes Großvater aus dem Haus in Middle Avenue ausziehen wollte, bereits alle Möbel verkauft und die Strom- und Wasserversorgung abgemeldet hatte, als Marie seine Pläne durchkreuzte und ihn aus dem Haus warf. Jane kam das wie eine zweite Scheidung in der Familie vor. Es war ein Schlag für die Sechsjährige. Im Alter von drei Jahren mußte sie schon die Scheidung ihrer Eltern miterleben.

Jane weinte, als sie mir diese Dinge, die für mich neu waren, erzählte. Ich sagte, sie müsse die Vergangenheit Vergangenheit sein lassen, wenn sie sich jemals frei fühlen wollte. Sie erinnerte sich an einige Dinge, die mir neu waren, beispielsweise die Abende, die sie am Wochenende im Jugendzentrum in Saratoga Springs verbrachte, um Leute kennenzulernen und zu tanzen usw. Sie sprach von vielen Dingen, die sie sehr gerne tat – rennen, Schlittschuh laufen, tanzen oder einfach nur laufen, zum Spaß. Sie war schon damals sehr naturverbunden.

Ich war zufrieden. Ich schlug ihr vor, sich auf diese freudigen Ereignisse von damals zu konzentrieren, wenn sie in Streß geriet, anstatt auf die negativen, über die wir normalerweise sprechen. Im großen und ganzen haben wir eine Menge gelernt, und ich hatte doch noch Hoffnung, im Gegensatz zu meiner Stimmung gestern.

Als ich sie fragte, ob sie eine Sitzung abhalten wolle, sagte sie völlig überrascht, daß sie überhaupt nicht daran gedacht und auch kaum Lust dazu habe. Ich erwiderte, das bräuchte sie auch nicht. Sie wurde allmählich unruhig, da sie schon lange genug auf ihrem Rücken gelegen hatte. Aber sie fing fast sofort mit der Sitzung an. Sie sprach langsam, die Augen oft geschlossen, ihre Stimme unsicher und sehr emotional, manchmal sogar zitternd.)

Nochmal, deine Hilfe ist von unschätzbarem Wert, und sie ergibt sich aus einem wiedergefundenen Gefühl von Kraft und Frieden, die sich in deiner Psyche entwickelt haben.

Diese Energien kommen jetzt Ruburt zugute. *(Lange Pause.)* Die Verlassenheitsängste werden ausgedrückt. Dies wirkt sich therapeutisch aus und ermöglicht Heilung, innere Ruhe und Zuversicht, da er seine Erlebnisse in einer anderen Art zusammensetzt und seine Gedanken vollkommen neu ordnet.

(Sehr lange Pause um 16.20 Uhr.) In vielen der erschütternden Erfahrungen steckt eine erneuernde Kraft. Ruburt findet jetzt Wege, sich wieder auszudrücken. Mehr als die Sitzungen sind Worte wichtig *(Durchgabe sehr unregelmäßig)*, da durch sie die heilende Energie anders übersetzt wird.

Er sollte nach Anzeichen einer neuen Leichtigkeit, egal wie unbedeutend, suchen; diese werden sich jetzt bemerkbar machen.

Ich wünsche euch einen wunderschönen und erheiternden Nachmittag.

(»Einen schönen Tag, Seth. Herzlichen Dank.«

16.24 Uhr: »Ich mußte manchmal aufhören, wegen meiner Blasenkrämpfe«, sagte Jane. Das erklärte die unregelmäßige Durchgabe. Sie sagte, sie habe zeitweise wieder Panik gespürt; außerdem sei ihr eine eingängige Melodie durch den Kopf gegangen. »Ich bin mir nicht sicher«, erklärte sie, »aber ich glaube, Seth wollte mir etwas vermitteln: ›Ruburt wird mit der Hydro gut zurechtkommen‹. Genau davor habe ich nämlich wahnsinnige Angst.«

Jane hatte nur wenig zum Abendessen, aber das war in Ordnung. Ich wurde müde. Ich verabschiedete mich um 19.15 Uhr und fuhr zur Leichenhalle. Mir waren meine Jeans und Schuhe etwas peinlich. Ich hatte heute morgen das Haus so schnell verlassen, daß ich keine Zeit hatte, mich anständiger anzuziehen. Wenigstens hatte ich noch eine Jacke dabei, die ein bißchen anständiger aussah.

Als ich dort ankam, stellte ich fest, daß es gar nichts ausmachte; die Leute trugen alles Mögliche. Ich traf John, Margaret und andere und trug mich ins

Gästebuch ein. Joe lag in einem tief purpurroten Sarg. Ich sagte zu John, daß er sehr friedlich aussehe, so wie er im Leben nie ausgesehen habe. Es war das gleiche Gefühl, das ich damals hatte, als ich meine Eltern in ihren Särgen betrachtete. Die Menschen lachten und machten Witze. Ich sagte John, ich würde morgen an dem Trauergottesdienst als Sargträger teilnehmen, vorausgesetzt, ich könnte es zeitlich koordinieren. Sie hatten Verständnis dafür, da sie wußten, daß ich den ganzen Tag im Krankenhaus sein würde. Ich sagte den Bumbalos, ich würde sie anrufen, falls irgend etwas dazwischenkäme. John meinte, sie würden nach den Feierlichkeiten genug zu essen übrig haben, um mich eine Woche lang durchzufüttern. Das Leben geht weiter, auch in unserer Realität.

Ich hatte einen Anruf von Carla und Jane erwartet, als ich dies abtippte, es kam aber keiner. Ich war um 21.55 Uhr fertig. Schlaf gut, Jane.)

Dienstag, den 7. August 1984, 16.05 Uhr

(Im folgenden die Notizen für die Ereignisse am Montag, den 6. August.

Ich war um 9.15 Uhr bereits fertig, um zur Beerdigung von Joe Bumbalo zu gehen. Ich hatte keine Lust, noch bis 9.45 Uhr zu Hause zu bleiben – der Trauergottesdienst fing um 10.00 Uhr an –, also sagte ich Margaret Bescheid, daß ich kurz vorher noch zu Jane gehen und dann zur Leichenhalle kommen würde. Jane ging es besser, sie war überrascht, mich zu sehen; sie überlegte, ob sie zur Hydro gehen solle oder nicht. [Sie ging doch nicht.]

Ich war einer der sechs Sargträger. Nach dem Trauergottesdienst standen wir uns in der Vorhalle gegenüber, jeweils drei in einer Reihe, während sechs andere Männer den Sarg zwischen uns die Treppen herunter zum Leichenwagen trugen.

Diese Beerdigung war für mich eine interessante Erfahrung, obwohl ich nicht viel davon verstehe. Ein Priester hielt eine kurze Rede mit einer Einleitung, die wohl als Schock gedacht war: Wir würden alle früher oder später eine ähnliche Erfahrung wie Joe Bumbalo machen. Der Raum wirkte sehr eindrucksvoll, mit der angestrahlten Decke. Ich dachte an die zeitlose Eigenschaft von Licht und fand, daß der Sarg in diesem großen Raum mehr als nur ein Symbol darstellte – so wie der Raum wirkte, isoliert von der Tages-, Nacht- oder Jahreszeit.

Ich merkte, wie jeder Schritt der Beerdigungszeremonie so konzipiert war, daß sie den Hinterbliebenen die Möglichkeit zum Abschied gab. Schließlich konnte diese Art Zeremonie über die Jahrhunderte ausreifen.

Der zuständige Priester – es waren insgesamt drei – sagte, daß Joe den größten Teil der Beisetzung selbst geplant habe. Joe hatte ihn gefragt: »Warum werden die Guten gerufen?« Der Priester erweiterte die Frage auf: »Warum wird überhaupt jemand gerufen?«

Eine kleine Broschüre mit dem Titel »Die katholischen Bestattungsriten« wurde verteilt, als wir in die Kirche traten. Ich behielt meine Kopie. Nachdem ich vergeblich versucht hatte, sie in meinen Jackentaschen zu verstauen, trug ich sie nach dem Trauergottesdienst ganz offen heraus. Keiner bat mich, sie zurückzugeben. Ich wollte sie Jane zeigen.

Die Broschüre erklärt die verschiedenen Stellungen des Sitzens, des Stehens und des Niederkniens, die wir in der Kirche alle durchgegangen waren; die Geschenke, die von den Enkeln zum Altar gebracht werden; die Hymnen; die Bibelverse, die von den Priestern vorgelesen wurden; die Verse, die wir mitsprechen sollten, nachdem der Priester entsprechende Passagen aus dem Johannesevangelium und anderen Stellen der Bibel vorgetragen hatte.

Es sei alles Teil der Zeremonie, meinte Jane, als wir uns die Broschüre später zusammen ansahen. Es überraschte sie nur, daß alles auf Englisch war. Zu ihrer Zeit war eine Seite in Latein abgedruckt gewesen, auf der anderen Seite stand die englische Übersetzung. Diese neue Form kam ihr komisch vor.

Der Trauergottesdienst dauerte doch nicht so lange, wie ich vermutet hatte. Kurz vor Mittag liefen wir schon entlang den von Bäumen gesäumten Seitenstraßen zum Friedhof. Es war ein heißer, heller und feuchter Tag – ein wunderschöner Tag, um am Leben zu sein; obwohl ich den Priestern recht gab, als sie sagten, daß Joe jetzt an einem noch viel schöneren Ort sei.

Es waren nur noch etwa 20 bis 25 Leute am Grab, verglichen mit der Menge in der Kirche. Die Priester sprachen nur kurz. Sie waren völlig authentisch, und es faszinierte mich, mit welcher Aufrichtigkeit und Überzeugung sie über Jesus, das Leben nach dem Tod usw. sprachen. Sie gaben sich ihrer Sache absolut hin. Ich fragte mich, wie oft sie die mehr oder weniger gleichen Beisetzungen durchführten und wie ihre Aufrichtigkeit und Liebe ihnen bei den vielen Wiederholungen zugute kam. Sie mußten den Hinterbliebenen gegenüber jedesmal wahrhaftig erscheinen, ihrer Rede eine persönliche Note geben und kleine Anekdoten aus dem Leben des frisch Verstorbenen erzählen.

Ich konnte nicht warten, bis der Sarg in die Erde gelassen wurde. John Bumbalo hatte mir jemanden vermittelt, der mich zum Krankenhaus fuhr, wo mein Auto stand. Nach dem Mittagessen schauten Jane und ich uns die Broschüre über die Bestattungsriten an. Ich fühlte mich gelassen und müde und zögerte es lange hinaus, diese Notizen abzutippen.

In der Leichenhalle fragte mich ein Freund, wie Jane und ich die Situation so lange aushielten. Ich entgegnete, daß man entweder mit der Aufgabe wachse oder eben nicht. Er stimmte zu und bot uns seine Hilfe an, falls jemals nötig. Ich bedankte mich sehr und wußte es zu schätzen.)

(7. August 1984. Patty rief mich mittags an und meinte, Jane wolle, daß ich früher zu ihr käme, wenn möglich. Ich aß mein Sandwich auf und fuhr hin. Es ging ihr bereits besser, sie hatte aber einen sehr schlechten Vormittag gehabt. Sie

war bei der Hydro gewesen, wo es ihr gar nicht gut ging. Neue Leute, Studenten, hatten sie nicht richtig gehoben. Aber sie hatte eine bessere Nacht als sonst verbracht.

Ich hatte ihr in den letzten Tagen wiederholt gesagt, daß die Wunde an ihrem rechten Knie anscheinend langsam trocken wurde und verschiedene andere Stellen an ihrem Körper langsam abheilten. Die Schwellung an ihrer linken Schulter veränderte sich auch täglich.

Ich sagte heute relativ wenig, da ich müde war und auch nicht wußte, was ich sonst noch hätte tun können, um sie zum Essen zu motivieren oder zu körperlichen Bewegungen. Ich sagte also nichts und war ziemlich frustriert. Jane aß wenig zum Mittagessen und meinte, zum Frühstück habe sie mehr gegessen. Ich entschied mich, weder über die Hydro noch über das Essen zu reden, da es sowieso nichts nutzte.

Ich hatte auch nicht gedacht, daß sie eine Sitzung abhalten würde. Ihre Stimme war recht unregelmäßig; es gab viele Pausen, und manchmal war ihre Aussprache etwas unverständlich. Sie hatte die Augen oft geschlossen.)

Es ist nicht selbstverständlich, daß die Hydro die schlimmsten Auswirkungen hat.

Die Wunde am Knie trocknet langsam aus *(lange Pause)*, und das ist auch Teil des therapeutischen Prozesses. Die Bewegungen des Körpers werden neu strukturiert, das Vertrauen in den Prozeß ist jedoch das Entscheidende.

Ich versuche zurückzukommen *(lange Pause)*. Zum Teil ging es Ruburt gestern abend besser, das heißt, er war ruhiger.

(16.11 Uhr. Ich las Jane die Sitzung vor. Kurze Wiederaufnahme um 16.26 Uhr.)

Die Sitzung an sich trägt wieder zum Wohlbefinden und zur Ausgeglichenheit von Körper und Geist bei. Ich wünsche euch einen schönen guten Abend.

(»Danke.« 16.27 Uhr. Jane aß sehr wenig zum Abendessen; sie mußte sich dann übergeben, so daß sie seit heute mittag keine Nahrung zu sich genommen hatte. Ich fühlte mich deprimiert und entmutigt. Sie will einfach nicht essen. Sie rief um 21.15 Uhr mit Carlas Hilfe an. Sie erwähnte, daß sie doch etwas essen solle, bevor die Nacht vorbei wäre. Ich wußte nicht, wie sie das anstellen wollte. Aber ich fragte auch nicht danach.)

Mittwoch, den 8. August 1984, 14.15 Uhr

(Heute gab es keine Sitzung, aber ich möchte eine Mischung aus Gedichten und Notizen vorstellen.

Jane aß nur wenig zu Mittag. Ich drängte sie nicht dazu, fragte auch nicht nach der Hydro oder sonst etwas. Sie diktierte das folgende Gedicht von 14.15–14.28 Uhr:)

Hoch in den geheimnisvollen Bergen,
wo die Verkündungen
der Natur gemacht werden,
spüre ich einen neuen Ton, voll und frei,
wie eine ganz neue Welt in einem
uralten süßen Rezept.

Die Zutaten glitzern golden und hell,
gefüllt mit Erwartung,
und der Ton wirbelt,
eingerollt in die Welt der Natur,
mit dem Versprechen einer Begrüßung,
ein neues Buch wird entstehen,
in den Bergen,
wo die Verkündungen
der Erde gemacht werden.

Es gibt einen Wind,
einen Sturm und eine Kraft und die Stimme,
die da sagt gar nichts,
obwohl sie neue Alphabete
des Lebens formt,
die glitzern, summen und schwärmen
und in Fragmente hochschießen,
Rätsel des Lichts, süße Bomben
des Geheimnisvollen, die wie
Samen aus Flammen explodieren,
mit einem Zorn und einer Kraft
und einem Geheimnis,
das nur mir bekannt ist.

(Dann um 14.33–14.37 Uhr:)

Es gibt Montage,
die in Ecken herumliegen,
wo Kinder sie vor ewigen Zeiten
hingefeuert haben.
Ich sammelte sie auf
und wusch sie aus

und hängte sie zum Trocknen auf.
Die Winde der Zeit
trocknen sie schnell,
sie wehen in der
neuen Morgensonne,
die kosmische Wäsche.

(Was ich heute als erstes erfuhr, war, daß Jeff Karder die Dosis Darvoset auf alle zwei statt drei Stunden erhöht hatte. Jane erzählte mir schließlich, daß es ihr ganz schlecht gegangen sei heute morgen, obwohl die Nacht einigermaßen gut war.

Sie kam dann darauf zu sprechen, daß sie ans Sterben denke – vielleicht im Schlaf –, damit sie ihren Seelenfrieden und ich meinen finden könne. Der Schmerz sei doch oft unerträglich. Sie sprach darüber, wie sie das Leben geliebt habe und die Zeiten zusammen mit mir, bevor sie krank wurde, und auch die Zeit danach. Sie war überrascht, daß ihr Leben so früh zu Ende ging. Sie sagte, ich würde ein großartiges Leben nach ihrem Tod haben und frei sein können.

Sie redete sehr nüchtern, wie das letzte Mal, als sie ähnlich über ihren Tod sprach, bevor Seth kürzlich noch geäußert hatte, daß sie jetzt nicht sterben würde, unabhängig davon, was sie denken oder sagen würde. Das hatte ich mir gemerkt. Aber nun sprach sie wieder ganz ernsthaft über den Tod.

Die Schwellung an ihrer Schulter war wieder schlimmer geworden, aber ihr Knie war und blieb für den Rest des Nachmittags trocken. Jane stellte sich vor, wie sie durch unsere alten Wohnungen in Water Street [zum Schluß hatten wir zwei] und durch die Stadt lief, so wie früher – als ob sie ihre große letzte Ehrenrunde drehte. Sie fragte mich danach, was ich denken würde. Ich erwiderte, daß ich nichts zu sagen hätte. Ich reagierte nicht mehr wie bisher, wurde auch nicht wütend oder ähnliches. Ich konnte ihr nichts sagen, sie tat doch, was sie wollte. Das behielt ich aber für mich. Wenn sie sterben wollte, dann war es das eben. Zum Teufel damit, dachte ich mir. Ich entschloß mich – wieder mal –, mir keine Gedanken darüber zu machen, ob sie nun sterben oder leben oder sich zu Tode hungern wollte oder was auch immer.

Etwas Interessantes geschah, als ich ihr die Beine mit Oil of Olaz einreiben wollte, bevor ich sie auf die Seite drehte. Als ich die Sehnen unterhalb ihres linken Knies drückte, fühlten sie sich hart wie Stahl an – wie immer. In der nächsten Sekunde jedoch gaben sie vollkommen nach. Unter meinen Händen fühlte sich alles wie Gummi an. Jane schrie überrascht auf. Ihr Bein fing zu zittern an, und ihr Fuß bewegte sich. Auch ihr Kopf und die Schultern bewegten sich, als ich ihr Bein ein wenig massierte. Welche Überraschung: Seth hatte ja gemeint, ihr Körper würde anfangen, sich zu verändern.

Ähnlich war es mit dem rechten Bein. Als ich es vorsichtig massierte, bewegte es sich, zusammen mit dem Fuß, dem Kopf und den Schultern. Jane weinte wieder und stöhnte einige Male tief mit geschlossenen Augen, als ich ihr Bein weiterhin bearbeitete. Ich spürte, daß sie Angst vor der Berührung hatte, weil sie weh tat, und daß sie nicht mit der Reaktion oder den Bewegungen gerechnet hatte.

Ich sagte, ich wolle es nicht übertreiben und drehte sie auf die Seite. Als ich ihr linkes Bein auf ein Kissen legte, war es immer noch beweglich und die Sehnen weich. Gleichzeitig hatte Jane Schmerzen – ganz normal, meinte ich –, da nach herkömmlicher Auffassung Muskeln nach langer Bewegungslosigkeit schmerzen. Ich ließ auch einige spitze Bemerkungen los, daß sie ihren Körper sowieso nicht das machen ließe, was er wolle.

Sie habe ihren Körper jahrelang zurückgehalten, sagte ich, und jetzt, wo er sich bewege, jammere sie, obwohl sie doch die Bewegung eigentlich wolle. Ich verwirrte sie, da sie keinen Unterschied feststellen konnte zwischen meiner Bemerkung über den Wunsch des Körpers nach Freiheit und ihrem unerbittlichen Versuch, ihn zurückzuhalten. Ich mußte es ihr erklären, bevor sie es verstand. Sie hatte jedoch große Schmerzen, und ich klingelte nach der Krankenschwester, die Darvoset immer noch nicht gebracht hatte.

Jane war zugleich überrascht und erfreut über die unerwarteten Bewegungen. Ich sagte, wir würden es morgen nochmal probieren. Aber nach dem Abendessen hatte sie noch mehr Schmerzen. Ich wußte nicht, was ich außer einer leichten Massage an ihrem rechten Oberschenkel tun sollte. Auch ich war überrascht, die Bewegungen unter meinen Händen zu spüren – daß das noch möglich war nach so vielen Monaten der Unbeweglichkeit aufgrund des Knochenbruchs am Knie! Ihr Unterleib fühlt sich jedoch noch steinhart an.

Ich blieb extra eine halbe Stunde länger, um sie zu beruhigen, was schließlich ein wenig half. Sie fragte mich, ob ich Hoffnung habe, und ich sagte, ja. Eine seltsame Frage, wenn sie doch gerade darüber gesprochen hatte, daß sie ans Sterben denke!

Ich wußte, daß meine sarkastischen Bemerkungen über ihren Körper und seine eigene Heilfähigkeit die Reaktion auf ihre Bemerkungen über das Sterben waren. Ich glaube nicht, daß ich zu weit ging – obwohl diese Äußerungen Jane sehr stören, auch wenn sie wahr sind. Ich habe nur meine Gefühle aufgrund meiner Beobachtungen geäußert, und ich denke, es war in Ordnung so. Sie sagte auch anschließend, daß ich einige intuitiven Wahrheiten geäußert hätte. Wer weiß, vielleicht gibt es ja doch noch etwas zu retten.

Jane lächelte sogar, als ich mich nach 19.30 Uhr verabschieden wollte. »Vielleicht kann ich ja doch wieder nach Hause?« fragte sie. »So ist es richtig«, sagte ich. Diesen Gedanken hatte ich vor einigen Tagen geäußert.)

Donnerstag, den 9. August 1984, 15.58 Uhr

(Jane hatte gestern abend nicht angerufen. Ich kam ein wenig früher bei ihr an; Patty hatte sie gerade gewendet, und sie hatte große Schmerzen. Die Nacht und der Morgen waren gut gewesen, sie hatte sogar ein wenig gefrühstückt. Ich massierte ihr linkes Knie, als sie mich darum bat, und stellte freudig fest, daß sich das Bein bewegte, genauso wie Kopf und Schultern. Sie sagte, daß sie sich während der Nacht und morgens immer wieder gesagt habe, es sei in Ordnung, sich zu bewegen und daß sie ihrem Körper vertraue.

Die Wunde an ihrem Knie war nur ein wenig feucht. Sie war nicht bei der Hydro gewesen heute morgen: »Du machst wohl Witze.«

Beim Mittagessen sagte ich ihr, sie solle doch eine Sitzung abhalten, wenn irgendwie möglich. Ich wollte ihren neuen Kurs unterstützen. Nach einem sehr leichten Mittagessen, Darvoset usw. las ich ihr die gestrige Sitzung und die Gedichte vor. Sie war für eine Sitzung bereit, ich drängte sie aber nicht dazu. Ich las ihr die kurze Sitzung vom 7. August vor, in der Seth sagte, daß ihre körperlichen Fortschritte bereits angefangen hätten.

»Das kann man wohl sagen«, meinte ich. Ich sagte ihr, ich hoffte, es würde so weitergehen, ich wollte sie endlich zu Hause haben. Ihre linke Hand tat ihr weh, also massierte ich sie. Ihre Arme und Hände bewegten sich weiterhin.

15.15 Uhr. Jane hatte wieder Panik, und wir sprachen darüber. Sie war sich über die Ursache nicht im klaren. Ich dachte, es sei ihre Angst vor Bewegung und auch alte Familiengeschichten, und sie stimmte zu. Unter Tränen machte sie weitere Übungen mit den Armen und Händen. Ich rieb ihre Beine und erhielt noch mehr Reaktionen. Ich wollte es jedoch nicht übertreiben.

Jane sagte, sie wolle eine Sitzung versuchen. Ihre Stimme klang etwas verzweifelt, es gab viele Pausen, aber insgesamt lief es gut. Die Augen waren oft geschlossen.)

Die Ereignisse sind so, wie wir sie festgestellt haben –

(Bea kam herein, um nach Jane zu sehen; sie sagte, sie habe heute nacht Dienst. Ich las Jane die eine Zeile vor.)

– aus fernen Ländern sind jene Verkündungen übermittelt worden.

(Lange Pause.) Ruburt <u>erkennt</u> mit Freude das Wunder normaler physischer Bewegung. Die Sitzung an sich hilft dem Körper, sich neu zu organisieren, zu strukturieren, so daß Körper und Geist <u>beruhigende</u> heilende Botschaften erhalten.

Ruburt wird lebendig nach Hause kommen, in einem viel besseren physischen Zustand.

(Lange Pause.) Vielleicht komme ich kurz zurück.

(»Gut, danke.«

16.00 Uhr. Jane sagte, sie habe immer noch panische Gefühle und weinte wieder ein wenig. Lynn kam herein, um mitzuteilen, daß sie Darvoset erst um 16.30 Uhr bringen würde – eine halbe Stunde später, aus irgendeinem mysteriösen Grund.

Ich las Jane die Sitzung vor. Ich fand sie ausgezeichnet. Der Schlüssel lag darin, daß Jane die physische Bewegung anerkannte und zuließ. Ich wies auf die Freude hin, von der Seth sprach, und Jane gab zu, sie zu spüren, auch wenn sie dabei weinte, wenn sie ihre Arme mit meiner Hilfe bewegte. Ich gab ihr Augentropfen und schaltete den Fernseher ein, nachdem sie noch weitere Übungen gemacht hatte. Ich sagte ihr, ich wolle sie zu Hause haben – alle Zimmer würden bereits auf sie warten.

Janes Bewegungen, besonders in den Beinen, waren ziemlich erstaunlich, als ich sie mit Oil of Olaz zu massieren anfing. Zu meiner Überraschung stellte ich fest, daß sich ihr Fuß einige Zentimeter hin und her bewegte, als ich die Sehnen am Unterschenkel massierte – etwas, was seit Monaten nicht möglich gewesen war und was bewies, daß ihr Kniegelenk nicht steif war. Ich gratulierte ihr. Nachdem ich sie gewendet hatte, konnte ich auch ziemlich leicht ihre Arme und Hände und andere Körperteile massieren. Das Wenden ging auch sehr einfach – sie weinte nicht und war irgendwie friedlich. Ich sagte ihr, daß sie das sehr gut gemacht habe.

Sie machte sogar mit den Übungen weiter, obwohl ich es ihr nicht vorgeschlagen hatte. Aber das Abendessen klappte nicht; nach einer halben Tasse Suppe mußte sie sich übergeben. Das beunruhigte mich, obwohl es Jane nichts ausmachte. Ich zügelte meine Enttäuschung.

Ich blieb bei ihr bis nach 19.30 Uhr. »Du gehst jetzt besser«, sagte Jane und meinte, je länger ich bliebe, desto länger würde sie die Übungen weitermachen. Ich machte mir Sorgen, daß sie es übertrieb und danach Muskelkater bekommen würde. Ich sagte immer wieder, wie schön es sei, sie sich bewegen zu sehen und daß dies bedeute, daß ihr Körper mehr als bereit sei zu kooperieren, wenn sie ihn ließe. Ich glaube, daß sie das mittlerweile gelernt hat oder wenigstens dabei ist, es zu tun. Wichtig ist, dran zu bleiben, ohne es zu sehr zu forcieren, und den Körper seine Sache machen zu lassen.

»Wenn du weiterhin diese Fortschritte machst, wird deine Genesung spektakulär sein«, meinte ich. Sie stimmte zu. Und warum auch nicht? Alles sei möglich, sagte ich. Und wie Seth gesagt hatte, geschehen Wunder, wenn man die Natur nicht behindere. Alles hilft, Jane, laß uns mal sehen, wie es weitergeht.

Ich bin jetzt für alles bereit. Jane hatte gestern gesagt, sie sei auch schon mit einer 30prozentigen Besserung zufrieden. Vielleicht ist sie ja auf dem Weg dorthin.

21.25 Uhr. Jane rief mit Carlas Hilfe an, als ich gerade diese Zeilen abtippte. Ich sagte ihr nochmals, wie gut sie heute gewesen sei.)

Samstag, den 11. August 1984, 16.09 Uhr

(Heute nahm ich Janes Acryl-Bild mit zu ihr; sie nennt es »Die Irise«. Es war eines ihrer besten. Sie erfreute sich daran. Einige Krankenschwestern waren im Zimmer, als ich es auspackte. Morgen würde ich das Portrait von mir, welches an der Wand hing, austauschen. Ich hing einige andere Bilder um, die ich in den letzten Wochen mitgebracht hatte. Es sah schön aus.

Jane war sehr unruhig, als ich kam, so daß ich sie sofort auf den Rücken drehte. Sie hatte jedoch eine ganz gute Nacht und einen guten Morgen gehabt. Sie ging nicht zur Hydro. Sie erinnerte sich immer wieder daran, ihrem Körper zu vertrauen, und es half.

Sie aß gut zu Mittag, nahm sogar ein wenig feste Nahrung zu sich. Nach dem Mittagessen massierte ich wieder beide Beine und erhielt die gleichen Reaktionen. Arme, Hände und Kopf bewegten sich ebenfalls.

Jane bat mich, ihr etwas Seth-Material vorzulesen. Ich wählte die letzten neun Sitzungen aus, beginnend mit unserem neuen Entschluß vom 30. Juli, nach der langen Pause seit dem 4. Juli. Es sind alles kurze Sitzungen, aber sie haben sich bisher gelohnt und sind unsere ganze Hoffnung. Wir sprachen auch über Zukunftspläne.

Jane kündigte eine Sitzung an; ihre Stimme war recht unregelmäßig, so daß ich öfter nachfragen mußte.)

Nun, Ruburt – Jane – wird wieder nach Hause gehen können, in einem weitaus besseren Zustand und wird *(lange Pause)* endlich in einem rollstuhlartigen Sessel sitzen können.

Das rechte Bein <u>wird</u> sich noch mehr bewegen können, so daß sie überhaupt sitzen kann. Es wird von Tag zu Tag –

(16.12 Uhr. Leider unterbrach uns hier eine Krankenschwester, die Darvoset brachte. Sie blieb nur kurz, aber es war doch zu lang.)

Ich komme zurück oder auch nicht – aber er wird wieder auf seiner Veranda sitzen können.

(»Das war's«, sagte Jane schließlich.

16.14 Uhr. Jane nahm ihre Dosis Darvoset, die sie alle zwei Stunden bekommt. »Wird das möglich sein, wieder so gesund zu werden, daß ich auf der Veranda sitzen kann?« fragte sie unter Tränen.

»Warum nicht?« antwortete ich.

Sie weinte weiterhin. »Diese Möglichkeit, wieder nach Hause zu gehen und auf meiner Veranda zu sitzen . . . ich möchte so sehr daran glauben, von ganzem Herzen . . .«

»Gut, dann laß uns daran arbeiten.«

Die Wunde am Knie war trocken, und die Schwellung an ihrer Schulter schien auch erheblich besser zu werden. Sie fühlte sich recht unwohl den

Nachmittag über, aber im großen und ganzen hatte ich den Eindruck, daß es ihr besser ging; unsere Bemühungen in den letzten Tagen hatten sich also gelohnt.)

Montag, den 13. August 1984, 15.45 Uhr

(Jane rief gestern abend nicht an. Als ich heute bei ihr ankam, hatten Rita und Patty gerade Probleme damit, sie in Rückenlage in eine bequeme Position zu bringen. Ich legte sie gerade hin, und sie fühlte sich viel besser. Sie aß jedoch wieder sehr wenig zu Mittag.

Jane erzählte, sie habe die Bewegungen in der Nacht und auch heute morgen gemacht. Ich massierte ihre Beine um 15.15 Uhr, wieder mit guten Ergebnissen. Die Füße und Zehen reagierten auch; morgen werde ich mehr auf diese eingehen.

Nach der Massage, die ziemlich lange dauerte, diktierte sie folgendes Gedicht:

Hoch über den versteckten Felsblöcken
der Welt,
von wo aus alle Verkündungen
der Natur sich emporheben,
pfeift eine süße Botschaft,
die wertvolle Geheimnisse
offenlegt.

Samen der Bewegung,
süß, glühend und geheimnisvoll,
sprechen und verändern
die Gelenke mit einer
plötzlichen, ungeahnten Bemerkung,
deren Bedeutung nur
mir gilt.

Ihre Quelle ist eine höhere,
ihre Aussage klar,
obwohl sie ohne Worte spricht,
ohne Vokale
und Silben.

Um 16.26 Uhr, nachdem wir über verschiedene Dinge wie Politik – was Jane genoß – gesprochen hatten, bat sie mich, das Fernsehen leiser zu stellen. »Ich werde wahrscheinlich nur ein oder zwei Sätze durchgeben.«)

Ich möchte Ruburt nur meiner Gegenwart versichern und wiederhole nochmals meine Bemerkung, daß er auf seiner Veranda sitzen wird.

(Lange Pause.) Sag ihm auch, daß die Sitzung, unabhängig von den Worten, auch neue Anstöße gibt und Bewegungen auslöst.

Ich wünsche euch eine schönen, zuversichtlichen Tag.

(»Einen schönen Tag.«

16.30 Uhr. Ich mußte Jane einige Worte wiederholen lassen, da sie so leise sprach. Die Sitzung, die Seth meinte, war die vom letzten Samstag, den 11. August, in der er zum ersten Mal erwähnte, daß Jane wieder auf ihrer Veranda würde sitzen können. Er hatte seitdem immer wieder darauf hingewiesen.

Es war Zeit, meine Frau für eine halbe Stunde auf die linke Seite zu drehen und mein Nickerchen zu halten. Ich massierte vorher noch ihre Beine und Arme, wieder mit guten Reaktionen. Es ging immer besser; sie reagierte offensichtlich auf die neue Hoffnung, die wir geschöpft hatten.)

Donnerstag, den 16. August 1984, 16.37 Uhr

(Von 15.47 bis 15.57 Uhr diktierte Jane mir dieses Gedicht:

Hinter den höchsten Wolken,
die der Mensch je gesehen hat,
befinden sich Berge und
versteckte Buchten, aus denen
alle wahren Verkündungen kommen.
Ihre Sätze schweigen,
obwohl sie das Wort enthalten,
das geheime Abmachungen zwischen
den Göttern und dem Menschen einlöst,
vor langer Zeit gesprochen,
ohne Worte oder Geflüster,
und nur für mich allein gemeint,
mit einer magischen Bemerkung
und einer geheimen Botschaft
und einer süßen Antwort,
alles nur mir bekannt.

Um 16.37 Uhr sagte Jane: »Vielleicht schreibst du dies nieder. Ich habe mir gedacht, daß mein Fasten möglicherweise die therapeutische Methode des Körpers ist – seine eigene natürliche Version.«

»Mit welchem Zweck?« fragte ich.

»Für den Heilungsprozeß.«

Ich verstand ihre Antwort nicht ganz, aber sie wollte auch nicht näher darauf eingehen. Sie aß immer noch nicht genug, um noch mehr Gewichtsverlust zu vermeiden. Ergo würde es ernsthafte Auswirkungen haben, wenn sie mit dem Fasten weitermachte. Sie war jetzt schon zu weit gegangen.)

Freitag, den 17. August 1984, 15.30 Uhr

(Georgia rief gegen 11.30 Uhr heute morgen an. Jane wollte, daß ich früher komme. Ich hatte gerade mit Kapitel Neun von Träume *angefangen. Als ich die Garagentür öffnete, fuhr eine Frau in unsere Einfahrt. Sie hat einen Tumor und wollte Jane sehen. Sie hatte uns öfter geschrieben, aber ich hatte nach einer Weile aufgehört zu antworten.*

Ich sprach nur kurz mit ihr und meinte, ich müsse leider gehen. Ich hörte, wie ihr Kühler kochte, aber noch nicht überlief. Sie fuhr hinter mir her zur nächsten Tankstelle, wo ich mich verabschiedete. Ich sagte ihr, ich hätte ihren letzten Brief erhalten, hätte aber keine Zeit gehabt, ihn zu beantworten.

Jane ging es nicht so schlecht wie an dem anderen Tag, an dem ich früher ins Krankenhaus gerufen wurde. Ich massierte ihr linkes Bein vor dem Mittagessen, und es half.

Nach dem Mittagessen kümmerte ich mich um unsere Versicherung, von der ich eine Zahlungsaufforderung erhalten hatte. Die relativ geringe Summe von 5000 Dollar war mir ein Rätsel. Ich wußte nicht, wofür der Betrag sein sollte. Auch die Zuständigen in der Buchführung konnten mir nichts dazu sagen.

Seltsam, sagte ich zu Jane, als ich in ihr Zimmer zurückkam. Vielleicht führte diese verworrene Versicherungsangelegenheit zu noch größerer Konfusion. Ich hätte mir denken können, daß die letzten Monate, in denen wir nichts von der Versicherung gehört hatten, wie die Ruhe vor dem Sturm war. Unsere Rechnung belief sich mittlerweile auf etwa 55 000 Dollar – und ich hatte noch keine Zahlungen von der Versicherung erhalten. Ich dachte mir, daß das Krankenhaus Rechnungen vielleicht quartalsweise ausstellte, aber das war wohl Wunschdenken. Ich wollte die ganze Angelegenheit so weit wie möglich vergessen.

Jane aß wieder sehr wenig zu Mittag, obwohl Georgia erzählt hatte, daß sie ganz gut gefrühstückt habe. Sie hungerte im Grunde immer noch. Jane und Georgia rauchten und unterhielten sich, während ich die Zahlungsanweisung ausfüllte. Jane sagte, sie würde eine Sitzung erst später abhalten wollen, änderte dann aber ihre Meinung, als ich die Post durchsehen wollte. Ihre Stimme war sehr schwach, undeutlich, recht hoch und monoton. Ihre Augen waren mal offen, mal geschlossen.)

Ich wünsche euch einen schönen heilsamen Tag.

Ruburt sollte keine Angst oder Schamgefühle vor seinen Panikattakken haben. Er sollte sie ausdrücken, da somit Raum für neue Energie geschaffen wird.

Die zunehmenden Bewegungen entstehen auf natürliche Weise, so wie die Jahreszeiten, und bewirken immer mehr Leichtigkeit.

Noch mehr Haltung wird sichtbar werden. Deine Hilfe war wieder von unschätzbarem Wert. Lies ihm die Sitzung nochmal vor. Ich komme zurück oder auch nicht, aber ich bin da mit meiner Präsenz, meiner Aufmerksamkeit und meiner Energie.

(»Okay«, sagte Jane.

15.36 Uhr. Die »Schamgefühle« waren mir neu. »Deshalb habe ich die Sitzung wohl abgehalten«, meinte Jane. Sie gab zu, daß sie sich manchmal ihrer panischen Gefühle geschämt habe; sie stimmte mir zu, daß die Scham, wenn sie sie benutzte, um die Panik zu unterdrücken, länger anhielte.

Ich mußte zugeben, daß ich über die Schamgefühle meiner Frau überrascht war. Was hatte sie noch vor mir zu verbergen? Aber als ich darüber nachdachte, erkannte ich, daß ihr Verhalten recht typisch war; eben geheimnisvoll. Vielleicht hätte ich mir das denken sollen, aber andererseits war ich doch nur in ganz geringem Maße dafür verantwortlich.

Diese Ereignisse lassen mich verzweifeln, da Jane in ihrer gewohnten Weise weitermacht, und ich frage mich, was sie aus allem gelernt hat, wenn überhaupt. Wie kann behauptet werden, daß sie viel gelernt hat, wenn sie an der Schwelle des Todes steht und sich gerade aushungert? Jede Herausforderung kann nur schrittweise bewältigt werden, und wir befinden uns dann vor der nächsten Stufe, die es zu überwinden gilt. Wir können nicht gleich einige Sprossen auf der Leiter überspringen, um dann triumphierend zurückzuschauen.

Als ich Janes linkes Bein massierte, stöhnte sie so laut, daß Georgia hereinkam. Ich erklärte ihr die positiven Auswirkungen und führte ihr vor, was ich tat. Sie verstand es. Nach der Sitzung massierte ich Jane alle Glieder – mit hervorragenden Ergebnissen. Besonders ihre Beine und ihre Füße bewegten sich immer mehr. Und trotz der guten Ergebnisse wunderte ich mich, was sie eigentlich getan hat, um wieder auf die nächsthöhere Stufe zu gelangen, von der sie heruntergefallen war.)

Donnerstag, den 23. August 1984, 14.46 Uhr

(Die folgenden Notizen sind vom 22. August:

Wir unternahmen etwas, wobei wir uns überraschenderweise sehr gut fühlten. Jane erzählte mir von einer Helferin, die sich heute morgen um sie gekümmert habe. Sie lebe von ihrem Mann getrennt und habe drei Kinder. Sie habe sich in einem Gebrauchtwarenladen eine Waschmaschine für 130 Dollar angeschaut, die sie sich aber nicht leisten könne. Ich sagte sinngemäß: »Sag ihr, daß wir sie ihr bezahlen werden.« Vielleicht sagte ich auch: »Wir können sie ihr besorgen.« Sie bräuchte nicht mehr in den Waschsalon zu gehen. Jane war sofort von der Idee begeistert. Wie bestellt kam die Helferin herein, um Janes Foley zu leeren, und wir erzählten ihr davon. Wie zu erwarten, lehnte sie erst ab, aber wir überredeten sie schließlich.

»So etwas hat bisher noch keiner für mich gemacht«, sagte sie. Wir erklärten ihr, ohne groß ins Detail zu gehen, daß andere Menschen uns auch sehr geholfen haben. Wir entschieden, daß ich ihr morgen das Bargeld geben würde, anstatt die Rechnung vom Geschäft abzuwarten. Sie konnte es nicht fassen. Sie küßte uns beide. Wir baten sie, keinem davon zu erzählen, obwohl sie mit Georgia, ihrer engsten Freundin im Krankenhaus, sicherlich darüber sprechen würde. Sie dankte uns nochmal, bevor sie nach Hause ging.

Ich habe Jane lange nicht mehr so begeistert erlebt. Sie plauderte mit Freude und war guter Stimmung. Ich wußte, daß wir die richtige Entscheidung getroffen hatten. Mir wurde klar, was für eine gute therapeutische Wirkung diese Angelegenheit auf meine Frau hatte. Sich auf diese Art gegenseitig zu helfen war ein Durchbruch für uns. Ich hatte mich oft gefragt, wie ich – oder jemand anderes – Jane noch helfen könnte. Und hier lag eine mögliche Lösung direkt vor uns . . .)

(23. August. Heute morgen um 5.45 Uhr klingelte mich das Telefon aus dem Bett. Es könnte nur jemand vom Krankenhaus sein, dachte ich mir, als ich aus meinem Schlafzimmer rannte. Es war Shawn, die Nachtschwester. Jane sagte mir dann: »Ich bin nicht dabei zu sterben, aber könntest du jetzt herkommen? Mir geht es so schlecht . . .«

Ich fütterte die Katzen, rasierte mich und war vor 7.00 Uhr bei Jane. Sie war sehr wundgelegen. Ich bat zwei Nachtschwestern, mir zu helfen, die Stütze unter Janes Rücken zu entfernen und sie in eine bequemere Position zu bringen. Sie sah nicht mehr so heiß aus und verzog auch ihr Gesicht vor lauter Schmerz nicht mehr. Darvoset half ihr, ruhiger zu werden. Ich sah, daß die Blase mit Flüssigkeit auf ihrem linken Schulterblatt größer geworden war – diese verursachte ihr den meisten Schmerz. Sie wußte zunächst nicht, ob sie auf der Seite liegen wollte oder eher auf dem Rücken, aber die Veränderung ihrer Lage half auf jeden Fall. Mary, die Oberschwester, kam herein, und ich sagte ihr, die Blase sollte entwässert werden, um den Druckschmerz zu nehmen. Sie stimmte zu und sagte: »Sie sollen mit einer Nadel hineinstechen.« Sie machte eine Notiz auf dem Brett und ging. Sehr aufmerksam – aber den ganzen Tag über geschah nichts. Es erschien auch kein Arzt.

Beim Frühstück hatte Jane gesagt, sie wolle eine kurze Sitzung, falls möglich, später abhalten.

Sie fühlte sich etwas besser im Laufe des Tages. Ich hatte mein Notizbuch mit Kapitel Neun von Träume *ins Krankenhaus mitgebracht. Ich arbeitete gerade daran, als Jane mir sagte, ich solle die Tür schließen und mein Schreibzeug für eine Sitzung herausnehmen.*

Jane sprach stockend, mit sehr hoher Stimme, in einem ungewöhnlichen Singsang. Ihre Augen waren die meiste Zeit halb geschlossen.)

Guten Tag.

(»Guten Tag, Seth.«)

Jemandem Geld zu schenken, der es gerade sehr nötig hat, war ein genialer Einfall, auch wenn es möglicherweise einfältig oder kindisch wirkt.

Diese Geste war ausgezeichnet, um Ruburt ein Gefühl der Selbstannahme zu vermitteln, auf eine Art, die er seit langem nicht mehr erlebt hat. Es hat unschätzbaren Wert und wird dazu führen, daß er wieder feste Nahrung zu sich nimmt.

Dein Verhalten, dem ganzen zuzustimmen und auch morgens so früh ins Krankenhaus zu kommen, war vollkommen richtig.

Ich kann dies gar nicht oft genug betonen. Ich schlage auch unbedingt vor, daß ihr kleine Summen an Menschen gebt, deren Bedürftigkeit ihr kennt. Die Ergebnisse können einen Wendepunkt hin zu Aktivität und Bewegung herbeiführen. Ich empfehle euch, daß ihr mit dieser Aktivität sofort beginnt. Natürlich haben die Bücher bereits den Menschen auf umfassende Weise geholfen, aber diese Art von Selbstannahme soll ihm sozusagen schnell eingeimpft werden.

Der Körper drückt bereits mehr Aktivität aus, und das gerade erwähnte Verhalten wird die Bewegungsfähigkeit schön unterstützen.

Deine eigene Bereitwilligkeit in diesen finanziellen Dingen ist auch von großer Bedeutung.

Ich komme zurück oder auch nicht – aber die Sitzung an sich vermittelt wieder mehr Vertrauen und Haltung. Möglicherweise komme ich zurück, aber zunächst möchte ich, daß ihr die Sitzung besprecht.

(»Danke.«

15.00 Uhr. Janes Füße hatten während der Sitzung angefangen sich zu bewegen. Ich las ihr die Sitzung vor. Wir konnten nicht viel darüber reden, weil uns Frank Longwell besuchte. Ich sagte ihm, daß der rote Ahornbaum, den er im Garten gepflanzt hatte, offensichtlich gestorben sei. Er entgegnete, daß er vielleicht doch noch lebe.

Das Massieren und Bewegen von Janes Gliedern klappte wieder ganz gut. Jane kostete verschiedene Dinge vom Mittagessen, und zu meiner Überraschung hatte Georgia veranlaßt, daß auch etwas für mich zum Essen dabei war. In den letzten Tagen hatte Jane ein bißchen mehr zu sich genommen, aber heute war es am besten.)

Donnerstag, den 30. August 1984, 14.50 Uhr

(Als ich gestern um 12.45 Uhr zu Jane kam, lag sie auf ihrer Seite. Sie sah erbärmlich aus – ausgemergelt vom unzureichenden Essen –, wie ein gealterter Fötus, dachte ich, in dieser angewinkelten Haltung.

»Vielleicht habe ich mich für den Tod entschieden«, sagte sie mit schwacher Stimme.

»Das hast du«, sagte ich offen. »Es dauert nicht mehr lange. Ich sehe nicht, daß du dich noch ändern wirst. Es ist zu spät.«

»Ich will nichts davon hören«, sagte sie. »Stelle das Fernsehen lauter.« Ihre Lieblings-Seifenoper lief gerade.

Dieser kleine Dialog faßt unsere Stimmung der letzten Zeit und Janes körperlichen Zustand zusammen. Sie aß ein wenig zu Mittag gestern, aber kaum etwas zum Abendessen. Heute aß sie noch weniger zu Mittag. Ich erinnerte sie daran, daß ich um 16.15 Uhr zum Zahnarzt mußte. Sie bekam sofort das Gefühl, daß kaum Zeit übrigblieb, um irgend etwas zu tun; ich spürte diesen Druck jedoch überhaupt nicht. Sie fragte mich immer wieder nach der Uhrzeit.

Nach einem mageren Mittagessen erzählte sie, daß sie in der Nacht eine plötzliche Eingebung hatte, daß sie zu diesem Zeitpunkt noch nicht sterben würde. Es war nur ein kurzer Moment, aber sehr klar. Ich wußte, daß sie mir etwas erzählen wollte, hatte aber nicht mit so etwas gerechnet. Ich spürte in mir keinerlei Gefühlsregung – und mir fiel sofort die Situation mit unserem Rechtsanwalt ein, als er mir damals mitteilte, die Angelegenheit mit der Versicherung sei geklärt, und ich daraufhin keine Reaktion zeigte. Ich war wohl dermaßen betäubt durch die ständigen Anfälle von Angst und Sorge und Negativität und Janes täglicher Verschlechterung, daß ich einfach nicht mehr reagieren konnte. Ich konnte es nicht glauben. Vielleicht hatte ich Angst, Hoffnung zu schöpfen.

Jedenfalls ging es Jane wohl etwas besser damit, und ich stimmte mich darauf ein, als sie sogar über eine Sitzung am Nachmittag sprach. Ich füllte die Menükarte mit ihr zusammen aus, da es sinnlos war, daß ich immer Dinge ankreuzte, die sie doch nicht anrührte.

Sie sagte dann, daß ihre Beine nach Bewegung schrien, also massierte ich besonders ihr linkes Bein. Die Beine und Füße bewegten sich ganz gut.

Jane konnte Dinge immer noch beschleunigen, wenn sie es wollte, deshalb die vorgezogene Sitzung, bevor ich zum Zahnarzt mußte. Ich war wohl mittlerweile doch negativer geworden, als ich dachte, da ich es ihr nicht glauben wollte, daß sie jetzt nicht sterben würde. Ihr Leben schien wirklich fast zu Ende zu sein. Wenn sie in diesen Tagen davon sprach, daß sie sterben würde, stimmte ich ihr zu.

Ihre Seth-Stimme war ganz schwach und zittrig, und ich hatte Mühe, alle Worte zu verstehen. Augen waren meist geschlossen.)

Wir sparen uns die Einführung.

Ruburts Gefühl ist richtig: Er ist noch nicht bereit zu sterben – und er wird auch noch nicht sterben. Es ist ein Unterschied, sich in einer bestimmten Art zu fühlen oder zu wissen, daß das Gefühl tatsächlich wahr ist. Ihr fühlt beispielsweise, daß A gleich B ist, aber eure Interpretation davon kann völlig falsch sein. Nur weil ihr fühlt, daß A und B eins sind, bedeutet dies nicht, daß sie es auch sind.

Natürlich sind viele Schwierigkeiten auf die Umstände zurückzuführen, und je eher er nach Hause kann, desto besser, auch wenn dies etwas anmaßend erscheint.

Er muß wieder die Entschlossenheit entwickeln, nach Hause zu wollen, und das solltest du auch tun; dein *Gefühl* der Hoffnungslosigkeit heißt nicht, daß die Angelegenheit auch hoffnungslos ist – das muß in aller Deutlichkeit erkannt werden.

Die Vorstellungskraft darauf zu lenken ist außerordentlich wichtig. Ihr könnt das beide tun – diesen unerläßlichen Schritt, das kreative, schöpferische Vorstellungsvermögen zu beeinflussen.

Diese Sitzung wird wieder helfen, etwas Ruhe zu finden.

Macht einen Augenblick Pause, ich komme dann hoffentlich wieder zurück.

(14.59 Uhr. Jane sagte: »Oh Gott.« Es ist einer ihrer Lieblingsaussprüche in letzter Zeit geworden. »Gib mir eine Zigarette. Sobald ich die Sitzung angekündigt hatte, bekam ich Angst. Es zeigt doch nur, wie wichtig es ist, diese Gefühle herauszulassen. Ich wünschte, ich könnte schreien, aber ich kann nicht . . .« Ich las ihr die Sitzung vor. »Oh je, meine Arme«, klagte sie. Ich faßte sie an; sie fühlten sich so hart wie Metall an.

15.06 Uhr. »Ich versuche es noch ein wenig. Es fällt mir unheimlich schwer, oh Gott . . .«)

Nochmals: Es ist unerläßlich, daß Ruburt seine panischen Gefühle ausdrückt und sie dadurch losläßt. Das wird auch die Muskeln entspannen und die körperlichen Strukturen neu organisieren, so als ob ein Kristall neu zusammengesetzt wird.

Die Sitzung als solche wird Erleichterung verschaffen . . .[1]

(15.08 Uhr. »Oh, Bob, das ist alles«, sagte sie, fast weinend. »Ich wünschte, ich könnte herausschreien.« Ich hatte ihr schon oft gesagt, sie solle es einfach tun.

Wir sprachen ein wenig. Sie schien sich mehr Sorgen darüber zu machen,

1 Anmerkung vom 9. September 1984, vier Tage nach Janes Tod: Dies waren Seths letzte Worte, der bis zum Schluß versucht hatte zu helfen.

wann ich denn zum Zahnarzt gehen mußte. So begrenzt war ihre Welt schon geworden.

Als sie mich schließlich fragte, wie die Sitzung war, hatte ich Schwierigkeiten, irgend etwas Hoffnungsvolles zu sagen, da ich jetzt schon so lange diese negativen Gefühle spürte. Ich sagte so etwas wie: »Als ich heute morgen an Kapitel Neun für Träume *arbeitete, mußte ich einige Sitzungen aus dem Jahr 1981 nachlesen – und fand sie wirklich hervorragend. Sie geben ganz detailliert wieder, wo das Problem lag, und passen haargenau auf die heutige Situation. Aber schau uns jetzt an – uns geht es viel schlechter.« Was war nur in den vier Jahren geschehen?*

Ich verschaffte meiner Verzweiflung doch etwas Luft, kurz bevor ich gehen mußte. Ich warf Jane vor, meinen emotionalen Stürmen gegenüber gleichgültig zu sein. Dies kam hoch, als ich versuchte, ihre Arme in eine bequemere Lage zu bringen, und sie sich so steif wie möglich machte – nach alldem, was sie eigentlich wissen und gelernt haben sollte. Es regte mich sehr auf. Ich empfand ihr Verhalten wie einen Schlag ins Gesicht.

»Mir ist es aber überhaupt nicht gleichgültig«, protestierte sie. »Mir liegt sehr viel daran. Ich habe mir sogar schon überlegt, einfach zu sterben, damit du endlich frei sein kannst.«

»Glaube mir, daran habe ich auch schon gedacht«, sagte ich. »Ich würde lügen, es zu verneinen . . .«

Ich meinte damit natürlich nicht, daß sie sterben sollte, damit ich frei sein könnte. Ich will, daß sie lebt, arbeitet und singt, mit mir, zu Hause. Daran dachte ich, als ich im Zahnarztstuhl saß. Ich vergaß, es ihr zu sagen, als ich zum Abendessen nach Hause kam. Ich werde ihr es morgen sagen. Sie rief an, als ich gerade diese Sitzung abtippte.)

Epilog

So, hier ist es, das letzte Buch. Der Abschluß des Seth-Materials – oder doch nicht? Jetzt, da ich mich mit dem Korrekturlesen von *The Way Toward Health* etwas beruhigt habe, kann ich mich ein wenig mit dieser Frage befassen.

In den letzten Tagen ihres Krankenhausaufenthaltes hörte Jane einfach auf zu essen, und ich wußte, daß sie bald in eine andere Realität übergehen würde. Ich war bei ihr, als sie an jenem Septembertag 1984 in den frühen Morgenstunden im Schlaf starb. Seth hatte, wie immer, seine Aufgabe erfüllt, und auch noch mehr geleistet, wie das vorliegende Buch beweist. Aber auch er hat Janes Tod zugestimmt, als sie beschloß zu gehen. Es kamen keine Proteste von seiner Seite, kein Vorwurf, beispielsweise daß seine Stimme »für immer verstummen wird«. Auch ich kämpfte nicht dagegen – ich verharrte nur in einem Zustand dumpfer Akzeptanz.

Obwohl ich mir einredete, daß Jane noch lebte, war ich den Anblick des physischen Todes nicht gewohnt. Ich machte zwei Kugelschreiber-Zeichnungen meiner Frau, wie sie auf der Seite lag, mit ihren wunderschönen, noch geöffneten Augen; sie waren blau mit braunen Flecken, klar und friedlich wie die eines Kindes. Ich stellte mir vor, wie ich die Zeichnungen als Vorlagen für Portraits benutzen konnte, die ich später malen würde. Sie würden einzigartig sein, dachte ich. (Diese Portraits habe ich immer noch nicht gemalt, aber irgendwann tue ich es.)

Jane war in ihrer Jugend eine überzeugte Katholikin gewesen. Da sie in einem katholischen Krankenhaus gestorben war, rief ich einen Priester, um an ihrem Bett zu beten. Obwohl ich mich bemühte, konnte ich nicht weinen, als er sagte: »Liebender und gnädiger Gott, wir vertrauen Dir unsere Schwester an. Du hast sie in diesem Leben sehr geliebt . . .« Der Priester versprach, mir eine Kopie seines Gebets zu schicken.

Einige Tage später ging ich zur Feuerbestattung, zu der sich Jane vor langer Zeit entschlossen hatte, kümmerte mich um organisatorische Angelegenheiten, zahlte Rechnungen und sprach kurz mit einigen Freunden. Das Grab befindet sich nicht in Elmira. Als ich endlich allein war, fingen die Tränen an zu fließen. Über ein Jahr lang weinte ich jeden

Tag. Ich fing jedoch am ersten Tag nach dem Tod meiner Frau wieder an zu arbeiten und beendete Band zwei von *Träume, »Evolution« und Werterfüllung*. Was sollte ich sonst tun?

So wie Jane weiterlebt, lebt auch ihre Arbeit weiter. Man kann zwar sagen, daß ihr Leben in dieser Realität beendet ist, ihr Lebenswerk ist es jedoch nicht. Viele haben geschrieben, daß ihre Bücher bei jeder neuen Lektüre wie neu erscheinen – daß sie ständig neue Erkenntnisse bringen. Mir geht es ähnlich. Dies passiert auch mit den Tonbändern von Janes ASW-Seminaren, wenn sie für Seth spricht oder für sich selbst im Gespräch mit Studenten oder wenn sie in ihrer Trance-Sprache, Sumari, spricht und singt. Diese Dinge sind wunderschöne Zeichen ihres Weiterlebens!

Es kann jedoch noch mehr aus den Unmengen von Janes Arbeiten herausgeholt werden. Beispielsweise die 15 Aktenordner mit ihren sauber abgetippten Gedichten, Essays und Tagebüchern; weitere Manuskripte unveröffentlichter Seth-Materialien, von denen ich eines in der Einleitung bereits erwähnt habe; eine nicht beendete Autobiographie, die ich vielleicht für eine Veröffentlichung überarbeiten könnte; Auszüge aus einem unvollendeten vierten Roman, *Überseele Sieben*, in dem sich Jane mit Siebens Kindheit beschäftigte; ein Buch über ihre Malerei mit Kommentaren; einige frühe Novellen, die es immer noch wert sind, veröffentlicht zu werden. Es gibt auf jeden Fall genug zu tun für den Rest meines Lebens und vielleicht auch noch für andere, wenn ich mit meiner Frau wiedervereint sein werde.

Im Verlauf der Jahre haben wir wegen unserer Arbeiten viele tausend Briefe aus dem In- und Ausland erhalten. Ich empfange auch heute noch dankbar fast täglich Briefe und bemühe mich darum, jeden zu beantworten. Jane und ich sagten häufig: »Wo wären wir ohne die Reaktionen der anderen?« Außer einigen Briefen aus der Anfangszeit habe ich alle aufbewahrt.

Als Jane 1970 *Das Seth-Material* veröffentlichte, trafen uns die Auswirkungen davon recht unvorbereitet. Kistenweise Briefe lagern jetzt in der Yale Universität, wo ihre Vertraulichkeit geschützt ist. Ich werde noch viele dorthin schicken. Ich liebe jeden Brief, den wir erhielten, selbst die weniger freundlichen. Meiner Meinung nach sind Freundschaften mit Menschen, die wir nie persönlich kennengelernt haben, eine seltene Sache. Diese Freunde öffneten sich manchmal mehr, als wir es konnten. Und sie tun es immer noch.

In der Sammlung in Yale befinden sich auch Kopien aller Sitzungen mit Seth – normale, private und die für die ASW-Seminare. Dort liegt noch viel mehr Material; ich habe es jahrelang gesammelt. Fast alles davon ist der Öffentlichkeit kostenlos zugänglich, und es gibt nur einige

Einschränkungen, betreffend die Anzahl der Kopien für den persönlichen Gebrauch. Manchmal ist meine Erlaubnis erforderlich.

Ich bin stolz darauf, Jane und Seth dabei geholfen zu haben, ihren Beitrag zu unserem komplexen und kreativen System der Dinge in dieser Realität zu leisten. Ich danke ihnen – ebenso wie ich jedem einzelnen von Euch danke, liebe Leser, für Eure vergangenen, gegenwärtigen und zukünftigen Beiträge. Jeder von uns ist Teil des großen Mysteriums von Alles-das-was-ist, das wir gemeinsam, aber jeder auf seine eigene Weise, erforschen.

Seth sagte es in der Sitzung vom 31. Juli 1984 in *The Way Toward Health*: »Die Sitzungen, wie das Leben selbst, sind stets ein Geschenk – sie entstehen aus der unendlichen, immerwährenden Kreativität der Existenz.«

Mit dieser schönen Aussage möchte ich den Epilog beenden.

Robert F. Butts
Elmira, New York
September 1997

Anhang

Bibliografie

Die Seth-Bücher

Der Weg zu Seth. München: Goldmann, 1993 (vergriffen)
Das Seth-Material. München: Goldmann, 1993 (vergriffen)
Gespräche mit Seth. Genf: Ariston, 1990
Die Natur der persönlichen Realität. München: Goldmann, 1996
Das Seth-Phänomen. München: Goldmann, 1991 (vergriffen)
Seth und die Wirklichkeit der Psyche. Unbekannte Realität. Bd. 1: Die multidimensionale Existenz. Bd. 2: Reinkarnation und Reisen des Selbst. München: Goldmann, 1993 (vergriffen)
Die Natur der Psyche. München: Ariston, 1995
Individuum und Massenschicksal. München: Ariston, 1995
Träume, »Evolution« und Werterfüllung. Seths Vermächtnis. Band 1 und 2 in einem Band, München: Goldmann, 1994 (vergriffen)

Romane von Jane Roberts

Überseele Sieben. The Education of Oversoul Seven. München: Goldmann, 1992 (vergriffen)
Lehrzeit. The Further Education of Oversoul Seven. München: Goldmann, 1992 (vergriffen)
Zeitmuseum. Oversoul Seven and the Museum of Time. München: Goldmann, 1993 (vergriffen)
Emirs Erziehung im rechten Gebrauch der magischen Kräfte. Seeon: Falk, 1989 (vergriffen)

Seth Network International

Das Seth Network International (SNI) ist ein Netzwerk von Lesern der Seth-Bücher von Jane Roberts aus 30 Ländern, die die Ideen des Seth-Materials erkunden wollen. Das SNI ist eine Non-Profit-Organisation, die seit 1992 ein Diskussionsforum für Leser bietet.

Das SNI publiziert ein vierteljährlich erscheinendes Magazin mit dem Titel *»Reality Change: The Global Seth Journal« (»Realitätswechsel: Das globale Seth-Journal«)* und hält jährlich Konferenzen und Workshops ab.

Sie finden das SNI bei Compuserve (GONEWAGE), wo wöchentlich eine Online-Konferenz abgehalten wird und wo Sie in einer Bibliothek Seth-bezogene Artikel lesen und die laufenden Diskussionen verfolgen können.

Die SNI-Homepage im Internet finden Sie unter:

http://sethnet.org

Weitere Informationen erhalten Sie unter folgender Adresse:

Seth Network International
Post Office Box 16 20
Eugene, Oregon 97440 USA
Tel.: 001-541-683-0803
Fax: 001-541-683-1084

Autorenmeinungen zu den Seth-Büchern

»Die Seth-Bücher zeichnen eine andersartige Landkarte der Wirklichkeit mit einem neuen Diagramm der Psyche . . . nützlich für all diejenigen, die in die Tiefen des Bewußtseins eindringen wollen.«

Deepak Chopra, M.D., Autor von *Die Sieben geistigen Gesetze des Erfolgs*, München 1996, und *Das Schlüsselbuch zu Wohlstand und Überfluß*, München 1995

»Seth war einer meiner ersten metaphysischen Lehrer. Er ist für mich nach wie vor eine Quelle des Wissens und der Inspiration.«

Marianne Williamson, Autorin von *Rückkehr zur Liebe*, München 1996

»Ich empfinde die Seth-Bücher als Pflichtlektüre für jeden, der auf dem spirituellen Weg ist. Das erstaunlich tiefgründige Wissen von Seth ist heutzutage genauso relevant wie damals in den siebziger Jahren, als Jane Roberts dieses Material zum ersten Mal durchgab.«

Louise Hay, Autorin von *Heile Dein Leben*, Landsberg 1997

»Wenn man Seths Worte liest, erhält man mehr als nur neue Ideen. Seine Energie strömt aus jeder Seite, eine Energie, die das Bewußtsein erweitert und die die Einstellung über die Natur der Realität verändert.«

Sanaya Roman, Autorin von *Sich dem Leben öffnen*, Bern 1990

»Die Seth-Bücher haben mir auf meiner spirituellen Reise sehr viel genützt; durch sie habe ich gelernt, die Welt mit anderen Augen zu betrachten.«

Gerald G. Jampolsky, M.D., Autor von *Lieben heißt, die Angst verlieren*, München 1998

»Mit großer Überraschung – aber auch etwas enttäuscht – stellte ich fest, daß Seth eine Sicht der Realität wortgewandt und einleuchtend darstellt, zu der ich selbst nur mühsam und nach intensivem Studium paranormaler Phänomene und der Quantenphysik gekommen bin . . .«

Michael Talbot, Autor von *Das holographische Universum*, München 1994, und *Jenseits der Quanten*, München (seit 1994 vergriffen)

Sachregister

Verlag Hermann Bauer · Freiburg im Breisgau